Deutsch von
Christiane Boeck-Michel

Giovanni B. Cassano
Serena Zoli

Der Weg
aus der
Dunkelheit

Depression: Was sie ist und
wie man sie heilen kann

Rowohlt

Die Originalausgabe erschien 1993 unter dem Titel
«E Liberaci Dal Male Oscuro» bei Longanesi & C., Mailand.
Umschlaggestaltung: Bernd Kuchenbeiser
Illustration: Designbüro Matthias Hütter

1. Auflage März 1996
Copyright © 1996 by Rowohlt Verlag GmbH,
Reinbek bei Hamburg
«E Liberaci Dal Male Oscuro»
Copyright © 1993 by Longanesi & C., Mailand
Alle deutschen Rechte vorbehalten
Satz aus der Ehrhardt
Libro, Kriftel
Druck und Bindung:
Franz Spiegel Buch GmbH, Ulm
Printed in Germany
ISBN 3 498 00906 0

Als unseres Lebens Mitte ich erklomm,
befand ich mich in einem dunklen Wald,
da ich vom rechten Wege abgekommen.

...Dort schritten wir hinaus, zu schaun die Sterne.

Inhalt

Teil zwei
Leiden am Leben
Innenansichten der Depression: Schilderungen Betroffener

Vorwort

Bevor ich Serena Zolis Vorschlag zur Mitarbeit an diesem Buch annahm, habe ich lange gezögert, weil ich keine Erfahrung mit der besonderen Art von Herausforderung besitze, einem breiten Publikum medizinisch-wissenschaftliche Themen verständlich zu vermitteln, ohne daß Genauigkeit und Glaubwürdigkeit darunter leiden.

Überzeugt hat mich schließlich die Hoffnung, daß gründlichere Kenntnisse über die wahre Natur psychischer Krankheiten dazu beitragen könnten, die psychiatrische Versorgung psychisch Kranker durch den Abbau weitverbreiteter und mächtiger Vorurteile, unter denen sie in den letzten Jahren sehr gelitten hat, wieder in den Vordergrund der Aufmerksamkeit zu rücken. Außerdem wollte ich die verschiedenen Depressionsformen und Angststörungen auch deshalb einem größeren Publikum nahebringen, weil sie nicht nur individuelle Krankheiten sind, sondern zu allen Zeiten die Kreativität unzähliger Künstler, Wissenschaftler und Politiker beeinflußt haben.

Nicht unerwähnt lassen möchte ich schließlich einen weiteren Grund: die Hoffnung auf Unterstützung bei der Gründung eines Vereins zur Behandlung von Angststörungen und Depressionen, der nicht nur die Ausbildung junger Allgemeinmediziner zum Facharzt für Psychiatrie fördern, sondern auch Forschungs- und Fortbildungsaktivitäten in der Psychiatrie, Neurobiologie und Neuropsychopharmakologie unterstützen und vor allem zur Verbreitung eines größeren Wissens über die wichtigsten psychischen Krankheiten und ihre Verhütung beitragen könnte.

Sosehr uns diese weitgesteckten Ziele am Herzen liegen, hoffen wir aber vor allem, daß dieses Buch einer möglichst großen Zahl von Lesern real nützen möge. Selbst wenn es nur einem der Millionen depressiv Kranker dazu verhelfen würde, sich aus der qualvollen Hölle seiner Krankheit zu befreien, wären unsere Bemühungen nicht vergeblich gewesen.

GIOVANNI B. CASSANO

Meine persönlichen Gründe für dieses Buch

Ich habe fünfzehn Jahre meines Lebens eines historischen Irrtums wegen verloren; fünfzehn qualvolle Jahre in der Hölle der Depression, in die ich als Dreiundzwanzigjährige aus Trauer über das Ende meiner ersten großen Liebe (wohlgemerkt, *ich* verließ meinen damaligen Freund und nicht er mich) langsam abstieg und aus der ich mich nicht mehr befreien konnte. Die leichten Wolken, die damals an meinem inneren Himmel aufzogen, verdüsterten sich im Laufe der Jahre immer mehr.

«Historisch» war dieser Irrtum, weil meine Krankheit ausgerechnet 1966 ausbrach, kurz vor dem mythischen Jahr 1968, von dem damals natürlich noch niemand wußte, daß es mythisch und schicksalhaft werden sollte. Die Ära der beiden großen «Ersatzreligionen» meiner Generation – des Marxismus und der Psychoanalyse – hatte damals bereits begonnen. *Nulla salus extra ecclesiam* – kein Heil außerhalb *dieser* Religionen.

Gegen den Marxismus war ich gefeit, da ich nie an ihn geglaubt habe, aber an die Psychoanalyse habe ich geglaubt. In den sechziger Jahren, die heute so weit zurückzuliegen scheinen, galt sie den sensibelsten und interessiertesten Studenten rasch als Allheilmittel für alle Übel dieser Welt. Obwohl die meisten sie damals nur vom Hörensagen kannten, schien sie vielen der Schlüssel zur Lösung aller seelischen Konflikte und zur Heilung der meisten, als psychosomatisch gedeuteten organischen Krankheiten zu sein. Zweifellos war ihre vom idealistischen Glauben an den Menschen als «höheres» Wesen getragene Weltsicht besonders für junge Menschen sehr faszinierend, so auch für mich, die ich ein humanistisches Gymnasium besucht hatte. Sensibilität, ein Verstehen dessen, was sich mit Worten nicht vermitteln läßt, ein zusätzliches Auge ausbilden, das hinter die Fassade des Scheins blickt... die Psychoanalyse besaß alle Voraussetzungen, um sich in sie zu verlieben, und auch der Verstand kam nicht zu kurz: Boringhieri brachte als erster Freuds Werke in Italien heraus, was ihm sofort die Dankbarkeit eines großen Publikums einbrachte; die frühen bedeutenden tiefenpsychologischen Abhandlungen (klar und faszinierend Musatti!) und Lehrbücher erklärten psychische Phänomene wie Angst, Phobie, Lapsus und Fehlleistung scheinbar mühelos und mit strenger Logik als Konsequenzen dieses oder jenes Konflikts. Zwar unterschied sich ihre Logik von der klassischen (heute würde man sie als «alternativ» bezeichnen), aber in sich logisch waren ihre Erklärungen auf jeden Fall.

Daß die junge Wissenschaft kaum mit Zahlen über ihre Therapieerfolge aufwarten konnte, störte niemanden. Wer ist schon so kleinlich, von einer Religion konkrete Beweise und Garantien zu fordern? Ich, wir jedenfalls nicht. Uns genügte es, daß das geschlossene System *ihrer* Logik nichts unerklärt ließ.

Persönlich ging es mir allerdings immer schlechter. Das Grau meiner Seele hatte sich inzwischen zu Schwarz verdunkelt und die Angst sich tief in meinen Magen gefressen. Glücklicherweise war ich in der richtigen Zeit geboren und konnte auf Errettung durch jene wunderbare neue Heilslehre hoffen. Zwar war eine Analyse teuer, es hieß sogar sehr teuer, und Geld hatte ich nicht. Doch ich hatte in der Zwischenzeit meinen Universitätsabschluß gemacht und eine Anstellung als Lehrerin gefunden und schwor mir mit zusammengebissenen Zähnen: «Das Geld treibe ich auf; davon werde ich mich nicht abhalten lassen.» Zu schrecklich war mein Zustand.

So geriet ich in den Tunnel der Psychoanalyse, als der sie mir allerdings damals und auch später nicht erschien. Vielmehr hatte ich das Gefühl, mich auf den richtigen Weg begeben zu haben, an dessen Ende ich nach vielem Leiden (und hohen Kosten, von denen man nicht sprach) meinen Seelenfrieden und Zugang zu einer höheren Dimension finden würde, ganz zu schweigen von der wahren Liebe. Das war das erste, was alle Psychoanalytiker einem als am Ende aller Mühen winkenden Preis in Aussicht stellten, auch wenn sie es nicht geradeheraus versprachen (sie versprechen nie etwas). Aber am Ende...

Vom Tunnel spreche ich heute, nachdem ich fünfzehn Jahre lang verschiedene Analysen durchgemacht habe, von denen ich, wohlgemerkt, keine selbst abbrach. Das hätte ich nie gewagt, denn ich war unerschütterlich überzeugt von der Richtigkeit und Einzigartigkeit dieser Therapie und der Notwendigkeit, ihre Möglichkeiten bis auf den Grund auszuschöpfen. Das Wort «Tunnel» benutze ich wegen der durch es ausgelösten Assoziationen auch nur ungern, denn ich denke mit Wohlwollen an meine Analytiker zurück und hege keinerlei ablehnende Gefühle gegen sie; nicht weil ich aufgrund der Übertragungsbeziehung in sie verliebt gewesen wäre, sondern weil ich das Glück hatte, auf wohlmeinende, sympathische Menschen zu treffen, die mir methodisch konsequent, aber ohne blindes Beharren auf orthodoxen Positionen, mit menschlicher Wärme und aufrichtiger Anteilnahme zu helfen versuchten.

Allerdings nicht alle. Von meinen vier Analytikern beziehungsweise Analytikerinnen respektiere ich eine (zeitlich die zweite) nur, weil ich überzeugt bin, daß sie es gut meinte, aber ich erinnere sie nicht als einen herzlichen, warmen Menschen. Für sehr viel Geld (die genaue Summe habe ich vergessen, aber sie überstieg die Hälfte meines bescheidenen Gehalts) lag ich viermal pro Woche auf ihrer Couch. Pünktlich zu den Sitzungen zu erscheinen kostete mich immer mehr Mühe und bereitete mir zunehmend größere Angst, denn ich wollte um jeden Preis vermeiden, daß an meinem Arbeitsplatz (ich arbeitete damals bereits bei einer Zeitung) irgend etwas von meinen «beschämenden» Terminen durchsickerte. Nach zweieinhalb Jahren zermürbender und quälender Sitzungen, bei denen sie stets hartnäckig schweigend hinter mir saß, entließ sie mich mit

folgenden Worten: «Ich habe beschlossen, Ihre Analyse abzubrechen. Sie geht nicht voran, weil Sie nicht gesund werden wollen. Sie
wollen sich nicht anstrengen.»
Ich schwieg. Ihr vernichtendes Urteil traf mich wie ein Schlag in
den Magen. Ich wagte nicht zu sagen, was ich dachte und am liebsten laut herausgeschrien hätte: «Wenn ich es ohne fremde Hilfe
schaffen könnte, wäre ich doch nicht bei Ihnen!» Ihre Antwort darauf kannte ich bereits: «Das gehört nicht in die Analyse.» Wann
immer ich es gewagt hatte, einen Einwand vorzubringen, hatte sie
ihn mit diesem Satz als einen Akt der Rebellion gegen die Analyse
verurteilt. In der gedämpften Atmosphäre des im Analysezimmer
herrschenden Halbdunkels kam mir in diesen zweieinhalb Jahren
immer wieder jenes mir aus der Kindheit wohlbekannte kategori-
sche Memento der katholischen Kirche in den Sinn und erschien
mir oft wie eine Schrift an der Decke: *Nulla salus extra ecclesiam!*

Die anderen Psychoanalytiker, bei denen ich vor- und nachher
Heilung suchte und die mir alle von der Gesellschaft für Freudsche
Psychoanalyse empfohlen worden waren, vereinten dagegen die
Strenge der Lehre mit menschlicher Anteilnahme und Verständnis.

Aber das ist nicht der springende Punkt: Ich halte die Psychotherapie nicht deshalb für die falsche Therapie bei Depressionen,
weil ich an schlechte Analytiker geraten wäre, sondern weil sie ein
falscher Weg, eine Sackgasse für depressiv Kranke ist. Obwohl ich
sie nach wie vor für die richtige Therapie bei vielen Konflikten und
Störungen halte, haben mich meine persönlichen Erfahrungen und
das Leiden vieler anderer Menschen, das ich aus der Nähe miter-
lebte, davon überzeugt, daß sie die «pathologische» Melancholie
nicht heilen kann, und nur von dieser kann und will ich in diesem
Buch sprechen. Im übrigen hat mich auch Cesare Musatti, der Vater
der Psychoanalyse in Italien, in dieser Überzeugung bestärkt.

Im Frühling 1983 ging ich zu ihm, weil mein dritter Analytiker
an einem Infarkt gestorben war. Ihn hatte ich von allen am meisten
geliebt und geschätzt, weshalb ich ihm an dieser Stelle meine Dankbarkeit durch Nennung seines Namens ausdrücken möchte: Am-
brosio Valsecchi. Früher war er Priester gewesen, einer jener

aufgeklärten Theologen des Zweiten Vatikanischen Konzils. In den siebziger Jahren hatte er als Kritiker der offiziellen Lehren der katholischen Kirche viel von sich reden gemacht. Ich selbst lernte ihn, wenn ich mich nicht irre, 1979 kennen. Damals war er bereits aus der Kirche ausgetreten und praktizierte als Psychoanalytiker. Ich suchte ihn auf Anraten eines guten Freundes auf, der ihn mir mit den Worten empfahl: «Ich weiß nicht, ob er ein fähiger Psychoanalytiker ist, aber ich weiß, daß er ein wunderbarer und außergewöhnlicher Mensch ist.» Das war er tatsächlich, so sehr, daß er mich nicht davon abzuhalten versuchte, meine Depressionen mit Medikamenten zu bekämpfen. Ich hatte damals in der *Time* über die medikamentöse Behandlung von Depressionen mit Lithium gelesen und wollte diesen Versuch wagen, den jeder andere Psychoanalytiker als ketzerisch abgelehnt hätte. Er dagegen erklärte sich sofort einverstanden, allerdings nicht, weil er nicht an die Wirksamkeit der von ihm praktizierten Therapie geglaubt hätte: ganz im Gegenteil. «Ich habe zu großes Vertrauen in die Psychoanalyse, um zu glauben, daß ein paar Tabletten ihre Wirksamkeit stören können. Probieren Sie sie ruhig aus; wenn es Ihnen hilft...»

Das tat ich, und es ging mir nicht nur besser, sondern ausgezeichnet. Die «paar» Tabletten befreiten mich von den Fesseln meiner Depressionen und legten endlich mein wahres Ich wieder frei, an das ich mich mittlerweile nur noch vage und sehnsüchtig erinnern konnte. Ich fühlte mich wie neugeboren. Ohne die bald grauen, bald tiefschwarzen Wolken, die meine Stimmung früher fast tagtäglich niedergedrückt und mich auf der Analytikercouch zu einem ängstlichen Wesen voller Selbstmitleid reduziert hatten, ging auch die Analyse besser voran. Endlich war mein Geist wieder klar, und mein wahres Selbst konnte sich entfalten. Meine inneren Kräfte gerieten in Bewegung und brachten endlich reale Konflikte an die Oberfläche. War ich früher meist wie ein Häufchen Elend zu den Sitzungen gekommen, so kam ich nun energiegeladen und voller Vorfreude auf die gemeinsame Arbeit mit Dr. Valsecchi zu jedem Treffen. Allmählich erkannte ich, wie sehr meine Kräfte bisher durch weit zurückliegende Erlebnisse und eine verzerrte Sicht meiner frühen emotionalen Beziehungen blockiert gewesen waren, und sah jene in der Kindheit erfahrenen Prägungen nicht mehr als endgültig an. Durch unsere Gespräche schritt die Analyse rasch voran. Nach und nach lösten sich immer mehr seelische Knoten in mir auf, und dank seiner geschickten Lenkung der Therapie öffneten sich mir beständig neue Türen. Allmählich lernte ich, meine bisherigen Erfahrungen aus anderen Perspektiven zu betrachten. Dadurch lokkerten sich meine innere Lähmung und Starre, und ich fühlte mich nicht länger deprimiert, ängstlich und dumpf, ja vielleicht auch bequem und faul («Sie wollen sich nicht anstrengen!») wie früher, sondern war optimistisch und tatendurstig. Alles lief so gut, daß Dr. Valsecchi mir nach einigen Monaten, vorsichtig wie alle Psychoanalytiker und sehr einfühlsam, andeutete, daß meine Therapie möglicherweise bald ihrem Ende zuginge. Vielleicht noch ein Jahr oder etwas länger... Zum ersten Mal wurde mir das mögliche Ende einer Analyse in Aussicht gestellt. Ich war mir auch selbst bewußt, an einem entscheidenden Punkt angelangt zu sein, was ich meinen Tabletten zuschrieb. Wenn ich diese Überzeugung äußerte, lächelte Dr. Valsecchi nur verständnisvoll. Aber für mich gab es daran keinen Zweifel. Seit zwei Jahren, genau seit jenen Tagen, in denen ich mit der medikamentösen Behandlung begonnen hatte, litt ich nicht mehr unter Depressionen, und seit derselben Zeit war meine Analyse in Bewegung geraten und rasch vorangeschritten. Meine Fortschritte und die Besserung meines Befindens erfüllten mich mit großer Zufriedenheit. Zwar gab es nach wie vor Intervalle der Düsternis, Momente großer Traurigkeit, wenn ich an einen emotionalen Knoten in mir stieß, auf meine «Widerstände», wie die Psychoanalyse es ausdrückt, aber mit einer leichten oder gar schweren Depression ließen sich diese Rückschläge nicht vergleichen. In den Sumpf der Depression, die quälende Angst, jenes Gefühl von Schuld und Versagen, das fast so intensiv ist wie ein physischer Schmerz, glitt ich nicht mehr ab, und auch jene Lust, endlich Schluß zu machen, die sonst von morgens bis abends dagewesen war, ergriff nicht mehr von mir Besitz.

Ausgerechnet in dieser erfreulichen Phase erfuhr ich plötzlich, als ich zu einer meiner drei wöchentlichen Sitzungen kam, daß mein Analytiker gestorben war. Sein Tod schmerzte mich tief, denn ich hatte ihn sehr geschätzt, und er führte zu meinem völligen Zusammenbruch. Der Verlust des Analytikers ist für jeden Analysanden die schlimmste Katastrophe, vor der er sich beständig fürchtet, da sie all seine Anstrengungen mit einem Schlag zunichte machen kann. In meiner tiefen Niedergeschlagenheit suchte ich Rat auf höchster Ebene, bei Cesare Musatti, der personifizierten Psychoanalyse. Kaum hatte er erfahren, warum ich ihn zu sprechen wünschte, empfing er mich sofort und kostenlos. Er hörte mich in aller Ruhe an und unterbrach mich schließlich mit den Worten: «Aber Signorina, Sie leiden, wie mir scheint, an Depressionen.» «Genau.» «Und was hat die Psychoanalyse mit Depressionen zu tun?» fuhr er fort. Ich glaubte meinen Ohren nicht zu trauen und lauschte dem Rest seiner Ausführungen im Halbdunkel seines engen Arbeitszimmers mit vor Erstaunen offenem Mund. Meine «ketzerische» Tablettenkur hatte ich gar nicht zu erwähnen gewagt. «Gegen Depressionen helfen nur ausgezeichnete Psychopharmaka. Die Psychoanalyse vermag sie nicht zu heilen.»

Wie groß war meine Erleichterung, meine Freude, aber auch meine Wut! «Aber Herr Professor, warum sagen Sie das Ihren Anhängern nicht? Ich habe diese Wahrheit selbst entdeckt. Sie wissen doch, daß Ihre Schüler und Kollegen uns Depressive dazu anhalten, jahrelang über die Beziehung zu unseren Eltern oder unsere Eifersucht auf die Geschwister zu diskutieren? Und wehe, wenn einer es wagt, auf Medikamente als mögliche Rettung zu setzen.»

Ich erinnere mich heute nicht mehr genau, was Musatti sagte, sondern nur daran, daß er seinen Kopf schüttelte, als kenne er diesen Mißstand sehr wohl, wisse aber auch, daß jeder Kampf gegen ihn vergeblich sei.

Als ich vor einigen Monaten anläßlich der Besprechung dieses Buchprojekts meinem Verleger Mario Spagnol von dieser Begegnung berichtete, antwortete er mir: «Das hat mir Musatti auch schon gesagt. Ich habe ihn kennengelernt, als ich ihn wegen eines an schweren Depressionen leidenden Bekannten konsultierte. Er unterschied zwischen Psychosen, die die Psychoanalyse nicht heilen kann, und Neurosen ... Ich kann Ihnen den genauen Inhalt seiner Ausführungen heute nicht mehr wiederholen, sondern weiß nur noch, daß sie mit der Schlußfolgerung endeten: ‹Depressionen kann die Psychoanalyse nicht heilen.›»

Gravierend an diesem Bericht ist sein Datum: jene Begegnung meines Verlegers mit Musatti fand Mitte der sechziger Jahre statt. Viele Tiefenpsychologen wußten also schon damals, daß die Psychotherapie, wie im übrigen jede Therapie, ihre Grenzen hat.

Ich selbst hatte im Dezember 1975 zum ersten Mal Psychopharmaka genommen, als ich wegen des Abbruchs meiner zweiten Analyse in eine schwere Krise gestürzt war, die mich allerdings keineswegs an der Psychoanalyse verzweifeln ließ. Damals veranlaßte mich ein magisches Wort, diesen Versuch zu wagen: «natürlich». Der erfahrene ältere Arzt, der meine Mutter wegen der Folgen eines Schlaganfalls behandelte und mich seit Jahren als ein Bündel Verzweiflung kannte, hatte mir erzählt, Lithium sei ein natürlicher Stoff und kein Psychopharmakon. Aus Mitleid hatte er mich zu einem befreundeten Psychiater geschickt, der damals gerade ein «natürliches» Mittel gegen Depressionen erprobte. «Natürlich» bedeutete für mich das Gegenteil von «künstlich». «Künstliche» Drogen veränderten die ganze Persönlichkeit und machten einen zu einem anderen Menschen, aber «natürliche» ... Tatsächlich wurde ich durch diese Medikamente endlich wieder ich selbst und fühlte mich nach langer Zeit erneut glücklich und unternehmungslustig wie früher als junges Mädchen. Voller Zuversicht blickte ich in die Zukunft und verlor auch meine früheren Minderwertigkeitskomplexe gegenüber meinen gleichaltrigen Freundinnen, die mir immer viel reifer und erwachsener erschienen waren als ich. Endlich hatte ich wieder die Kraft, am Schicksal anderer Menschen Anteil zu nehmen und mich mit Problemen zu beschäftigen, die mich nicht persönlich betrafen. Jenes unglückliche «andere» Wesen, dem ich so lange meinen Körper geliehen hatte, schien die Hülle meines Körpers endgültig verlassen zu haben.

Jeder, der die Depression am eigenen Leibe erfahren hat, ist überzeugt, daß «Gesunde» ihn nicht verstehen können. Aber wenn es mir gutgeht, kann ich selbst meinen eigenen früheren Zustand nicht mehr verstehen und mir gar nicht mehr vorstellen, daß ich mich je wieder in jenes weinerliche, unreife, sich ängstlich an andere klammernde Wesen zurückverwandeln könnte, das vor allem und allen Angst hat und sich unfähig fühlt, mit dem Leben fertig zu werden. Wenn es einem gutgeht, scheint alles so einfach zu sein. Man muß die traurigen Gedanken und Gefühle nur abschütteln, und alles ist wieder in Ordnung, oder etwa nicht? Nein!

Damals fühlte ich mich innerhalb weniger Tage wie ein neuer Mensch und hatte zum ersten Mal seit Jahren das Gefühl, mein Leben allein bewältigen zu können. Ich war den stickigen Tiefen der Hölle entkommen und atmete wieder die frische Luft der Erde. Der Himmel über mir war blau und der Horizont frei. Ich wollte kämpfen, um zu leben, nicht nur, um zu überleben.

Wer niemals unter Depressionen gelitten hat, kann das überwältigende Gefühl der Freude nicht nachempfinden, das einen jedesmal durchströmt, wenn man morgens beim Aufwachen spürt, daß heute keine Wolken die Stimmung verdüstern und das Denken leicht fällt. Noch nach Jahren erscheint einem das immer wieder wie ein Wunder, und man möchte gläubig sein, um Gott dafür danken zu können.

Damals ging es mir eine Zeitlang gut. Aber nach einigen Monaten des Wohlbefindens tat ich, was alle tun. Ich sagte mir: «Schluß mit den Tabletten! Jetzt mußt du es allein schaffen...» Ohne meinen Arzt zu befragen, setzte ich die Medikamente ab und redete mir ein, mit ein bißchen gutem Willen auch ohne sie auskommen zu können. Ich wollte tapfer sein und mich nicht länger selbst mit der Ausrede betrügen, meine Tabletten seien anders als andere, nur weil sie «natürlich» waren. Kurz, ich hatte noch nicht begriffen, daß die Depression eine Krankheit ist.

Jetzt habe ich es begriffen. Aber um welchen Preis! Nachdem ich die Medikamente nach und nach abgesetzt hatte, ging es mir zwar noch eine Weile gut, aber dann glitt ich langsam und unaufhaltsam erneut in die Depression ab.

Ich suchte wieder jenen Psychiater auf, der mir seinerzeit geholfen hatte. Warum er mir nicht mehr dieselben Mittel verschrieb, weiß ich heute nicht mehr. Er wirkte irgendwie unschlüssig und schien nicht recht zu wissen, ob und wie er die Therapie fortsetzen solle. Schließlich versuchte er es mit anderen Medikamenten, die mich aber nur nervös machten, ohne meine depressive Verfassung zu bessern. Ich sagte mir ziemlich schnell, daß ich ein hoffnungsloser Fall sei, was für einen Depressiven immer die logischste aller Schlußfolgerungen ist. Daß es mir eine Zeitlang gutgegangen war, erschien mir nun nur noch als reiner Zufall. Ich versuchte es wieder mit der Analyse, denn zumindest ist da immer jemand, der einem zuhört und einem tagtäglich beisteht.

Als ich Jahre später in der *Time* einen Artikel über den neuesten Stand der Depressionsforschung las, in dem eine kombinierte Behandlung mit Lithium und Antidepressiva, unterstützt durch eine Psychoanalyse, empfohlen wurde, fragte ich den damaligen verantwortlichen Redakteur der Medizinseite des *Corriere della Sera*, ob er in Italien einen in dieser Therapie erfahrenen Psychiater kenne. Er verwies mich auf Professor Cassano, der mich endgültig rettete.

Auch nachdem ich bei ihm eine Behandlung angefangen hatte, gab es Rückfälle. Manche Medikamente bekamen mir nicht; eines verlor seine Wirksamkeit exakt nach einem Jahr, ein weiteres, das sich bei anderen Patienten als äußerst wirksam erwiesen hatte, verursachte mir vor allem Rötungen am Hals und Fieber. Auf solche möglichen Nebenwirkungen war ich aber bereits hingewiesen worden und wußte, daß jeder Mensch anders auf Psychopharmaka reagiert und man nur durch Ausprobieren herausfinden kann, was einem selbst bekommt. Aber diesmal war ich fest entschlossen, nicht aufzugeben. Zu hoch war der Preis, den ich bereits gezahlt hatte. Außerdem hatte ich das Glück, von meinem Arzt mit sicherer Hand aus jeder Sackgasse wieder herausgeführt zu werden.

Schließlich bat ich ihn um Mitarbeit an diesem Buch. Obwohl es mir innerlich widerstrebt, seine herausragenden Fähigkeiten als Psychiater an dieser Stelle zu loben, möchte ich doch kurz den Eindruck schildern, den ich während meiner Behandlung von ihm gewann: Er glich einem Pianisten. Angesichts der unzähligen Psychopharmaka, die heute im Handel sind, muß der Psychiater wie ein Pianist die Wirkung jeder von ihm angeschlagenen «Taste» kennen und wissen, wie sich ihr «Klang» verändert, wenn sie zusammen mit anderen Tasten angeschlagen wird. Ärzte, die bei der Depressionsbehandlung auf Psychopharmaka zählen, sehen sich häufig der Kritik ausgesetzt, sie würden ihre Patienten nur mit Tabletten «vollpumpen». Berechtigt ist diese Kritik aber nur an Ärzten, die sie aus Unkenntnis falsch verschreiben. Außerdem sollte man dabei auch nicht vergessen, daß viele Patienten Medikamente sehr unkritisch einnehmen.

Um allen Depressiven und an dieser Krankheit Interessierten den derzeitigen Kenntnisstand der Depressionsforschung so verständlich wie möglich zu vermitteln, habe ich Professor Giovanni B. Cassano von der Universität Pisa gebeten, mir in einem langen Interview zu erläutern, was sie ist und wie sie behandelt werden kann. Auch wer nicht selbst zu ihren Opfern zählt, kennt mit Sicherheit Depressive. Widersprechen Sie nicht, sondern schauen Sie sich Ihre Mitmenschen genau an, dann werden Sie selbst zu dieser Feststellung kommen!

Um sicherzugehen, daß alle in diesem Buch ausgebreiteten Informationen in jedem Detail dem neuesten Stand der wissenschaftlichen Forschung entsprechen, habe ich Professor Cassano gebeten, den gesamten Text zu überprüfen. Ich hoffe von ganzem Herzen, daß es anderen erspart, was ich mir selbst gerne erspart hätte, denn die Hölle der Depression ist zu furchtbar, um nicht zu versuchen, jedem Leidenden auch nur einen einzigen Tag in ihr zu ersparen.

SERENA ZOLI

Jeder sechste! Erscheint Ihnen das wenig?

Obwohl Depression nicht ansteckend ist, leidet in diesem Augenblick ein Fünftel der Menschheit an ihr; allein in Italien mindestens drei Millionen. In England, Frankreich und Deutschland liegen die Zahlen ähnlich hoch und in den Vereinigten Staaten sogar beständig zwischen zehn und vierzehn Millionen.

Dennoch fehlt es den Depressiven bis heute an einem Zusammengehörigkeitsgefühl; jeder Kranke fühlt sich im Gegenteil zutiefst einsam. Zwar gehört dieses Gefühl zu den typischen Symptomen dieser Krankheit, aber viele Depressive sind tatsächlich vollkommen vereinsamt. Vermutlich wissen sie nicht einmal, daß sie krank sind, und quälen sich mit Schuldgefühlen und Versagerkomplexen, da es ihnen nicht gelingt, den Feind «Melancholie» zu besiegen.

Die Menschen in ihrer Umgebung wissen es vermutlich ebensowenig und können ihnen deshalb auch nicht helfen. Ihre Reaktionen reichen von Mitleid bis zu Ungeduld, wobei verständnisloses Kopfschütteln noch die wohlmeinendste Reaktion sein dürfte. Dabei ahnen die meisten Menschen nicht, wie schnell diese Krankheit auch sie, die heute noch gesund und aktiv mitten im Leben stehen, ereilen kann. Tatsächlich erkranken zwanzig bis sechsundzwanzig Prozent aller Frauen und acht bis zwölf Prozent der Männer irgendwann in ihrem Leben an Depressionen im klinischen Sinn, also jede vierte bis fünfte Frau und jeder achte bis zwölfte Mann. Wenn man den Durchschnitt beider Geschlechter nimmt, wird jeder sechste Mensch irgendwann in seinem Leben Opfer dieser Krankheit. Dennoch ist der Allgemeinheit nach wie vor nicht bewußt, wie weit verbreitet sie ist. Selbst die meisten Ärzte kennen sich nicht aus und stellen viel zu selten die richtige Diagnose. Einer Studie der Weltgesundheitsorganisation (WHO) zufolge bleiben sechzig Prozent aller Depressionsfälle unerkannt. Und doch handelt es sich um eine sehr ernst zu nehmende Krankheit. Eine Befragung von mehr als 11 000 Patienten ergab, daß sie nach der Schwere ihrer Störungen und Beschwerden auf eine Stufe mit den Herzkrankheiten gestellt werden muß und das Befinden gravierender beeinträchtigt als Diabetes, Bluthochdruck, Arthritis oder ein Lungenleiden.

Außerdem endet sie häufig tödlich: mehr als fünfzehn Prozent der von Psychiatern als depressiv diagnostizierten und behandelten Patienten beenden ihr Leben durch Selbstmord. Wie viele von keiner Statistik erfaßte, weil nie erkannte Opfer dieser angeblich «dunklen» Krankheit wegen ihrem Leben ein Ende setzen, läßt sich nur erahnen. Wirklich «dunkel» an ihr scheint mir nur, daß viele Ärzte und die Allgemeinheit kaum etwas von ihr wissen.

Die zur Zeit in den Massenmedien verschiedener westlicher Länder mit suggestiven Werbemethoden, aber auf hohem wissenschaftlichem Niveau gestarteten Aufklärungs- und Sensibilisierungskampagnen zum Thema Depression sollen vor allem das Bewußtsein der breiten Öffentlichkeit für diese Krankheit schärfen. In beruhigenden Pastellfarben gehaltene Broschüren informieren über alles Wissenswerte; Cartoons zeichnen sympathische, aber von ihrer schweren Krankheit gebeugte Depressive; von Plakaten lächeln berühmte Gesichter herab und fordern jeden Kranken auf: «Schäme dich deiner Depression nicht. Sie ist eine Krankheit wie viele andere! Auch du kannst gesund werden!» In den Vereinigten Staaten gipfeln diese Werbekampagnen in einem Fernsehspot, in dem zunächst anhand eines kurzen Fallbeispiels erklärt wird, um was es geht. Es folgen drei Slogans, die informieren und Mut ma-

chen sollen, und schließlich als letztes der Hinweis: «Wenn Sie unter
Depressionen leiden und mehr über dieses Thema wissen wollen,
rufen Sie uns unter der Nummer 1 800 421 4211 gebührenfrei an!»
Wer von ihr Gebrauch macht, kann mit Experten des National
Institute of Mental Health der Vereinigten Staaten sprechen. In
Zusammenarbeit mit privaten Firmen und Bürgerinitiativen organisierte diese Behörde die erste und größte verschiedener landesweiter Kampagnen. Unter dem Kürzel D/ART *(Depression/Awareness, Recognition and Treatment)* wurde 1986 zunächst eine Sensibilisierungskampagne gestartet, deren Zielgruppe praktische Ärzte
waren, da sie in ihrer Praxis als erste Kontakt zu depressiven Patienten haben, deren Krankheit aber häufig infolge mangelnden
Wissens nicht erkennen und sie deshalb nicht aus ihrer Einsamkeit
und der gnadenlosen Unerbittlichkeit ihres Leidens befreien, obwohl achtzig bis neunzig Prozent auch der schwersten Fälle in nur
wenigen Wochen geholfen werden könnte, wie Fernsehspots, Broschüren und Stars, die ihr berühmtes Gesicht für diese Kampagne
zur Verfügung stellten, zu wiederholen nicht müde werden.

Bei einem Problem von so großer gesellschaftlicher Tragweite
genügt es aber nicht, die Ärzte wachzurütteln. Um auch jene elf
Millionen Amerikaner zu erreichen, die in den kommenden sechs
Monaten an Depressionen erkranken werden, suchte D/ART 1988
über die Massenmedien Zugang zur breiten Öffentlichkeit.

In Tageszeitungen, Zeitschriften, Rundfunk und Fernsehen
wurde versucht, die Öffentlichkeit mit dem Slogan «Depression.
Define it. Defeat it» wachzurütteln. Außerdem wurden in großer
Auflage Broschüren publiziert, deren Texte und Aufmachung sorgfältig an die jeweilige Zielgruppe angepaßt wurden. Älteren Lesern
verkündeten die heiter lächelnden Gesichter gleichfalls älterer Mitbürger: «Auch im Alter sind Depressionen heilbar!» Studenten
wurden mit der Frage «Was tun, wenn ein Freund depressiv ist?»
angesprochen, Familien Rat erteilt, wie sie ihre Angehörigen überzeugen können, sich in Behandlung zu begeben; die Sängerin
Whitney Houston und der amerikanische Footballchampion
Charles A. Mann versuchten, mit ihrem gewinnenden Lächeln auch

junge Farbige zu überzeugen, daß man über die Depression sprechen muß, um nicht durch sie aus der Bahn geworfen zu werden. Wegen der ständig steigenden Zahl von Hispano-Amerikanern in den USA wurden schließlich sogar Broschüren in spanischer Sprache veröffentlicht. Aber damit gibt sich ein Volk wie die Amerikaner nicht zufrieden. Nicht im Traum. Schließlich sind sie nicht nur führend in der Erstellung von Statistiken über alles und jedes, sondern auch in der pragmatischen Bekämpfung von Mißständen. Auch Zahlen über medizinische und soziale Fakten haben in Amerika erst dann ihren wahren Zweck erfüllt, wenn errechnet wurde, was dieses oder jenes Übel die Nation umgerechnet in Dollar kostet, was auch in diesem Fall geschah. 1989 erlitt die amerikanische Nation laut Statistik durch Depressionen einen volkswirtschaftlichen Schaden von 27 Milliarden Dollar, von denen 17 Milliarden auf verlorene Arbeitstage entfielen. Und das dürfte noch nicht einmal die gesamte schreckliche Wahrheit sein. Denn wie soll man die verminderte Arbeitsleistung von Menschen, deren Reaktionsvermögen verlangsamt ist, die unter Konzentrations- und Gedächtnisschwäche leiden oder ihre Depressivität durch Alkohol- oder Drogenmißbrauch vor sich selbst verbergen, in Zahlen umsetzen?

27 Milliarden Dollar entsprechen ungefähr 32 400 Milliarden Lire. Umgerechnet auf die Bevölkerungszahl Italiens entspricht das durch die Depression verursachten Kosten von zirka 8000 Milliarden Lire pro Jahr. Dieselbe Summe haben auch die Engländer für Großbritannien errechnet, einem Land mit ähnlichen Wirtschaftsverhältnissen wie Italien und ungefähr derselben Bevölkerungszahl. Zum Vergleich sei hinzugefügt, daß alle italienischen Familien zusammen pro Jahr den gleichen Betrag für die Ausbildung ihrer Kinder (von der Grundschule bis zur Universität) ausgeben. Ähnlich hohe Summen werden auch für Wein und andere alkoholische Getränke veranschlagt.

Amerikanische und englische Fachleute versäumen an dieser Stelle nie zu erwähnen, daß sich hinter jenen nüchternen und doch so schrecklichen Zahlen ein noch viel schrecklicherer, allerdings unbezifferbarer menschlicher Preis verbirgt: das unerträgliche Leid zahlloser Menschen, Familiendramen, Vereinsamung, organische Krankheiten und Tod, aber auch verpaßte Chancen, nie entwickelte Fähigkeiten, zerstörte Liebesbeziehungen, verlorene Arbeitsplätze und zerbrochene Freundschaften.

Der Grund für die Entscheidung verschiedener mächtiger Großkonzerne wie Ford, Westinghouse, der Wells Fargo Bank, der First National Bank of Chicago, McDonnell Douglas, Hewlett Packard und anderer, mit dem National Institute of Mental Health bei der Depressionsbekämpfung zusammenzuarbeiten, dürfte vermutlich eher in den statistisch errechneten volkswirtschaftlichen Verlusten zu suchen sein als in ihren menschlichen Kosten. Auf jeden Fall schloß die Welt des Business mit der nationalen Gesundheitsbehörde einen regelrechten Partnerschaftsvertrag, dank dessen D/ART unter dem Slogan «Managing Depression in the Workplace» eine dritte Kampagne starten konnte. In entsprechenden Kursen lernten Manager und Büroleiter, Depressionsprobleme bei Angestellten zu erkennen und ihnen geeignete Maßnahmen zu empfehlen. Auch für die Angestellten der medizinischen Betreuungsabteilungen großer Konzerne wurden Fortbildungskurse veranstaltet und Pläne entwickelt, wie man depressiven Mitarbeitern bis zu ihrer Genesung durch flexible Arbeitszeitgestaltung helfen könne.

Die Bereitschaft einer großen Firma zu einem derartigen humanitären Engagement wächst natürlich in dem Maße, in dem es sich finanziell auszahlt. Vier Jahre nach der Einführung dieser «Gesundheitsreform» konnte man bei McDonnell Douglas bereits befriedigt feststellen, daß sich der hohe Einsatz gelohnt hatte. Den Ausgaben standen Einsparungen in vierfacher Höhe gegenüber. Bei der First National Bank of Chicago, die ein ähnliches Unterstützungsprogramm für ihre 12 400 Angestellten realisiert hatte, reduzierten sich die Beihilfekosten für psychiatrische Krankenhausbehandlung um zweiunddreißig Prozent; Pacific Bell schlug ähnliche Wege ein, als man feststellte, daß bei elf Prozent der ausgefallenen Arbeitsstunden Depressionsprobleme im Hintergrund standen.

Je mehr der Schleier des Vorurteils und die Aura des Geheim-

nisumwitterten von dieser Krankheit gezogen wurde, desto deutlicher sichtbar wurden die ungeheuren Ausmaße des Eisbergs
Depression. Obwohl die «Sonden» der Biopsychiatrie mittlerweile
seine Umrisse und seine Beschaffenheit ziemlich genau erfaßt haben, sehen die meisten Menschen und viele Ärzte noch immer nur
seine kleine Spitze und unterschätzen seine wahren Ausmaße. Englische und amerikanische Wissenschaftler stimmen überein, daß das
Hauptziel der Depressionsbekämpfung im Abbau von Informa-
tionsdefiziten und psychologischen Widerständen liegt. Das Royal
College der englischen Psychiater hat deshalb in Zusammenarbeit
mit dem Royal College der Allgemeinmediziner in Großbritannien
seit Januar 1992 unter dem Slogan «Defeat Depression» eine lan-
desweite Kampagne nach dem Vorbild von D/ART gestartet.

Ihr Emblem zeigt in einem stilisierten Oval ein in zwei Hälften
unterteiltes Gesicht, über dessen dunkle Hälfte eine Träne rinnt,
während die andere lächelt. Auf dem Titelblatt einer in drei Millionen Exemplaren gedruckten weiß-blauen Broschüre ist ein ko-
misches Männchen abgebildet, das an den englischen Cartoonhel-
den Bristow erinnert; aus seinem eigenen, oben offenen Kopf
hervorlugend stellt es fest: «Kein gutes Wetter heute, um rauszugehen.» Im Inneren der Broschüre begegnet es uns zwischen der
Aufzählung der verschiedenen Depressionssymptome und zahlreichen Ratschlägen erneut im Gespräch mit einer traurig wirkenden
Freundin, zu deren Aufmunterung ihm nur folgender Satz einzu-
fallen scheint: «Du wirst sehen, daß alles noch viel schlimmer wird»,
weshalb es ihr auch rät, sich zur Aufheiterung gemeinsam einen
jener schwermütigen schwedischen Filme anzusehen. Offensichtlich ein Versuch, mit Hilfe des berühmten englischen Humors der
Depression ihre Schrecken zu nehmen. Der schlimmste Moment
des Tages für einen Depressiven ist bekanntlich das Aufwachen.
Auch dazu ist das Männchen um einen komischen Einfall nicht
verlegen; aus seiner Bettengruft brummelt es: «Meine Tage beginnen einfach zu früh, bevor ich bereit bin, mich ihnen zu stellen...»

«Im ersten Jahr haben wir uns vor allem bemüht, praktische
Ärzte, Krankenschwestern und Sozialarbeiter in Kursen und Kon-

gressen zu sensibilisieren und aufzuklären», heißt es dazu beim Royal College of Psychiatrists in London.

Seit 1993 läuft auch in Großbritannien eine Kampagne, die die breite Öffentlichkeit über alle Massenmedien ansprechen soll. Laut ihrem Leiter, Professor Robin Priest, soll sie vor allem das auf einer Verwechslung von Antidepressiva und Tranquilizern beruhende Vorurteil von achtundsiebzig Prozent der Bevölkerung abbauen, Antidepressiva machten süchtig. Dazu wird der bekannte amerikanische Forscher Michael R. Liebowitz zitiert, demzufolge gesunde Menschen von diesen Tabletten schon deshalb nicht abhängig werden können, weil sie bei ihnen kaum Wirkung zeigen. Dennoch hält sich dieses Vorurteil hartnäckig. Zwar sind laut Professor Priest einundneunzig Prozent der Bevölkerung überzeugt, daß man Depressiven im familiären und gesellschaftlichen Umfeld unbedingt helfen müsse und Gespräche nützlich seien, aber bei Antidepressiva hört ihr Verständnis auf. Einundsechzig Prozent lehnen sie kategorisch ab und sagen damit nein zum einzigen wirksamen Hilfsmittel für unzählige Menschen.

Eine in Amerika durchgeführte Untersuchung deckt die Widersprüchlichkeit dieses weitverbreiteten Vorurteils gegen Antidepressiva noch deutlicher auf: achtundsiebzig Prozent der befragten Patienten erklärten, sie würden einfach abwarten, bis ihre depressive Phase vorüber sei, während fünfundsechzig Prozent bei Kopfschmerzen nicht zögern, zu Tabletten zu greifen, und neunundvierzig Prozent es als selbstverständlich ansehen, eine leichte Magenverstimmung mit Medikamenten zu bekämpfen.

Aus diesem Grund wurden in jüngster Vergangenheit die Aufklärungsbemühungen in der Öffentlichkeit verstärkt. Zusätzlich zu der von D/ART durchgeführten Kampagne wurde 1991 in den Vereinigten Staaten ein «National Day for the Mass Screening of Depression» eingeführt. Zahlreiche Psychiater erklärten sich bereit, im Rahmen der alljährlich im Oktober vom Kongreß proklamierten «Woche der psychischen Krankheiten» an einem bestimmten Tag kostenlos in Betreuungszentren Rat zu erteilen. Dr. Douglas G. Jacobs, der diesen «Tag» in Zusammenarbeit mit der APA (American

Psychiatric Association) organisiert, erläutert dazu: «Wir wollen erreichen, daß möglichst viele Menschen die Symptome der Depression erkennen und sie als Krankheit sehen lernen anstatt als Zeichen moralischer Schwäche oder mangelnder Willensstärke.» Auch im kleinen Holland haben die Alarmglocken zu läuten begonnen. Hunderttausend unerkannte Depressionsfälle, pro Bezirksarzt zwanzig, soll es dort geben. Wie kann man ihnen helfen? Die SIRE hat sich ihrer angenommen und in Zeitungen und Zeitschriften ganzseitige Anzeigen mit Fotos vom Eiffelturm, der Freiheitsstatue oder dem Stadtschild von Hollywood plaziert. Was das mit der Depression zu tun hat, macht der Text der Anzeigen klar: Wer verrückt genug ist, Filmstar zu werden oder den Eiffelturm kaufen zu wollen, hat kein Recht auf Verständnis, aber jene unverstandenen zwanzig Patienten... Mit solchen originellen Anzeigen sollen vor allem Ärzte wachgerüttelt werden. Wenn sie mehr über Depressionen erfahren wollen, können sie durch Ausschneiden und Einsenden eines Coupons am unteren Ende der Anzeige bei der «Holländischen Gesellschaft für manisch-depressive Störungen» kostenlos Bücher und anderes Informationsmaterial anfordern.

In den Niederlanden förderte das Königshaus persönlich die Aufklärungskampagne über diese Krankheit. Jahrelang hieß es, Prinz Claus von Amsberg, der Mann der Königin Beatrix, leide an einer rätselhaften Krankheit. In der Öffentlichkeit erschien er gelegentlich an ihrer Seite mit stumpfem Blick, gebeugtem Gang und unsicheren Schritten. Die Zeitungen in aller Welt hüllten sich über die wahre Natur seiner geheimnisvollen Krankheit in Schweigen und spielten allerhöchstens versteckt auf ihren peinlichen, wenn nicht gar beschämenden Charakter an oder sprachen nur von der schweren und unaussprechlichen Bürde der Königin.

Eines Tages trat Prinz Claus dann wieder im holländischen Fernsehen auf. Sein Gang war sicher, seine Gesichtszüge heiter und sein Blick lebhaft. Er erklärte ohne Umschweife, er habe an schweren Depressionen gelitten, derentwegen er sogar eine Weile seinen Amtsgeschäften nicht nachgehen konnte. Heute ist er geheilt, und sein öffentliches und sein privates Leben gehen wieder ihren gewohnten Gang. Bei späteren Fernsehauftritten berichtete er allein oder zusammen mit seiner Frau offen und schonungslos über die schwere Zeit, die beide durchgemacht hatten. Immer wieder erklärten sie, daß die Depression eine normale Krankheit sei, die behandelt werden könne und deren man sich nicht zu schämen brauche. Wie sollte man sich auch einer Krankheit schämen, die selbst Könige nicht verschont?

Dennoch bleibt die Depression ein «Medizinskandal», der mittlerweile auf fast jedem internationalen Psychiatriekongreß angeprangert wird. Zu den bekannten und hinreichend skandalösen Zahlen über Fehldiagnosen kommen beständig weitere, die noch verständlicher machen, warum diese Krankheit nach wie vor fälschlicherweise im Rufe steht, unheilbar zu sein.

Unzählige depressive Erkrankungen werden überhaupt nie behandelt oder die Patienten erhalten Medikamente in falscher, meist zu niedriger Dosierung beziehungsweise über einen zu kurzen Zeitraum. Auf keinem anderen medizinischen Gebiet ist das Mißverhältnis zwischen zur Verfügung stehenden Heilmitteln und ihrem korrekten und wirksamen Einsatz ähnlich groß. Angesichts der vorliegenden Zahlen ist die Bezeichnung «Skandal» wirklich berechtigt. Den jüngsten Statistiken zufolge werden von den vierzig Prozent, deren Depression vom Arzt erkannt wird, nur einundfünfzig Prozent behandelt. Für die restlichen neunundvierzig Prozent dürfte der Arzt vermutlich in seinem Arsenal nur tröstliche Worte und Durchhalteparolen bereithalten.

Aber damit nicht genug. Bei vierundvierzig bis sechzig Prozent der Patienten, denen vom Arzt Medikamente verschrieben werden, verhindert eine ungenügende Dosierung den gewünschten therapeutischen Effekt, allerdings nicht lästige Nebenwirkungen.

Ein letzter Mißstand: höchst selten werden vorbeugend Medikamente verschrieben, obwohl die Rückfallrate gerade bei der Depression sehr hoch ist, und in den wenigsten Fällen erstreckt sich, wie eigentlich nötig, die Therapie über einen Behandlungszeitraum von mindestens sechs Monaten.

Alles in allem erhalten knapp achtzehn Prozent der Patienten, deren Depression erkannt wurde, also nicht einmal ein Fünftel, die richtige Behandlung in der richtigen Dosierung und über den richtigen Zeitraum.

Um beim Thema zu bleiben: Ist das nicht deprimierend?

Bellerophontes im Jahrzehnt des Gehirns

«Nachdem sich Bellerophontes den Göttern verhaßt gemacht,
irrte allein er umher, das Herz in Kummer verzehrend,
durch die aleischen Fluren, den Pfad der Menschen
vermeidend.»

Im VI. Gesang der *Ilias* liefert uns Homer, bezogen auf den Heroen Bellerophontes, eine der frühesten Beschreibungen und Deutungen der Depression. Er zählt ihre klassischen Symptome auf und nennt auch ihre vermeintliche Ursache: sie ist eine Strafe der Götter, die dem bedauernswerten Opfer ihre Gunst entzogen haben.

Im Ersten Buch Samuel schlägt Jahwe, der Gott des Alten Testaments, einen großen König mit Melancholie: «Der Geist des Herrn aber wich von Saul und ein böser, vom Herrn gesandter Geist ängstigte ihn.» Diese Bibelstelle beschreibt die typischen Symptome der Depression am anrührenden Beispiel eines großen Herrschers, den sein bedauernswerter Zustand und sein unbesiegbares Schuldgefühl so sehr niederdrücken, daß er seine Führungsaufgaben nicht länger bewältigen kann.

Zwar erkannten bereits die altägyptischen Ärzte die Depression als Krankheit, aber erst diese ethisch-religiöse Betrachtungsweise macht eines ihrer charakteristischen Merkmale deutlich: das subjektive Empfinden des Depressiven, sein Zustand sei eine Strafe des Schicksals für irgendeine Schuld oder Sünde, die er auf sich geladen haben muß.

Bis heute ist die Frage nicht geklärt, ob die Depression eine Krankheit oder Ausdruck einer Lebenskrise beziehungsweise psychischer Probleme des Betroffenen ist. Im fünften Jahrhundert vor Christus trennte Hippokrates als erster die Medizin von der Philosophie und den moralischen Wissenschaften. Mit ihm beginnt auch die Geschichte der objektiven, sich ausschließlich auf Erfahrungen und Beobachtungen stützenden Medizin. Er schreibt: «Sie (die Melancholie) scheint mir um nichts göttlicher oder heiliger zu sein als die anderen Krankheiten, sie hat den gleichen Ursprung wie die anderen. Doch haben die Menschen infolge ihrer Unwissenheit und ihrer Verwunderung, weil sie in nichts den anderen Krankheiten gleicht, geglaubt, ihr Wesen und ihre Ursache seien etwas Göttliches.»

In seinen *Aphorismen* beschreibt er dieses «Wesen» knapp und klar: «Wenn Angst und Traurigkeit lange Zeit anhalten, handelt es sich um einen Zustand von Melancholie.» In späteren Schriften kommt er noch ausführlicher auf dasselbe Thema zurück. Verursacht wird sie, seiner Ansicht nach, durch die schwarze Galle, womit er den Begriff «Melancholie» prägt (auf griechisch heißt *mélas* «schwarz» und *cholé* «Galle»). Hippokrates war auch ein Vorläufer der modernen Lehre von den Temperamenten. Er beschrieb bereits die wesentlichen Grundzüge der vier verschiedenen Temperamente: des Cholerikers, Sanguinikers, Melancholikers und Phlegmatikers. Das Überwiegen einer der vier Hauptkörperflüssigkeiten im Organismus (der gelben, für leichtes Aufbrausen verantwortlichen Galle, des Blutes, der schwarzen Galle oder des Phlegmas) bestimmt das jeweilige Temperament eines Menschen. Ein besonders unausgeglichenes Mischungsverhältnis kann eine Geisteskrankheit zur Folge haben.

Natürlich wußte dieser große griechische Arzt, der auch den Phasencharakter der Depression und ihr gehäuftes Auftreten in bestimmten Jahreszeiten erkannte, noch nichts von Serotonin oder Noradrenalin, aber er sah bereits mit großer Klarheit, daß das Gehirn Sitz unserer Gefühle und aller sonstigen psychischen Äußerungen des Menschen ist. Auch in dieser Hinsicht erscheint sein Denken außergewöhnlich modern, wie jeder Leser nach der Lektüre des folgenden Abschnitts aus seinem Werk *Von der Heiligen Krankheit* sicher voller Bewunderung feststellen wird.

«Es müssen aber die Menschen wissen, daß die Lüste und Freuden und Lachen und Scherzen aus keiner anderen Ursache als von dort (vom Gehirn) ihren Ursprung nehmen und ebenso Betrübnis und Ärger und Mißstimmungen und Jammer. Mit diesem vor allem denken, sehen und hören wir und erkennen das Häßliche und das Schöne, das Böse und das Gute, das Angenehme und das Unangenehme ... Durch eben dieses verfallen wir Menschen auch in Raserei und werden irre, und Ängste und Schreckbilder treten uns vor die Seele, die einen in der Nacht, die anderen am Tage. Auch Träume und unzeitige Irrungen und grundlose Sorgen, Mangel an Erkenntnis der gegenwärtigen Verhältnisse, Ungewohntheit und Unerfahrenheit erleiden wir durch das Gehirn, wenn dies nicht gesund ist.» Ein Jahrhundert später vertieft der große Philosoph Aristoteles Hippokrates' Theorie von der schwarzen Galle und rückt einen weiteren Aspekt der Depression ins Licht: ihr häufiges Auftreten bei Genies. In dem ihm zugeschriebenen Werk *Problemata* 30,1 schreibt er: «Alle Menschen, die in Philosophie oder Politik, in Kunst oder Literatur Außergewöhnliches leisten, haben ein melancholisches Temperament, einige sogar so ausgeprägt, daß sie unter einer pathologischen Form von Melancholie leiden.» Zu den ihm nahestehenden großen Meistern, die mit derselben Krankheit geschlagen sind wie Homers Held Bellerophontes, zählt er Empedokles, Platon und Sokrates.

Eine der eindringlichsten Beschreibungen der Depression hat uns Plutarch (46–126 n. Chr.) hinterlassen: «Wenn ein Mensch unter Depression leidet, vergrößern die Schreckensvisionen seiner Angst ihm jedes kleinste Unwohlsein ... Er sieht dann in sich selbst einen Menschen, den die Götter hassen und mit ihrem Zorn verfolgen ... vom Arzt und tröstenden Freunden will er nichts wissen ... er sitzt in Sackleinen oder Lumpen gehüllt vor seiner Tür ... manchmal schleppt er sich nackt durch den Schmutz und beichtet diese oder jene Sünde. Ob er wacht oder schläft, er wird immer von den Schreckgespenstern seiner Angst verfolgt. Im Wachzustand benutzt er seinen Verstand nicht mehr, und selbst im Schlaf läßt ihm die Angst keine Ruhe. Sein Verstand schläft immer, seine Ängste wachen dagegen immer. An keinem Ort findet er Zuflucht vor seinen eingebildeten Schreckensvisionen.»

Im ersten nachchristlichen Jahrhundert wies Aretaios von Kappadokien auf die Verbindung zwischen Depression und Wahnsinn hin; ein Jahrhundert später führte Galen den Begriff «Hypochondrie» ein, unter dem er eine Erkrankung des Unterleibs verstand (*hypochóndria*: der knorpelige Bereich *[chóndrion]* unterhalb *[hypo]* der Rippen). Die übermäßige Besorgtheit um die eigene Gesundheit stellte er als sekundäres Symptom dieser Krankheit dar, die Melancholie dagegen als ihr Hauptsymptom. Noch heute versteht man unter einem Hypochonder einen übermäßig um die eigene Gesundheit besorgten Menschen und betrachtet Hypochondrie als ein häufig zusammen mit Depressionen auftretendes Symptom.

Galen wies auch auf die Bedeutung erb- und umweltbedingter Faktoren hin und schilderte den chronischen und phasenhaften Verlauf dieser Krankheit.

Mit der Durchsetzung der neuplatonischen, neupythagoreischen und orphischen Philosophieströmungen sowie des jüdischen und orientalischen Mystizismus verlor die Sichtweise der griechisch-römischen Medizin, die die Depression als organische Krankheit betrachtet hatte, immer mehr an Bedeutung. Diese neuen Strömungen legten den Grundstein für die spätere dämonologische Sicht dieser Krankheit, derzufolge der ewige Konflikt zwischen Gut und Böse im Menschen ausgetragen wird und im Extremfall Geisteskrankheiten zur Folge haben kann.

Mit der Verbreitung des Christentums, dessen Denken von der Vorstellung des Weiterlebens nach dem Tode und dem ewigen Drama von Sünde und Erlösung beherrscht wird, wurden die Weichen in Richtung auf eine psychologische Sichtweise gestellt. *Tristizia* war im Mittelalter ein Synonym für *acedia* (von griechisch *akedos* ohne Interesse), die für Thomas von Aquin gleichbedeutend mit Trägheit beziehungsweise Unfähigkeit zur Tugend (im Sinne von Unwilligkeit) war und eine der sieben Hauptsünden darstellte.

Von da an galt die Depression nicht mehr als Krankheit, sondern als Strafe für Schuld und Sünde und war kein biologisches, sondern ein moralisches oder, im weiteren Sinne, existentielles Problem, eine Auffassung, die auch heute noch viele Menschen teilen. Träg-

heit ist das Werk des Teufels, durch das er die menschliche Seele von
Gott entfernt. Dante verdammt die Trägen voller Verachtung in die
Hölle (VII. Gesang), wo sie im stygischen Sumpf untergehen. Mit
der gleichen Unerbittlichkeit verdammt er die Feigen und Hand-
lungsunfähigen, «all jene, die nie lebendig waren». Im 12.
Jahrhundert brachte die deutsche Benediktinernonne
Hildegard von Bingen ebenfalls Melancholie mit Schuld in Verbindung. Sie war überzeugt, daß die schwarze Galle in Adam aufstieg,
als er in den Apfel biß, das Übel der Melancholie also durch den
Sündenfall, das heißt durch menschliche Schuld, auf die Welt gekommen sei, worin ihr vermutlich jeder Depressive zustimmen
wird, gleichgültig, welcher Ideologie oder welchem Glauben er ansonsten anhängt. Nur ein Schmunzeln dürfte dagegen beim heutigen Leser der im *Regimen Sanitatis Salernitanum*, einem Werk der
berühmten medizinischen Schule von Salerno, enthaltene Rat auslösen, auf den Genuß von Äpfeln zu verzichten, um der Depression
vorzubeugen. Im übrigen gibt dieses Werk aber eine bewunderns-
wert präzise Beschreibung dieser Krankheit.

Die mittelalterlichen Schriften von Hexen, Teufeln, Besessenen
und Häretikern – meist Frauen, die zum Tod auf dem Scheiterhaufen verurteilt wurden, weil sie angeblich den Anfechtungen des
Teufels nachgegeben hatten – enthalten, wie moderne Psychiater
festgestellt haben, häufig eine sehr genaue Aufzählung der typischen Charakteristika vieler psychischer Störungen. Heute steht
fest, daß viele dieser vermeintlichen Hexen an Melancholie litten.
Selbst Zeitgenossen erkannten dies gelegentlich: Gerolamo Carda-
no, ein im 16. Jahrhundert lebender Mathematiker, Arzt und
Physiker, sah klar, daß die Zeichen der schwarzen Galle, die vielen
dieser Frauen ins Gesicht geschrieben standen, von einer Krankheit
verursacht wurden, die sie veranlaßte, sich selbst anzuklagen,
Schuldgefühle und Wahnvorstellungen vom eigenen Untergang zu
entwickeln, die offiziell als Beichten gewertet wurden. Das maß-
gebliche Lehrbuch auf diesem Gebiet war seit 1484 das *Malleus
Maleficarum* («der Hammer der Hexen»), in dem zwei Dominika-
nerbrüder alle nur denkbaren Formen der Hexerei detailliert be-

schreiben und lehren, wie man sie erkennen kann. Heimgesucht werden die armen Frauen von derlei Wahnzuständen und Halluzinationen, weil sie einen heimlichen Pakt mit dem Teufel geschlossen haben.

Zu den religiös motivierten Abhandlungen über die Melancholie kamen in der Renaissance zahlreiche originelle Beiträge zur Melancholieforschung von Philosophen, Ärzten und Künstlern. Der vielleicht bedeutendste unter ihnen stammt von Marsilius Ficinus, einem Humanisten aus dem Umkreis von Lorenzo Il Magnifico. In seinem dreibändigen Werk *De Vita triplici* behandelt er die Melancholie eingehend als charakteristisch für den genialen Menschen, der unter dem Stern Saturns steht, des höchsten Planeten am Himmel. Zur Gruppe der «Söhne Saturns», die die Melancholie dazu treibt, «das Zentrum aller Dinge zu erforschen», zählt er sich selbst, Lorenzo und Pico della Mirandola.

Albrecht Dürers berühmter Stich *Melancholie* (1513/14) entstand sicherlich unter dem Einfluß der Theorien von Ficinus, dessen Werke gegen Ende des 15. Jahrhunderts in Deutschland verbreitet waren. Zahlreiche der auf ihm abgebildeten Symbole verweisen auf die Philosophie seiner Zeit und die Lehre von den Körperflüssigkeiten. Nach ihm haben viele andere Künstler dasselbe Thema aufgegriffen. Erwähnt seien hier nur die von Lukas Cranach dem Älteren sogar in zwei Versionen gemalte *Melancholie* (ungefähr 1532) und die *Iconologia* Cesare Ripas (1593).

Durch das in der Renaissance erneut aufblühende künstlerische und wissenschaftliche Interesse für die Anatomie verlor die Theorie von den Körperflüssigkeiten allmählich an Einfluß, und neben der von den genialen Söhnen «Saturns» geprägten astrologisch-metaphysischen Sicht trat nach und nach die medizinisch-wissenschaftliche Auseinandersetzung mit diesem Thema in den Vordergrund.

Im 16. Jahrhundert verband der große Paracelsus in seiner Klassifizierung der Geisteskrankheiten klinische Beobachtung mit einer kosmologischen Sichtweise. Durch Gifte verursachte Geisteskrankheiten bezeichnete er als «Tollheit», periodisch auftretende, seiner Ansicht nach durch die Mondphasen verursachte Störungen als «Mondkrankheit» und erbliche Geisteskrankheiten als «Wahnsinn».

In der vernunftbetonten Aufklärung setzte sich dann die wissenschaftliche Betrachtungsweise immer mehr durch, bis schließlich das Herz seine zentrale Stellung im menschlichen Körper an das Gehirn abtreten mußte. Gegen Ende des 18. Jahrhunderts führt William Cullen den Begriff der «Neurose» ein, der später durch Freud zu großem Ruhm gelangen sollte und den Kern seines Gedankengebäudes bildet. Cullen bezeichnet eine Reihe von Krankheiten als Neurosen, deren gemeinsames Merkmal eine ausgeprägte Störung des «Nervensystems» ist. Er weist auch auf die Verbindung zwischen Depression und Wahnsinn hin und sieht sie als zwei mögliche Erscheinungsformen ein und derselben Störung.

Mitte des 19. Jahrhunderts zählt Jean-Etienne-Dominique Esquirol folgende zur Depression disponierende Ursachen auf: Erbfaktoren, angeborenes Temperament, weibliches Geschlecht, soziale sowie emotional und moralisch bedingte Ursachen.

1854 erklärt Jean-Pierre Falret die «Folie circulaire» (zirkuläres Irresein) als abwechselndes Auftreten von Traurigkeit und Euphorie. Er weist auch darauf hin, daß der Sprung von einer Phase in die andere plötzlich und durch jede beliebige Ursache ausgelöst werden kann. K. L. Kahlbaum führt schließlich den Begriff der «Zyklothymie» ein. 1889 klassifiziert Emil Kraepelin die Geisteskrankheiten grundsätzlich neu. Er unterscheidet zwischen «manisch-depressivem Irresein» und *Dementia praecox* und ordnet alle Formen von Geisteskrankheiten, von den leichtesten bis zu den sehr schweren, in ein zusammenhängendes System ein, deren gemeinsames Merkmal eine genetische Prädisposition ist.

Der Begriff «Depression» soll ungefähr 1920 von dem amerikanischen Psychiater Adolph Meyer geprägt worden sein.

1911 entwickelte Karl Abraham als erster psychodynamische Theorien zur Depression. Sigmund Freud baute Abrahams Theorien aus und verschaffte ihnen große Verbreitung. In seiner 1917 entstandenen Abhandlung *Trauer und Melancholie* stellt der Vater der Psychoanalyse die Theorie auf, daß das gemeinsame Merkmal von Depression und Trauer im Verlust eines Liebesobjekts und der Introjektion ungelöster negativer Gefühle zu suchen sei. Manie deutet er als Folge der Verleugnung dieses Verlusts.

Mit dem Siegeszug der Psychoanalyse verläßt die Depression oder Melancholie erneut den Körper und kehrt in ein «abstraktes» Gebilde zurück, das nun nicht mehr Seele, sondern Psyche genannt wird. Gelegentlich erscheint zwar der als Verursacher verleugnete Körper noch als Träger physischer Symptome; diese werden aber als Manifestation der «Befehle» des Unbewußten gedeutet.

Viele Psychiater, die heute die psychodynamischen Theorien kritisieren, da sie die Vorstellung von den psychischen Krankheiten verzerrt, ja ihre Existenz sogar geleugnet und damit der Forschung großen Schaden zugefügt hätten, gestehen andererseits ein, daß es zu Freuds Zeiten und noch lange danach praktisch keine Möglichkeiten gab, Depressionen erfolgreich zu behandeln. Sich zur «Organtheorie» zu bekennen, obwohl es an Möglichkeiten fehlte, das kranke Organ zu heilen, geriet dadurch zu einer Sache des Glaubens.

Man darf auch nicht vergessen, daß die empirisch entwickelten Behandlungsmethoden jener Zeit häufig besonders brutal waren: Als man feststellte, daß eine bestimmte Art von Streß depressive Störungen auslöste, während eine andere sie linderte, wurden heiße und eiskalte Duschen therapeutisch eingesetzt oder der Patient auf einem Drehstuhl festgebunden. Bis in die sechziger Jahre war auch die Fieberbehandlung sehr beliebt, bei der künstlich hohes Fieber provoziert wurde, da sich herausgestellt hatte, daß depressive Patienten sich nach einer mit hohem Fieber verbundenen Lungenentzündung häufig äußerst wohl und zufrieden fühlten und andererseits Menschen, die normalerweise kaum unter Stimmungsschwankungen litten, nach einer einfachen Erkältung manchmal in tiefste Melancholie verfielen.

Noch bis vor kurzem war die Insulinkomabehandlung gebräuchlich, wobei die dem Patienten verabreichte Insulindosis allmählich gesteigert wurde, bis er in ein Koma fiel, aus dem er durch Traubenzuckergaben wiedererweckt wurde. Bei dieser Behandlungsmethode trat im allgemeinen bereits nach wenigen Wochen eine deutliche Besserung des Zustands ein.

Daneben gab es die Cardiazolschockbehandlung, bei der Konvulsionen auslösende Substanzen, zum Beispiel Cardiazol, verabreicht wurden, die aber seit 1938 nach und nach von der Elektroschockbehandlung verdrängt wurde. Wegen der früher häufig auftretenden dramatischen Folgen dieser Behandlungsmethode geriet sie und mit ihr die gesamte Psychiatrie in starken Verruf. Heute ist sie aber in vollem Umfang rehabilitiert und wird wieder viel praktiziert, zumal mittlerweile neue, vollkommen schmerzlose Elektroschockmethoden entwickelt wurden.

Die jüngsten Fortschritte in der Behandlung von psychischen Erkrankungen verdanken sich der Entwicklung von Psychopharmaka sowie zahlreichen Entdeckungen in vielen Bereichen der Neurophysiologie. 1949 wurden die beruhigenden und stimmungsausgleichenden Eigenschaften von Lithium entdeckt. 1952 kam Chlorpromazin als erstes im Labor entwickeltes Psychopharmakon auf den Markt. Damit begann eine Revolution, die noch immer nicht abgeschlossen ist.

Heute entwickelt sich die Psychiatrie immer mehr zur Biopsychiatrie.

Die jüngsten, aufsehenerregenden Entdeckungen von Neurowissenschaftlern, die durch Untersuchungen mit modernen Präzisionsinstrumenten ermöglicht wurden, haben den Beweis für die Richtigkeit der Theorie erbracht, daß die Depression im wesentlichen eine biologisch verursachte Krankheit mit stark erblichen Komponenten ist.

Dank der Positronen-Emissions-Tomographie (PET) ist es seit neuestem sogar möglich, die Aktivitäten des Gehirns im Zustand von Angst, Panik oder Depression zu filmen; andere Instrumente ermöglichen die Beobachtung und Photographie der bei den verschiedenen vom Individuum erlebten Gefühlen beteiligten Gehirnbereiche.

Die Neurobiologie dringt mit ihren Meßinstrumenten immer mehr in Bereiche vor, die ihr noch bis vor kurzem verschlossen zu

sein schienen und wie das Ich, das Bewußtsein und die subjektive
Empfindung scheinbar nicht in ihren Zuständigkeitsbereich fielen.
Wir stehen kurz vor einer radikalen Umwälzung unserer Sichtweise der Rolle von Körper und Psyche bei allen Lebensvorgängen.
Noch ist das Verhältnis zwischen beiden nicht ausgeglichen, aber
manchmal hat es bereits den Anschein, als ob der Körper die Füh-
rungsrolle innehabe.
Die Beantwortung der auch heute wieder sehr aktuellen Frage:
Was ist der Mensch? gehört eigentlich nicht in den Zuständigkeitsbereich von Psychiatern und Neurowissenschaftlern, so wie Galileo
nicht dafür zuständig war, den Sinn der Bibel zu retten, nachdem er
den Mittelpunkt des Universums von der Erde auf die Sonne ver-
legt hatte. Im Mai 1992 kommentierte ein amerikanischer Journalist
einen von der American Psychiatric Association (APA) in Washington organisierten weltweiten Psychiatriekongreß voller Entsetzen in
einem Artikel unter der Überschrift «Die Psyche stirbt, das Gehirn
triumphiert».
Dabei hat das Gehirn in Amerika seit langem die Schlacht gewonnen und steht bereits auf höchster offizieller Ebene wieder im
Mittelpunkt des wissenschaftlichen Interesses am Menschen. Beide
Kammern des Kongresses, Senat und Abgeordnetenhaus der Vereinigten Staaten, hatten bereits früher in einer gemeinsamen Reso-
lution die neunziger Jahre zum «Jahrzehnt des Gehirns» prokla-
miert. Zum Abschluß dieses Kapitels möchte ich einige Teile ihrer
feierlichen Erklärung wiedergeben, die von allgemeinem Interesse
sein dürften:

*Angesichts der Tatsache, daß Statistiken zufolge fünfzig Millionen
Amerikaner unter Funktionsstörungen des Gehirns leiden...*
*daß die Behandlungs- und Rehabilitationskosten hierfür... sich auf
insgesamt 305 Milliarden Dollar pro Jahr belaufen...*
*daß die technologische Revolution in den Neurowissenschaften, durch
die bereits Techniken wie die Positronen-Emissions-Tomographie sowie
die Magnet-Resonanz-Therapie entwickelt wurden, die Möglichkeit
bietet... das lebende Gehirn in seinen subtilsten Funktionen zu beob-*

*achten ... und die Beziehungen zwischen Neuropeptiden und Verhalten
zu erforschen ...*

*daß die fundamentalen Entdeckungen der Zell- und Molekularfor-
schung die Rolle des Gehirns bei der Umsetzung neurophysiologischer
Vorgänge in Verhaltensweisen, Gedanken und Emotionen immer mehr
aufklärten ...*

*daß die jüngsten Entdeckungen fundamentale Kenntnisse über die
Ursachen von Drogenmißbrauch ermöglicht haben ...*

*daß in den letzten fünfundzwanzig Jahren fünfzehn Neurowissen-
schaftler den Nobelpreis für Medizin und Physiologie erhalten haben ...*

*daß die amerikanische Nation sich für die Forschung auf dem Gebiet
der Störungen und Funktionsausfälle des Gehirns interessieren muß und
ihrer Verhütung und Behandlung die Priorität im Gesundheitswesen
zuerkennen muß ...*

*beschließen
der Senat und die Abgeordnetenkammer
der Vereinigten Staaten von Amerika, im Kongreß versammelt,
das am 1. Januar 1990 beginnende Jahrzehnt zum «Jahrzehnt des Gehirns» zu proklamieren und den Präsidenten der Vereinigten Staaten
zum Erlaß einer Proklamation aufzufordern, in der alle Beamte sowie
die gesamte Bevölkerung der Vereinigten Staaten aufgerufen werden,
dieses Jahrzehnt durch geeignete Initiativen zu ehren.*

Teil eins Untersuchung einer immer weniger «dunklen» Krankheit

Im Gespräch mit Professor Giovanni B. Cassano

Vorwort: Wie funktioniert das Gehirn?

Um zumindest ungefähr zu verstehen, wie unser Gehirn (Zentralnervensystem oder ZNS) funktioniert, müssen wir uns vor Augen halten, daß es wie die Leber, die Nieren und das Herz ein Organ unseres Körpers ist und ebenso wie alle anderen Organe aus Zellen (Nerven- und Gliazellen) besteht, die für den ganzen Organismus wichtige Aufgaben von unterschiedlicher Komplexität zu erfüllen haben. Das bewußte Denken ist die größte Leistung des menschlichen Gehirns, denn es setzt das funktionelle Zusammenwirken unzähliger Systeme voraus.

Ein Schlüsselwort zur Entschleierung seines Geheimnisses ist *Variabilität*: Die über hundert Milliarden Nervenzellen des menschlichen Gehirns (die Leber besteht «nur» aus hundert Millionen) besitzen eine unglaubliche genetische, strukturelle und funktionelle Variabilität; dasselbe gilt für ihre Verbindungen untereinander (Synapsen) und ihre Organisation in homogenen Funktionsgruppen (Schaltkreisen), die wiederum miteinander in einem großen Neuronennetzwerk verbunden sind. Jede Nervenzelle ist mit Tausenden von Synapsen übersät.

Zusätzlich erhöht wird diese ungeheure Variabilität noch durch die Plastizität der Nervenzellen, worunter die Tendenz von Synapsen und ganzer Neuronenschaltkreise zu verstehen ist, die für die Erledigung einer bestimmten Aufgabe oder eines Lernprozesses erforderlichen Fähigkeiten durch entsprechende Veränderung zu erwerben beziehungsweise sich an Veränderungen ihrer Umwelt anzupassen.

Die Nervenzellen, deren Zahl so unermeßlich ist wie die der Sterne der Milchstraße, kommunizieren untereinander in einer chemischen Sprache, von deren großem Wortschatz wir bisher nur ungefähr fünfzig elementare Begriffe kennen: die Neurotransmitter (Serotonin, Dopamin, Noradrenalin, Acetylcholin, GABA und andere...). Diese Botenstoffe übertragen Signale von einer Zelle zur anderen, indem sie mit Rezeptoren reagieren. Diese bestehen aus Proteinen, die in die Zellwand (Membran) eingelagert sind und wie Tasten auf einem ungeheuer großen Tastenfeld funktionieren.

Sobald die Rezeptoren mit den Neurotransmittern reagieren, lösen sie eine chemische Reaktionskette im Inneren der Zelle aus, durch die das betreffende Signal über deren Synapsen an andere Nervenzellen weitergeleitet wird.

Verglichen mit anderen Gehirnfunktionen, dürfte dieser chemische Code noch relativ leicht zu verstehen sein. Zumindest ist es den Neurowissenschaftlern in jüngster Vergangenheit gelungen, ihn weitgehend zu entschlüsseln und auch ihn zu beeinflussen.

Psychopharmaka sowie die Elektroschockbehandlung sind im Grunde nichts anderes als der Versuch des Menschen, selbst Worte in der Sprache des Gehirns zu erfinden, die diesem verständlich sind, und dadurch in die eventuell gestörte Kommunikation unter den Nervenzellen eingreifen zu können. Zweifellos sind diese Eingriffe bislang noch relativ grob, denn die Forschung steht auf diesem Gebiet noch am Anfang, dennoch bleiben sie ein unersetzbares therapeutisches Instrument, solange noch keine Medikamente entwickelt wurden, die, wie Laserstrahlen, eventuelle genetische Irrtümer punktuell korrigieren können.

Durch die jüngsten Forschungen wurden interessante Verbindungen entdeckt zwischen Charakterzügen und der Arbeitsweise des Gehirns sowie den in bestimmten Gehirnbereichen ausgelösten Kombinationen von Nervenimpulsen. Es dürfte heute kein Zweifel mehr daran bestehen, daß emotionale Reaktionen wie Freude, Trauer, Angst und Depression ebenso wie das bewußte Denken vom Funktionieren der Neuronenschaltkreise abhängen.

Die große Frage ist nur, auf welche Weise die Neurotransmitter die Schaltkreise des Gehirns kontrollieren.

Wie äußert sich die «dunkle» Krankheit?

In meinem Herzen ist es dunkel;
Bringt mir Licht!

SHAKESPEARE

Professor Cassano, erst seit kurzem wird die Depression als Krankheit bezeichnet. Endlich, möchte man sagen. Im öffentlichen Bewußtsein hat sich diese Auffassung allerdings noch nicht durchgesetzt, und – erlauben Sie mir, das gleich zu sagen – auch viele Ärzte, ja sogar Fachärzte, wissen noch erschreckend wenig, zu wenig über sie. Nach wie vor wird der Patient häufig mit gutgemeinten Ratschlägen abgefertigt: «Nur Sie selbst können sich helfen.» «Was erwarten Sie von der Medizin? Gehen Sie aus, ins Kino, zu Freunden.» Manchmal stößt man sogar auf Erstaunen: «Sie depressiv? Dabei sind Sie doch gar keine Hausfrau.» Als handele es sich um eine Berufskrankheit frustrierter Menschen.

Ja, das stimmt. Freunde, Verwandte und häufig sogar Menschen, die es von Berufs wegen besser wissen müßten, reagieren auf die Depression oft mit Gemeinplätzen wie: «Reiß dich zusammen!» «Sei tapfer und gib dir Mühe!» «Meinst du, das Leben wäre nicht für jeden von uns hart?» «Kämpfe gegen deine Depressionen an und versuche, es aus eigener Kraft zu schaffen!» Solche Sätze sind ebenso trivial wie sinnlos und tragen nur dazu bei, daß sich die sowieso schon vorhandene Verzweiflung des Depressiven durch Schuldgefühle noch mehr verstärkt, seine Minderwertigkeitskomplexe zunehmen und er schließlich fest überzeugt sein wird, unfähig, schwach, wenn nicht gar feige zu sein: ein Parasit, der seine rechtschaffen arbeitenden Mitmenschen ausnützt, obwohl sie für ihn so viele Opfer bringen. So stellen sich zumindest ihm die Vorwürfe und die Kritik anderer dar. Aber kann man Verwandten und Freunden eines Depressiven deswegen einen Vorwurf machen? Das Problem bei der Depression liegt ja gerade darin, daß sie leicht mit Gefühlen, die jeder aus eigener Erfahrung kennt, wie Schmerz, Langeweile und Verzweiflung verwechselt wird.

Könnten wir vielleicht ein Phantombild der Depression entwerfen, um deutlich zu machen, worin sie sich von «normaler» Traurigkeit und Niedergeschlagenheit unterscheidet?

Die Depression gehört zu den die Stimmung beeinflussenden affektiven Störungen, der wichtigsten Untergruppe der psychischen Krankheiten. Was versteht man unter Stimmung? Vielleicht macht die Metapher des Scheinwerferlichts diesen Begriff verständlicher. Im Theater folgt es den einzelnen Schauspielern und paßt sich jeweils in seiner Intensität ihren Bewegungen und Gesten an. Auf die gleiche Weise untermalen die Gefühle und Empfindungen unsere Erfahrungen auf der Lebensbühne und verleihen jedem unserer Gedanken und jeder Handlung eine bestimmte «affektive» Färbung.

Dem blendenden Licht, in das am Höhepunkt eines Theaterstücks die gesamte Bühne getaucht ist, entsprechen die heftigen Emotionen, die bei plötzlichen Veränderungen in unserem Leben von uns Besitz ergreifen.

Dann wieder bleibt die Beleuchtung auf der Bühne eine Weile mehr oder weniger unverändert und schwankt nur selten und gering in ihrer Intensität; diese Scheinwerfereinstellung entspricht unserer normalen Stimmungslage im Alltag, wenn wir unserem gewöhnlichen Tagwerk nachgehen und unsere Stimmung nur geringen Schwankungen unterworfen ist.

Man könnte die Stimmung auch mit den Stoßdämpfern beim Auto vergleichen. Ihr beständiges Schwanken zwischen Freude und Traurigkeit, schwungvollem Elan und Unsicherheit erfüllt eine wesentliche Anpassungsfunktion. So wie eine gute Federung eine gute Straßenlage garantiert, ermöglicht sie die Anpassung an angenehme und unangenehme Situationen, so daß die Ereignisse uns nicht überwältigen, sondern wir sie bewältigen und danach wieder unser normales seelisches Gleichgewicht erlangen.

Unsere affektive Gestimmtheit spielt eine herausragende Rolle bei allen Kommunikationsprozessen und verleiht unserer Sprache und unseren Handlungen in jedem Augenblick unseres Lebens eine besondere emotionale Tönung. Sie beeinflußt unsere Art zu denken, unsere Wahrnehmungen und unsere Ausdrucksweise; sie äußert sich in unserer Mimik, unseren Gesten und Verhaltensweisen. Jede Veränderung unserer Stimmung spiegelt die kleinen und großen Störungen des funktionellen Gleichgewichts unseres Organismus wider und zeigt an, ob es uns gut oder schlecht geht.

Bleiben wir bei Ihrem Vergleich mit den Stoßdämpfern. Manchmal brechen ja auch die Federn eines Autos, so daß sie Stöße nicht mehr abdämpfen können.

Genau das kann auch bei unseren affektiven Stoßdämpfern passieren; sie können ihre Funktion nur erfüllen, wenn bestimmte neurobiologische Strukturen unseres Organismus einwandfrei funktionieren. Verliert unsere Stimmung ihre Flexibilität und Anpassungsfähigkeit, bleibt sie sozusagen in einer Position stehen. Manchmal läßt auch ihr Reaktionsvermögen auf äußere oder innere Ereignisse nach, und sie springt unabhängig von den äußeren Umständen mechanisch von einer Position in eine andere. Man spricht dann von einer gestörten Stimmungslage: von Depression, wenn das Stimmungspendel bei Verlangsamung und Traurigkeit stehenbleibt, und von Manie, wenn es bei Euphorie und Erregung blockiert; als manisch-depressive Psychose, die heute auch bipolare Störung genannt wird, bezeichnet man ein von äußeren oder inneren Anlässen unabhängiges Schwanken der Stimmungslage von einem zum anderen Pol des affektiven Spektrums. Die Frequenz dieser «Sprünge» läßt sich nicht vorhersagen; sie können sich an einem einzigen Tag häufen, es kann aber auch Wochen, Monate oder Jahre dauern, bevor wieder ein derartiger «Sprung» erfolgt.

Bleiben wir vorerst bei der Depression. Mit welchen Symptomen äußert sie sich?

Der Depressive verliert alle Feude am Leben, kann nichts mehr genießen; Freud und Leid seiner Mitmenschen sind ihm gleichgültig; er kann sich für nichts mehr begeistern und über nichts mehr ärgern und fühlt sich insgesamt kraft- und schwunglos.

Das Aufwachen am Morgen ist für ihn der schlimmste Augenblick des Tages, weil ihm der vor ihm liegende Tag wie eine riesige, öde Ebene erscheint, die zu durchqueren ihm nie gelingen kann; schon ihr bloßer Anblick erfüllt ihn mit Angst, und es ist ihm unvorstellbar, wie er ihn je bis zum Abend überstehen soll.

Der Depressive hat zu nichts Lust und wünscht sich nichts; er ist unfähig, sich über irgend etwas zu freuen, und er ist nie zufrieden. Auch unter anderen Menschen fühlt er sich allein; alles ist ihm gleichgültig; für niemand kann er etwas empfinden; sein Gefühlsleben ist eine ausgedörrte Wüste, in der nichts wächst außer dem Gefühl der völligen emotionalen Leere, des Verlustes aller Gefühle, das ihn beständig schmerzlich quält und ihn immer mehr vereinsamen oder ihn beständig nach der Nähe eines anderen Menschen verlangen läßt.

Eine meiner Patientinnen nahm, als sie unter schweren Depressionen litt, voller Verzweiflung von ihren Lieben, ihrem Heim, ihrem Dorf, dem Meer und dem kleinen Hafen der Insel, auf der sie wohnte, Abschied, um sich in einer psychiatrischen Klinik behandeln zu lassen. Zu ihrem Trost blieb ihr geduldiger und liebevoller Ehemann während ihres Aufenthalts dort ständig in ihrer Nähe; sie war besessen von der Furcht, man könne sie auch nur für wenige Minuten von ihm trennen. Der Besuch ihrer Kinder ängstigte sie nur, weil sie beständig fürchtete, sie kämen, um ihren Mann abzulösen. Er konnte als einziger ihr Leiden zwar nicht lindern, aber zumindest durch seine Anwesenheit eine Verschlechterung ihres Zustands verhindern.

Auch dieser Mann dürfte unter einer solchen Situation schwer leiden. Das ständige Zusammenleben mit einem Menschen, der in den Klauen des Nichts gefangengehalten wird, macht auch ihn zum Gefangenen und kann selbst die Kräfte eines gesunden Menschen allmählich aufreiben. Das Denken eines Depressiven kreist beständig um die gleichen negativen Ereignisse aus der Vergangenheit oder um tatsächliche oder eingebildete Fehler. Seine Gedanken bilden sich nur langsam und wiederholen sich, wie fixe Ideen, immer wieder; er ist körperlich wie geistig «festgefahren». Jede Bewegung fällt ihm schwer, da seine Arme und Beine bleiern und unbeweglich sind. Er fühlt sich immerzu müde, apathisch und kraftlos. Manchmal hat er auch das Gefühl, sein Körper gehöre gar nicht zu ihm und sei nur eine unerträgliche Bürde, eine Quelle der Pein. Gewöhnlich ist er appetitlos und magert sichtlich ab; manche Depressive stehen allerdings auch unter einem Eßzwang und werden immer dicker.

Zu dem Gefühl der Nutzlosigkeit kommt die Überzeugung, daß ihm niemand helfen kann. Eine lebhafte, lebenslustige und dynamische Frau aus Süditalien, die bis zu ihrer Erkrankung der Mittelpunkt einer großen Familie gewesen war, klagte mir vor kurzem ihr Leid mit folgenden Worten: «Ich bin vollkommen nutzlos geworden, fühle mich tot und wie eine Fremde in meinem eigenen Haus. Das Licht, das ich früher in meine Familie gebracht habe, ist erloschen. Es ist finster um mich herum geworden, und daran bin nur ich schuld. Ich weiß, daß es nie besser werden wird.» Der Depressive sieht seine Krankheit als einen endlosen Tunnel, aus dem er nie herauskommen wird. Keiner kann ihn verstehen; man kann nichts für ihn tun; es gibt keine Hoffnung. Erlösung scheint nur der Tod zu versprechen, den viele als den einzigen Ausweg aus ihrem Elend empfinden. Um ihn kreist ihr Denken beständig geradezu sehnsüchtig, und viele planen ihn systematisch.

Einen Depressiven erkennt man bereits an seinem äußeren Erscheinungsbild: er kleidet sich nachlässig in stumpfe, matte Farben; häufig vernachlässigt er auch seine Körperhygiene. Ein an bipolarer Depression leidender Patient sagte mir kürzlich: «Kommen Sie mir nicht zu nahe, Herr Professor... Bitte untersuchen Sie mich nicht, ich stinke... seit Monaten wasche ich mich nicht mehr; in diesem Zustand habe ich einfach nicht die Kraft dazu...»

Natürlich gibt es auch Ausnahmen, die die Regel bestätigen: der lächelnde, gepflegte Depressive, der seine gute Laune ostentativ zur Schau stellt und dem es manchmal gelingt, uns über seinen wahren Zustand zu täuschen.

Im Laufe der Behandlung bemerkt man dann schon am äußeren Erscheinungsbild, daß die Therapie wirkt: Der Patient kommt wieder sorgfältig gekleidet in die Praxis, die Farben seiner Kleidung sind fröhlicher. Frauen schminken sich wieder und gehen zum Friseur.

Auch die Stimme wird dann wieder lebhafter, die Sprache wirkt lebendiger und der Blick weniger stumpf, als habe man es mit einem neuen Menschen zu tun. Ein Rückfall fällt schon am Telefon auf: dann gerät der Sprachfluß wieder ins Stocken; die einzelnen Worte oder Sätze werden nur unter großen Mühen herausgepreßt; die Stimme klingt wieder matt, weinerlich und monoton; die Gedanken bilden sich nur schleppend und wiederholen sich immer wieder ...

Kann der Depressive nachts schlafen, oder hat er Schlafprobleme?
Er schläft insgesamt weniger als ein gesunder Mensch, da er Einschlafprobleme hat oder nachts häufig aufwacht. Es gibt aber auch Ausnahmen. Manche Kranke schlafen sogar besonders viel. Auf jeden Fall ist der Schlaf häufig unterbrochen von Phasen des Dämmerns im Halbschlaf. Typisch für den Depressiven ist im übrigen frühes Aufwachen. Der Morgen ist für ihn, wie bereits gesagt, die schlimmste Zeit. Gegen Abend beginnt er sich wohler zu fühlen, und zwar pünktlich zwischen 18 und 19 Uhr.

Dieses Symptom beweist, daß zwischen der Krankheit und den biologischen Tagesrhythmen ein Zusammenhang besteht. Solche «Tagesschwankungen» lassen auf eine schwere Störung im Haushalt der Zwischenhirnhormone schließen.

Können wir vielleicht die Depressiven mit ihren eigenen Worten sprechen lassen? Wie schildern sie selbst ihren verzweifelten Zustand?
Mit sehr ausdrucksstarken Bildern. Ein paar Beispiele: «Ich bin eine leere Hülle, eine tote Muschel, die die Flut an den Strand

geschwemmt hat und die bei Ebbe zurückblieb.» Mit diesen Worten
schilderte mir eine Patientin ihre emotionale Leere und Dürre. Ein
anderer Patient klagte: «Ich bin ein ausgetrockneter Baum, in dem
keine Säfte mehr fließen.» «Erinnern Sie sich an die Roboter, die bei
der Mondlandung im bleichen Mondlicht auf der Mondoberfläche
herumstaksten? Genauso fühle ich mich. Ich weiß gar nicht mehr,
wie Farben aussehen...»
     Eine von heftigen Angstzuständen geplagte depressive Patientin
von mir, die nicht zufällig zwei Geschwister hat, die bereits einen
Selbstmordversuch begangen hatten, schrieb mir einmal: «Ich fühle
mich wie ein leeres Schilfrohr, in dem beständig ein Wurm auf und
ab krabbelt, der mich allmählich von innen auffrißt.» Noch ein paar
Zitate aus Briefen: «Ich bin ein wandelnder Toter», «Ich bin ein
lebendiger, leidender Leichnam», «Ich bin keine Frau mehr, sondern ein lebloser Gegenstand», «Ich lebe nicht, sondern vegetiere
nur», «Ich bin ein Auto ohne Motor, das dennoch fährt». Wenn die
Depression abklingt, fühlt der Depressive sich, wie man hier in Pisa
sagt, wie von den Toten auferstanden. Ein sehr ausdrucksstarkes
Bild, nicht wahr? Vor ein paar Tagen sagte ein Patient zu mir:
«Taufen oder Begräbnisse sind für mich das gleiche.»
     Manche Patienten stört an ihrem depressiven Zustand besonders
ihre Gleichgültigkeit, ihre Unfähigkeit, sich über irgend etwas zu
erregen: «Nichts erzürnt mich mehr so richtig. Ich kann mich einfach nicht mehr so ärgern wie früher...» «Sobald ich merke, daß ich
wieder genügend Kraft besitze, um mich zu ärgern, weiß ich, daß
meine Depression im Abklingen ist.»
     Andere Patienten schildern vor allem ihr Gefühl der vollkom-
menen Isolation selbst in der Familie: «Wenn ich eine Lungenentzündung oder einen Tumor hätte, stünde mir mein Mann sicherlich
aufmerksam und verständnisvoll zur Seite. Aber diese Krankheit
versteht er einfach nicht, und deswegen behandelt er mich schlecht.»

Vielleicht können Sie noch ein paar weitere Schilderungen der Depres-
sion aus der Sicht der Kranken anführen. Meiner Meinung nach können
sie viel mehr zu einem echten Verständnis der Depression beitragen als

viele theoretische Beschreibungen. Vor allem kann der Depressive selbst sich in ihnen wiedererkennen, was für ihn sehr wichtig ist, da er sich als zutiefst einsam und vom Schicksal schwer geprüft empfindet... Wenn er seine eigenen Erfahrungen in den Schilderungen anderer wiedererkennt, entdeckt er endlich, daß er kein Einzelfall ist, und hegt wieder Hoffnung, daß auch ihm geholfen werden kann. Außerdem erkennt er dann, daß seine Depression eine Krankheit ist, was zu akzeptieren ja wohl eines der größten Hindernisse für die Heilung ist. Stimmen Sie mir in diesem Punkt zu?

Ja, nur ein Fünftel aller Menschen, deren Symptomatik dem Vollbild der Depression entspricht, sucht einen Psychiater auf. Ein weiterer, ziemlich geringer Prozentsatz sucht Hilfe beim Hausarzt. Nicht einmal die Hälfte aller Kranken wird ärztlich behandelt. Diese Zahlen geben eine Vorstellung davon, wie sehr diese schwere Krankheit mit häufig tödlichem Ausgang unterschätzt und verkannt wird. Bei Depressiven besteht immer Selbstmordgefahr, gleichgültig, ob sie sich direkt das Leben nehmen oder sich indirekt durch übermäßigen Drogenkonsum oder resignatives Sichgehenlassen in den Tod treiben.

Häufig wird die Depression aber nicht nur nicht erkannt, sondern auch im nachhinein heruntergespielt. Sobald ihr Zustand sich bessert, neigen viele Patienten dazu zu leugnen, daß sie unter einer Krankheit gelitten haben, und tun so, als wäre ihre Besserung gar nicht auf die Einnahme von Tabletten zurückzuführen. «Wieso soll es mir nur dank der Medikamente bessergehen? Nein, das glaube ich nicht. Ich habe eben eine schwere Zeit durchgemacht. Das kann schließlich jedem einmal passieren. Aber nun ist das vorbei.» Oder sie behaupten, sie hätten ihre Krise aus eigener Kraft überwunden. Aber eine Depression überwindet man nicht, allenfalls erträgt man sie und wartet geduldig, daß die unzähligen sinnlosen Qualen ein Ende nehmen.

Da liegt der Kern des Problems: Die wahre Natur der Depression wird immer noch nicht erkannt. Nach wie vor sind die meisten Kranken überzeugt, sie steckten in einer Lebenskrise, weil seelische Konflikte ihre

Widerstandskräfte zerrüttet haben, was ja auch irgendwie «edler» und leichter zu akzeptieren ist. Unsere gesamte Kultur drängt uns geradezu diese Deutung auf. Hat man aber die Depression erst einmal als echte Krankheit akzeptiert, tritt häufig sofort eine gewisse Erleichterung ein, und das Schuldgefühl, das jeden Depressiven belastet, fällt weg. Das stimmt. Ein Patient sagte einmal zu mir: «Ich gehe nicht mehr aus dem Hause, weil mir jeder gleich ansieht, daß ich jeglichen Verstand verloren habe. Man braucht ja nur in meine starren, weit aufgerissenen Augen zu sehen und denkt sofort: der ist verrückt.» Ein anderer, ungefähr fünfzigjähriger Mann äußerte kürzlich: «Ich bin egoistisch und schlecht geworden, denn ich empfinde für niemanden mehr etwas und kann nur noch an meine eigenen Probleme denken.» Wie viele Depressive fühlt er sich schuldig, weil er keine Gefühle für seine Nächsten mehr empfinden kann. Ein Verwandter stirbt und er weint nicht, eines seiner Kinder macht seinen Universitätsabschluß, aber ihn läßt das kalt, weil ihm alles sinnlos erscheint. Deshalb hält er sich für ein «egoistisches Monstrum».

Auf dem Schreibtisch eines früher sehr fleißigen Beamten häufen sich plötzlich die unerledigten Akten, weshalb er sich als faul und als Versager empfindet. Eine Hausfrau, die früher ihren Haushalt immer in Ordnung hielt, fühlt sich unfähig, die Berge schmutziger Wäsche zu bewältigen; sie kocht nicht mehr und ist immer todmüde. Da sie morgens nicht aufsteht, um den Kindern vor der Schule das Frühstück vorzubereiten, hält sie sich für eine Rabenmutter. Während einer Depression scheint der Patient alle Lebensenergie und Vitalität verloren zu haben. Nichts macht ihm mehr Freude. Für seine sonst geliebten Freunde und Verwandten kann er nichts mehr empfinden, und jegliche Arbeit erledigt er lustlos und widerwillig. Freizeitvergnügungen, an denen er früher viel Spaß hatte, erscheinen ihm nun langweilig und sinnlos; die Tugenden, derentwegen er geschätzt und geliebt wurde, sind verschwunden, so daß er sich für wertlos und unwichtig für die Familie wie die Gesellschaft hält.

Ein Geschäftsmann sagte mir kürzlich: «Früher war die Arbeit mein ganzes Leben. Sie war mir ein Vergnügen. Wenn heute ein Kunde in meinen Laden kommt, möchte ich ihn am liebsten wieder rausschicken. Es ist mir so lästig, mit anderen Leuten zu verkehren.» Um dieser «Last» zu entkommen, schließen sich manche ganz zu Hause ein. Oft ist ihnen sogar das Licht unerträglich, und sie ziehen es vor, im Dunkeln zu sitzen. Andere kommen überhaupt nicht aus dem Bett heraus. Sie stehen erst nach 6 Uhr abends auf, denn gegen Abend löst sich gewöhnlich der Würgegriff dieser Krankheit ein wenig, die sich manchmal wie ein eiserner Reif um die Brust legt und auf den Magen drückt.

Auch die sexuelle Lust läßt in der Depression nach, was zusammen mit der emotionalen Leere und Gefühllosigkeit zu schweren Ehekrisen führen kann.

Hat der Depressive noch andere Schuldgefühle gegenüber dem Partner?
Sicherlich. Aber Vorsicht! Nicht nur der Depressive selbst entwickelt Schuldgefühle, weil er sich als kalt, unsensibel und gleichgültig empfindet. Auch seine Mitmenschen beginnen ihn irgendwann weniger zu schätzen, wenn nicht gar zu verachten. «Er lebt wie ein Clochard. Er tut nichts. Schauen Sie nur, wie seine Wohnung aussieht.» Solche Bemerkungen hört man immer wieder. Dante schickte die Trägen in die Hölle. Erinnern Sie sich an den siebten Gesang?

«Schon als die Sonne schien noch unseren Pfaden,
erfüllte Trauer uns», so schrien sie kläglich.
«Da uns verfinsterte ein träger Schwaden,
nun trauern wir im schwarzen Schlamm unsäglich.»

Je mehr der Depressive von seinen Mitmenschen verurteilt wird, desto stärker werden seine eigenen Schuldgefühle. Viele depressive Frauen sind überzeugt, sie vernachlässigten ihren Haushalt und seien unfähig, sich um die Kinder zu kümmern; sie glauben, daß sie mit ihrer Depression die ganze Familie ins Verderben treiben. Ist ein Kind erkältet, fürchten sie sofort, daß es eine Lungenentzündung bekommen werde, weil sie es an der richtigen Pflege fehlen ließen. Mit der Zeit werden die Schuldgefühle immer stärker. «Bald wird auch die Polizei von meinen Verfehlungen erfahren.» Manche hören tatsächlich die Stimmen von Polizisten, die in ihrer Vorstellung das Haus bereits umstellt haben. Solche akustischen Halluzinationen sind gar nicht selten. Andere hören Stimmen, die sie mit Vorwürfen überhäufen.

Mancher Depressive geht sogar selbst zur Polizei, um ein «Geständnis» abzulegen: «Ich bin am Tod einer gewissen Person schuldig, weil ich ihr nicht die richtige Medizin gegeben habe.» Oder: «Hätte ich dies oder das getan, wäre jenes Unglück nicht passiert.» Solche bedauernswerten Menschen sind fähig, sich einen Flugzeugabsturz anzulasten und sich für alles, was passiert, verantwortlich zu fühlen. Oder sie bilden sich ein, ihrer vermeintlichen Verfehlungen wegen zu schweren Strafen verurteilt worden zu sein. Sie hören Gott oder den Teufel verkünden, daß ihre Seele verloren sei.

Bei manchen steigert sich die Depression sogar zu einem regelrechten Verfolgungswahn, der mitunter größenwahnsinnige Dimensionen annehmen kann, zum Beispiel, wenn ein Patient überzeugt ist, daß die CIA oder die Polizei ihn verfolgt und Wanzen in seiner Wohnung angebracht hat, oder fest glaubt, eine tödliche Krankheit zu haben.

Solche Wahnideen rühren von der depressiven Gemütsverfassung des Patienten her.

Sind sie bei Depressiven die Regel?

Nein. Akustische Halluzinationen und Wahnvorstellungen treten nur gelegentlich auf. In früheren Zeiten endeten viele depressive Frauen als «Hexen» auf dem Scheiterhaufen, da sie öffentlich bekannten, ihre Seele an den Teufel verkauft zu haben, und die Verantwortung für alle Übel und alle Todesfälle in ihrer Gemeinschaft auf sich luden. Es handelt sich dabei um einen ins Negative verkehrten «Größenwahn». Die Betroffenen schreiben sich alle Schuld am Elend dieser Welt zu und wollen unbedingt für ihre vermeintlichen Sünden Sühne leisten. Ein fast achtzigjähriger Patient äußerte mir gegenüber einmal: «Es ist nur gerecht, daß es mir so schlecht geht. Das ist die gerechte Strafe dafür, daß ich vor vielen

Jahren dem Finanzamt eine Sonderzahlung meines Arbeitgebers unterschlagen habe.» Andere stehen unter dem Zwang, sich selbst herabzusetzen: «Mein Körper ist hohl und leer. Ich lebe eigentlich gar nicht mehr.» «Das Blut in meinen Adern ist vertrocknet.» «All meine Organe sind verfault.»

Gehören solche wirklich erschreckenden Wahnvorstellungen noch zur Depression, oder sind sie bereits Symptome anderer Störungen?

Da sie so erschreckend wirken, bringen sie den Arzt oft vom richtigen Wege ab, so daß er zunächst eine falsche Diagnose stellt und nicht vermutet, daß eine depressive Störung vorliegt. Werden diese Wahnvorstellungen aber als depressive Symptome erkannt und behandelt, verschwinden sie meist rasch. Die seelische Verfassung bessert sich, und die Vorstellungen des Patienten werden erneut realitätsbezogen.

Erinnert sich der Patient später an seine Wahnvorstellungen?

Wenn er sich an sie erinnert, packt ihn meist der Zorn ihrer Absurdität wegen; er kann überhaupt nicht begreifen, warum ausgerechnet ihm so etwas passieren mußte und was das für eine merkwürdige Krankheit ist, die sich in solchen Symptomen äußert. Immer wieder höre ich: «Herr Doktor, Sie müssen mir helfen, bevor ich verrückt werde!» Man muß viel mehr darüber sprechen und gefährdeten Menschen sagen, welche Gefahren ihnen drohen.

Welche Erleichterung muß es sein, wenn man sich endlich wieder normal fühlt! Aber lassen wir lieber die Patienten selbst noch einmal zu Wort kommen.

Abschließend möchte ich einen berühmten Depressiven zitieren, der die Depression meisterlich beschrieben hat: Petrarca.

> Ich wandle langsam durch die öde Flur,
> Nachdenklich einsam such' ich zu erkennen,
> wie mich am sichersten die Schritte trennen
> von jedes Menschenfußes Spur...

«Nachdenklich einsam…»: so beschreibt Petrarca die Einsamkeit der Depression und das beständige Grübeln über traurige Ereignisse, Verluste und Niederlagen. «Ich wandle langsam durch die öde Flur»: für jeden Depressiven ist die Welt kahl, farblos und leer. Ein Patient erzählte mir, er habe seine erste Depression mit zehn Jahren gehabt: «Es war Sommer. Ich wanderte durch grüne Wiesen voller blühender Blumen. Aber für mich waren sie leer, öde, verblüht und farblos.»

«Ich wandle langsam…» Das Gehen bereitet dem Depressiven Mühe. Nicht nur seine Psyche funktioniert schwerfällig, sondern auch seine Motorik ist verlangsamt. «… such' ich zu erkennen, wie mich am sichersten die Schritte trennen von jedes Menschenfußes Spur.» Der Depressive sieht zur Erde, um den Blicken anderer auszuweichen. Die Begegnung mit ihnen ist ihm lästig, ein Gespräch unmöglich, da er sich nicht mitteilen kann und voller Komplexe steckt. Er befürchtet immerzu, nur sinnloses und einsilbiges Gestammel hervorzubringen, und vermeidet deshalb jede Begegnung.

Aber tut ihm dieser Rückzug in die Einsamkeit gut?

Nein! Seine Isolierung vergrößert seine Verzweiflung nur noch mehr. Aber er sieht keine andere Möglichkeit. Die Verwirrung und Blockierung in seinem Kopf ist so groß, daß er nicht fähig ist, die Hilfe anderer Menschen zu suchen. Manche würden am liebsten allein wie ein Eremit in den Bergen, weitab von jeder Gemeinschaft, leben. Auf der Suche nach dem verlorenen Glauben geben sie sich düsteren Meditationen hin. Aber für Melancholiker gibt es keinen Rettungsanker. Jedes mühsam errichtete Gebäude stürzt rasch wieder in sich zusammen. Wer früher gläubig war, wird in diesem Zustand nicht mehr beten oder in die Kirche gehen können, beziehungsweise Zuflucht in bigotter Religiosität suchen.

Kann sie denn nichts und niemand von ihrem jammervollen Zustand ablenken?

Das ist sehr schwierig. Ein Großvater, der gewöhnlich sehr an seinen Enkeln hängt und gerne mit ihnen zusammen ist, kann sie in diesem Zustand nicht um sich haben, da sie ihm zu laut und zu lebhaft sind. Er verliert jedes Interesse an ihnen, nicht weil er egoistisch oder schlecht wäre, sondern weil ein Depressiver außer sich und seinem Leiden nichts wahrnimmt. Alles Vitale, Dynamische, Laute und Helle ist ihm unerträglich. Für mich hat Petrarca in wenigen Versen das Wesen der Depression meisterhaft in Worte gekleidet. Wir gewöhnlichen Menschen können dieselbe Botschaft vielleicht nicht mal in einem ganzen Buch vermitteln.

Wollen Sie damit sagen, daß Petrarca an Depressionen litt? Ich weiß, daß verschiedene berühmte Persönlichkeiten der Geschichte nachträglich als depressiv diagnostiziert wurden. Aber über Petrarca habe ich noch nichts dergleichen gehört. Sicher litt er große Qualen wegen seiner geliebten Laura, aber depressiv?

Wissen Sie, was alle Depressiven sagen? «Wer die Depression nicht am eigenen Leibe erfahren hat, kann sie nicht verstehen.» Petrarca hat sie aber verstanden. Abgesehen davon ist bekannt, daß er Depressionsphasen durchlitt. Auch Dante im übrigen:

> Als unseres Lebens Mitte ich erklomm,
> befand ich mich in einem dunklen Wald,
> da ich vom rechten Wege abgekommen.

Mit dem «dunklen Wald» ist vielleicht die Depression gemeint. Am häufigsten treten depressive Störungen tatsächlich nach dem fünfunddreißigsten Lebensjahr auf, als der Mensch früher «in des Lebens Mitte» stand. Jeder Depressive hat das Gefühl, sich verlaufen zu haben und vom «rechten Weg» abgekommen zu sein. Alles ist dunkel und finster; die Werte, an denen er sich bisher orientiert hatte, sind ihm entschwunden, und er weiß nicht mehr, welchen Weg er einschlagen soll. Dantes *Hölle* ist insgesamt eine großartige Metapher für die Depression. Manche Patienten äußern auch: «Ich habe die Hölle und das Paradies mit eigenen Augen gesehen ... Ich könnte beide beschreiben, als käme ich von einer langen Reise zurück.» Wer die bipolare Psychose in ihren extremsten Formen durchgemacht hat, hat die Erleuchtung und die Verdammnis kennengelernt.

Die Hölle! Immer wieder benutzen Depressive dieses Bild. Bei Dante steht aber eine großartige Zeile, die wie ein Schrei der Befreiung und Wiedergeburt klingt, am Ende des Abschnitts über die Hölle: «Dort schritten wir hinaus zu schaun die Sterne.» Damit wären wir beim wesentlichen Punkt: Wie viele Depressive können hoffen, jemals aus ihrer Hölle herauszukommen, wieder Freude am Leben zu empfinden und die Sterne, die Sonne und das Meer wiederzusehen?

Es gibt keine unheilbaren Depressionen. Das muß man allen Patienten immer wieder sagen. Wie bei vielen anderen Krankheiten bessert sich der Zustand bei Behandlung rasch, bis die Symptome gänzlich verschwinden. Ist dies nicht der Fall, haben wir es entweder mit einer nicht oder schlecht behandelten Depression oder mit einer anderen Krankheit zu tun.

Das ist viel mehr als nur ein Hoffnungsschimmer.

Die doppeldeutige Krankheit: Trauer oder Melancholie?

Deinen Arm stützend,
bin ich mindestens eine Million Treppen hinabgestiegen.
Jetzt, da du nicht mehr da bist,
fehlst du mir auf jeder Stufe.

EUGENIO MONTALE

Die Melancholie mit ihrem trüben Blick,
welch traurige Gefährtin.

SHAKESPEARE

Wir sollten versuchen, die «normale» Trauer von der Depression abzugrenzen. Jeder Mensch macht im Laufe seines Lebens immer wieder schmerzvolle Erfahrungen; auf das Ende einer Beziehung oder den Verlust eines geliebten Menschen reagiert jeder mit Trauer. Aber auch unabhängig von solchen extremen Erlebnissen gibt es in unser aller Leben immer wieder, manchmal sehr lange, Phasen der Niedergeschlagenheit, in denen wir ohne besonderen Anlaß oder Grund deprimiert sind, ohne daß dieser Zustand pathologisch wäre. Sonst wären wir ja alle krank.

Wenn uns der Verlust eines geliebten Menschen nicht aus der Ruhe bringen würde, wäre das ein Alarmsignal. Leid und Trauer sind ein wesentlicher Teil der menschlichen Erfahrung. Schmerz, Angst und auch die Depression haben eine Schutzfunktion. Die Flexibilität unserer Affekte hilft uns, schmerzliche und freudige Ereignisse durch angemessene emotionale Reaktionen zu verarbeiten.

Auch die im Leben jedes Menschen vorkommenden kurzen Phasen leichter, grundloser Verstimmung und unbegründeter Traurigkeit haben eine wichtige Funktion: sie machen uns nachdenklich und veranlassen uns zur intensiveren Auseinandersetzung mit bestimmten Aspekten unseres Lebens, die wir ohne sie kaum beachtet hätten; sie schärfen unsere Sensibilität, regen uns an, in uns hineinzublicken, und machen uns unsere Grenzen klar. Solche Zeiten, in denen wir unsere Erlebnisse vertiefen und verarbeiten und unser

Kritikvermögen schärfen, sind für unser Leben unerläßlich. Sie helfen uns, Risiken besser einzuschätzen und, vielleicht, Irrtümer vermeiden zu lernen.

Solche kurzen Perioden einer leichten psychischen Herabgestimmtheit sind geradezu «physiologisch» notwendig. Dagegen trägt jene andere «pathologische» Traurigkeit in keiner Weise zu unserer Entwicklung bei, sondern ist nur ein als steril und überflüssig empfundenes Leid. In unserem Entwicklungsprozeß stellt sie nur einen sinnlosen Bruch dar. Am liebsten würden wir diese nutzlose Zeit der Leere aus unserem Leben streichen, denn sie vertieft unsere Beziehung zu anderen Menschen nicht, sondern treibt uns im Gegenteil in die Isolation und schwächt unsere Rolle in der Gemeinschaft. Selbst leichte affektive Störungen haben die verschiedensten Formen von Beziehungsstörungen zur Folge.

Ein berühmter Essay von Sigmund Freud trägt den Titel Trauer und Melancholie. *Vielleicht könnten Sie uns anhand dieser beiden Begriffe den Unterschied zwischen beiden Gemütsverfassungen erklären.*

In den ersten zwei bis drei Monaten nach dem Tod eines nahestehenden Menschen, des Ehegatten oder eines Kindes, äußert sich die Trauer genauso wie die Depression. Manche müssen ständig weinen und sind verzweifelt; ihre Gedanken drehen sich beständig im Kreis. Andere werden vollkommen apathisch, können sich über nichts mehr freuen, und ihre Umgebung ist ihnen zutiefst gleichgültig. Wieder andere fühlen sich beständig übererregt oder leiden unter Angst, Appetit- und Schlaflosigkeit. Bei der «unkomplizierten Trauer», wie die Mediziner sie nennen, verschwinden diese Symptome nach und nach, und an ihre Stelle tritt eine veränderte Vorstellung vom eigenen Leben und der Realität ohne die geliebte Person. Durch seine «Trauerarbeit» – wie Freud sie genannt hat – überwindet der Trauernde allmählich seine Trauer. Um diese «Trauerarbeit» nicht zu stören, sollte man in dieser Zeit auch keine Antidepressiva nehmen.

Ja, das stimmt. Ich habe selbst in jüngster Vergangenheit in meiner nahen Umgebung Menschen erlebt, die schreckliche Verluste erlitten haben.

Manche von ihnen waren mit ihrer Trauer vollkommen allein, was wirklich schlimm sein muß. Und dennoch merkte man ihnen an, daß ihr «übermenschliches» Leid sie nicht gänzlich vernichtet hatte. Eine noch junge Frau aus meinem Bekanntenkreis, die sehr sensibel wirkt, verlor ihren einzigen, über alles geliebten Sohn im Alter von achtzehn Jahren. Gibt es etwas Schlimmeres als den Verlust des eigenen Kindes? Nach zwei Jahren habe ich sie vor kurzem wiedergetroffen und mich lange mit ihr unterhalten. Sie erzählte mir: «Ich weiß, daß es unglaublich klingt, aber obwohl der Schmerz immer bleiben wird, hat mich dieses schreckliche Erlebnis gestärkt.» Man sieht es ihr auch an: Sie wirkt vollkommen verändert, vom Schmerz gezeichnet, aber stark und bewußt lebend. Andere Menschen aus meinem Bekanntenkreis konnten dagegen jahrelang nicht über das Zerbrechen einer relativ belanglosen Affäre und ähnliches hinwegkommen.

Die Zeit heilt alle Wunden, auch die Wunde der Trauer. Ein Depressiver kann sich dagegen nie mit dem Verlust eines Menschen abfinden. Er bleibt starr auf ihn fixiert und verweilt in seinen Gedanken fast ständig in seiner verlorenen Welt, so daß sein Leben stillsteht und er nur noch rückwärtsgewandt lebt. Solange seine Krankheit nicht behandelt wird, bleibt seine Wunde offen.

Also über Jahre hinweg. Gibt es denn so etwas wie eine «normale» Zeit der Trauer?

Natürlich nicht. Sie variiert stark je nach Alter, Geschlecht, Kultur und der Beziehung, die der Trauernde zu dem verlorenen Menschen hatte. Viel hängt auch von der Umgebung ab. Während sich alle Kunstgattungen zu allen Zeiten intensiv mit dem Tod auseinandergesetzt haben, hat sich die Medizin bisher nur sehr zögerlich mit der Trauer beschäftigt. Erst in jüngster Vergangenheit sind einige wichtige Beiträge dazu entstanden. Ihre Scheu vor diesem Thema mag daher rühren, daß sie den Tod von jeher als ihren Hauptfeind bekämpft hat und sich von ihm immer wieder besiegen lassen muß.

Im allgemeinen verschwinden die depressiven Symptome ungefähr ein Jahr nach dem Verlust des geliebten Menschen oder werden zumindest schwächer. Die Zeit ist allerdings nicht das einzige Abgrenzungskriterium zwischen Trauer und Depression. Ein trauernder Mensch leidet zum Beispiel nicht unter psychomotorischer Antriebsschwäche. Bei ihm sind eher Angstsymptome vorherrschend, und wenn er Schuldgefühle hat, so nicht, weil er meint, sich aktiv «schuldig» gemacht zu haben, sondern weil er glaubt, etwas unterlassen zu haben, was das Leid des Verstorbenen hätte lindern oder seinen Tod hinauszögern beziehungsweise verhindern können.

Die Trauer erfüllt eine fundamentale Funktion: Sie sorgt für die Verarbeitung des Schmerzes und macht den Menschen wieder fähig, eine neue Beziehung im Leben einzugehen. Während der Trauer läuft ein regelrechtes biologisches Programm ab, dessen Aufgabe es ist, den «physiologischen» Schmerz unter Kontrolle zu bekommen. Der große Verhaltensforscher Konrad Lorenz hat nachgewiesen, daß alle Tiere – angefangen bei den Vögeln bis zu den Primaten – auf den Tod eines anderen Tieres mit einem biologischen Programm reagieren, das beim Menschen weitgehend ähnlich abläuft: Schmerz, Protest, sozialer Rückzug, manchmal Aggressivität gegen andere.

Warum «Protest»?

Nach einer anfänglichen Phase der Trauer empfindet der Trauernde gelegentlich Zorn, häufig sogar gegen den verstorbenen Partner: «Warum hast du mich verlassen? Warum hast du keine Rücksicht auf deine Gesundheit und deine Familie genommen und hast nicht aufgehört zu trinken und zu rauchen? Warum hast du die ersten Anzeichen deiner Krankheit nicht ernst genommen?» Der Tod des Ehegatten wird in einer solchen Phase als Verrat empfunden, der die «Gruppe» schwächt, mit der wir uns identifizieren, für die wir kämpfen und von deren Stärke das Schicksal unserer Kinder und damit unserer Gene abhängt.

Auf diesen Kampf um die Erhaltung der DNS der eigenen Gruppe, der bei jeder Tierart und auch beim Menschen eine wichtige Rolle spielt, werde ich später noch zurückkommen.

Wenn ich Ihre bisherigen Äußerungen richtig verstanden habe, kann man von der Trauer leicht in die Depression abgleiten, zumal, wie Sie ausgeführt haben, beide organische Krankheiten sind. Dennoch bleibt die Tatsache bestehen, daß zwar viele Menschen infolge eines Verlustes depressiv werden, andere sich dagegen allein und in relativ kurzer Zeit von schwersten Schicksalsschlägen erholen. Wie erklärt sich das?

Dabei spielt die Veranlagung eine Rolle, aber auch die Anfälligkeit des jeweiligen Menschen zu dem bestimmten Zeitpunkt, an dem ihm das Unglück widerfährt. Auch ein großer Konflikt wird nie nur durch eine einzige Ursache ausgelöst.

Da die Depression eine zentralnervöse Störung ist, kann sie jederzeit und unerwartet auftreten, so wie man einen Lichtschalter einschaltet oder einen Wasserhahn aufdreht. Sie kann sich aber auch ganz allmählich, ohne nachvollziehbaren Grund, in unser Leben einschleichen.

Oder sie kann als Folge eines Unglücks ausbrechen: eines Todesfalls, einer finanziellen Notlage, des Verlusts des Arbeitsplatzes oder der sozialen Rolle, des Ausbleibens einer Beförderung, eines Wohnungswechsels oder einer einschneidenden Veränderung des gewohnten Lebens. Solche unangenehmen Ereignisse stellen eine besondere Belastung dar, unter der zu leiden in den meisten Fällen vollkommen normal ist. Aber – und hier liegt der Unterschied – wenn keine Veranlagung zur Depression vorliegt, es also an einer entsprechenden genetischen Prädisposition fehlt, bricht sie im allgemeinen nicht aus. So schmerzlich das jeweilige Ereignis auch sein mag, es scheint doch nur der «auslösende Faktor» zu sein und kann seine Wirkung nur zeigen, wenn bereits eine gewisse Anfälligkeit für die Depression vorliegt.

Es mag verwunderlich klingen, aber dasselbe gilt für angenehme Ereignisse: eine Beförderung, ein Sieg, die Geburt eines Kindes können einen ebenso heftigen Gefühlssturm auslösen, selbst wenn das betreffende Ereignis lange herbeigesehnt wurde. Was zählt, ist die Intensität der Emotion, die ein bestimmtes Ereignis unabhängig von seinem negativen oder positiven Vorzeichen auslöst. Die erforderliche Anpassung an die innere oder äußere Veränderung bedeutet Streß. Soviel zur Rolle möglicher «auslösender Faktoren».

Zum besseren Verständnis erlaube ich mir einen banalen Vergleich: Bei einem Menschen mit empfindlicher Lunge kann eine Verkühlung, die bei anderen lediglich eine Erkältung auslöst, eine regelrechte Bronchitis zur Folge haben.

Ja, so könnte man es sagen. Wie bereits gesagt, treffen immer verschiedene Faktoren zusammen. Vielen Menschen fällt es schwer, die biologische Natur der Depression anzuerkennen. Verständlicherweise widerstrebt es ihnen, diese Wahrheit zu akzeptieren, weshalb alternative Theorien, so haltlos sie auch sein mögen, große Anziehungskraft besitzen. Melancholie, seelische Konflikte und das Leidenkönnen an der Welt und sich selbst gelten von jeher als Vorrecht des Menschen, da nur er Geist, Herz und Seele besitzt, was ihn von allen anderen Lebewesen unterscheidet. Die Tatsache, daß chemische Veränderungen in unserem Gehirn oder Medikamente unsere Sicht der Welt und unser Lebensgefühl verändern können, widerstrebt der tief in unserer Kultur verankerten idealistischen Auffassung vom Menschen.

Zur Zeit scheint manches in Bewegung geraten zu sein. Aber nach wie vor ist es oft sehr mühselig, Patienten zu überzeugen, die einem entgegenhalten: «Zuerst muß ich meine Probleme lösen, dann komme ich wieder zu Ihnen, um den Rest in Angriff zu nehmen. Ich will ja nicht nur meine Symptome kurieren.» Immer wieder trifft man auf die Vorstellung, daß ein mit einem bestimmten Mittel unterdrücktes Symptom an anderer Stelle wiederkehrt und dadurch verrät, daß der Kern des Problems noch nicht angetastet wurde. Obwohl es für dieses die Komplexität der Phänomene vereinfachende hydraulische Modell der Psyche keinerlei Beweise gibt, ist es nach wie vor fest in der Vorstellung vieler Menschen verankert.

Diese weitverbreitete Mentalität dürfte eine Folge der psychologischen Theorien sein, von denen wir alle geprägt sind. Andererseits liegt die «Schuld» hierfür zum Teil wohl auch bei der Schwierigkeit, die Natur der Depression richtig einzuschätzen, denn sie manifestiert sich wie eine Lebenskrise, deren Ursache ungelöste, innere Konflikte zu sein scheinen, die uns plötzlich lebensunfähig machen, weshalb man sie leicht mit dem seelischen Schmerz verwechseln kann, der eine fundamentale Erfahrung im Leben jedes Menschen darstellt. Deshalb finden Depressive verständlicherweise eher den Weg zu einem Psychologen oder Psychoanalytiker als zu einem Psychiater. Zu akzeptieren, daß Depressivität die Folge des «Verrücktspielens» chemischer Substanzen in unserem Gehirn ist, ist eben schwer, denn auch ein Depressiver hält sich ja nicht für «verrückt» und stellt sich ebenso wie jeder gesunde Mensch die Frage: «Und mehr soll der Mensch nicht sein...?»

Ich maße mir nicht an, definieren zu können, was der Mensch ist; dafür bin ich von Berufs wegen nicht kompetent. Mit Sicherheit ist er aber *auch* ein biologisches Wesen. Das läßt sich einfach nicht leugnen. Auch wenn er lernt, schöpferisch tätig ist, Politik betreibt oder sich verliebt, spielt sein Körper dabei eine wesentliche Rolle. Es fällt uns schwer zuzugeben, daß die Vorfahren des *Homo sapiens* zumindest Vettern der Gorillas, Schimpansen und Gibbons waren. Ebenso wie ein endlich zu Reichtum gekommener Mensch gerne vergißt, daß er früher einmal sehr arm war, versucht der *Homo sapiens* jeden Beweis für seine biologische Determiniertheit und Verwandtschaft mit den Tieren zu tilgen und macht sich vor, er unterliege nicht länger den Naturgesetzen, weil er anders als die anderen Tiere sei. Offensichtlich erfüllt diese Selbsttäuschung in gewisser Weise eine Anpassungsfunktion, die einem bestimmten Zweck dient, sonst gäbe es sie nicht.

Wir sollten vielleicht versuchen, statt subjektiver Meinungen handgreifliche Beweise dafür anzuführen, daß die Depression eine organische Krankheit ist, die sich weder auf der Psychoanalytikercouch noch mit persönlicher Willensstärke heilen läßt.

Ich habe nichts gegen die Psychoanalyse, aber sie sollte immer erst nach Einleitung einer medikamentösen Behandlung begonnen werden. Was die persönliche Willensstärke betrifft, so sage ich immer wieder zu meinen Patienten: «Wenn Sie 40 Grad Fieber haben, strengen Sie sich dann an, damit es Ihnen besser geht, oder lassen Sie sich behandeln? Wenn Sie wegen einer Hepatitis bereits ganz gelb sind, verordnen Sie sich dann selbst eine Diät, oder konsultieren Sie einen Arzt?» Mit solchen Vergleichen möchte ich den Patienten zunächst von seinem Schuldgefühl befreien. Er soll aufhören zu glauben, er täte nicht genug und sei nicht so «stark» wie die anderen. Bei der Behandlung der Depression kann der persönliche Wille nichts ausrichten, sondern führt im Gegenteil zur Verschlimmerung, weil der Kranke sich dann auch noch als Versager empfindet. Deshalb ist es unnütz, ja sogar gefährlich, einen Depressiven zu ermahnen, sich anzustrengen, um es allein zu schaffen. Die Tatsache, daß die Depression eine Krankheit ist, die sich bei Behandlung rasch – manchmal schon in zwei bis drei Wochen – bessert, ist immer noch viel zuwenig bekannt. Man darf die akuten, unerträglichen Qualen des Depressiven auf keinen Fall durch solche Äußerungen unnötig verlängern. Ein an qualvollen Zahnschmerzen leidender Mensch wird auch nicht erst nach einem oder zwei Monaten zum Zahnarzt gehen, wenn seine Backen bereits von Abszessen fürchterlich angeschwollen sind. Gott sei Dank gehören solche Bilder heute der Vergangenheit an.

Da Patienten mit depressivem Krankheitsbild so rasch auf Medikamente reagieren, wäre es doch «ökonomischer», um nicht zu sagen vernünftiger, wenn sie sich, selbst wenn sie Zweifel haben, ob ihre Depression psychische oder organische Ursachen hat, zunächst mit ihren Beschwerden an einen Psychiater wenden würden, der dann immer noch eine andere, nicht medikamentöse Behandlung empfehlen kann. Ob eine Analyse den gewünschten Erfolg bringt, weiß man ja erst nach Jahren.

Nun wollen wir aber endlich Beweise für die Verbindung zwischen Depression und Biologie hören.

Ich wüßte eigentlich nicht, warum ich Beweise dafür anführen muß. Eher sollte man doch wohl Leute, die behaupten, die Wurzeln der Depression lägen nicht in der Biologie, nach ihren Beweisen fragen. Dennoch gibt es natürlich zahlreiche. Hier nur einige:

– ihre *Periodizität*: Die Depression hat eine periodische Verlaufsform; ihre Episoden oder Phasen können sehr lang oder auch nur kurze Zeit dauern und regelmäßig oder unregelmäßig wiederkehren; in manchen Fällen tritt die erste Phase infolge eines auslösenden Faktors auf, während weitere Phasen spontan ohne äußere Ursachen auftreten;

– ihre *Saisonalität*: Bei manchen Kranken kommt es pünktlich im Herbst oder Frühjahr zum Ausbruch einer depressiven Phase; wären innere Konflikte oder Lebensprobleme die Ursache des Leidens, gäbe es keine Erklärung für dieses Phänomen;

– ihre *Tagesschwankungen*: Warum geht es einem Depressiven abends besser als morgens oder umgekehrt? Diese Symptomschwankungen spiegeln die Schwankungen der Hormonzyklen wider;

– *die mit ihr verbundenen «psychischen und neurovegetativen Symptome»*: Schlaflosigkeit oder übermäßiges Schlafbedürfnis, Appetitverlust oder maßlose Steigerung des Appetits, Nachlassen der Libido, ein Gefühl tiefer Erschöpfung (Asthenie), Gewichtsverlust, motorische Gehemmtheit, Verstopfung, Kopfschmerzen, Übelkeit, Inappetenz. Immer wieder hört man: «Seit ich depressiv bin, rauche ich nicht mehr und trinke auch keinen Kaffee mehr, weil mich der Geschmack von beidem anekelt.» Andere sprechen dagegen dem Alkohol und dem Rauchen in solchen Phasen vermehrt zu;

– die Tatsache, daß Depressive auf eine *medikamentöse Behandlung* und die *Elektrokonvulsionstherapie* ansprechen;

– endokrinologische Untersuchungen, die bei Depressiven eine *Störung des Gleichgewichts im Regelkreis Zwischenhirn – Hirnanhangdrüse – Nebennieren* ergaben;

– während des Schlafs aufgezeichnete Elektroenzephalogramme: Typisch für Depressive ist eine tiefgreifende *Störung der Schlafphasen*. Ihre Tiefschlafphasen sind erheblich kürzer als bei gesunden Menschen. Sobald die Symptome zurückgehen, verschwinden auch die Schlafstörungen nach und nach;

– ihre *Vererbbarkeit*: Seit jeher gilt es als erwiesen, daß derartige Störungen innerhalb einer Familie vererbt werden. Wissenschaftler vermuten, daß mehrere Gene an diesem Erbgang beteiligt sind. Dennoch wird dieser Faktor häufig vernachlässigt oder geleugnet, obwohl jeder Arzt mit wenigen Fragen ergründen kann, ob in der Familie eines Patienten auch andere Angehörige an depressivem Kranksein leiden. Wenn zum Beispiel ein dynamisch und fröhlich wirkender junger Mann, dessen Fröhlichkeit allerdings ein bißchen aufgesetzt wirkt, seinen Vater zum Arzt begleitet und selbstsicher behauptet: «So was könnte mir nie passieren», zeigt er bereits abgeschwächte Anzeichen einer klinisch noch unauffälligen Bipolarität. Seine potentielle Anfälligkeit für die Depression versteckt sich allerdings noch unter seiner scheinbaren seelischen Robustheit und Stärke.

Und das soll bereits ein Hinweis auf das sichere Ausbrechen einer Depression sein?

Nicht für das sichere Ausbrechen, aber für eine gewisse Wahrscheinlichkeit, daß eine Depression auftreten könnte. Auch bei einem prädiabetischen Zustand weist der instabile Blutzuckerspiegel, der etwas über der Norm liegt oder bereits Höchstwerte erreicht, auf eine Veranlagung zum Diabetes hin, der aber nicht unbedingt ausbrechen muß. Dasselbe gilt für Bluthochdruck. Wer von Jugend an Blutdruckwerte im oberen Grenzbereich hat, ist ein Risikopatient. Deshalb muß er aber nicht unbedingt an Bluthochdruck erkranken.

Ich wiederhole noch einmal: Nach der medizinischen Definition von Krankheit ist die Depression eine Krankheit, denn sie äußert sich in regelmäßig auftretenden Symptomen. Ebenso regelmäßig wiederholen sich die Modalitäten ihres Auftretens. Sie hat eine charakteristische Verlaufsform, und die Reaktionen des Depressiven auf die Behandlung mit einem bestimmten Medikament sind voraussehbar. Ihr klinisches Bild und das subjektive Leidenserlebnis des Depressiven, das bereits die klassischen Autoren des Altertums schilderten, haben sich seit Jahrtausenden nicht verändert, was beweist, daß die Depression nicht durch kulturelle Faktoren bedingt ist und unabhängig von den beständigen und radikalen Veränderungen unserer Umwelt auftritt.

Ohne das Vorliegen zusätzlicher Faktoren scheint kein äußeres Ereignis für sich allein eine Depression verursachen und noch weniger sie bessern oder zum Abklingen bringen zu können. Streß und persönliche Veranlagung müssen zusammenkommen, damit eine Depression auftritt. Nach zwei oder drei depressiven Phasen kommt es dann auch ohne vorhergehenden Streß spontan zum Ausbruch neuer Phasen. Auch aus diesem Grund sprechen die Psychiater von einer «Funktionsstörung in pheripheren Zwischenhirnbereichen», die medikamentös behandelt werden kann. Die meisten Patienten verlangen vom Psychiater eine risikolose Behandlung, mit möglichst wenig Nebenwirkungen, die ihren Qualen sofort ein Ende bereitet, sie wieder in den Vollbesitz ihrer geistigen Kräfte setzt und im täglichen Leben wieder voll funktionsfähig macht. Darüber hinaus soll sie möglichst wenig kosten und jedem zugänglich sein.

Während die Nebenwirkungen und Risiken von Medikamenten im allgemeinen wohlbekannt sind, hört man über die unerwünschten Wirkungen anderer Therapien allerdings nur wenig.

Die verbale Kommunikation, auf die sich andere Therapieformen stützen, tut dem Patienten natürlich gut, da er jemand hat, dem er alles sagen kann, der ihm zuhört und Verständnis für ihn hat.

Auch der Psychiater muß den Patienten ausgiebig anhören. Trotzdem hat dieser vielleicht das Gefühl, er habe nicht genug Zeit gehabt, alles, was ihm am Herzen liegt, ausreichend zu erklären. Tatsächlich stellt sich aber dem Psychiater, der den Patienten aus seiner Position hinter dem Schreibtisch beobachtet, dessen Verhalten ganz anders dar, als es ihm dieser mit seinen eigenen Worten oder seine Familienangehörigen es ihm schildern. Weder dem Patienten selbst noch seinen Angehörigen fallen die zahlreichen Aspekte auf, die für den Arzt interessant und entscheidend für seine Diagnose sein können. Aus diesem Grund muß der Arzt das Gespräch mit dem Patienten lenken. Ansonsten besteht leicht die Gefahr, daß es übermäßig ausufert, ohne ihm die für die Wahl seiner Therapie wesentlichen Informationen zu liefern.

Als Beweis für die «biologischen» Ursachen der Depression haben Sie auch ihre Vererbbarkeit angeführt. Berühmt geworden ist in diesem Zusammenhang eine sehr beeindruckende Studie, die bei den Amish durchgeführt wurde, jener einzigartigen ethnisch-religiösen Sekte in Amerika, die vor einigen Jahren durch Peter Weirs Film Der einzige Zeuge *mit* Harrison Ford *bekannt wurde.*

Die Amish leben als religiöse Gemeinschaft in Pennsylvania in der Nähe von Philadelphia. Sie haben sich seit Generationen nicht mit anderen Ethnien vermischt und leben bis auf den heutigen Tag streng nach den biblischen Vorschriften. Sie dulden keine Autos und Maschinen in ihrer Gemeinschaft und lehnen alle Errungenschaften der modernen Zivilisation ab. Ihre Felder bestellen sie nach wie vor mit einfachen Pflügen. Um die Einfachheit ihrer Lebensführung nicht zu gefährden, leben sie seit Jahrhunderten von der Außenwelt isoliert und heiraten nur untereinander. An einer solchen Gemeinschaft lassen sich natürliche Phänomene wie die Bedeutung erblicher Faktoren bei bestimmten Krankheiten in idealer Weise studieren.

Eine Gruppe von Psychiatern der medizinischen Fakultät der Universität Miami hat bei den Amish eine Studie durchgeführt, die 1985 im *Journal of the American Medical Association* veröffentlicht wurde. Man stellte fest, daß fünfundsiebzig Prozent der in der gesamten Geschichte der Amish registrierten Suizide von den Nachkommen von lediglich vier Gründerfamilien begangen worden waren, das heißt von Familien, in denen schon bei Gründung der Sekte bipolare Störungen aufgetreten waren.

Und noch eine weitere signifikante Tatsache brachte diese Studie ans Licht: Fast alle Suizide waren im Mai und November begangen worden, also in den Monaten, in denen gewisse Depressionsformen gehäuft auftreten und die auch anderen Studien zufolge die Monate mit den höchsten Selbstmordraten sind. Und das soll reiner Zufall sein? Und wem das noch nicht genügt, für den sei hier noch ein weiterer Beweis angeführt: Berücksichtigt man den großen Unterschied in der Lebensführung zwischen einem normalen Amerikaner und einem Amish, dürfte die Tatsache, daß der Studie zufolge das Geschlechterverhältnis beim Suizid in beiden Gruppen gleich ist, nur schwerlich mit im Leben der Betroffenen zu suchenden Faktoren zu erklären sein.

Demnach wäre auch die Neigung zum Suizid erblich?

Jeder Psychiater, der die Familiengeschichte seiner Patienten gründlich zu erfassen versucht, stößt immer wieder auf dieses Phänomen. Am Beispiel Hemingways zeigt sich besonders deutlich, daß die Neigung zum Suizid erblich zu sein scheint: er nahm sich als vierter in seiner Familie das Leben. Bereits sein Vater, ein Bruder und eine Schwester hatten vor ihm Suizid begangen.

Die Kehrseite der Depression: die Manie

... und sie redeten siebzig Stunden ohne Unterlaß.
im Park, in der Bar,
beim Bellevue, im Museum bei der Brooklyn Brücke.

ALLEN GINSBERG

Als Manie bezeichnen die Psychiater eine euphorisch-erregte Stimmung, das Gegenteil der Depression. Obwohl auch sie eine Störung darstellt, fühlt sich der Patient frisch, gesund, leistungsfähig und fröhlich, oft nur allzu fröhlich. Sie werden das sicher gleich näher erklären. Ich wollte nur darauf hinweisen, daß ein Laie sich vermutlich schwertut, den Begriff «Manie» im medizinisch-psychiatrischen Sinne zu verstehen, da man unter «manischem Verhalten» und «Manie» im allgemeinen Sprachgebrauch eine fixe Idee, die Besessenheit von etwas, eine leidenschaftliche Liebhaberei für eine bestimmte Sache oder auch eine zügellose Leidenschaft versteht. Dadurch, daß die Massenmedien uns täglich mit Nachrichten über Sexualverbrechen überschütten, hat das Wort außerdem einen sehr negativen Beigeschmack erhalten und erinnert automatisch an Sexualverbrecher, Frauen- und Kinderschänder.

Für den Psychiater haben die Begriffe Manie und manisch dieselbe Bedeutung. Sie bezeichnen eine euphorisch-erregte, dynamisch-expansive Hochstimmung mit gesteigertem psychomotorischem Antrieb, die sich manchmal bis zu Tobsuchtsanfällen und Raserei steigern kann.

«Mania» bedeutet auf griechisch «Wahnsinn, Tobsucht».

Eine schwere Manie endet im allgemeinen auch in einem Zustand der Raserei mit allen Anzeichen des Wahnsinns. Zu Beginn einer manischen Phase würde aber niemand einen Maniker als krank bezeichnen. Im Gegenteil erscheint er seiner Umgebung meistens in blendender Form zu sein, und auch er selbst fühlt sich besser denn je. Er ist ständig geradezu ansteckend gut gelaunt und mit sich und der Welt zufrieden.

Zu Beginn einer manischen Phase steigert sich die Leistungsfähigkeit bei der Arbeit oder im Studium: der Maniker sprüht geradezu vor Ideen und Plänen, er birst vor Vitalität und Energie. Obwohl er wenig schläft, ist er nie müde. Anderen Menschen gegenüber läßt er allerdings oft die nötige Distanz vermissen und hält sich nicht mit bissigen, rücksichtslosen Bemerkungen über sie zurück. Er singt und spricht beständig laut und gibt sich selbstsicher und zufrieden. Aber seine Stimmung kann rasch wechseln. Dann schlägt seine gute Laune schlagartig um, und er wird leicht reizbar, benimmt sich arrogant und nicht selten geradezu frech. Widerspricht man ihm, regt er sich rasch auf und wird gewalttätig. Ein pflichtbewußter Angestellter wird in einer manischen Phase unzuverlässig, ein braver Schüler frech, eine gewöhnlich ordentliche und stille Hausfrau nachlässig und rebellisch. Die witzig gemeinten, aber schonungslosen Bemerkungen eines Manikers können empfindsame Freunde und Kollegen leicht verletzen.

Ein leicht manischer Zustand scheint ja fast beneidenswert zu sein.

Ja, in leichter Form ist die Manie durchaus angenehm, allerdings nicht immer und auch nur für den Maniker. Im allgemeinen stellt dieser Zustand außergewöhnlichen Wohlbefindens nur den Beginn eines Prozesses dar, der schon bald lästig wird: Die Ideen jagen sich rastlos im Kopf, was man in der Psychiatrie als Ideenflucht bezeichnet; der Maniker strotzt beständig vor Unternehmensgeist und Tatkraft; er nimmt hektisch alles mögliche in Angriff, ohne auch nur eine einzige Sache wirklich zu Ende zu führen. Wenn die Selbsteinschätzung zur Megalomanie wird, erscheint ihm alles möglich und leicht zu realisieren. Widerspricht man ihm in diesem Zustand, reagiert er gereizt und explodiert. Da er seine Möglichkeiten maßlos überschätzt, verfolgt er gleichzeitig tausend verschiedene Pläne, die er dann wieder fallenläßt, um neue zu realisieren.

In diesem Stadium wird er vermutlich auch erste leichte Schwierigkeiten am Arbeitsplatz haben.
Nicht nur leichte, er kann sogar in ernsthafte Schwierigkeiten geraten, da seine eigene Kritikfähigkeit reduziert ist oder gänzlich fehlt. Wenn die Kontrollmechanismen eines Manikers nicht mehr funktionieren, kann er zu einem wirklichen Notfall werden, so daß man rasch eingreifen und ihn notfalls in ein psychiatrisches Krankenhaus zwangseinweisen muß.

Kann das wirklich nötig werden?
Sicher. Schon um den Patienten vor den möglichen schweren Folgen seines Handelns in finanzieller, gesundheitlicher und auch strafrechtlicher Hinsicht zu schützen. Auch seine Familie und andere Menschen, die mit ihm zu tun haben, sind dann gefährdet. Um mich aufzusuchen, raste ein Patient in einer manischen Phase mit hoher Geschwindigkeit durch die Dörfer nach Pisa, ohne auch nur an einer einzigen roten Ampel anzuhalten. Ein anderer Patient machte sich einen Spaß daraus, durch seine halsbrecherische Fahrweise Passanten und andere Autofahrer zu provozieren, und verursachte schließlich schwere Unfälle.

Ein Geschäftsmann riskiert in diesem Zustand, sich auf waghalsige Geschäfte einzulassen oder riskante Investitionen zu tätigen. Mancher Maniker leistet sich kostspielige Hobbys. Er kauft teure Boote oder Sportwagen, die ihn früher überhaupt nicht interessierten. Andere schlagen Leuten, die sie gar nicht kennen, beständig irgendwelche grandiosen Projekte vor oder laden sie zu rauschenden Festen ein. Sie machen teure und nutzlose Geschenke, die ihre Mittel bei weitem übersteigen. Ihr maßloser Optimismus läßt sie wie auf Wolken schweben, so daß sie jede Distanz vermissen lassen und relativ Fremde mit Briefen, Postkarten und ungebetenen Bildern von sich und ihrer Familie bombardieren. Manche stehen auch unter dem Zwang, dauernd Telefongespräche führen zu müssen, oder besuchen Menschen, die sie kaum oder gar nicht kennen, zu den unmöglichsten Zeiten.

Was Sie bisher gesagt haben, scheint mir vor allem auf Männer zuzu-treffen. Wie verhalten sich dagegen manische Frauen?

Sie beginnen den Tag bereits mit lautem Singen, zanken mit ihrem Mann oder schimpfen mit den Kindern, weil sie sich nicht schnell genug fertigmachen; niemand kann ihren unbändigen Tatendrang stoppen. Zunächst werden Radio, Fernseher und Plattenspieler auf volle Lautstärke geschaltet, wobei ihnen der Gedanke, der Lärm könnte die Nachbarn stören, gar nicht kommt. Alle sollen an ihrer überschäumenden Lebensfreude teilhaben, was dann natürlich zu Klagen wegen Ruhestörung führt. Da sie den ganzen Tag unaufhörlich wie ein Wasserfall reden und ihren Redestrom nicht mehr stoppen können oder sich die Kehle aus dem Hals singen, kommen sie oft fast stimmlos zum Arzt. Die Eltern eines hypernervösen jungen Mädchens beklagten sich einmal bei mir: «Sie ist wie ein ständig eingeschaltetes Radio. Nicht einen Augenblick lang kann sie ihren Mund halten... selbst in der Schule nicht...»

In einer manischen Phase verfallen auch Frauen in einen wahren Kaufrausch. Am liebsten kaufen sie dann alle möglichen Dinge für sich selbst und den Haushalt, den sie beständig vollkommen neu organisieren wollen. Sie beginnen tausend Dinge, ohne auch nur eine einzige Sache zu Ende zu bringen, so daß ihr Haushalt schließlich so chaotisch aussieht, als habe eine Bombe eingeschlagen.

Eine meiner Patientinnen liebte es in diesem Zustand besonders, große Feste zu organisieren, zu denen sie hundert, ja hundertfünfzig Gäste einlud. Vergeblich versuchten ihr Mann und ihre Tochter immer wieder, ihr diese Einladungen auszureden; sie war nicht davon abzubringen. «Aber ich mach das doch alles allein. Ihr braucht euch um nichts zu kümmern und sollt euch nur amüsieren.» Am Tag vor dem Fest pflegte sie dann regelmäßig in eine tiefe Depression zu verfallen. Plötzlich überkam sie eine große Traurigkeit und Verzweiflung; sie konnte keinen Gedanken und keine Handlung mehr zu Ende bringen, so daß ihr Mann und ihre Tochter sich ohne sie um die Festvorbereitungen und die Betreuung der unzähligen Gäste kümmern mußten. Ihr selbst erschien es plötzlich, als habe sie mit der ganzen hektischen Betriebsamkeit nichts zu tun. Später machte sie sich regelmäßig die größten Vorwürfe wegen ihres Verhaltens und war fest überzeugt, sie würde die ganze Familie ruinieren.

Eine reiche Amerikanerin aus meinem Patientinnenkreis litt pünktlich jeden Winter an einer Depression, die ebenso pünktlich jedes Frühjahr in eine manische Phase überging. Voller Optimismus und Unternehmungslust unternahm sie im Frühjahr lange Reisen nach Europa und Asien, auf denen sie alle möglichen Dinge zusammenkaufte: Möbel, Bilder, Kleider, teure Nippes und vieles mehr. Sobald sich dann im Herbst ihre Winterdepression wieder ankündigte, kehrte sie nach New York zurück. Mit den nun nach und nach aus allen Teilen der Welt eintreffenden Paketen und riesigen Kisten wußte sie in ihrer melancholischen Phase überhaupt nichts mehr anzufangen. All ihre Neuerwerbungen erschienen ihr nun nur noch wie überflüssiger Plunder, für den sie weder Platz noch Verwendung hatte und der sie außerdem beständig an den tiefen Wandel ihres Zustandes gemahnte.

Ein anderer Patient von mir kaufte in einer manischen Phase teure Bilder, zwei große japanische Motorräder und schließlich sogar einen Ferrari, den er sofort ausprobierte. Unterwegs wich seine hitzige Übererregung ganz plötzlich einer tiefen Depression, so daß er von der nächsten Tankstelle zu Hause anrief und um Hilfe bat.

So angenehm und lebhaft eine manische Phase beginnt, so schlimm scheint sie zu enden, was allerdings nicht verwundert, denn auch sie ist eine psychische Störung. Haben wir all ihre Symptome erschöpfend behandelt?

Es gibt noch weitere charakteristische Züge des Manikers: die Beschleunigung aller Denkvorgänge. Er sprüht vor Gedanken, Einfällen und Erinnerungen, spricht gerne in Reimen, weiß ständig eine lustige Geschichte zu erzählen, liebt schlüpfrige Witze und derbe Bemerkungen und spickt seinen unaufhörlichen Redefluß mit Sprichwörtern und Redensarten. Beim Sprechen gestikuliert er viel und scheut auch nicht vor ordinären Gesten und provozierenden

Bemerkungen zurück. Er macht sich überhaupt gerne über andere lustig. Manche Maniker bringen in ihrem nicht zu bändigenden Schreib- oder Maldrang unaufhörlich Verse zu Papier oder bedekken die Wände ihrer Wohnung beziehungsweise des Krankenhauses hemmungslos mit Graffiti.

Normalerweise sehr distinguierte und zurückhaltende Frauen schminken und kleiden sich in dieser Phase auffällig und geschmacklos und benehmen sich ordinär und aufreizend. Gar nicht so selten wird ihre Sprache regelrecht schlüpfrig und zotig. Man spricht dann von manischem Orgiasmus.

Und wie fühlen sich die Maniker selbst in dieser Phase?
Darin liegt das Problem. Im allgemeinen fühlen sie sich ausgezeichnet. Im Unterschied zu den meisten Depressiven ist sich der Maniker seiner Krankheit nicht bewußt und fühlt sich deshalb auch nicht behandlungsbedürftig. Es fehlt ihm an einem subjektiven Leidensbewußtsein, ohne das man eigentlich nicht von Krankheit sprechen kann. Seiner Meinung nach ist es ihm noch nie im Leben besser gegangen; noch nie fühlte er sich so fit und energiegeladen.

Wenn Freunde oder Verwandte ihm raten, zum Arzt zu gehen, reagiert er gereizt. In einer manischen Phase setzt sich im Maniker leicht die Idee fest, er sei das Opfer einer regelrechten Konspiration, denn er fühlt sich wie der Nabel der Welt und meint, alle müßten ihn um seine Gaben, seine Fähigkeiten und seinen Elan beneiden.

Das kann Wahnvorstellungen auslösen und zu einem gestörten Verhältnis zur Realität führen.
Manchmal endet es sogar in einer sehr schweren Form der Manie mit Wahnvorstellungen. Mit der gesteigerten Denkfähigkeit und Affektivität ist, wie bereits gesagt, auch ein gesteigertes Selbstwertgefühl verbunden. Hochgradige Maniker behaupten häufig, sie stammten von berühmten Persönlichkeiten ab, seien große Schauspieler, Manager oder Wissenschaftler oder stünden in direkter Verbindung mit Gott, dem Teufel oder irgendwelchen außerirdischen Wesen. Da sie direkten Kontakt mit Gott zu haben glauben

oder sich als sein Werkzeug empfinden, sind sie heiter und gelassen und schreiten ekstatisch selig durch das Leben. Manche pilgern barfuß und in eine Mönchskutte gekleidet zum Petersdom in Rom und predigen unterwegs auf jeder Piazza.

Und ihr Sexualleben?
Zu Beginn einer manischen Phase kann es zu gesteigerter sexueller Aktivität kommen, auch Appetit und Durst sind dann häufig stärker als gewöhnlich, denn alle Triebe äußern sich intensiver als sonst, wobei gleichzeitig die Hemmschwelle, sie auszuleben, niedriger ist als gewöhnlich. Oft sind Maniker deshalb sehr promiskuitiv. Sie wählen ihre Sexualpartner impulsiv und unkritisch, ohne an die Folgen zu denken. Sobald sich die Krankheit verschlimmert, wird aber jede sexuelle Aktivität praktisch unmöglich, und alle Beziehungen werden abgebrochen.

Wie lange dauert eine solche manische Phase gewöhnlich?
Sie ist auf jeden Fall kürzer als eine depressive Phase. Im Durchschnitt dauert sie vier Monate, manchmal aber auch mehr als acht. Außerdem gibt es chronische Fälle. Bei Behandlung verschwinden die Symptome der Manie im allgemeinen innerhalb von zwei bis drei Wochen. Wie bereits gesagt liegt aber die Hauptschwierigkeit darin, manische Patienten von ihrer Behandlungsbedürftigkeit zu überzeugen.
Sobald die Symptome verschwunden sind, muß der Arzt unbedingt mit dem Patienten und seinen Familienangehörigen sprechen, damit sie lernen, rechtzeitig die Symptome einer beginnenden manischen Phase zu erkennen, und vom Patienten selbst die Genehmigung zur Einschaltung eines Arztes erhalten.

Wenn ich richtig informiert bin, treten derartig heftige Symptome aber nicht jedesmal beim Übergang von einer depressiven in eine manische Phase auf.
Dank einer medikamentösen Prophylaxe sind solche heftigen Symptome heute seltener geworden. Dennoch lauert bei Männern

im Zustand der manischen Erregung immer Gefahr. Sie können jederzeit in der Öffentlichkeit, in einem Lokal oder einer Bar einen Wutanfall bekommen und eine Rauferei anfangen, in deren Verlauf dann wie in Wildwestfilmen die gesamte Lokaleinrichtung zu Bruch geht.

Gibt es auch leichtere Formen der Manie?

Eine manische Phase kann sich sehr unterschiedlich äußern, auch in verschieden schwerer Form: als beständige, leichte Hochstimmung (Hyperthymie) oder etwas intensiver, aber immer noch gemäßigt, als Hypomanie. Auf eine depressive Phase folgt oft eine hyperthyme oder hypomanische. Die schwerste Form ist schließlich die Mania furiosa, ein Zustand hochgradiger Erregung.

Wer einmal in seinem Leben – und sei es nur für kurze Zeit – eine hyperthyme Phase erlebt hat, wird von da an glauben, das sei seine wahre Natur. Er hat sein goldenes Zeitalter erlebt, mit dem verglichen seine gewöhnliche seelische Verfassung ihm grau und langweilig erscheint. Im Zustand der Hyperthymie und Hypomanie fühlt man sich kraftstrotzend; die Welt ist einem freundlich gesinnt; man ist zufrieden mit sich und der Welt; das Denken fällt leicht; die guten Einfälle jagen sich geradezu, und man sonnt sich in Tatkraft, Optimismus und Selbstsicherheit.

Es ist nur allzu verständlich, daß man diesen Zustand möglichst lange aufrechterhalten möchte und sich vormacht, so sei man eigentlich.

Das Leben erscheint einem dann wie ein Film in Technicolor.

So erging es auch einer jungen bipolaren Patientin von mir. Nach ihrer Genesung fehlte ihr ihre Hypomanie, in der sie sich äußerst wohl gefühlt hatte. So froh sie über das Verschwinden der depressiven Symptome war, so wenig konnte sie sich daran gewöhnen, daß ihre Grundstimmung nun immer «normal» sein sollte. Ihre Maßstäbe hatten sich verschoben, und ihr Zustand, den wir Ärzte als «normothym» bezeichnen, erschien ihr langweilig und reizlos, verglichen mit ihrer «Euthymie». Durch ihre Heilung hatte die Welt für sie eine Menge von ihrem Glanz verloren. Zwar blieb sie von den Tiefen der Depression verschont, aber um den Preis der Höhen. Sie suchte mich deshalb erneut auf, um mit mir über ihre Unzufriedenheit zu sprechen. Da meine Argumente sie nicht überzeugten und sie nicht auf ihre hypomanischen Phasen verzichten wollte, setzte sie ihr Prophylaxemittel ab, und wir verabredeten, daß sie mich jeweils bei den ersten Anzeichen des erneuten Absinkens in eine Depression aufsuchen sollte, was sie bisher auch macht.

Offensichtlich entschied sie sich für ein farbiges Leben. Sie nahm das Dunkel der Depression in Kauf, um nicht auf ihre schillernden hypomanischen Phasen verzichten zu müssen. Die «normale» Stimmung der meisten Menschen im grauen Alltag erschien ihr einfach fad und reizlos. Jeder kann sich ja seine Norm selbst wählen.

Das ist allerdings nicht immer möglich. Da die besten Heilerfolge durch prophylaktische Behandlung erzielt werden, sollte man sich bereits während einer Phase seelischer Ausgeglichenheit behandeln lassen. In diesem Zusammenhang möchte ich den Fall eines berühmten Schriftstellers schildern, der von einem englischen Psychiater wegen seiner schweren bipolaren Psychose behandelt wurde. Seine Frau litt stark unter ihm, da er in seinen manischen Phasen nicht nur leicht erzürnbar, intolerant und gewalttätig war, sondern auch dem Alkohol übermäßig zusprach. Als sich sein Zustand durch die Behandlung mit Lithium besserte, versiegte allerdings auch seine künstlerische Kreativität immer mehr. Schließlich beklagte sich seine Frau: «Mein Mann ist nicht mehr der alte. Früher war er ein Vulkan, ein genialer Künstler mit allen dazugehörigen Höhen und Tiefen.» Immer wieder versuchte sie ihn dazu zu überreden, das Lithium nicht mehr zu nehmen, was er eine Weile auch tat. Seine beständigen Rückfälle und wiederholten Aufenthalte in psychiatrischen Kliniken veranlaßten ihn schließlich aber doch, sich erneut auf eine Langzeittherapie mit Lithiumsalzen einzulassen.

Verschwand mit den Depressionen auch seine schriftstellerische Begabung?

Nein! Dank der richtigen Dosierung des Medikaments kehrte seine Kreativität langsam zurück.

Es gibt aber auch ganz anders gelagerte Fälle: Die Frau eines pensionierten Angestellten aus Pistoia litt jahrelang unter schweren Depressionen, bis sich ihr Zustand durch die Behandlung mit Antidepressiva und Lithium in kurzer Zeit besserte. Ihre Melancholie verschwand und machte einem dauerhaften Zustand der Hyperthymie Platz, der nach wie vor anhält. Seit mehr als zehn Jahren ist die Grundstimmung dieser Frau nun bereits gut, und sie genießt das Leben in vollen Zügen. Ihre zahlreichen Hobbys füllen sie völlig aus. Unter anderem hat sie nach ihrer Genesung mit fünfundfünfzig Jahren zu reiten begonnen.

Und was riskiert ein Maniker, wenn er sich nicht in Behandlung begibt?
Eine nicht rechtzeitig behandelte Manie nimmt irgendwann schwerere Formen an: Der Patient wird gewalttätig und zerstörungswütig, oder er verfällt in einen manischen Stupor mit geistiger Verwirrung. In diesem Stadium kann sogar das Leben des Patienten durch hinzukommendes hohes Fieber oder Infektionen gefährdet sein, so daß eine Elektrokonvulsionsbehandlung nötig wird.

Eine weitere negative Wirkung der Manie ist der Hang zum Mißbrauch stimulierender Substanzen wie Kaffee, Nikotin, Amphetamin, Kokain usw., der sowohl zu Beginn einer manischen Phase als auslösender Faktor eine Rolle spielt, aber auch ihren weiteren Verlauf komplizieren kann.

Viele Manien enden auch chronisch mit paranoiden Symptomen. Bei chronischen Manikern beobachtet man häufig starre moralisch-religiöse Überzeugungen oder mystische Erleuchtungen; sie halten sich für auserwählt und glauben, die Menschheit erlösen zu müssen. Sie suchen besessen nach dem Sinn des Lebens, sind eifernde Ankläger, Prediger und Führer, die mit ihren fanatischen Reden und dem Glauben an «ihre» Sache die Menge anstecken und mitreißen. Die emotionale Wirkung solcher Reden auf Massen, die nach einem Führer suchen, sind ja zur Genüge bekannt.

Zeitbewußtseinsstörung und Einfluß der Jahreszeiten

Lange Seufzer
von den Geigen
des Herbstes stechen ins Herz.

PAUL VERLAINE

Die Depression wird auch als Zeitbewußtseinsstörung bezeichnet, eine Definition, die mich besonders fasziniert, da sie sie aus einem philosophischen Blickwinkel betrachtet. Können Sie uns diesen Begriff näher erklären?

Das subjektive Zeiterleben des Depressiven ist gestört. Ihm fehlt die Dimension der Zukunft. Der Fluß der Zeit ist ins Stocken geraten, so daß er subjektiv die Gegenwart nicht mehr als ein durchgängiges Stadium zwischen Zukunft und Vergangenheit empfindet, sich aus dem gegenwärtigen Augenblick nicht lösen und in die Zukunft blicken, sich sozusagen nicht in sie «hineinprojizieren» kann. Ein wesentliches Charakteristikum dieser Krankheit ist auch das Gefühl des langsamen Dahinfließens der Stunden bis zum völligen Stillstand der «inneren» Uhr. Dieses Symptom ist ein weiterer Hinweis auf das Vorliegen einer Zwischenhirnfunktionsstörung. Da die Zeit stillsteht, gibt es für ihn nur noch die ewig unveränderliche, zukunftslose Gegenwart seines desolaten Zustands. Sein Wille ist gelähmt, und alles scheint stillzustehen und blockiert zu sein: die Zeit ebenso wie seine Entschluß- und Handlungsfähigkeit.

Im angsterfüllten Sumpf der Gegenwart versinkt auch die Vergangenheit, aus der er nur einzelne negative Erlebnisse festhält, über die er beständig grübelt; oder er betrachtet relativ bedeutungslose Ereignisse immer wieder aus seiner momentanen, düsteren Perspektive. Sein Denken ist ganz nach rückwärts gerichtet.

Einzelne Ereignisse aus der Vergangenheit, bei denen er meint, Schuld auf sich geladen zu haben, deutet er als «Erklärung» für sein momentanes Leid, die Vergangenheit erscheint ihm voller unheilvoller Anzeichen, die seinen sicheren Niedergang vorausahnen ließen.

Die Zeit spielt bei der Depression aber noch eine weitere Rolle. Die verschiedenen Jahres- und Tageszeiten beeinflussen die «Melancholie» stark und können gelegentlich sogar Depressionen auslösen.

Auf die Tagesschwankungen – also das Phänomen, daß es Depressiven morgens schlechter geht als abends – habe ich ja bereits hingewiesen. Daß ihr Zustand sich ausgerechnet abends kurz vor Einbruch der Dunkelheit bessert, erscheint ihnen meist selbst widersinnig, denn im allgemeinen wirkt Dunkelheit ja eher angsterregend.

Auch diese Tagesschwankungen, die ein typisches Symptom der Depression sind, sind ein Hinweis auf eine Zwischenhirnfunktionsstörung. Eine relativ kleine Gruppe Depressiver leidet unter umgekehrten Tagesschwankungen: ihnen geht es morgens besser als abends. Man weiß heute, daß diese Tagesschwankungen mit Schwankungen der Konzentration einiger Hormone im Blut und damit auch im Gehirn zu tun haben.

Und welchen Einfluß haben die Jahreszeiten auf die Stimmung?

Ihr Einfluß ist sehr groß. Affektive Störungen mit saisonal abhängiger Verlaufsform sind weit verbreitet. Ausgelöst werden sie durch die beiden Übergangsjahreszeiten: den Frühling und den Herbst. Allerdings kann der Frühling auch genau entgegengesetzt wirken und eine lange Phase des Wohlbefindens und der Zufriedenheit auslösen. Ohne daß sich irgend etwas besonders Schönes oder Neues ereignet hätte, sind manchem Depressiven in dieser Jahreszeit drei bis vier Monate ununterbrochen guter Stimmung und unermüdlichen Schaffensdrangs vergönnt. Leider hat der Mensch nie genügend Gründe, über so viele Monate optimistisch und zufrieden zu sein, so daß auch in diesen Fällen meist eine pathologische Euphorie vorliegt. Entsprechend füllen sich an den ersten warmen und sonnigen Tagen im Frühjahr und Frühsommer die psychiatrischen Abteilungen unserer Krankenhäuser mit euphorischen Manikern, während im Winter depressive Patienten überwiegen. Wie soll man solche Schwankungen anders als medizinisch-biologisch erklären?

Hoffentlich wird nicht jeder im Frühjahr überschwenglich fröhliche Mensch früher oder später zum Maniker.
Ganz gewiß nicht. Im übrigen gibt es auch den umgekehrten Fall, daß jemand nach monatelanger Zufriedenheit und gesteigerter Aktivität in eine plötzliche Depression versinkt, manchmal sogar von einem Tag auf den anderen, als habe man das intensive Licht ausgeschaltet, das ihm seine Vitalität, Sicherheit und Lebensfreude beschert hatte. Ebenso schlagartig kann der Wechsel zu einer normalen Stimmungslage (Euthymie) erfolgen. Man legt sich abends depressiv und verzweifelt ins Bett, und beim Aufwachen am nächsten Morgen ist die Depression verflogen. Warum das so ist, wissen wir noch nicht, aber es kommt vor. Auch dies ist ein typisches Merkmal dieser Krankheit, deren Verlauf eben unberechenbar ist.

Wenn schon der Frühling solche Späße mit den Menschen treibt, dürfte vom Herbst wohl kaum Gutes zu erwarten sein.
Für zahlreiche Menschen ist der Herbst ein Synonym für Melancholie. Wenn die Tage allmählich kürzer werden und es bereits am frühen Nachmittag zu dunkeln beginnt, trübt sich ihre Stimmung langsam, fast unmerklich. Andere wiederum verfallen in dieser Jahreszeit schlagartig in einen Zustand der Mattigkeit und Verzweiflung, als habe ihnen jemand all ihre Energie und ihren Lebensmut geraubt, und kommen den ganzen Winter nicht mehr aus ihrem «Loch» heraus; erst im Frühjahr hellt sich dann ihre Stimmung allmählich auf.

Äußerst verbreitet ist auch eine als *Winterblues* bezeichnete schwache Form der Depression, die während der kalten Monate auftritt, sowie eine gewisse Depressivität um die Weihnachtszeit, der sogenannte *Christmasblues*. Um Weihnachten herum leidet mancher Depressive besonders unter dem großen Gegensatz zwischen seiner «inneren Verzweiflung», der «Wüste seiner Einsamkeit» (das sind Worte, die die Kranken selbst gebrauchen) und der fröhlichen Ausgelassenheit seiner Umgebung.

Für unglückliche Menschen ist die Weihnachtszeit wirklich schrecklich.

Sicher haben sich die Wissenschaftler auch bereits nach den Gründen für das gehäufte Auftreten affektiver Störungen zu bestimmten Jahreszeiten gefragt. Gibt es eine Erklärung für sie?

Um dieses Phänomen zu verstehen, muß man sich weit in die Vergangenheit zurückbegeben, in jene fernen Zeiten, als der Mensch noch vollkommen im Einklang mit der Natur und ihren Zyklen lebte. Wenn es im Frühling wärmer und heller wird, bricht bei vielen Tierarten der Wandertrieb aus. Mit einem Schlag erwachen dann ihre biologischen Funktionen; die winterliche Lethargie fällt von ihnen ab, und der Sexualtrieb regt sich. Dieser Wandertrieb hat viel Ähnlichkeit mit dem Zustand der manischen Erregung und ergreift nach und nach die ganze Gruppe, bis sich irgendwann ein bestimmtes Tier von besonders «hyperthymem» Temperament zum Gruppenanführer macht und die Wanderung leitet.

Früher wurde auch das Leben der Menschen in dieser Jahreszeit vom plötzlichen Erwachen neuer Lebensgeister, von Dynamik und Aufbruchstimmung bestimmt. Manche Stämme begaben sich dann ebenso wie viele Tierarten auf Wanderung, während seßhafte Stämme in dieser Jahreszeit die Jagd oder Feldarbeit wiederaufnahmen und auch sonst besonders aktiv waren.

Aufgrund dieses biologischen «Programms» lebte der Mensch früher ein einfaches Leben, dessen Rhythmus sich im Einklang mit den Jahreszeiten und Zyklen der Gestirne und den Veränderungen seiner Umwelt immer wiederholte. Verglichen mit jenen fernen Zeiten hat sich unser heutiges Leben grundlegend gewandelt. Es ist viel komplexer und unabhängiger vom Wechsel der Jahreszeiten geworden. Soziale Strukturen und Kulturen verändern sich aber sehr viel schneller als unsere biologischen «Programme». Man denke nur an die tiefgreifende Umwälzung des Lebens der nordischen Völker durch die Entdeckung der Elektrizität, die sie innerhalb weniger Jahrzehnte zu einer radikalen Veränderung ihres Lebensrhythmus und zur Aufnahme vollkommen neuer Tätigkeiten zwang. Die tiefe Erneuerung der Natur im Frühjahr beeinflußt also alle Lebewesen, auch uns Menschen. Verursacht und unterstützt wird dieses «Frühlingserwachen» durch eine Flut neurobiologischer Vorgänge, die verschiedene Gehirnbereiche betreffen.

Wenn man Sie vom Frühlingserwachen und dem tiefen Einklang zwischen Natur und Lebewesen in dieser Jahreszeit sprechen hört, könnte man glauben, der Frühling und der mit ihm verbundene Auftrieb in allen Lebensbereichen seien nur schön. Wie kommt es dann, daß er vielen Menschen gar nicht gut tut und der Herbst oft viel weniger als überraschend empfunden wird?

Im Frühling wird eine unvorstellbar große Menge von Neurotransmittern, also erregenden Substanzen, in die Blutbahn ausgeschüttet. Auf konstitutionell schwache Menschen kann dieser Schub wie eine Droge wirken, die sie «umhaut», weil sie zu stark für sie ist. Derartig intensive Stimulationen sind natürliche Streßfaktoren. Mit ihnen kann der Mensch nur fertig werden, wenn seine Anpassungsmechanismen perfekt funktionieren und ineinandergreifen. Wer anfällig für die Depression ist, kann diesem plötzlichen Schub nichts Entsprechendes entgegensetzen und das durch die Veränderung gestörte Gleichgewicht nicht wiederherstellen, so daß auf die euphorische Erregung schon bald eine Depression folgt, die ja eine Störung der biologischen Rhythmen darstellt. Verhütet werden kann sie zunächst durch einen streng geregelten Alltag.

Und wie wirkt der Herbst?

Im Herbst scheint die Sonne kürzer und schwächer. Viele seßhafte Tiere versinken dann in eine Art Winterschlaf, um den Winter zu überleben. Auch für den Menschen ist der Herbst die Jahreszeit des Übergangs zum großen Schlaf. Im Winter reduziert er seine Aktivitäten auf ein Minimum. Für die Nomaden dagegen ist dann erneut die Zeit zum Wandern gekommen, in der der «manische» Wandertrieb des Frühlings erneut ausbricht.

Seßhafte Völker, die in Höhlen oder Pfahlbausiedlungen im Einklang mit den Rhythmen der Natur lebten, stellten früher in dieser Jahreszeit allmählich alle Aktivitäten, in erster Linie die Jagd, ein und verbrachten den Winter, nachdem sie genügend Nahrungsvorräte angesammelt hatten, eng zusammenhockend in winzigen Räumen, auch weil die Kälte sie zum sparsamen Umgang mit ihren Energien zwang. Die kleinen, uralten Behausungen, die man im Freilichtmuseum Skansen in Stockholm nach ihrer Restauration besichtigen kann, zeigen eindrucksvoll, wie die Menschen früher die lange Winternacht gemeinsam auf engstem Raum zusammengepfercht überlebten. Im hohen Norden gab es vor der Erfindung des elektrischen Lichts im Winter nur eine einzige Stunde der Taghelle. Aber auch bei uns begann die Nacht im Winter bereits um 4 Uhr nachmittags.

Das Licht beeinflußt unsere «biologische Uhr», die vom «Auge des Gehirns», der Zirbeldrüse (Hypophyse), gesteuert wird. Bestimmte Nervenbahnen verbinden die Netzhaut mit der Zirbeldrüse und dem Hypothalamus sowie den serotonergen Zellkernen. Dieses System kontrolliert unsere Jahres- und Tagesrhythmen, also unseren gesamten Lebensrhythmus, Schlaf und Wachen, und unsere Sexualfunkionen.

Meinen Sie die Biorhythmen?

Ja. Die Erforschung der verschiedenen physiologischen Zyklen unseres Organismus, die zu Beginn unseres Jahrhunderts erfolgte, zeigte, daß wir verschiedene Biorhythmen haben: Beim Mann wurde für die vegetativen Funktionen ein Zyklus von dreiundzwanzig Tagen ermittelt, bei der Frau von achtundzwanzig Tagen. Hinsichtlich der kognitiven Aktivitäten wurde ein Zyklus von dreiunddreißig Tagen festgestellt. Nach und nach wurde das Konzept der biologischen Periodizität erweitert, bis schließlich auch die Synthese von DNS und RNS mit einbezogen wurde. Heute gilt die Unterwerfung unter biologische Zyklen als ein wesentliches Merkmal aller lebenden Materie.

*Da alles in der Natur einen Sinn zu haben scheint, dienen vermutlich
auch die Biorhythmen einem bestimmten Zweck?*

Die Zyklizität unserer biologischen Prozesse entspricht den Zyklen der Natur und hat eine Anpassungsfunktion. Affektive Störungen mit saisonal abhängiger Verlaufsform scheinen, wie wir gesehen haben, ein Relikt aus vergangenen Zeiten zu sein, als solche jahreszeitlich bedingten Veränderungen unseres Lebensrhythmus für das Überleben von großer Bedeutung waren. Sie bestehen weiter, obwohl unsere Lebensbedingungen sich so verändert haben, daß solche Reaktionen auf die jahreszeitlichen Veränderungen nicht mehr erforderlich sind und unsere moderne Gesellschaft eher ein perfektes Funktionieren über alle zwölf Monate des Jahres hinweg von uns verlangt.

Was veranlaßt unsere innere «Uhr» weiterzugehen?

Der Tag-Nacht-Wechsel, die Gezeiten, die Mondphasen, die Abfolge der Jahreszeiten und damit die Schwankungen von Licht, Temperatur und Feuchtigkeit, die Vegetation mit ihren Pollen, der atmosphärische Druck...

Für unsere «biologische Uhr», die bei im Herbst und Frühling auftretenden affektiven Störungen eine wichtige Rolle spielt, scheint das Licht von entscheidender Bedeutung zu sein. Bekanntlich geht es Patienten, die für affektive Störungen mit saisonal abhängiger Verlaufsform anfällig sind, erheblich besser, wenn sie in die Nähe des Äquators reisen. Bei manchen lösen solche Reisen geradezu eine leichte Form der Euphorie (Hypomanie) aus. Anderen genügt im Winter ein Aufenthalt im Hochgebirge zur Besserung ihres Zustands.

Ich habe kürzlich etwas von einer Lichttherapie gelesen.

Ja, diese Licht- oder Phototherapie hat sich bei affektiven Störungen mit saisonal abhängiger Verlaufsform als sehr wirksam erwiesen. Bei ihr werden Lampen eingesetzt, die ein 2500 Lux starkes weißes Licht aussenden, mit dem der Patient aus einem Abstand von einem Meter bestrahlt wird. Unter richtiger Anleitung kann er die Behandlung auch zu Hause fortsetzen, sofern seine Arbeit es ihm erlaubt, während einer einzigen Stunde pro Tag jede Minute mindestens einmal in die Lampe zu blicken. Häufig kommt es bei der Lichttherapie zu einer sofortigen Stimmungsaufhellung.

Ist bekannt, wie diese Therapie wirkt?

Bei der Lichttherapie wird in die durch die Depression gestörten Tagesrhythmen des Menschen über die Beeinflussung der Melatoninsekretion eingegriffen. Melatonin ist ein «Hormonleiter», der die von außen kommenden Lichtreize weiterleitet. Allerdings ist Melatonin weder das einzige noch das wichtigste der Hormone, die bei affektiven Störungen mit saisonal abhängiger Verlaufsform eine Rolle spielen. Weitere beteiligte Neurotransmitter sind Prolaktin, ein Hormon, das bei Patienten mit dieser Störung vermehrt im Blut feststellbar ist, und – ganz wichtig – Serotonin. Eine Verminderung des Serotoninspiegels im Blut verursacht vermutlich auch das bei vielen Depressiven zu beobachtende unwiderstehliche Verlangen nach Süßigkeiten und die daraus resultierende Gewichtszunahme. Die Lichttherapie (und bestimmte Medikamente) scheint neuroendokrine Mechanismen zu beeinflussen, die auf saisonale Veränderungen reagieren. Den jahreszeitlich bedingten Veränderungen in der Natur geht ein Wechsel in der Intensität und Dauer des Sonnenlichts voraus, durch den das Gehirn veranlaßt wird, den Organismus an die veränderte Situation anzupassen. So entsteht ein neues Gleichgewicht zwischen innerem und äußerem Milieu.

Das waren eine fesselnde Reise durch die Zeit und ihre verschiedenen Dimensionen und interessante Ausführungen über die Harmonie aller Vorgänge in der Natur. Nur schade, daß der Ausgangspunkt unserer Reise das Dunkel jener bedauernswerten Menschen war, die nicht das Glück haben, in dieser Harmonie zu leben, sondern aus der Zeit geworfen zu sein scheinen und an ihr leiden . . . Kranke, für die jedes Erwachen ein Alptraum ist. Ingmar Bergman gab einem seiner Filme den Titel «Die Stunde des Wolfs» und meinte damit die Stunde des Erwachens. Im

Untertitel dieses Films heißt es: «Die Stunde, in der aus Träumen Alpträume werden, die real zu sein scheinen; die Stunde, in der gerade irgendwo ein Mensch stirbt.»

Depressive versuchen tatsächlich besonders häufig, sich frühmorgens das Leben zu nehmen und im Frühling oder Herbst.

Die Depression: ihr wahres Gesicht und ihre Masken

Kaum geboren
war ich schon verloren
VIVIAN LAMARQUE

Die bekannteste Klassifizierung der verschiedenen Depressionsformen ist diejenige in endogene und reaktive, wobei erstere angeblich ohne jeglichen äußeren Grund auftreten und letztere als Reaktion auf traumatisierende Lebensereignisse, chronische Belastungen oder seelische Konflikte. Stimmt das?

Endogen/reaktiv, somatogen/psychogen, neurotisch/psychotisch, primär/sekundär, leicht/schwer... Die unzähligen bisher gemachten Versuche, die Depression zu klassifizieren, liefen immer wieder auf eine Klassifikation nach Gegensatzpaaren hinaus. Durch die jüngsten Fortschritte im Verständnis der auslösenden Faktoren und der Behandlung dieser Erkrankung haben solche Klassifikationssysteme zunehmend an Wert und Bedeutung verloren.

Da sie sich auf ätiologische Hypothesen gründeten, also auf nicht belegbare Ursachen, anstatt auf die Symptomatik und Verlaufsform der verschiedenen Krankheitsbilder, haben sie sich als wenig nützlich erwiesen und mußten angesichts der neuesten im Zusammenhang mit der Entwicklung von Psychopharmaka gewonnenen Erkenntnisse zum großen Teil als unhaltbar aufgegeben werden.

Außerdem erschwerten sie durch die entstandene terminologische Konfusion die Verständigung unter den Psychiatern und verhinderten vielfach die richtige Diagnose und Therapie.

Verzichtet die Wissenschaft deshalb heute auf jegliche Klassifikation?
Nein, es gibt auch heute ein Klassifikationssystem. Die American
Psychiatric Association (APA) hat im DSM III-R, dem diagnostischen
und statistischen Handbuch für psychische Störungen, die unterschiedlichen depressiven Krankheitsbilder beschrieben und für die
einzelnen Depressionsformen Definitionen festgelegt, mittels deren
sich Psychiater aus aller Welt verständigen können. Dennoch
herrscht in der Wissenschaft heute allgemeine Einigkeit darüber, daß
jedes Klassifizierungssystem lediglich den derzeitigen Stand eines in
Entwicklung befindlichen Erkenntnisprozesses widerspiegelt und
keinen Anspruch auf Endgültigkeit erheben kann, da die heute gültige Nosologie aufgrund neuer wissenschaftlicher Entdeckungen
vielleicht schon bald radikale Veränderungen erfahren wird. Besonders die Entwicklung immer neuer Medikamente zwingt uns, unsere
Diagnosekriterien und therapeutischen Methoden ständig dem
neuesten Stand der Wissenschaft anzupassen, um dem Patienten
nicht durch eine auf eine falsche Diagnose gestützte Behandlung eine
mögliche Besserung vorzuenthalten oder ihm gar zu schaden.

*Die zur Zeit gültige Klassifikation ist also im DSM III-R erfaßt. Wie
wird die Depression in ihm klassifiziert?*
Sie wird als ein bestimmtes klinisches Zustandsbild beschrieben,
das durch eine klar umrissene Symptomatik und bestimmte Verlaufsformen sowie durch präzise Reaktionen auf die Therapie
gekennzeichnet ist.
Bei Vorliegen einer entsprechenden Prädisposition für psychische Krankheiten in der Familie tritt die Depression besonders
häufig entweder als eigenständige Krankheit oder als Teilsyndrom
einer anderen Krankheit auf. Über ihre Ursachen gibt es verschiedene Hypothesen. Das Krankheitsbild kann folgende Verlaufsformen annehmen:
- Auftreten einer einzigen depressiven Episode im Leben
- Sporadisch in großen zeitlichen Abständen auftretende depressive Episoden, zwischen denen symptomfreie Intervalle von bis
  zu zehn, ja sogar zwanzig Jahren liegen können

– Rezidivierende Depression mit im Durchschnitt vier bis sechs Monate anhaltenden Episoden, zwischen denen unterschiedlich lange symptomfreie Intervalle von wenigen Wochen oder gar Jahren liegen
– Wiederholtes Auftreten depressiver Episoden, die nur wenige Tage (drei bis zehn) anhalten, dafür allerdings während eines einzigen Monats gehäuft auftreten können (kurze rezidivierende Depression).

Ich habe gelesen, daß es auch chronische Depressionen gibt. Dauern sie das ganze Leben?

Von «chronischer» Depression spricht man, wenn eine depressive Phase zwei Jahre oder länger ununterbrochen andauert. Sie ist also keineswegs eine lebenslange oder unheilbare Krankheit. Insgesamt muß man sagen, daß bei Menschen vom depressiven Typus oder solchen, die früher bereits an einer schwachen chronischen Depression litten, jederzeit das Vollbild einer Depression auftreten kann. Im letzteren Fall spricht man von «doppelter Depression».

Manchen Menschen scheint wirklich nichts erspart zu bleiben.

Ja, so scheint es.

Auch bei Menschen mit hyperthymem Temperament oder bei Zyklothymen, die zwischen heiterer und trauriger Stimmung schwanken, kann jederzeit eine typisch depressive Episode mit allen dazugehörigen Symptomen auftreten.

Erlauben Sie mir, noch einmal auf einen sehr wichtigen Punkt hinzuweisen: die klassische Depression kann mit Phasen hochgradiger manischer Erregung abwechseln. Man spricht dann von einer «manisch-depressiven Psychose» oder, um einen neueren Ausdruck zu gebrauchen, von «bipolarer Störung». Sie kommt öfter vor als allgemein angenommen und tritt bei beiden Geschlechtern gleich häufig auf, während Frauen viel öfter als Männer an einer «unipolaren Störung» leiden, bei der kein Wechsel zwischen depressiver und manisch-agitierter Phase stattfindet. Auf sieben bis acht an einer unipolaren Störung erkrankte Frauen kommen nur drei Männer.

Frauen mit unipolarer Störung können einem ja besonders leid tun. Noch nicht einmal ein bißchen Erholung in einer manisch-euphorischen Phase ist ihnen vergönnt. Gibt es noch weitere Unterschiede zwischen unipolarer und bipolarer Störung?

Verschiedene. Zunächst möchte ich aber feststellen, daß die bipolare Störung eine schwerere Krankheit darstellt als die unipolare, denn bei ihr ist das Suizidrisiko sehr hoch. Außerdem kann sie das Befinden weit schwerwiegender beeinträchtigen als die unipolare; durch übermäßiges Rauchen, Alkohol und Drogen wird sie häufig noch zusätzlich kompliziert, so daß nicht selten wiederholte Krankenhausaufenthalte nötig werden. Im übrigen spielt bei uni- und bipolaren Störungen, Alkoholismus und den verschiedenen Formen von Drogenabhängigkeit die erbliche Belastung der Familie eine wichtige Rolle.

Schließlich treten unipolare Depressionen häufiger in armen Bevölkerungsschichten auf, während die bipolare Störung gehobene Schichten mit höherem Bildungsgrad zu bevorzugen scheint; ein interessantes Phänomen, das auf Zusammenhänge zwischen Temperament, Krankheit, Produktivität und Kreativität hindeutet.

Auch auf diesem Gebiet scheinen die Reichen es also besser zu haben als die Armen. Obwohl die Manie zweifellos nicht unbedingt wünschenswert ist, hat sie in leichter Form doch auch viele positive Seiten. Gibt es für diese sozial ungleiche Verteilung auch eine biologische Erklärung?

Die bisher vorliegenden Erkenntnisse erlauben noch keine endgültigen Schlüsse über die ungleiche Verteilung dieser beiden affektiven Störungen in den verschiedenen Bevölkerungsschichten. Es gibt auch Fakten, die sie zu widerlegen scheinen. So sind zum Beispiel in den Gettos der Vereinigten Staaten bipolare Störungen besonders häufig. Der Hypothese einiger Wissenschaftler zufolge kommen sie unter Wohlhabenden und in intellektuellen Kreisen deshalb besonders häufig vor, weil sie dem Betroffenen bis zu einem gewissen Grad beim sozialen Aufstieg Vorteile bieten, denn Phasen der Hypomanie sind ja Phasen besonderer Kreativität und Aktivität, die sozialen und beruflichen Aufstieg begünstigen.

Vielleicht «entschädigt» eine Disposition zur Manie einen Menschen für das harte Los der Depressivität, indem sie ihm das Vorwärtskommen in der Gemeinschaft erleichtert und ihn für sie nützlich macht. Eine leichte Form der Manie verstärkt möglicherweise Qualitäten und Fähigkeiten, die sich in Phasen «normaler» Stimmungslage nicht richtig entwickeln können.

Demnach wäre das häufige Vorkommen bipolarer Störungen in gehobenen Schichten eine Folge bipolarer Veranlagung, diese aber keine Voraussetzung für den Aufstieg in sie. So gedeutet läßt sich dieses Phänomen auch eher akzeptieren, denn es überrascht doch etwas, die Klassenunterschiede, die immer mehr aus dem sozialen Kontext verschwinden, in der Psychiatrie wiederzufinden.

Vergleiche mit der Tierwelt lassen die Existenz sozialer Unterschiede weniger merkwürdig erscheinen. Auch Wolfsrudel, Affengemeinschaften und Vogelschwärme sind hierarchisch strukturiert. Überall finden wir soziale Unterschiede. Wir Menschen sollten allerdings versuchen, sie bewußt zu überwinden, ohne deshalb zu leugnen, daß auch wir auf den verschiedensten Ebenen Führer brauchen.

Auch die beiden extremen Manifestationen der bipolaren Störung überraschen auf den ersten Blick: auf der einen Seite finden wir eine hohe Neigung zur Kriminalität im Kleinen wie im Großen sowie zu asozialem Verhalten in den verschiedensten Ausprägungen und auf der anderen künstlerische Kreativität, Idealismus, die Bereitschaft zu helfen und sich für andere aufzuopfern.

Die Depression scheint wirklich tausend verschiedene Gesichter zu haben. Wenn ich richtig informiert bin, gibt es auch ein Krankheitsbild, bei dem Depression und Manie vermischt sind.

Der französische Arzt Joseph Guislain äußerte bereits Mitte des letzten Jahrhunderts: «Bei manchen meiner Patienten beobachtete ich eine Vermischung von Manie und Melancholie.» Kurze Zeit später unterschied Emil Kraepelin sechs verschiedene manisch-depressive Mischzustände. Bei ihnen mischen sich Symptome der Manie mit Symptomen der Depression: der Patient ist zugleich depressiv und erregt; er lacht und weint; er ist innerlich unruhig, kann nicht schlafen, und sein Sexualtrieb ist übermächtig stark. Dabei bleibt seine Stimmung düster und grüblerisch. Bei solchen Patienten besteht eine besonders hohe Suizidgefahr.

Eine fünfzigjährige Patientin schilderte mir ihr Befinden während eines solchen manisch-depressiven Mischzustands folgendermaßen: «Ich fühle mich beständig unruhig und nervös angespannt, mein Magen ist überreizt... aus jeder Mücke mache ich einen Elefanten; ich bin zugleich niedergeschlagen und ‹aufgekratzt› und kann keine Ruhe finden; nichts gelingt mir... Ich bin launisch wie ein kleines Kind. Was rot ist, möchte ich am liebsten schwarz. Kaum bin ich irgendwo, möchte ich schon wieder aufbrechen. Ständig könnte ich mich mit anderen streiten, obwohl ich dazu eigentlich zu kraftlos bin.»

Kann man solche «Mischzustände» erfolgreich behandeln?
Sicherlich. Allerdings äußern sie sich häufig mit schweren psychotischen Symptomen wie Halluzinationen, Wahnzuständen, Hemmung der assoziativen Fähigkeiten, so daß sie als Schizophrenie verkannt und entsprechend falsch behandelt werden.

Gibt es überhaupt feste Kriterien, anhand deren der Psychiater eine klare Grenzlinie zwischen gesund und krank ziehen und normale Traurigkeit und Verzweiflung am Leben von krankhafter Depression abgrenzen kann?
Ja, es gibt sogar verschiedene Kriterien, die wir der Reihe nach durchgehen wollen:
Der Schweregrad. Von einer depressiven Erkrankung muß man mit Sicherheit beim Auftreten schwerer depressiver Symptome sprechen, wobei es nicht auf die Länge der depressiven Phase ankommt. Auch eine grundlose wie der Blitz aus heiterem Himmel auftretende und nur einen einzigen Tag anhaltende Depression kann bereits Krankheitscharakter besitzen.
Die Dauer. Eine leichte, aber hartnäckig anhaltende Depression

muß ebenfalls sehr ernst genommen werden. Sie liegt vor, wenn ein Mensch beständig niedergeschlagen und pessimistisch ist, seiner Arbeit zwar pflichtbewußt nachgeht, aber sie nur als lästige Pflicht empfinden kann; wenn er immer nur über das Schlechte in seinem Leben nachgrübelt und seine düstere Stimung sein gesamtes Denken und Handeln beherrscht. Eine solche traurig düstere Verstimmung, die wir Psychiater als Dysthymie bezeichnen, kann das ganze Leben überschatten; manchmal ist sie die Spätfolge einer besonders schweren Zeit im Leben, die dem Betreffenden alle Kräfte geraubt hat. Charakteristisch für diesen Zustand ist eine über Monate, manchmal sogar Jahre anhaltende Verstimmung, die auch durch erfreuliche Ereignisse nicht zu beeinflussen ist.

Die Periodizität und Zyklizität. Wenn depressive Phasen in regelmäßigen oder unregelmäßigen Abständen auftreten oder sich depressive und manisch-erregte Phasen abwechseln, die in bestimmten Jahreszeiten gehäuft auftreten, liegt ebenfalls eine behandlungsbedürftige Depression vor.

Die Instabilität der Stimmungslage. Ein häufiger spontaner und unvorhersehbarer Stimmungswechsel oder eine übertrieben heftige Reaktion auf ein beliebiges, häufig vollkommen belangloses Ereignis sind ebenfalls Hinweise auf das Vorliegen einer pathologischen Depression. Weil ein Freund sich verabschiedet oder im Fernsehen schlechte Nachrichten gesendet werden, schlägt die eben noch heitere Stimmung in tiefe Verzweiflung um oder umgekehrt. Am Abend hat der Betreffende vielleicht noch fröhlich mit Freunden gefeiert, und am nächsten Morgen möchte er am liebsten sterben.

Psychologisch lassen sich solche Symptome nicht erklären. Auch dem Patienten selbst erscheint sein depressiver Zustand grundlos und unerklärlich: «Ich könnte der glücklichste Mensch auf der Welt sein, denn ich bin umgeben von Menschen, die mich lieben und schätzen, und kann mich auch sonst nicht beklagen...» «Ich kann meinen Zustand einfach nicht begreifen. Alles erscheint mir ausweglos, dabei habe ich überhaupt keine Probleme.» «Ich bin wütend auf mich selbst, weil ich die schönen Seiten des Lebens nicht mehr genießen kann.»

Entwickelt sich die Depression immer endogen ohne auslösende Faktoren?
Nein. Das eben Gesagte gilt nur für «primäre» affektive Störungen, die durch eine relativ einfache Veränderung unserer Affektsteuerungsmechanismen verursacht werden.
Wenn die Depression oder Manie bevorzugt in bestimmten Jahreszeiten auftritt, zyklisch verläuft und Symptome wie Tagesschwankungen, frühes Aufwachen am Morgen, Schlaflosigkeit, Stupor, Verlust des sexuellen Verlangens und des Vergnügens am Sex, Appetitlosigkeit und neurovegetative Störungen auftreten, läßt das auf das Vorliegen von Funktionsstörungen im Hypothalamus (Mittelhirn) und in den bulbären Strukturen schließen, also auf eine organische Ursache.
Außer solchen «primären» Störungen gibt es aber auch «sekundäre», die durch die Einnahme bestimmter Medikamente, Streß oder traumatisierende Ereignisse verursacht werden. Allerdings reagieren nur Menschen mit einer entsprechenden Veranlagung auf solche belastenden Ereignisse mit einer sekundären Depression. Ohne sie könnte kein äußeres oder inneres Ereignis eine derartige Wirkung haben.

Die gleichen Ereignisse bringen also Ihrer Meinung nach einen «normalen» Menschen (ich setze das Wort normal bewußt in Anführungsstriche, weil mittlerweile umstritten ist, was tatsächlich «normal» ist) weniger aus der Bahn als einen «Kranken»? Die Frage nach der Rolle von Veranlagung und auslösenden Faktoren beim Auftreten von Depressionen wird ja wissenschaftlich noch heftig diskutiert. Könnten Sie noch einmal Ihren Standpunkt in dieser Diskussion erläutern?
Wenn ein Dach undicht ist, interessiert es den Dachdecker nicht, wie stark es geregnet hat und wie es zu dem Regen kam; ihn interessiert nur die Reparatur des Daches. Ein Dach darf auch beim heftigsten Regen kein Wasser durchlassen. Ansonsten hat es irgendwo eine undichte Stelle und muß repariert werden. Ein Wirbelsturm wäre allerdings nicht vorhersehbar ... Aber dann hätten auch andere Dächer Schaden erlitten. Der Arzt hat dieselbe Einstellung wie der Dachdecker.

Unser Organismus und unser Nervensystem sind wie das Dach eines sehr solide gebauten Hauses so konstruiert, daß sie eine Vielzahl von Ereignissen und Reizen von unterschiedlicher Intensität und Qualität aushalten können. Ein gesunder Mensch kann den schweren Verlust eines geliebten Menschen, wie zum Beispiel der Mutter in der Kindheit, oder eine schwere Krankheit ertragen, ohne deshalb notwendigerweise depressiv zu werden. Auf schmerzliche Ereignisse reagiert unser Körper «physiologisch» mit Trauer. Sie hilft uns, mit dem Schicksalsschlag fertig zu werden und uns an die veränderte Situation anzupassen.

Aber auch bei Menschen ohne nachweisbare genetische Disposition zur Depression kann in einer schwierigen Phase ihres Lebens, in der sie besonders erschöpft und schwach sind, zum ersten Mal eine Depression auftreten. Diese Erfahrung prägt sich dann dem Nervensystem unauslöschlich ein und öffnet sozusagen eine Tür, durch die eine Depression jederzeit erneut eindringen kann.

Das hieße, daß äußere Ereignisse und Gefühle unseren Körper ebenso beeinflussen können wie umgekehrt der Körper die Seele.

Aber kehren wir zu den verschiedenen Depressionsformen zurück und wenden uns der «neurotischen» Depression zu. Sie haben zwar bereits gesagt, daß Sie Dichotomien wie «neurotisch» und «endogen» ablehnen, aber würden Sie ganz ausschließen, daß verdrängte seelische Konflikte einen Menschen ständig bedrücken können?

Früher unterschied man zwischen «neurotischen» und «reaktiven» und allen anderen Depressionsformen. Nur erstere wurden psychotherapeutisch behandelt, während Medikamente nur bei endogenen und psychotischen Depressionsformen zur Anwendung kamen. Dann erkannte man, wie irreführend solche Unterscheidungen sind und daß neurotische und reaktive Depressionen ebenso durch Medikamente beeinflußt werden können wie endogene Depressionen durch äußere Ereignisse. Außerdem kann derselbe Patient im Laufe der Jahre von einer Form der Depression in eine andere wechseln, so wie man bei einer Krankheit verschiedene Stadien durchmacht.

Also sind alle Depressionen biologische Depressionen?
Dem Psychiater stellt sich das Problem gar nicht in dieser Form. Ebensowenig wie es den Dachdecker, der ein undichtes Dach reparieren muß, interessiert, wie der Schaden entstehen konnte. Bei einem Auto darf der Motor am Berg auch nicht versagen, denn es wurde so konstruiert, daß es eigentlich eine Steigung bewältigen müßte. Wenn bei einem heftigen Sturm nur mein Haus einstürzt, befand es sich offensichtlich in einem schlechten Zustand. Ob es bereits schlecht gebaut worden ist oder sein Zustand sich erst im Laufe der Zeit verschlechtert hat, spielt dabei keine Rolle. Wichtig ist vor allem, daß es nun repariert werden muß.

In gleicher Weise interessiert sich auch der Arzt *in erster Linie* dafür, wie er eine auftretende Störung beheben kann, wobei er seine Aufgabe nicht nur darin sieht, sie, wenn möglich, zu beheben, sondern auch die durch sie ausgelöste gesteigerte Anfälligkeit des Organismus wieder rückgängig zu machen. J. Fawcett hat diesen Gedanken in folgenden Aphorismus gekleidet: «Die Existenz eines Grundes für die Depression ist kein Grund, ihre Existenz zu leugnen.» Manche Psychiater finden offensichtlich Gefallen daran, nach den Ursachen der Depression zu forschen, sei es der Verlust des Arbeitsplatzes, eine Liebesenttäuschung oder ähnliches. Das enthebt sie aber nicht der Pflicht, den Patienten mit angemessenen medizinischen Mitteln zu behandeln, zumal die Entdeckung möglicher Gründe eine einmal ausgebrochene Krankheit nicht heilt.

Außerdem kann der Arzt im fortgeschrittenen Stadium einer Depression auf ihre sekundären psychosozialen Begleiterscheinungen kaum Einfluß nehmen.

Was verstehen Sie unter «sekundären Begleiterscheinungen»?
Die Denkmuster und Lebenseinstellung, die der Patient während seiner Krankheit übernommen hat. Langes Leid und viele Frustrationen «lehren» den Menschen, pessimistisch, resigniert oder passivunselbständig zu werden. Auch nach ihrer Heilung behalten viele Depressive diese negative Einstellung sich und der Welt gegenüber bei.

In einer depressiven Phase hat der Betreffende keine Kraft, sich entsprechend seinen Erwartungen und Talenten um sein berufliches Fortkommen zu bemühen. Er zieht sich von der Welt zurück und versäumt es, einen Partner zu suchen und einen Freundeskreis aufzubauen. Wenn es ihm wieder besser geht, fehlt ihm die verlorene Zeit natürlich. Außerdem haben sich dann meist seine in den langen Jahren der Erniedrigung angesammelten Minderwertigkeitskomplexe verfestigt, und er fühlt sich als Opfer eines besonders schweren Schicksals, das ihm nicht die Chance bot, es im Leben zu etwas zu bringen.

Viele Depressive reagieren auf ihre objektive Benachteiligung mit Selbstmitleid und Verdrehung der Tatsachen. Es ist allerdings auch nicht leicht, eine durch viele Schicksalsschläge erworbene negative Lebenseinstellung wieder abzubauen. Leider gelingt es auch dem Psychiater nicht immer, dem Patienten zu einem gewissen inneren Abstand von seiner schmerzvollen Vergangenheit zu verhelfen.

Und die Psychotherapie?

Die verschiedenen Formen der Psychotherapie können bei der Beeinflussung dieser sekundären Aspekte der Depression sehr hilfreich sein, aber den tiefen Kern der Depression, die zentralnervöse Störung, können sie nicht erreichen. Nützlich sind sie auch bei der Bekämpfung der bei fast allen Depressiven vorhandenen Tendenz, sich selbstzerstörerisch in ihrem Leiden zu verkriechen und ihre Symptome häufig über einen langen Zeitraum zu erdulden, ohne ärztliche Hilfe zu suchen, ja sie sogar abzulehnen.

Allerdings darf die Psychotherapie beim Melancholiker niemals die Illusion erwecken, sie könne «physische» Therapien – also Psychopharmaka und Elektrokonvulsionsbehandlung – ersetzen. Der harte Kern der Depression läßt sich nun einmal nur durch diese wirksam behandeln. Für die Wirksamkeit anderer Therapien gibt es bisher zumindest keine handfesten Beweise. Über diesen Punkt muß absolute Klarheit herrschen.

Ihre Einstellung ist in diesem Punkt ja absolut klar. Dennoch dürften die meisten Depressiven zunächst versucht sein, sich einer Psychoanalyse zu unterziehen, und sei sie noch so langwierig. Wenn überhaupt der Gedanke an Medikamente aufkommt, so meist der an eine homöopathische Behandlung mit natürlichen Substanzen oder Kräutern. Psychopharmaka werden dagegen fast immer abgelehnt und scheinen geradezu diabolischen Schrecken zu verbreiten.

Aber was sind «natürliche Substanzen»? Auch Meskalin, Kokain, Haschisch, Nikotin und Alkohol sind natürliche Substanzen.

Ebenso wie der Schierling, mit dem Sokrates sich das Leben nahm, und die früher bei Abtreibungen benutzte Petersilie. Persönlich habe ich diesen Mythos von den nur «guten», weil natürlichen Substanzen und den angeblich vergiftenden Tabletten immer absurd gefunden. Wenn ein bestimmter Wirkstoff eine heilsame Wirkung besitzt, heißt das doch logischerweise, daß er den Organismus auch schädigen kann. Von den sogenannten natürlichen Substanzen wird aber unlogischerweise behauptet, sie seien völlig unschädlich.

Hinter solchen Theorien stecken völlig irrationale Vorstellungen von einer nur guten und wohltätigen Natur. Viele meiner Patienten, die mir ihre Angst vor einer Schädigung durch Psychopharmaka gestanden, sind andererseits Kettenraucher, Trinker oder kokainabhängig; manche trinken bis zu zehn Tassen Kaffee am Tag. Wenn ein Patient mich fragt: «Darf ich weiter rauchen?», kommt mir das vor, als fragte er mich: «Darf ich krank werden?» Denn Rauchen ist eine schwere, meist auch folgenschwere Krankheit. Andere erzählen mir triumphierend: «Ich habe meine Depression allein bekämpft.» Da möchte ich am liebsten erwidern: «Sie meinen, Sie haben sie allein ertragen, wie man eine Grippe, eine Bronchitis oder ein Magengeschwür erträgt.»

Leider gibt es so viele Vorurteile gegen Medikamente, obwohl zum Beispiel durch Antidepressiva schon nach zwei bis vier Wochen eine erhebliche Besserung eintritt, die Angst schon nach wenigen Tagen nachläßt, die Schlaflosigkeit verschwindet und diverse Symptome schwächer werden. Es ist einfach absurd, sich bei solchen massiven Beschwerden nicht medikamentös behandeln zu lassen. So einfach ist es allerdings nicht immer. Wie jede andere Krankheit kann auch die Depression mehr oder weniger therapieresistent sein, zur Chronizität neigen, und es können Komplikationen auftreten, vor allem Rückfälle. Man darf sich deshalb von Psychopharmaka keine Wunder versprechen. Die Fortschritte der Medizin vollziehen sich in bescheidenen und vorsichtigen Schritten. Ihr Vormarsch ist kein Triumphmarsch.

Einer Ihrer in Frankreich sehr bekannten Kollegen, Professor Pierre Deniker von der Académie de Médecine in Paris, schrieb im Untertitel zu einem seiner Bücher über die Depression folgenden klaren und unmißverständlichen Satz, der mich seinerzeit sehr beeindruckte: «Depressionen können heute rasch geheilt werden. Warum wird das nicht bekannter gemacht?»

Das ist richtig. Im allgemeinen stellt sich die Besserung sehr rasch ein. Ein Arzt, der sich dem Eid des Hippokrates verpflichtet fühlt, sollte seine Hauptaufgabe darin sehen, seinen Patienten so rasch wie möglich zu helfen. Sobald dank der Medikamente eine Besserung eintritt, kann eine sie unterstützende psychotherapeutische Behandlung hilfreich sein, auch um die weitverbreitete Abneigung gegen Medikamente beziehungsweise ihre völlige Ablehnung abzubauen. Das ist sehr wichtig, da viele Patienten ihre Tabletten aus Angst vor Intoxikation nicht konsequent einnehmen. Kaum fühlen sie sich besser, berichten sie ihrem Arzt voll Stolz: «Herr Doktor, ich habe alles weggeworfen, denn es geht mir ausgezeichnet.» Da sie sich einbilden, besser als ihr Arzt zu wissen, was ihnen gut tut, wollen viele Patienten nicht akzeptieren, daß man die Behandlung konsequent fortsetzen muß, um eine dauerhafte Stabilisierung des Gesundheitszustands zu erzielen.

Gerade bei Patienten, die sich besonders sicher und optimistisch geben, ist das Rückfallrisiko aber besonders groß, weshalb bei ihnen eine begleitende Psychotherapie, die unter anderem die wahre Natur dieser Krankheit korrekt erklärt, sehr nützlich sein kann.

Im Mai 1992 erschien in der Tageszeitung La Stampa *unter dem Titel «Die Pille macht die Couch überflüssig» ein Artikel über den letzten Kongreß der APA, der Vereinigung amerikanischer Psychiater. Sie schlagen nun eine kombinierte Behandlungsmethode vor, bei der allerdings die Psychotherapie im Dienste der medikamentösen Behandlung stehen sollte. Hoffentlich setzen Sie sich damit nicht harscher Kritik von seiten Ihrer Kollegen aus.*

Jeder Patient besitzt die Freiheit, seine eigenen Erfahrungen mit der Psychoanalyse zu machen, vorausgesetzt, sie steht nicht im Widerspruch zu der vom Arzt vorgeschlagenen Therapie. Kein Arzt kann und darf sich dem Wunsch eines seiner Patienten nach einer Psychoanalyse widersetzen, sofern die beiden unterschiedlichen Therapieebenen und ihre jeweiligen Ziele klar voneinander getrennt bleiben.

Sie befürworten eine psychoanalytische Unterstützung der medikamentösen Behandlung, um über die ersten Erfolge hinaus eine dauerhafte Stabilisierung des Gesundheitszustands des Patienten zu erreichen. Ist die Depression eine in Phasen von begrenzter Dauer auftretende Krankheit oder letztendlich ein permanenter Zustand? Kann man von ihr wirklich endgültig geheilt werden?

Neueren Forschungsergebnissen zufolge haben ungefähr fünfzig Prozent der Patienten, die an einer «rezidivierenden Depression» leiden, ein depressives Temperament; bei anderen Depressionsformen wurde bei zwanzig bis dreißig Prozent der Patienten ein hyperthymes Temperament festgestellt, das heißt eine tendenzielle Neigung zu Euphorie, Optimismus und Hyperaktivität; zwölf bis fünfzehn Prozent aller Patienten leiden an einer chronischen Depression, von der wir sprechen, wenn die depressive Phase sich über mehr als zwei Jahre hinzieht; bei fünfzehn bis dreißig Prozent treten auch in den symptomfreien Intervallen zwischen den einzelnen Phasen Restsymptome auf. Manche leiden unter beständigen neurovegetativen Störungen (Schlaflosigkeit, Appetitverlust, Tagesschwankungen, Libidoprobleme).

Fügen wir noch die leichten, aber beständigen Schwankungen zwischen Stimmungsaufhellung und Eintrübung hinzu, die bei fast

allen Patienten zu beobachten sind, so dürfte kein Zweifel mehr
bestehen, daß die Depression ein kontinuierlicher psychopatholo-
gischer Prozeß ist, der den betroffenen Menschen während seines
ganzen Lebens begleitet und sein Wahrnehmungs-, Denk- und
Handlungsvermögen prägt.

Obwohl psychische Krankheiten heute mit ausgezeichneten Ergebnissen behandelt werden können, begleiten sie uns ein Leben
lang, ebenso wie Bluthochdruck, Magengeschwüre oder Asthma für
viele Menschen lebenslange Begleiter sind. Wir müssen deshalb
zwischen der Kontinuität des psychopathologischen Prozesses, der
wie die Glut unter der Asche beständig glimmt, und dem akuten
Charakter klinisch manifester Symptome unterscheiden.

*Sobald sich jenes schreckliche Ungeheuer einmal in uns eingenistet hat,
können wir es offensichtlich nur noch soweit wie möglich zähmen, aber
nie gänzlich vertreiben.*
Die bisher beschriebenen Symptome beweisen, daß die Krankheit latent immer droht und das gesamte Leben des Betroffenen
beeinflußt. Trotzdem sollte man nicht jedes Symptom nur negativ
sehen. Ebenso wie leichte Formen von Hyperthymie und Hypomanie können auch leichte Formen von Depression Vorteile mit sich
bringen, zum Beispiel bei der Anpassung an eine neue Situation.
Wer zur Melancholie neigt, hat auch einen Hang zur Meditation und
Gelassenheit. Er leidet intensiver, ist aber auch sensibler und innerlich reiner.

*Die große Angst vor Psychopharmaka rührt auch von der Überzeugung
her, bei langer Einnahme abhängig zu werden.*
Die Behandlung mit Psychopharmaka ist nicht deshalb so langwierig, weil sie abhängig macht, sondern weil die Krankheit langwierig und das Rückfallrisiko hoch ist. Während für viele andere
schwere Krankheiten noch keine wirksamen Medikamente zur Verfügung stehen, läßt sich die Depression heutzutage bereits erfolgreich mit Medikamenten behandeln, was allerdings seine Zeit
braucht. Es heißt, daß auf die einzelne Krankheitsepisode selbst bei

schwerem Verlauf lange symptomfreie Intervalle folgen. Im allgemeinen treten aber auch während dieser Intervalle leichte Stimmungsstörungen, Schlaflosigkeit, Kopfschmerzen und Angstzustände auf. Vollkommen symptomfreie Intervalle gibt es kaum. Die Krankheit lauert eben immer.

Heißt das, daß jeder, der einmal unter einer Depression gelitten hat, ein Leben lang behandlungsbedürftig bleibt?
Nicht immer. Aber man muß den Patienten über die ständig lauernde Gefahr aufklären, ohne ihn übermäßig zu verängstigen. In Abständen von sechs bis zwölf Monaten sollte er sich regelmäßigen Kontrolluntersuchungen unterziehen, wie sie auch beim Zahnarzt üblich sind. Außerdem sollte jeder, der einmal an einer Depression gelitten hat, bei späteren Störungen gleich welcher Art bedenken, daß seine aktuellen Beschwerden mit ihr in Zusammenhang stehen könnten, gleichgültig wie lange seine letzte depressive Episode bereits zurückliegt.

Dabei denken Sie sicherlich nicht nur an organische Störungen. Auch psychisch muß man ja lernen, seine Depressivität zu akzeptieren, um sich richtig zu verstehen.
Depressive müssen vor allem lernen umzudenken. Dafür ein Beispiel: Wenn ein Mensch weiß, daß er mit dem Wiederauftreten depressiver Phasen rechnen muß, weiß er auch, daß seine Beziehung zur Realität während dieser Phasen verändert ist und er dann alles durch eine dunkle Brille sieht. Wenn er sich dessen bewußt ist, kann er Augenblicke der Trostlosigkeit und des Leidens leichter ertragen. Er wird diese Tatsache dann bei jeder Entscheidung berücksichtigen und zum Beispiel wichtige Entschlüsse nicht während einer depressiven Phase fällen, sondern sie auf spätere, heitere Zeiten verschieben oder gewissen Versuchungen, die sich während einer Depression geradezu zu zwanghaften Wahnvorstellungen steigern können, nicht so schnell nachgeben. Es kann während einer Depression äußerst verlockend erscheinen, eine angebotene Beförderung einfach abzulehnen, eine Arbeit zu kündigen oder eine

Beziehung aufzugeben. Wenn man sich der Tatsache bewußt ist, daß diese Versuchung mit der Depression zu tun hat, gibt man ihr nicht so rasch nach.

Ebenso wird ein Depressiver lernen, in diesen Phasen keine rechtskräftigen Kauf- oder Verkaufsverträge abzuschließen, die er später, wenn sich sein Zustand gebessert hat, bereuen könnte.

Könnten Sie uns diesen notwendigen Umdenkprozeß noch an einem weiteren Beispiel erklären?

Nehmen wir einmal an, Sie klagen mir in einer depressiven Phase Ihr Leid: «Als Journalistin bin ich gescheitert, als Ehefrau bin ich eine Katastrophe, und eine richtige Frau bin ich auch nicht.» Würde ich Ihnen darauf antworten: «Das stimmt ja überhaupt nicht, denn Sie haben dieses oder jenes in Ihrer Arbeit erreicht und dieses oder jenes für Ihre Familie getan», Sie würden mir nicht glauben, sondern den Kopf schütteln und darauf beharren, daß Sie eine Versagerin sind. Wenn ich aber zu Ihnen sage: «Sie leiden unter einer Krankheit, bei der man alles durch eine dunkle Brille sieht, und sehen deshalb alles so düster und pessimistisch. In Wirklichkeit sind die Dinge aber nicht so, Sie tragen nur jetzt die Depressionsbrille. Schon bald werden Sie alles ganz anders sehen», dann sage ich Ihnen etwas für Sie Nützliches. Ich bestreite die Fakten nicht, sondern biete Ihnen einen neuen Schlüssel zu ihrer Deutung an, zur Deutung der Realität und Ihrer eigenen Person. Allerdings sind Depressive nur schwer zu überzeugen und kehren rasch zu ihren ursprünglichen Denkinhalten zurück.

Wenn ein Patient sich allmählich bewußt wird, daß er sich und die Welt seiner Depression wegen durch eine dunkle Brille betrachtet und in diesem Zustand anders reagiert als normalerweise, beziehungsweise die Dinge anders interpretiert, hat er bereits einen großen Schritt nach vorn vollzogen und hat die Chance, sich aus dem Netz der Depression zu befreien und ihre Auswirkungen auf seine Beziehungen zu anderen Menschen abzuwenden oder zumindest zu verringern.

Auch Verwandte und Freunde eines Depressiven sollten sorgfältig über diese Erkrankung und die häufig mit ihr verbundene Realitätsverkennung aufgeklärt werden, damit sie der Falle entgehen (in die hilfsbereite Laien leicht geraten) und aufhören, dem Depressiven in jedem einzelnen Punkt beweisen zu wollen, daß er im Unrecht ist, wenn er ihnen beständig seine Unfähigkeit zu allem und jedem beweisen oder sie von der Hoffnungslosigkeit seines Zustandes überzeugen will. Freunde und Verwandte sollten ihn vor allem immer wieder daran erinnern, daß sein schlimmer Zustand und seine nervöse Unruhe eine Folge seiner Krankheit sind. Sie müssen lernen, auf unnütze und vergebliche Ermunterungen zu verzichten wie «Streng dich doch an!», «Versuch dich zusammenzureißen!», «Du mußt es allein schaffen! Helfen kann dir niemand!»

Vielleicht könnte eine Psychotherapie bei diesem Umdenkprozeß Hilfestellung leisten?

Manche Psychotherapeuten sehen ihre Aufgabe vor allem darin, einem depressiven Patienten und seinen Familienangehörigen die wahre Natur und die typischen Symptome dieser Krankheit zu erklären, und zwar nicht nur in ihrer akuten und schweren Form, sondern auch in einer schwächeren Verlaufsform einschließlich ihrer Auswirkungen auf die Persönlichkeit und die Fähigkeit, soziale Beziehungen einzugehen. Das mag zunächst wie eine sehr enggesteckte Zielsetzung wirken, kann aber mit der Zeit weitreichende positive Folgen haben. Die Psychotherapie kann sich aller Mittel bedienen, solange sie den Kern des Problems nicht aus den Augen verliert. Ich betone nochmals, daß bei der Depression keine Psychotherapie die medikamentöse Behandlung ersetzen kann, aber sie kann dazu beitragen, daß ein Depressiver sich durch emotionalen Streß nicht mehr so leicht aus der Bahn werfen läßt, sie kann sein Selbstwertgefühl heben und seine Beziehungsfähigkeit verbessern.

Eine äußerst wichtige Aufgabe hat die Psychotherapie im übrigen bei der sich während oder nach einer medikamentösen Behandlung möglicherweise als notwendig erweisenden psychischen Unterstützung des Betroffenen in seinem Bemühen zur sozialen Reintegration.

Eine typische Krankheit unserer Zeit?

Ach, wieviel Leid!
Wie viele Nadelstiche!
Wie viele Stacheln und Dornen...
ANDREA ZANZOTTO

Ist die Depression eine typische Krankheit unserer Zeit? Immer häufiger hört man von ihrer erschreckend starken Zunahme, so daß man sich dieses Eindrucks nicht erwehren kann. Damit wäre allerdings die Theorie widerlegt, daß sie genetisch bedingt ist.
Zweifellos hat die Depression psycho-sozio-biologische Dimensionen. Die sogenannten *Streßfaktoren* – traumatisierende Ereignisse sozialer oder psychischer Natur – können affektive Störungen allerdings nur auslösen und verstärken, wenn der Betroffene eine entsprechende Veranlagung für sie hat.

Die Zunahme von Depressionen hängt offensichtlich auch damit zusammen, daß es heute mehr oder stärkere Streßfaktoren gibt als früher.
Ich bin nicht Ihrer Meinung, daß es heute mehr Depressive gibt als früher, denn wir wissen gar nicht, wie viele Menschen früher keinen Arzt aufsuchten, da sie nicht wußten, daß sie an Depressionen litten. Heute scheint es auch deshalb mehr Depressive zu geben, weil mehr Fälle erkannt werden und das Bewußtsein zugenommen hat, daß die Depression eine Krankheit ist. Außerdem wird der Krankheit beziehungsweise Gesundheit heute ganz allgemein mehr Aufmerksamkeit geschenkt, und jeder meint ein Recht auf Gesundheit und ihre Erhaltung zu haben.

Man schämt sich heute auch weniger, Depressionen einzugestehen.
Das spielt gewiß auch eine Rolle. Dazu kommt, daß unsere durchschnittliche Lebenserwartung weit höher ist als früher und erheblich mehr Menschen jenen Lebensabschnitt zwischen Fünfzig und Siebzig oder mehr erleben, in dem die Anfälligkeit für Depressionen besonders stark ist. Insofern hat es sicher eine effektive Zunahme gegeben. Im übrigen gibt es keinen Zweifel daran, daß unser modernes Leben von einem früheren Generationen unbekannten psychophysischen Streß geprägt ist.

Vor allem die Entdeckung der Elektrizität, über die wir bereits gesprochen haben, hat unser Leben radikal verändert und unsere Biorhythmen schwer gestört, denn sie hat uns von dem tief in unserem Organismus verankerten Tag-Nacht-Rhythmus befreit, mit dem unsere Stimmungsschwankungen – also auch Depressionen – zusammenhängen. Über Millionen von Jahren legte sich der Mensch bei Einbruch der Nacht schlafen und stand beim ersten Morgengrauen wieder auf. Das hat sich erst vor weniger als hundert Jahren geändert. Früher bestimmten der natürliche Wechsel von hell und dunkel sowie die Jahreszeiten, welche Arbeiten man wann verrichten mußte; heute nicht mehr. Seit Entdeckung der Elektrizität schlafen wir immer weniger. Einerseits wirkt dieser Schlafmangel stimulierend und erregend auf unseren Organismus und unsere Psyche, andererseits kann er aber auch Depressionen auslösen.

Die Entdeckung des elektrischen Lichts hat unser Leben revolutioniert und unsere natürlichen Rhythmen gestört, sie hat uns aber auch früher unbekannte Freiheiten beschert. Vielleicht müssen wir dafür einen Preis zahlen. Welche anderen Belastungen, die wir dem technischen Fortschritt zu verdanken haben, bringen Sie mit affektiven Störungen in Beziehung?
Zum Beispiel die in vielen Wirtschaftsbereichen, auch im Gesundheitswesen, übliche Arbeit in Tag- und Nachtschichten; die heute so häufigen Interkontinentalreisen mit dem Flugzeug, die unseren Schlaf-wach-Rhythmus empfindlich aus dem Gleichgewicht bringen, sowie eine Reihe weiterer Streßfaktoren:

- den stark gestiegenen Konsum von Medikamenten, von denen einige wie z. B. Bluthochdruckmittel, Betablocker, Hormone usw. Depressionen auslösen können;
- die zahllosen Diäten, bei denen die Einnahme von Appetitzüglern und Abmagerungsmitteln jeglicher Art selbstverständlich geworden ist;
- den hohen Konsum von Wein und Bier sowie immer mehr hochprozentiger Schnäpse und anregender Getränke und Mittel wie Kaffee, Amphetamine und Kokain, um mit den starken Belastungen im Alltag fertig zu werden;
- die wachsende Beliebtheit von Ferienaufenthalten in lauten und übervölkerten Orten, in denen beständig Betriebsamkeit herrscht. Man geht spät ins Bett, liegt viel zu lange in der Sonne und ist immer auf der Suche nach möglichen Liebesabenteuern. Wenn wir heftig verliebt oder in eine leidenschaftliche Affäre verstrickt sind, wird unser Gehirn von endogenen Erregerstoffen überschwemmt, die ebenso anregend wie eine starke Dosis Kokain auf unseren Organismus und unsere Psyche wirken;
- die globale Kommunikation. Manchmal hat es fast den Anschein, als wären wir eine einzige riesige Familie. Über das Telephon kann ich jede Nachricht sofort erfahren und leide «direkt» mit, wenn ich zum Beispiel von der Erkrankung eines Kollegen in Amerika höre. Früher wäre meine emotionale Reaktion schon deshalb erheblich schwächer ausgefallen, weil ich von demselben Ereignis erst sehr viel später erfahren hätte. Heute werden wir bis zur Erschöpfung von allen Seiten beständig mit Reizen bombardiert: Begegnungen mit anderen Menschen, Telephongespräche, Faxe, Direktübertragungen im Fernsehen usw. Dadurch stehen wir sozusagen immer unter «Hochspannung».

Bei besonders empfindlichen oder anfälligen Menschen führt diese beständige Reizüberflutung irgendwann zum Zusammenbruch. Und wie steht es mit dem Zusammenhang zwischen Depression und sozialer Rolle sowie den Werten oder besser dem Werteverlust, von dem heute so viel die Rede ist?

Zweifellos spielen auch diese Faktoren eine Rolle. Heute legen die meisten Menschen mehr Wert darauf, richtig aufzutreten und zu wirken, den anderen ein positives Bild von sich zu vermitteln, als sich so zu geben, wie sie sind. In dem ständigen Bestreben, den anderen in einem möglichst günstigen Licht zu erscheinen, unterdrücken sie häufig Aggressionen und richten ihre Anstrengungen mehr darauf, den anderen zu gefallen, als mit sich selbst zufrieden zu sein. Der große Wert, der dem Urteil anderer beigemessen wird, begünstigt außerdem Schuldgefühle. Da hinter dem Wunsch, von möglichst vielen geschätzt und geliebt zu werden, letztlich der Wunsch nach mehr Macht steht, wird jede Schwächung unserer Rolle in der Familie oder Gemeinschaft als Verlusterlebnis empfunden und kann leicht eine Depression auslösen.

Hinter dem Bestreben, es im Leben zu etwas zu bringen, steht aber nicht immer Machthunger. Viele streben dieses Ziel doch auch um ihrer persönlichen Befriedigung willen an.

In dem illusorischen Bemühen, das Leben souverän zu meistern und möglichst lange «im Rampenlicht» zu stehen, aber auch, um uns selbst zu verwirklichen, gehorchen wir alle gewissen Verhaltensregeln. Jahrzehntelang galt «Selbstverwirklichung» als wichtigstes Lebensziel. Wer finanzielle Unabhängigkeit, Selbständigkeit, Freiheit und Zufriedenheit mit sich selbst erreicht hatte, vor allem aber ein «positives», das Selbstbewußtsein stärkendes Image, hatte sich selbst verwirklicht. Heute besitzt diese Art von Selbstverwirklichung glücklicherweise nicht mehr einen so hohen gesellschaftlichen Stellenwert.

Um solche hochgesteckten Ziele zu erreichen und das einmal Erreichte zu bewahren, müssen wir ununterbrochen kämpfen. Mir scheint es zumindest so, als ob die Menschen früher weniger kämpfen mußten und ihr Leben insgesamt ruhiger verlief.

Aber für solche Fragen sind eigentlich die Soziologen zuständig. Wechseln wir lieber das Thema!

Und wie steht es mit weder gesellschaftlich noch beruflich besonders erfolgreichen Menschen?
Womit wir wieder bei einem soziopsychologischen Thema wären. Aber wenn Sie mich schon fragen, will ich Ihnen meine Meinung nicht vorenthalten. Auch Menschen, die keine Aussicht auf die Verwirklichung der gültigen kulturellen Ideale haben, glauben an sie und messen sich an ihnen. Eine Postbeamtin kann trotz sicherer Stellung unzufrieden sein, da sie kaum Aufstiegschancen besitzt und die Monotonie ihrer Arbeit sie frustriert. Früher war es für den Sohn eines Bäckers im allgemeinen selbstverständlich, daß er später selbst Bäcker werden würde. Das war eben der Lauf der Dinge. Heute wird unser gesamtes Leben vom Konkurrenzprinzip beherrscht, das die Qualität unserer Waren und Dienstleistungen ständig verbessern und unseren Ehrgeiz, besser zu sein als andere, fördern soll. Seine negativen und positiven Seiten lassen sich aber nicht auf bestimmte ökonomische Bereiche beschränken, sondern bestimmen nach und nach all unsere Lebensbereiche. In gewisser Hinsicht nähern wir uns zur Zeit wieder dem erbarmungslosen Konkurrenzkampf in den Kleinstgruppen primitiver Gesellschaften und des Tierreichs.

Alle «sozialen» Lebewesen kämpfen um möglichst große Macht in ihrer Gemeinschaft. Um für sich und ihre Nachkommen Vorteile und Privilegien zu erkämpfen, versuchen sie beständig, andere zu manipulieren und auszunützen. Im Prinzip geht es dabei darum, unser Erbgut, das DNS der Gruppe, zu der wir gehören und mit der wir uns identifizieren, weiterzugeben und zu erhalten.

Das klingt, als kämen auch Sie letztlich zu dem Schluß, daß unser modernes Leben depressiver macht als das Leben in früheren Zeiten.
Mit meinen Ausführungen wollte ich nur einige für unsere Zeit typische Streßfaktoren aufzählen, bin aber im Grund überzeugt, daß das Leben früherer Generationen genauso «streßreich» war wie unser heutiges; nur daß es früher andere Streßfaktoren als heute gab. Mein Vater und meine Großväter waren Ärzte und mußten bei jedem Wetter und zu jeder Tages- oder Nachtzeit mit der Kutsche

Hausbesuche machen, was oft genug ein Abenteuer war; noch dazu verfügte mein Vater als junger Landarzt während des Krieges in der Toskana kaum über Medikamente. Früher drohten ständig Epidemien und Seuchen, waren Todesfälle in der Familie zu beklagen und vieles mehr. Ganz zu schweigen von der besonderen Härte des Lebens der Frauen noch bis vor kurzem, das geprägt war von Verboten, Pflichten und Rollenzwängen, aber vor allem von zahllosen Schwangerschaften und schmerzvollen Geburten.

Es stimmt mich oft traurig, wenn ich daran denke, wie viele Frauen früher schweigend in der Abgeschlossenheit ihres Heims an quälenden Depressionen gelitten haben mögen, weil ihre Rolle ihnen gebot, ihr Schicksal stumm zu ertragen. Niemand verstand sie, sie selbst sich am allerwenigsten. Unsere Gespräche haben mich daran erinnert, wie abschätzig die Leute in meinem Dorf noch in den sechziger Jahren, als ich ein Kind war, über eine jungverheiratete Frau sprachen. Besonders die Frauen zogen über sie her: «Die ist ja mit nichts zufrieden. Dabei hat sie so einen tüchtigen und liebevollen Mann, ein wunderbares Kind und eine anständige Schwiegermutter. Und was tut sie? Nichts wie jammern und klagen. Was bildet die sich eigentlich ein? Ihr Mann ist ständig bemüht, ihr jeden Wunsch von den Augen abzulesen, aber sie kann sich über nichts freuen. Die weiß doch gar nicht, was sie will. Und wie es bei ihr zu Hause aussieht! Einen ordentlichen Haushalt kann man das wohl kaum nennen. Der geht es einfach zu gut. Das ist doch alles nur Getue.»

Auch ich machte ihr innerlich Vorwürfe und fragte mich, was sie denn eigentlich wolle, bis ich eines Tages ein Gespräch zwischen ihr und meiner Mutter mit anhörte. Mit müder, erloschener Stimme erzählte sie ihr, sie wisse wohl, was man über sie rede. Die Leute hätten ja recht, aber was solle sie denn machen? Sie sei ständig deprimiert und könne sich über nichts freuen, obwohl sie sehr wohl wisse, wie gut es ihr gehe, und daß ihr Mann und ihre Schwiegermutter alles für sie täten. Sie gäbe sich auch wirklich Mühe, aber es nütze alles nichts, sie käme nicht gegen ihre Niedergeschlagenheit an und empfände nichts als Abscheu vor dem Leben.

Mehr als das, was sie sagte, bewegte mich die Art, wie sie es sagte.

Plötzlich sah ich sie in einem ganz anderen Licht. Heute weiß ich, daß diese junge Frau unter Depressionen litt, und denke voller Mitleid an sie. Ich kann mir gut vorstellen, wie sehr sie unter der Verachtung gelitten haben muß, die die anderen Leute aus dem Dorf ihr entgegenbrachten, und würde sie am liebsten trösten. Wer weiß, ob es ihr heute besser geht?

Dieser Fall ist beispielhaft für die meisten der früher nicht erkannten und nicht behandelten Depressionen, für den Mangel an Verständnis jener Zeit, in der Depressive rasch zum Opfer oberflächlicher Moralvorstellungen und unzähliger Vorurteile wurden.

Obwohl Sie offensichtlich nicht der Meinung sind, daß die Depression in unserer Zeit zunimmt, werden auch Sie nicht leugnen wollen, daß wir heute eine Wertekrise erleben. Früher mag das Leben härter gewesen sein als heute, aber der einzelne hatte doch viel mehr Halt. Die Gesellschaft, in der er lebte, war fest gefügt, und es gab ein allgemeingültiges Wertesystem, nicht zu vergessen der Halt, den der Glaube ihm bot.

Eigentlich fühle ich mich als Arzt nicht zuständig für das «Werteproblem» und würde es lieber den dafür zuständigen Fachleuten überlassen. Aber da Sie so sehr insistieren, will ich Ihnen meine Meinung auch zu diesem Punkt nicht vorenthalten. Natürlich lassen ein festes Wertesystem und Halt bietende Religionen das Leben als sinnvoller erscheinen, und der Glaube an den Sinn des Lebens und die Richtigkeit der Gesellschaftsordnung, in der man lebt, verringert auch das Selbstmordrisiko. Andererseits ist viel Halt auch mit viel Zwang verbunden. Wenn es einem Menschen nicht gelingt, die vorgeschriebenen Normen zu erfüllen, fühlt er sich rasch als Versager.

Bei einem Vergleich von Gegenwart und Vergangenheit kann ich alles in allem nicht zu dem Schluß kommen, daß das Leben früher besser und weniger deprimierend gewesen wäre. Beim Verkauf eines Feldes wurde zum Beispiel der Bauer zusammen mit dem Feld verkauft. Erkrankte er, mußte er so schnell wie möglich einen Ersatz für sich finden, um nicht seine ganze Ernte zu verlieren. Und wer kümmerte sich um ihn?

Verhaltensforscher behaupten, man könne die Begriffe Fortschritt und Rückschritt nicht auf den Evolutionsprozeß der verschiedenen Arten anwenden, da es lediglich unterschiedliche Formen der Anpassung an innere und äußere Veränderungen gäbe, die sich auch in der Verschiedenheit der heutigen Sozialstrukturen widerspiegeln.

Vielleicht sprach man früher einfach weniger von den Härten des Lebens und akzeptierte all die Mühsal, den Kummer, die Schmerzen, Depressionen und Trauerfälle, die wir heute als Streß bezeichnen, als selbstverständlichen Teil des Lebens.

Eine Depression korrekt zu diagnostizieren hätte im übrigen wenig genützt, da keine medikamentöse Therapie zur Verfügung stand. Ein Arzt ist verständlicherweise mehr motiviert, sich um die Erstellung der richtigen Diagnose für eine Erkrankung zu bemühen, wenn er weiß, daß eine spezifische und wirksame Behandlung zur Verfügung steht.

Mehr als die Hälfte der in der Hölle Leidenden sind Frauen

> O Herr, ich weiß,
> daß kein Leben mehr in mir ist.
>
> GASPARA STAMPA
>
> Mein Leben ist ein leerer, zerbrochener Krug,
> der keinen Tropfen Trost enthält,
> für all den Schmerz, der mich quält.
>
> CHRISTINA ROSSETTI

Wenden wir uns den Frauen zu, Herr Professor! Sie sind laut Statistik die Hauptopfer der Depression. Doppelt so viele Frauen wie Männer erkranken an unipolaren Formen der Depression und fast viermal mehr an affektiven Störungen mit saisonal abhängiger Verlaufsform.

Im Mai 1992 veranstaltete eine Gruppe von Psychologinnen und Psychiaterinnen auf einem Kongreß der Vereinigung amerikanischer Psychiater ein Symposium zu der Frage, warum Angst- und affektive Störungen bei Frauen häufiger auftreten als bei Männern. Bei den bipolaren Störungen ist das Geschlechterverhältnis noch in etwa ausgeglichen, während rezidivierende, nicht bipolare Störungen zu achtundsiebzig Prozent Frauen betreffen. Dagegen kommen leichte bis schwere Formen der Manie, bis hin zu hochgradig manischen Zuständen mit starker Erregung, leichter Reizbarkeit, Aggressivität und Euphorie häufiger bei Männern als bei Frauen vor.

Auf diesem Symposium wurde auch die unterschiedliche Suizidhäufigkeit diskutiert: Männer nehmen sich im allgemeinen doppelt so häufig das Leben wie Frauen. Allerdings liegt die Suizidrate bei Akademikerinnen und Karrierefrauen, zum Beispiel bei Managerinnen und Ärztinnen, ebenso hoch wie bei Männern.

Wenn ich richtig informiert bin, zeichnen sich auch beim Herzinfarkt ähnliche Tendenzen ab: Vor der Emanzipationsbewegung waren fast nur

Männer von ihm betroffen. Mit zunehmender Emanzipation steigt das Infarktrisiko auch bei Frauen, so daß heute, wenn auch leider nur auf diesem traurigen Gebiet, Gleichheit erreicht wurde.

Die Zahlen über die Suizid- und Depressionsraten bei Frauen lassen verschiedene Deutungen zu. Vielleicht unterdrücken Frauen ihre Aggressionen heute weniger als früher und erfüllen zunehmend die gleichen Aufgaben wie Männer, wodurch natürlich auch ihr Leben entsprechend «stressiger» wird, oder sie sind als Karrierefrauen von Natur aus besonders erfolgsorientiert und durchsetzungsfähig, so daß wir es mit einem Selektionsphänomen zu tun hätten, in dem Sinne, daß sich nur diejenigen Frauen durchsetzen, die von ihren angeborenen Fähigkeiten her die Anforderungen an eine spezifische Arbeit erfüllen.

Außerdem gibt es noch eine mögliche Erklärung: Je mehr eine Frau sich im Berufsleben engagiert, desto mehr löst sie sich aus dem Familienverband. Dadurch verliert sie den Halt, den die Familie einer Hausfrau bietet, und ist mehr und stärkeren Belastungen ausgesetzt. Für ihre Ablehnung der Einschränkungen, die das Leben in traditionellen Bindungen mit sich brachte, muß sie den Preis höherer Einsamkeit zahlen.

Lassen wir Karrierefrauen einmal beiseite. Warum leiden generell mehr Frauen als Männer unter Depressionen?

Das konnte bisher noch nicht endgültig geklärt werden. Verschiedenen Studien zufolge, darunter auch einigen an meinem Institut durchgeführten, haben Frauen weit häufiger ein «depressives Temperament» als Männer, was mit der spezifisch weiblichen Hormonausstattung zusammenzuhängen scheint. Nachweislich tritt die unterschiedliche Inzidenz erst nach der Pubertät auf, also nachdem die jeweiligen Sexualhormone zu einer eindeutigen Differenzierung geführt haben.

Vor der Pubertät ist die Erkrankungsrate bei beiden Geschlechtern gleich. Manche junge Mädchen haben bereits bei ihrer ersten Monatsblutung eine Angst- und Depressionskrise.

Für viele Frauen ist sie jeden Monat mit einer kurzen depressiven Phase verbunden.
Das ist richtig. Das gesamte prämenstruelle Syndrom ähnelt schwach ausgeprägten «Mischzuständen». In der Woche vor ihrer Menstruation oder kurz danach leiden viele Frauen regelmäßig unter Depressionen, Angstgefühlen, Dysphorie und erhöhter Reizbarkeit; sie regen sich über jede Kleinigkeit auf und reagieren rasch aggressiv auf Äußerungen eines Kollegen, des Mannes oder der Kinder; sie sind überempfindlich und weniger selbstsicher als gewöhnlich; ihre nervöse Anspannung entlädt sich ebenso leicht in Tränenausbrüchen wie in Wutanfällen. Häufig quält sie in diesen Tagen auch ein ständiger Heißhunger auf Süßigkeiten.

Bei Frauen, die bereits normalerweise an Angst- und Depressionszuständen leiden, verstärken sie sich in dieser Zeit. Viele quält pünktlich einmal im Monat Verfolgungswahn und Eifersucht, und auch das Suizidrisiko ist in der prämenstruellen Phase höher.

Für Frauen, die jeden Monat mit solchen Problemen zu kämpfen haben, dürfte der Eintritt der Menopause geradezu eine Erleichterung darstellen. Allerdings kann sie auch Depressionen auslösen, wenn ich richtig informiert bin.
Ja, die Menopause kann bei Frauen, die bereits vorher unter einer leichten oder latenten Depression litten, eine schwache, lange andauernde Depression auslösen.

Fast alle Frauen werden aber schon sehr viel früher – nämlich bei einer Geburt oder Abtreibung – mit einem mächtigen depressiogenen Faktor konfrontiert. Während eine Abtreibung nur gelegentlich eine schwere Depression verursacht, werden fast alle Frauen im Wochenbett mehr oder weniger depressiv.

Wann und wie äußert sich die «Wochenbettdepression»?
Drei bis vier Tage nach der Geburt, manchmal aber auch erst einige Wochen später kann eine typische depressive Episode auftreten. Fast keine Wöchnerin bleibt vom sogenannten *Post-Partum-Blues* verschont: Sie fühlt sich müde, erschöpft und bricht leicht in

Tränen aus, was mit der hohen Prolaktinausschüttung nach der Geburt zusammenzuhängen scheint.

Da das Baby auch nachts gestillt oder beruhigt zu werden verlangt, wird der Schlaf der Mutter immer wieder unterbrochen, wodurch sich mit der Zeit erhebliche Schlafdefizite akkumulieren, die sich zunächst als nervöse und ängstliche Erregungszustände äußern und irgendwann in völliger Erschöpfung und auch in Depressionen münden.

Wie entsteht der Post-Partum-Blues?
Es gibt verschiedene Erklärungen für ihn. Wesentlich beteiligt an seiner Entstehung sind vermutlich endokrine Veränderungen. Durch das Ausstoßen der Plazenta nach der Geburt verliert die Frau ein hormonell sehr aktives Organ. Ihr Zustand läßt sich mit einer Alkoholentzugskrise vergleichen. Mit einem Schlag fehlen dem Körper Steroidhormone, die bekanntlich eine beruhigende, angstlösende und vielleicht auch antidepressive Wirkung haben.

Bei manchen Frauen scheint diese Entzugskrise der Beginn einer typischen depressiven Episode zu sein.
Oder einer Panikstörung. Durch die Geburt ausgelöste regelrechte Wochenbettdepressionen verlaufen im allgemeinen besonders schwer, und bei ihnen ist auch die Rezidivgefahr sehr groß. Meistens handelt es sich um bipolare Störungen, die mit Lithium behandelt werden können. Noch nach mehr als zwei Jahren kann ein Rückfall auftreten. Häufig komplizieren sie sich durch Wahn- und Verwirrungszustände zu einer «Wochenbettpsychose». Die von ihr betroffenen Frauen leiden unter der Angst, man könne ihnen ihr Kind wegnehmen oder sie seien unfähig, es großzuziehen. Ständig haben sie den Verdacht, daß die anderen hinter ihrem Rücken schlecht über sie sprechen und sie für eine schlechte Mutter halten. Manchmal lehnen sie ihr Kind auch völlig als unwillkommenen Eindringling in ihr Leben ab und wollen es überhaupt nicht sehen. Ihre ganze Umgebung erscheint ihnen feindselig. Depressive Stimmung wechselt mit Erregung und Verwirrung.

Wie wird die Wochenbettpsychose behandelt?
In besonders schweren Fällen ist eine Elektrokonvulsionsbehandlung angezeigt. Ihre rasche Wirkung hat sich als Vorteil gegenüber der risikoreicheren medikamentösen Therapie erwiesen. Außerdem kann sie einer drohenden Chronifizierung vorbeugen und verhindern, daß die Patientin in einem impulsiven Akt gegen sich selbst oder andere aggressiv agiert, denn bei der Wochenbettpsychose ist auch das Suizidrisiko sehr hoch.

Menstruationszyklus, Geburt und Menopause sind depressiogene Faktoren, die nur Frauen betreffen. Demnach wären die spezifisch weiblichen Sexualhormone für das häufigere Vorkommen von Depressionen bei Frauen verantwortlich?
Nicht ausschließlich. Manche Frauen leiden trotz stark gestörtem Hormonhaushalt nie unter Depressionen. Eine Weile wurde die erhöhte Depressionsanfälligkeit von Frauen darauf zurückgeführt, daß bei ihnen das serotonerge System überwiegt, bei Männern dagegen das dopaminerge. Serotonin ist ein sedierender Neurotransmitter, der uns eher vorsichtig macht, während Dopamin aktivierend wirkt und Risikofreude fördert. Bei allen Tierarten verlassen die Männchen irgendwann ihre Gruppe, um sich in der Fremde ein Weibchen zu suchen. Dieser Trieb steuert die Paarung und verhindert inzestuöse Verbindungen. Die weiblichen Hormone Progesteron und Östrogen, die das serotonerge System beeinflussen, scheinen bei Angst- und Depressionszuständen eine wichtige Rolle zu spielen.
Außerdem sind einige Enzyme – zum Beispiel die Monoaminooxydasen, die die Konzentration von Neurotransmittern in unserem Gehirn kontrollieren – an das X-Chromosom gebunden, das bei der Frau bekanntlich doppelt vorkommt.

Demnach müßten Depressionen bei vielen Frauen mit Hormonen behandelt werden können?
Das wurde auch versucht, allerdings bisher ohne Erfolg. Wir wissen aber, daß im Gehirn Steroidhormone produziert werden

und nachweisbar sind. Diese regulieren die Sexual- und Nebennierenrindenfunktion.

Liegt hier der Schlüssel zum Verständnis der wahren Zusammenhänge?
Auf jeden Fall gibt es eine Verbindung zwischen diesen Hormonen und einigen affektiven Zuständen. Darüber hinaus sind aber auch die vom Hypothalamus produzierten Hormone an der Regulierung unserer Stimmungslage und unseren emotionalen Reaktionen beteiligt. Vermutlich ist sowohl ihre Konzentration im Gehirn bei Mann und Frau unterschiedlich als auch die Reaktion der jeweiligen Organe auf sie.

Möglicherweise tragen aber auch noch weitere Faktoren dazu bei, daß Depressionen trotz gleicher genetischer Prädisposition bei Frauen häufiger sind als bei Männern. Da der Schutz der Nachkommenschaft eine der Hauptaufgaben des weiblichen Geschlechts darstellt, wäre es auch denkbar, daß die zu ihrer Erfüllung erforderliche psychische Einstellung durch eine entsprechende Ausbildung des neuroendokrinen Systems gewährleistet wird.

Wollen Sie damit sagen, daß Frauen möglicherweise einen zusätzlichen Schlüssel zur Aktivierung des oder der Depressionsgene besitzen?
Vielleicht öffnet dieser Schlüssel die Tür zur Depression, wenn bestimmte hormonelle oder umweltbedingte Voraussetzungen vorliegen. Zu den Faktoren, die Frauen anfälliger für Depressionen machen, gehört auch ihre starke Trennungsangst. In diesem Punkt sind sie viel sensibler als Männer. In der Kindheit entwickeln sie eine sehr enge Beziehung zur Mutter und als Erwachsene zu ihren Kindern und ihrem Zuhause. Deshalb leiden sie bei Trennungen mehr als Männer. Ein klassisches Beispiel hierfür ist die sogenannte Depression des «leeren Nests», die ausbricht, wenn die Kinder von zu Hause weggehen und die Mutter im leeren Heim zurücklassen, in dem sie bis dahin die zentrale Figur war.

Viel mehr Frauen als Männer müssen auch damit fertig werden, daß ihr Partner vor ihnen stirbt.

Da Frauen im Durchschnitt länger leben als Männer und häufig Männer heiraten, die älter sind als sie.

Ich habe persönlich an Angststörungen und Depressionen leidende Patientinnen erlebt, die bei der Nachricht von der schweren Erkrankung ihres Mannes als erstes verzweifelt an ihre baldige Einsamkeit dachten. Nach jahrelanger Unselbständigkeit in der Ehe konnten sie sich nicht vorstellen, jemals ohne ihn leben zu können. Manche entwickelten sogar eine regelrechte Wut auf ihn, weil er in ihren Augen mit seinem hartnäckigen Rauchen oder Trinken sein Ende geradezu herausgefordert hat, um ihnen nun auch noch diesen letzten Streich zu spielen. Solche Reaktionen sind nicht die Regel, aber sie kommen gar nicht so selten vor.

Auf die Scheidung oder den Tod des Ehemannes reagieren viele Frauen zunächst mit schweren Depressionen und Angst. Danach finden sie sich irgendwann mit ihrer neuen Situation ab und sind im allgemeinen viel überlebensfähiger als ältere Witwer, die weit mehr Schwierigkeiten haben, mit dem Tod ihrer Frau oder einer Scheidung fertig zu werden.

Sie erwähnten auch, daß die Situation der Frau und ihr Bildungsniveau bei der unterschiedlichen Depressionsanfälligkeit von Mann und Frau eine Rolle spielen.

Die verschiedensten Werte und Interessen können für einen Menschen wichtig sein: die Arbeit, die Position in Gesellschaft und Familie, Hobbys, der Glaube oder politisches Engagement, die Liebe zur Kunst und vieles mehr. Entfällt einer dieser Werte oder Interessen, kann der Verlust durch die anderen ausgeglichen werden. Je weniger Interessen jemand hat, je weniger Halt besitzt er im Leben. Verliert er einen, ist gleich alles oder fast alles verloren, und er steht dem Zusammenbruch näher als Menschen mit vielfältigeren Interessen und Werten.

Nun sind Männer in dieser Hinsicht immer noch privilegiert. Sie spielen gewöhnlich eine wichtige Rolle in der Gemeinschaft, pflegen zahlreiche Interessen und Beziehungen zu anderen Menschen und haben ganz allgemein noch immer mehr Chancen im

Leben als Frauen. Damit wären wir allerdings erneut bei unbewiesenen soziologischen Thesen. Andererseits haben wir ja bereits zu Beginn unseres Gesprächs anläßlich der Erwähnung des Kongresses der APA in Washington 1992 gesehen, daß höhere Bildung und bessere Berufsaussichten den Frauen wohl doch keinen größeren Schutz vor Depressionen zu bieten scheinen. Eher im Gegenteil...

An diesem Punkt müßten wir uns auf das «brisante» und nach wie vor heftig diskutierte Thema der Situation der Frau in unserer Zeit einlassen. Sprechen wir lieber von konkreteren Faktoren. Äußert sich die Depression bei Frauen und Männern in unterschiedlichen Symptomen?

Ein gewisser Unterschied besteht. Depressive Frauen neigen mehr als depressive Männer dazu, sich selbst herabzusetzen, und sind unsicherer; sie sind auch introvertierter und isolieren sich stark; außerdem sind Angstsymptome und psychosomatische Beschwerden bei ihnen häufiger. Viele depressive Frauen klagen über diffuse Schmerzen im Hals, in den Gliedern, über Magen- und Verdauungsbeschwerden, Herzrasen und Muskelschmerzen. Bei depressiven Männern überwiegt dagegen die psychomotorische Verlangsamung, die sich in schwerfälligem Sprechen, monotoner Mimik und Gestik äußert.

Während der Hang zum Alkoholismus bei Depressiven beiderlei Geschlechts hoch ist, neigen depressive Frauen verstärkt zum Mißbrauch von Aufputsch- und schmerzstillenden Mitteln.

Meinen Sie Kopf- und Zahnschmerzmittel? Wie kommt eine Frau darauf, solche Medikamente gegen ihre Depression einzunehmen? Ich sehe da keine Verbindung.

Wenn eine Frau bei Kopf-, Muskel- oder Gliederschmerzen ein schmerzstillendes Mittel nimmt und feststellt, daß es auch ihre Stimmung etwas hebt, kann das bereits der erste Schritt zum Tablettenmißbrauch sein. Das gleiche gilt für amphetaminähnliche Abmagerungstabletten. Die Feststellung, daß sie auch «turnen», ist natürlich ein Anreiz, sie weiter zu nehmen.

Frauen sind die Hauptkonsumenten jeder Art von Medikamen-

ten. Deshalb könnten verschiedene bei Frauen vorkommende Formen der Depression iatrogen sein, das heißt durch Medikamenten-
mißbrauch verursacht. Daß manche Medikamente Depressionen
auslösen können, haben wir ja bereits erwähnt.

*Erlauben Sie mir, den Begriff «iatrogen», der vielen Lesern unbekannt
sein dürfte, kurz zu erläutern. Er setzt sich zusammen aus der Wurzel
«iatros», dem griechischen Wort für Arzt, und «gen», was verursachen
bedeutet. Man könnte ihn übersetzen mit «durch den Arzt oder die
ärztliche Behandlung verursacht». Kann auch die Antibabypille Depressionen auslösen?*

Manchmal schon. Dann muß sie gewechselt werden. Es gibt
heute verschiedene, sehr gering dosierte Antibabypillen.

Auch eine weitere Form der Depression, die man als «hysteroide
Dysphorie» bezeichnet, kommt fast ausschließlich bei Frauen vor.
Bei ihr äußern sich alle sonst bei der Depression zu beobachtenden
vegetativen Symptome genau entgegengesetzt. Statt an Schlafstö-
rungen leiden diese Patientinnen an übermäßigem Schlafbedürfnis.
Sie liegen den ganzen Morgen mit bleiernen Gliedern im Bett oder
verbringen sogar ganze Tage im Dämmerzustand. Vor allem ihr
Appetit auf Süßigkeiten ist besonders groß, wodurch natürlich ihr
Körpergewicht rasch ansteigt.

Ihr Schlafzimmer sieht aus, als habe eine Bombe eingeschlagen.
Viele sind Kettenraucherinnen oder Alkoholikerinnen beziehungsweise pumpen sich beständig mit Beruhigungstabletten voll. Auf
jedes Ereignis, gleichgültig ob es belanglos oder ernst zu nehmen
ist, reagieren sie überempfindlich, und jede Kleinigkeit kann sie von
den höchsten Höhen der Glückseligkeit in die tiefsten Niederungen
der Depression stürzen oder umgekehrt; von anderen Menschen
abgelehnt zu werden, vertragen sie überhaupt nicht und können
weder im Privatleben noch am Arbeitsplatz Frustrationen ertragen.
Allerdings kann ihre Stimmung jederzeit wechseln. Eben noch
vegetierten sie traurig, verzweifelt und stumpfsinnig zu Hause vor
sich hin, und im nächsten Augenblick kann die Ankunft eines
Freundes oder die Einladung zu einem Fest ihre Stimmung in das

genaue Gegenteil umschlagen und sie geradezu übertrieben fröhlich, anteilnehmend und witzig wirken lassen. Auch insofern verhalten sie sich anders als andere Depressive, die durch erfreuliche Ereignisse nicht in ihrer Stimmung zu beeinflussen sind.

Offensichtlich brauchen die an «hysteroider Dysphorie» leidenden Frauen äußere Reize, um sich aus ihrem dumpfen Zustand erheben zu können und wieder Schwung zu bekommen. Aber wie lange hält das an?
Leider nicht sehr lange. Nach dem Ende eines Festes, einer Reise oder eines Liebesabenteuers fallen sie meist in ein noch tieferes «Loch». Im allgemeinen wird dieses starke Reagieren auf alle äußeren Reize als «neurotisch» interpretiert. Tatsächlich wird diese ausgeprägte «Reagibilität auf äußere Reize» endogen verursacht und stellt eine primäre affektive Störung dar.

Im allgemeinen ist die Stimmung im Zustand der Depression starr und unbeeinflußbar durch äußere Reize. Hier haben wir es offensichtlich mit einer ganz besonderen Depressionsform zu tun. Gibt es für dieses Phänomen eine Erklärung?
D. F. Klein und M. R. Liebowitz von der Columbia University, die die hysteroide Dysphorie untersucht und beschrieben haben, unterscheiden zwischen *anticipatory pleasure* und *consummatory pleasure*: der Fähigkeit, sich auf ein zukünftiges Vergnügen zu freuen und es zu suchen, und der Fähigkeit, Vergnügen zu empfinden. Sie stellten fest, daß bei der hysteroiden Dysphorie die Fähigkeit fehlt, ein Vergnügen in der Vorstellung vorwegzunehmen und es deshalb aktiv zu suchen. Werden solche Patienten von anderen zur Teilnahme an einem Vergnügen verleitet, können sie sich durchaus amüsieren, weil ihre Fähigkeit, Freude zu empfinden, nicht beeinträchtigt ist. Bei der hysteroiden Dysphorie scheint nur die zweite Fähigkeit gestört zu sein.

Die Unverdächtigen: die Kinder

«Die Krankheit hat Sie erwählt.»
«Ja, im Alter von fünf Jahren.»
«Wie geschah das?»
«Als ich an der weißen Glocke
der dunklen Holztür unseres Hauses läutete,
erfaßte mich der Strudel der Melancholie
und riß mein Herz in die Tiefe.»
OTTIERO OTTIERI

Dies dürfte eines der traurigsten Kapitel dieses Buches werden. Sich vorzustellen, daß sich bereits Kinder in der Hölle der Depression quälen, schnürt einem das Herz zusammen. Erst seit kurzem ist erwiesen, daß auch Kinder unter Depressionen leiden können. Vorher ging die Medizin mit der Psychoanalyse davon aus, Kinder könnten nicht depressiv sein, da die Fähigkeit, unter Schuldgefühlen und einem schlechten Gewissen zu leiden sowie Selbstverachtung zu empfinden, die als wesentliche Voraussetzung für das Auftreten einer Depression galt, erst nach Ausbildung des Über-Ichs vorhanden ist. Dieses Über-Ich, verstanden als moralische und Zensurinstanz, bildet sich aber den psychoanalytischen Theorien zufolge erst nach Überwindung des Ödipuskomplexes aus, also nach der Kindheit.

In den letzten fünfzehn Jahren wurde durch klinische Beobachtungen zweifelsfrei bewiesen, daß auch Kleinkinder bereits an schweren affektiven Störungen leiden können. Je früher eine Depression auftritt, um so schwerer ist sie, und um so höher ist auch die Penetranz des für sie verantwortlichen Gens.

Was heißt das?
Daß die erbliche Belastung der Familie mit affektiven Störungen höher ist und deshalb auch die Wahrscheinlichkeit, daß die Krankheit sich in besonders schwerer Form äußert, sei es, daß die

einzelnen Episoden besonders lang dauern oder immer wieder auftreten, manchmal spontan ohne jeden äußeren Anlaß und manchmal ausgelöst durch geringfügige, im allgemeinen unbedeutende
Faktoren.

An welchen Symptomen erkennt man Depressionen bei Kindern?

«Dysthyme» Kinder wirken immer verschlafen; sie kommen
morgens nicht aus dem Bett und kämpfen bereits in der ersten
Unterrichtsstunde mit Konzentrationsproblemen; sie wirken immer ein bißchen traurig und ängstlich, spielen kaum mit anderen
Kindern, sind sehr sensibel, gehorsam und antriebslos.
Bei solchen beständig latent depressiven Kindern muß immer
mit dem plötzlichen Auftreten einer schweren Depression gerechnet werden.

Aber auch bei besonders fröhlichen, lebhaften und spielfreudi-
gen Kindern kann zur großen Überraschung der Eltern jederzeit
wie aus heiterem Himmel eine Depression auftreten. Der kleine,
mit sich und der Welt zufriedene, quirlige Frühaufsteher, der schon
morgens um vier oder fünf Uhr bei irgendeinem intensiven Spiel
fröhlich aus voller Kehle singt, zeigt möglicherweise bereits erste
Anzeichen eines «hyperthymen Temperaments».

Außer temperamentsbedingten Tendenzen zur Depression oder Euphorie
scheint mir hier aber noch nichts besonders Auffälliges vorzuliegen.
In diesem Zusammenhang muß auch das kindliche «Hyperkine-
siesyndrom» erwähnt werden, eine Störung mit «Aufmerksamkeits-
defizit». Solche Zappelphilippe können keinen Augenblick stillsit-
zen, so daß sich der verzweifelte Lehrer manchmal nicht anders zu
helfen weiß, als sie aus dem Klassenzimmer zu verbannen.
Wird die psychomotorische Unruhe nicht behandelt, haben die
betroffenen Kinder ihrer Konzentrationsschwierigkeiten wegen
bald Probleme in der Schule, obwohl sie intellektuell meist keineswegs minderbegabt sind, sondern sich nur nicht auf eine bestimmte
Sache konzentrieren können.
Bei hyperkinetischen Kindern ist das Vorliegen einer pathologi-

schen Störung allerdings auffälliger als bei hyperthymen, die wegen ihres fröhlichen und aufgeweckten Wesens besonders beliebt sind und die Eltern meist mit großem Stolz erfüllen.

Während scheinbar gerade bei solchen Kindern die Depression im Hintergrund lauert…

Ja, eines Tages verlieren das immer muntere und heitere Kind oder der beständige Unruhegeist ihre Fröhlichkeit, die sie zum Liebling aller gemacht hatte. Der kleine Junge, der bei jedem Spiel und jeder Sportart der Anführer war, oder das Mädchen, das unter ihren Freundinnen immer den Ton angab, wirken plötzlich mürrisch, stumpf und geistig schwerfällig; sie haben zu keinem Spiel Lust, beantworten jede Frage nur zögernd und widerwillig und wirken in der Schule zerstreut, geistesabwesend und lustlos. Sie können sich nichts merken und sich nur schwer konzentrieren. Deshalb müssen sie nicht notwendigerweise traurig, ängstlich oder bedrückt wirken.

Um so schwerer dürfte es für die Eltern oder Betreuer sein, ihre Krankheit zu erkennen.

Das stimmt. Da das Vorliegen einer pathologischen Störung oft nicht erkannt wird, müssen sich diese bedauernswerten Kinder immer wieder wegen ihrer angeblichen Faulheit und Trödelei Vorwürfe gefallen lassen, oder sie werden sogar bestraft, weil sie in den Augen der Erwachsenen nichts Positives mit sich anzufangen wissen. Im allgemeinen wird im Kindergarten oder in der Schule zuerst festgestellt, daß mit dem betreffenden Kind irgend etwas nicht stimmt. Allerdings werden derartige Verhaltensauffälligkeiten meist auf familiäre Probleme – latente Spannungen oder offene Konflikte zwischen den Eltern – zurückgeführt, oder die «Schuld» wird dem Lehrer oder Kindergärtner gegeben. Die Umgebung ist in solchen Fällen immer rasch mit den üblichen soziopsychologischen Erklärungen und stereotypen Gemeinplätzen bei der Hand, die mittlerweile nur zu geläufig sind.

Selbstverständlich wird die Mutter in solchen Fällen als erste «angeklagt». Da ihr Leben als Hausfrau und Mutter sie frustriere, setze sie all ihre Erwartungen in ihr Kind und unterdrücke mit ihrem ängstlichen Ehrgeiz die freie Entwicklung seiner Persönlichkeit, so daß pathologische Störungen gar nicht ausbleiben könnten.

Dabei kann man die Mütter in solchen Fällen wirklich von jeglicher Schuld freisprechen. Sie erwähnten, daß bereits vierjährige Kinder unter Depressionen leiden können. Wie äußern sie sich in diesem Alter?

Das Kind spielt nicht mehr mit seinen Spielsachen; es wirkt apathisch, manchmal angespannt, leicht reizbar und weinerlich. Im Kindergarten sitzt es einzelgängerisch in der Ecke und weigert sich, mit den anderen Kindern zu spielen; es ißt wenig, nimmt ab, wirkt schwerfällig und schläfrig. Ganze Nächte schläft es nicht und will die Eltern, vor allem natürlich die Mutter, beständig in seiner Nähe haben.

Vermutlich, weil es Trost bei ihr sucht.

Auch an «Trennungsangst» leidende Kinder wollen sich nie von der Mutter trennen und klammern sich jeden Morgen verzweifelt und unter Tränen an ihren Rockschoß, wenn sie in den Kindergarten oder die Schule gehen sollen. Aber sobald die Trennung von ihr nicht mehr unmittelbar droht, können sie wieder allein spielen und wirken ruhig und zufrieden, während ein depressives Kleinkind auch dann traurig und trübsinnig ist, wenn seine Mutter in der Nähe ist und die sonst bei Kindern in diesem Alter übliche Lebhaftigkeit und Spielfreudigkeit vollkommen vermissen läßt.

Dieselben Symptome wie bei Erwachsenen: Kein Vergnügen kann die Monotonie der Depression auch nur für kurze Zeit unterbrechen. Und was kann man für solche Kinder tun?

Das hängt vom Alter ab. Man behandelt sie ebenso wie Erwachsene.

Werden so kleinen Kindern dieselben Antidepressiva wie Erwachsenen verschrieben?

Obwohl sie noch klein sind, ist ihre Krankheit doch dieselbe wie bei Erwachsenen und wird mit denselben Medikamenten behandelt.

Noch eine Frage, auf die Sie allerdings bereits teilweise geantwortet haben: Müssen solche Kinder ein Leben lang behandelt werden?

Ein wegen einer Depression medikamentös behandeltes Kind muß nicht unbedingt sein ganzes Leben lang Medikamente nehmen, aber oft gibt es einfach keine andere Lösung. Neulich wurde mir ein siebenjähriges Mädchen vorgestellt, das bis dahin als lebhaft und fröhlich galt und in der Schule immer nur als besonders fleißig und brav aufgefallen war. Nach einem Lehrerwechsel begann sie über Kopf- und Bauchschmerzen zu klagen und wurde furchtsam und depressiv. Soll man ein solches kleines Mädchen wegen seiner durch ein depressives Angstsyndrom komplizierten Trennungsangst sechs Monate und länger leiden lassen, so daß es vielleicht sogar die Klasse wiederholen muß?

Oder soll man der ganzen Familie, die eine solche Störung ja schon genug verwirrt, eine lange Psychotherapie zumuten? Oder darauf hoffen, daß die Depression von allein wieder verschwindet? Ich halte in solchen Fällen eine medikamentöse Therapie durch den Arzt für den besten Weg.

Deswegen muß nicht unbedingt eine lebenslange Behandlung notwendig sein. Das hängt davon ab, ob und wie die Krankheit erneut auftritt. Aber sicherlich muß man solche Kinder auch später als Jugendliche mit besonderer Aufmerksamkeit verfolgen.

Um die ersten Anzeichen einer drohenden depressiven Episode sofort zu bemerken.

Auf keinen Fall sollten die Eltern solche Kinder anders als ihre gesunden Geschwister behandeln und sie beständig überwachsam beaufsichtigen wie einen Kranken. Sie sollten sie auf normale Schulen schicken und die gleichen Anforderungen an sie stellen wie an ihre Geschwister, ohne sie allerdings zu überfordern. Natürlich ist es nicht immer leicht, in diesen Fällen den richtigen Weg einzuschlagen.

Bei Kindern, die ohne Eltern in Heimen aufwachsen, tritt häufig die sogenannte «anaklitische Depression» auf, die auf die verfrühte Trennung von der Mutter zurückgeführt wird. Wie erklärt die biologische Psychiatrie diese Depressionsform?

Es hat den Anschein, als hätte die traumatische Trennung eines Kindes von seiner Mutter Einfluß auf die neurochemische Regulation und Kontrolle der Mutter-Kind-Bindung während der Stillzeit. Die gleiche depressive Reaktion tritt auch bei Affenkindern nach der Trennung von der Mutter auf. Ihr Verhalten ähnelt überhaupt in vielem demjenigen von Kleinkindern. Zunächst reagieren sie mit Protest, der sich in beständigem Herumzappeln äußert, einem offensichtlichen Versuch, die Aufmerksamkeit der Mutter erneut auf sich zu lenken und sie zur Rückkehr zu bewegen. Dann folgt eine Phase der Verzweiflung, in der das Affenjunge bewegungslos dahockt und beständig kläglich jammert. Kehrt die Mutter dennoch nicht zurück, werden schließlich Weinen und Protest eingestellt, und es wird vollkommen apathisch. Selbst wenn sie nun zurückkehren sollte, wird es sich zunächst auch ihr gegenüber abweisend verhalten.

Dieser depressionsähnliche Zustand konnte bei Affenjungen erfolgreich mit Imipramin behandelt werden, einem Medikament, das auch bei Menschen gegen Depressionen und Trennungsängste eingesetzt wird.

Ich habe kürzlich für meine Zeitung an einem Psychiatriekongreß teilgenommen, bei dem die amerikanische Wissenschaftlerin Marika Kovacs von der Pittsburgh University über eine langjährige Studie berichtete, bei der eine Gruppe von Kindern im Alter zwischen acht und dreizehn über zehn Jahre hinweg beobachtet wurde. Kinder unter acht Jahren wurden nicht einbezogen, weil sie noch nicht in der Lage sind, ihr Befinden zu verbalisieren. Ziel der Studie waren neue Erkenntnisse über die Dysthymie, eine sich schon sehr früh zeigende milde Form der chronischen Depression, unter der laut Frau Kovacs drei Prozent aller Kinder leiden, während ihrer Meinung nach weitere drei Prozent von schwereren Depressionen betroffen sein dürften. Halten Sie die erschreckend hohe Zahl von sechs Prozent depressiver Kinder für wahrscheinlich?

Da erst seit kurzem klinische Depressionsforschung bei Kindern betrieben wird, müssen solche Zahlen noch mit Vorsicht betrachtet werden. Die Dysthymie ist schon bei Erwachsenen schwierig genug zu diagnostizieren, um so schwerer natürlich bei Kindern. Dennoch würde ich solche Zahlen nicht als unwahrscheinlich oder aus der Luft gegriffen bezeichnen.

Ich kenne Frau Kovacs' Studie, in der auch auf die Häufigkeit späterer Drogen- und Alkoholabhängigkeit bei dysthymen Kindern hingewiesen wird, die angesichts des traurigen Starts solcher jungen Menschen ins Leben niemanden verwundern kann.

Meinen Sie, daß sie versuchen, mit Alkohol und Drogen ihre depressive Grundstimmung zu vergessen?

Möglicherweise spielt dabei auch eine mit ihrer Dysthymie zusammenhängende Disposition zu übermäßigem Drogenkonsum eine Rolle.

Schon wieder eine genetische Disposition, in diesem Fall zur Drogenabhängigkeit?

In einem bestimmten Alter machen heute viele Jugendliche in Amerika, aber auch bereits in zahlreichen europäischen Staaten, aus Neugier Bekanntschaft mit der Droge. Dennoch wird nur eine verschwindend geringe Zahl Jugendlicher wirklich abhängig. Warum? Außerdem treten in den Familien fast aller Drogenabhängigen gehäuft psychische Störungen auf. Seit Jahren weisen wir Psychiater immer wieder auf diese Zusammenhänge hin.

Könnten wir den Gulag Droge aussparen und bei dem schon hinreichend traurigen Thema depressiver Kinder und Jugendlicher bleiben?

Auch bei ihnen finden sich fast immer Angst- und affektive Störungen, besonders häufig bipolare. Dysthyme Kinder beziehungsweise Jugendliche sind verschlossen, traurig, seelisch labil und oft sehr impulsiv und motorisch unruhig. Wegen ihrer beständigen Stimmungsschwankungen gelten sie als «schwierig», wenn nicht gar «psychopathisch». Bei anderen Kindern sind sie meist wenig beliebt; keiner spielt gern mit ihnen. Ihre Isolation und die ständigen Erniedrigungen, denen sie ausgesetzt sind, schwächen ihr Selbstwertgefühl zunehmend und führen zu Selbstverachtung und völliger Verunsicherung.

Frau Kovacs berichtete sogar, daß die Hälfte dieser Kinder Suizidgedanken äußert und viele – nicht nur Jugendliche – ihn auch tatsächlich begehen. In Amerika soll Suizid bei Kindern im Grundschulalter an dritter Stelle der Todesursachen stehen und bei Jugendlichen im höheren Schulalter sogar an zweiter Stelle. Was kann man dagegen unternehmen?

Es ist schwierig zu entscheiden, ob ein Kind nur droht, daß es sich umbringen wird, oder ob eine reale Suizidgefahr besteht. Wenn ein Kind äußert: «Ich werde mich umbringen; dann werden meine Eltern schon sehen, wie es ist, wenn ich nicht mehr da bin! Dann werden sie leiden und bitterlich weinen!», wurde das früher nicht allzu ernst genommen. Heute sind wir bei solchen Äußerungen vorsichtiger geworden, denn sie spiegeln immer eine seelische Verzweiflung wider und zeigen eine Veranlagung zur Depressivität, die sich verstärken und leicht zu einer chronischen Depression führen kann. Wie soll man wissen, ob ein Kind seine Drohung wahrmachen wird? Was löst schließlich eine derartige spontane Handlung aus?

In der Zeitung liest man immer wieder, daß ein Kind sich wegen einer schlechten Note in der Schule oder einer ähnlichen Bagatelle das Leben nahm. Bei Suizid von Kindern spielt oft auch verletzte Eigenliebe eine Rolle, oder er ist eine Geste des Zorns und der Rebellion.

Rebellion? Gegen die Schule oder gegen wen?

Manche Jugendliche nehmen sich aus Verzweiflung und Wut über ihre Depressivität das Leben. Obwohl es kaum begonnen hat, erscheint es ihnen bereits sinnlos und leer, da niemand sie liebt und sie niemandem tiefe Gefühle entgegenbringen können. Bei anderen mag ein besonders erniedrigendes Erlebnis den Ausschlag geben oder die Scham über ihre desolate seelische Verfassung. Irgendwann ist einfach ihr Wille erschöpft, täglich gegen tausend Schwierigkeiten anzukämpfen. Manchmal begehen auch hyperthyme Kinder plötzlich einen Suizidversuch. So zum Beispiel die Tochter einer Frau, die ich jahrelang wegen schwerer bipolarer Störungen mit heftigen Schuldgefühlen und Verarmungswahn behandelte. Ich kannte das Mädchen seit ihrem vierten Lebensjahr, da sie häufig mit der Mutter in meine Sprechstunde kam: Ein immer fröhliches, aufgewecktes und äußerst begabtes Kind. Sie war nicht nur Klassenbeste, sondern konnte auch gut tanzen und singen und hatte bereits einige Male Preise bei kleinen Gesangswettbewerben für Kinder gewonnen. Bei Stadtteilfesten wurde sie oft gebeten aufzutreten. Wegen ihrer vielen Talente und ihres fröhlichen Wesens war sie bei allen beliebt und schien wirklich vom Glück begünstigt.

Eigentlich wäre ihr hyperthymes Temperament leicht zu erkennen gewesen, und schon der Krankheit der Mutter wegen hätte uns allen klar sein müssen, daß dieselbe Störung jederzeit auch bei ihr auftreten könnte. Aber wer denkt angesichts eines so fröhlichen jungen Menschen an solche Gefahren? Da der Hyperthyme mit sich und der Welt in Einklang ist und auf seine Mitwelt ausgeglichen und zufrieden wirkt, besteht bei dieser Störung immer die Gefahr, bestehende Risiken zu verkennen. Deswegen erschien uns auch dieses junge Mädchen vollkommen normal, und wir sahen keinen Grund zur Besorgnis.

Eines Tages kam ihr Vater zu mir und berichtete, daß seine damals sechzehnjährige Tochter einen Suizidversuch begangen habe. Die Mutter sollte möglichst nichts davon erfahren. Eine Liebesenttäuschung, wie sie in diesem Alter häufig vorkommt, schien der Auslöser ihrer plötzlichen Depression. Nachdem sie sich zwei schlaflose Wochen ihres Liebeskummers wegen gequält hatte, war ihr das Leben sinn- und ausweglos erschienen. In ihrer tiefen Verzweiflung versuchte sie sich das Leben zu nehmen, weil ihr das einzig Schöne, das ihr, wie sie glaubte, je vergönnt war, unwiderruflich verloren schien. Ihr Zustand ähnelte dem der Trauer.

Wie ist es möglich, daß ein so glückliches und begabtes Mädchen, das
zuvor seelisch ausgeglichen war, sich nach so kurzem Leiden ernsthaft
das Leben zu nehmen versucht? Und doch war es so. Damals trat ihre bipolare Störung zum
ersten Mal auf. In den folgenden Jahren durchlitt sie die gleichen
Höhen und Tiefen wie ihre Mutter. Wenn eine manisch-depressive
Erkrankung bereits in so jungen Jahren ausbricht, ist die Prognose
natürlich ungünstiger, und auch die Behandlung ist entsprechend
langwieriger. Mittlerweile ist sie eine junge Frau von ungefähr fünfundzwanzig Jahren und führt dank ständiger Lithiumprophylaxe
ein normales Leben. Solange sie ihre Medikamente konsequent einnimmt, besteht keine Gefahr, und man kann hoffen, daß sie dieses
traurige Kapitel endgültig abgeschlossen hat.

   Zum Schluß noch ein weiterer Fall aus meiner Praxis, der belegt,
daß auch Kinder bereits unter Depressionen leiden können: Vor
kurzem beichtete mir ein älterer Herr seine völlige Verzweiflung
und Ratlosigkeit. Im Laufe unseres Gesprächs erinnerte er sich
plötzlich daran, daß er als kleiner Junge von vier oder sechs Jahren
immer versuchte zu weinen, aber es einfach nicht konnte, obwohl
seine Mutter ihn ermunterte, seinen Tränen freien Lauf zu lassen.
Er litt offensichtlich bereits als Kind unter einem Symptom, das wir
sonst nur von erwachsenen Depressiven kennen, von denen man
häufig die Klage hört, daß sie weinen möchten, aber nicht können,
weil ihre Tränen vertrocknet seien. Ein heftiger Tränenausbruch ist
manchmal bei ihnen das erste Zeichen einer gewissen Besserung.
Nichts kann einen Depressiven glücklicher machen, als endlich
wieder weinen und Rührung empfinden zu können.

Daß ein kleines Kind seinen Kummer nicht in Tränen auflösen kann, ist
eine bedrückende Vorstellung.
   Tröstlicherweise klingt laut Frau Kovacs die Dysthymie bei vielen Kindern auch ohne Behandlung ab, wenn auch manchmal erst
nach langer Zeit. Im Durchschnitt dauert sie fast vier, manchmal
sogar sieben Jahre.
   Die Frage ist, ob und welche prophylaktische Behandlung bei

Kindern zu empfehlen ist, denn die Dysthymie kann in einer schweren depressiven Episode enden, auf die in kurzen zeitlichen Abständen weitere folgen können. Deshalb kommt es darauf an, die erste schwere depressive Episode zu verhindern, indem man die Krankheit bereits in ihrer schwach ausgeprägten Form, eben der Dysthymie, behandelt.

Erleichtert wird die richtige Diagnose und Prophylaxe bei der Dysthymie von Kindern durch die Tatsache, daß die Depressivität der betroffenen Kinder sich in den Übergangsjahreszeiten Frühling und Herbst verschlimmert. Die Praxen vieler Ärzte waren und sind dann mit matten, appetitlosen Kindern überfüllt, denen ein Kräftigungsmittel wieder auf die Beine helfen soll. Eine Goldmine für die Industrie!

Wollen Sie damit sagen, daß all diese Kinder unter Depressionen leiden?
Sagen wir einer depressiv getönten Verstimmung. Die Symptome sind ähnlich wie bei der Depression mit saisonal abhängiger Verlaufsform: Mattigkeit, Lustlosigkeit und Appetitmangel. Die Mütter sind dann schnell mit Deutungen bei der Hand: «Mein Sohn ist erschöpft, weil das Schuljahr seinem Ende zugeht.» «Der Frühling steckt ihm in den Knochen.» «Er masturbiert zuviel», oder auch: «Er muß verliebt sein...» Und schon schleppen sie ihn zum Arzt, der die kleine Unpäßlichkeit mit einem Kräftigungsmittel wieder beheben soll. Kaum sind die letzten Schulprüfungen überstanden, bricht die Depression aus. Im Frühling und Herbst sind auch Jugendliche besonders suizidgefährdet.

Wir wollen nicht übertreiben, Herr Professor! Fast jedes Kind spürt den Frühling oder den Herbst. Von jeher gibt man Kindern in diesen Jahreszeiten Lebertran. Das heißt aber doch nicht, daß alle Kinder deswegen depressiv oder zumindest potentiell depressiv und behandlungsbedürftig wären.
Natürlich nicht. Ich wollte nur darauf hinweisen, daß solche Erschöpfungszustände auch bei Kindern mit dem Wechsel der Jahreszeiten zusammenhängende Stimmungsschwankungen sein kön-

nen, die im allgemeinen von selbst wieder verschwinden. Nur wenn dies über einen längeren Zeitraum nicht der Fall sein sollte, ist eine Behandlung notwendig. Außerdem sollte man Kinder aus Familien, in denen bereits andere Familienmitglieder an psychischen Störungen gelitten haben oder leiden, besonders aufmerksam beobachten. In diesen Fällen gilt derselbe Rat, den ich auch Eltern dysthymer Kinder gebe: Keine allzu großen Anforderungen an die Kinder stellen und nicht übermäßig streng mit ihnen sein.

Frau Kovacs beendete ihren Vortrag mit dem wohl nicht ganz ernst gemeinten Vorschlag, sich vermehrt um die Eltern solcher Kinder zu kümmern, solange man für jene nichts tun könne, denn mit Sicherheit leide ein Elternteil eines dysthymen Kindes, wenn nicht beide, an Depressionen.

Das ist durchaus ernst zu nehmen. Die Eltern dysthymer Kinder sollten aus zwei Gründen behandelt werden: Einmal, damit es ihnen selbst besser geht, und zum anderen, um die Situation des Kindes nicht dadurch zu verschlimmern, daß es in einer traurigen und bedrückenden Atmosphäre aufwachsen muß, denn es erbt von seinen Eltern nicht nur die genetische Disposition zur Depression, sondern in gewisser Weise auch die traumatisierende Atmosphäre in der Familie. Diese kann erheblich dazu beitragen, daß seine Depression bereits in der Kindheit oder Jugend zum Ausbruch kommt.

Womit zur ererbten Belastung eine erworbene käme.

Die Psychiatrie zwischen Skandal und Erneuerung

> Der Mensch unterscheidet sich nicht dadurch
> von den anderen Lebewesen, daß er sich
> mit den Dingen als solchen beschäftigt,
> sondern dadurch, daß er bestimmte Meinungen
> und Ideen über sie entwickelt.
>
> EPIKTET

Kürzlich las ich in einer Abhandlung folgende deprimierende Behauptung: «Zwei Drittel aller Depressiven – einschließlich der psychiatrisch Behandelten – erhalten keine adäquate Therapie. Das sind Fakten, für die es Beweise gibt.» Weder in der Kardiologie noch in der Orthopädie oder auf irgendeinem anderen medizinischen Gebiet dürfte die Fehlbehandlungsquote so hoch liegen.

Im Grund überrascht das allerdings niemanden, sondern bestätigt nur die Meinung vieler Menschen beziehungsweise ihre persönlich oder an anderen gemachten Erfahrungen, die auch ich hinter mir habe: Vielen Depressiven geht es trotz ambulanter Behandlung durch Psychiater oder langer Aufenthalte in psychiatrischen Spezialkliniken äußerst schlecht, obwohl laut Statistik achtzig bis neunzig Prozent aller Depressionen durch die richtige Behandlung geheilt werden können. Woran liegt das? Natürlich basiert die Behauptung, Psychopharmaka würden den Patienten nur ruhigstellen, auf einem Vorurteil, andererseits haben viele Menschen tatsächlich schlechte Erfahrungen mit ihnen gemacht.

Neben den Antibiotika, Antidiabetika, Antirheumatika und den das kardiovaskuläre System beeinflussenden Substanzen spielen die Psychopharmaka eine äußerst wichtige Rolle in der modernen Medizin. Sie haben entscheidend zur Hebung der durchschnittlichen Lebenserwartung und Steigerung unserer Lebensqualität beigetragen. Damit sie richtig eingesetzt werden können, müssen außer den Psychiatern auch die praktischen Ärzte lernen, die verschiedenen

Depressionsformen richtig zu diagnostizieren und die existierenden Medikamente korrekt zu verschreiben, da sie als erste Kontakt mit depressiven Patienten haben und deshalb viel zur Prophylaxe und Behandlung dieser am weitesten verbreiteten psychischen Krankheit beitragen können.

Ich wollte keineswegs die große Bedeutung von Psychopharmaka bestreiten, sondern nur darauf hinweisen, daß offensichtlich viele Ärzte, Psychiater inbegriffen, sie nicht richtig einzusetzen verstehen oder, um genau zu sein, nicht genügend mit ihrer korrekten Anwendung vertraut gemacht wurden.

Aufgrund vieler Vorurteile und unterschiedlicher «Medizinkulturen» sind das Niveau der Ausbildung und die Einstellung von Ärzten und Psychiatern zu Psychopharmaka in den verschiedenen westlichen Ländern höchst unterschiedlich. Aus diesen Gründen werden die Möglichkeiten von Psychopharmaka bis heute nicht genügend ausgeschöpft, obwohl sie bei richtigem Einsatz ebenso lebensrettend sein können wie Antibiotika. Besonders die in jüngster Zeit stark zunehmende Suizidmortalität könnte durch sie erheblich reduziert werden, denn siebzig bis achtzig Prozent aller Suizide sind auf Depressionen zurückzuführen, und viele psychische Krankheiten enden aus anderen Gründen tödlich.

Zweifellos könnten sie nicht nur viele Menschen vor dem Suizid bewahren, sondern überhaupt viel depressives Leid lindern. Gerade darum muß man sich fragen, warum so viele Ärzte sie nicht richtig zu gebrauchen wissen und die Depression nach wie vor als schreckliche und schwer zu heilende Krankheit gilt.

Auch ich halte die Tatsache, daß diese Krankheit viel zu selten richtig diagnostiziert wird, für einen regelrechten Medizinskandal. Einer der bedeutendsten Epidemiologen und Psychiater unserer Zeit, der in Zürich tätige Jules Angst, wies nach, daß in der Schweiz, einem Land, dem man auf dem Gebiet der medizinischen Versorgung gewiß keine Rückständigkeit vorwerfen kann, neunundvierzig Prozent aller Depressionen nicht erkannt und folglich nicht behandelt werden. Die Depression ist generell noch immer eine Krankheit, die viel zu selten diagnostiziert wird.

Die Tatsache, daß die Hälfte aller Depressionen unerkannt bleibt, mit «zu selten diagnostiziert» zu umschreiben, dürfte den wahren Sachverhalt doch wohl etwas beschönigen.

Das ist ja noch nicht alles: Auch wenn sie erkannt wird, heißt das noch lange nicht, daß sie auch behandelt wird, und nur ein geringer Bruchteil aller behandelten Depressiven erhält die richtigen Medikamente, in der richtigen Dosis und über einen angemessenen Behandlungszeitraum.

Das dürfte nicht nur in der Schweiz so sein.

Angsts Untersuchungsergebnisse bestätigen Studien, die in den Vereinigten Staaten vom National Institute of Mental Health in verschiedenen Universitätskrankenhäusern durchgeführt wurden. Selbst in berühmten psychiatrischen Zentren der USA war die von diesen Studien ermittelte Fehlbehandlungsquote hoch.

Um so weniger kann es verwundern, daß auch wir in dieser Hinsicht sehr schlecht abschneiden.

Das stimmt. Andererseits strengen sich die eben erwähnten Länder zur Zeit sehr an, um frühere Versäumnisse wettzumachen, während bei uns auf diesem Gebiet wenig unternommen wird und unsere erhebliche Rückständigkeit auf medizinischem Gebiet potentielle Initiativen zusätzlich erschwert.

Angesichts solcher Fakten muß man sich nicht darüber wundern, daß Psychopharmaka nach wie vor nur unzulänglich eingesetzt werden und das Vorurteil, sie würden nichts bewirken oder nur schaden, bisher nicht abgebaut werden konnte.

Allerdings kann man die erheblichen Mißstände auf diesem Gebiet nicht nur den Ärzten anlasten. Tief verwurzelte und bei vielen Patienten sowie ganz allgemein in der Bevölkerung weit verbreitete Vorurteile verhindern ebenfalls Fortschritte bei der Depressionsbehandlung: zum Beispiel die Furcht, Psychopharmaka machten süchtig und hätten schädliche Nebenwirkungen. Außerdem haben viele Menschen generell eine vollkommen irrationale Abneigung gegen Medikamente.

Das ist im einzelnen sicher alles richtig. Dennoch bleibt es ein unerträglicher Mißstand, daß fünfzig Prozent aller Depressionen nicht erkannt werden und nur ein geringer Teil richtig behandelt wird, wie Sie selbst festgestellt haben. Wo liegen die Gründe für diesen Mißstand?

Es gibt verschiedene Gründe:

– Die unzureichende Ausbildung in dieser Teildisziplin der Medizin. Bis vor kurzem mußten Medizinstudenten in Italien nur den Besuch von fünfundzwanzig Unterrichtsstunden in der Psychiatrie nachweisen, wobei diese auch noch rein theoretisch waren. Die Studenten kamen überhaupt nicht mit Kranken in Kontakt. In letzter Zeit wurde die Zahl der vorgeschriebenen Unterrichtsstunden allerdings auf 125 angehoben, von denen zwei Drittel als praktische Übungen unter Anleitung eines Dozenten im direkten Kontakt mit Kranken abzuleisten sind.

– Das geringe Bewußtsein vom wahren Umfang der Folgen dieser Krankheit.

– Der nach wie vor erhebliche Einfluß nichtmedizinischer Erklärungsmodelle, die nichts als spekulative, abstrakte Theorien über die Depression sind.

– Die unangenehmen Nebenwirkungen der noch bis vor kurzem ausschließlich gegen sie zur Verfügung stehenden Medikamente: der MAO-Hemmer und trizyklischen Antidepressiva, derentwegen viele Ärzte noch immer zögern, sich auf das komplexe Gebiet der Depressionsbehandlung einzulassen, obwohl sie gleichzeitig keine Hemmungen haben, gegen Angst und Schlaflosigkeit Benzodiazepine in großem Umfang zu verschreiben.

– Nicht zuletzt die Tatsache, daß wir Psychiater von allen Ärzten am wenigsten Ärzte sind.

Man sagt ihnen sogar nach, sie würden beim Anblick von Blut in Ohn-
macht fallen. Aber an dieser Situation muß sich doch etwas ändern. Wie
könnte man Ihrer Meinung nach die Depressionsbehandlung verbessern?

Da könnte ich vieles aufzählen: Ganz wichtig ist die Forschung,
denn ohne sie fehlen qualifizierte Lehrkräfte zur Ausbildung des
Nachwuchses, und das Ausbildungsniveau bleibt niedrig. Nur in
Ländern, in denen sie einen hohen Stellenwert hat, erhalten die
zukünftigen Professoren eine gute Ausbildung und haben die Möglichkeit, auch neben der Lehre weiterzuforschen. Unsere Anstrengungen müssen auf vielen Gebieten intensiviert werden: in der
Molekularbiologie, der Entwicklung neuer Pharmaka, der klinischen, in direktem Kontakt mit dem Patienten stehenden Forschung, der Klassifizierung von Krankheiten, der Verbesserung von
Diagnosemethoden und der Erweiterung unserer therapeutischen
Erfahrungen bei den verschiedenen Depressionsformen, Krank-
heitsstadien und Altersgruppen. Und schließlich müssen unbedingt
mehr Mittel und Angebote zur Aus- und Fortbildung im medizinischen Bereich zur Verfügung gestellt werden, ein Aspekt, der
besonders in Italien vordringlich ist.

Wenn ich Sie richtig verstanden habe, ist der Umgang mit den von Ihnen
erwähnten Benzodiazepinen – Tranquilizern, soweit ich weiß – für den
Arzt leichter, da sie weniger Nebenwirkungen haben und die Gefahr
einer Intoxikation bei ihnen geringer ist.

Heute besteht die Hoffnung, daß auch der Einsatz von Antidepressiva schon bald gefahrloser werden könnte als früher, da die
neueste Generation von Antidepressiva, die sogenannten Serotonin-Rückaufnahmehemmer, zwar genauso wirksam ist wie die
früher gebräuchlichen trizyklischen Antidepressiva, aber nicht deren unangenehme Nebenwirkungen hat.

So einleuchtend es scheint, daß die Entwicklung leichter zu handhaben-
der Medikamente für praktische Ärzte eine Revolution darstellt und ihre
Ängste beschwichtigt, bleibt es doch angesichts des sonstigen Niveaus der
Medizin in der westlichen Hemisphäre skandalös, daß Fachärzte für die

*Diagnose und Behandlung psychischer Störungen häufig so wenig von
Psychopharmaka und ihrem adäquaten Einsatz wissen.*

Die Psychiatrie hat sich in den letzten Jahren rasant entwickelt.
1952 kamen die ersten Psychopharmaka auf den Markt. In den
darauffolgenden Jahren wurde ihre therapeutische Wirkung immer
gründlicher erforscht. 1960/61 waren für die Psychopharmakologie
und die auf ihr basierenden Therapien revolutionäre Jahre, in denen
überall auf der Welt in den Labors und Krankenhäusern intensiv
geforscht und experimentiert wurde. Um die internationale Zusammenarbeit zu fördern, trafen sich Wissenschaftler aus aller Welt
regelmäßig auf Kongressen, die fast immer zwischen fünf- und
zehntausend Teilnehmer zählten.

Dann trat in Italien mit dem Jahr 1968 eine große Wende ein. Mit
einem Schlag wurde die Berechtigung all dieser wissenschaftlichen
Anstrengungen bestritten und schließlich sogar die gesamte Psychiatrie diskreditiert. Eine Zeitlang beherrschte die «Antipsychiatrie»
das Feld und erreichte, größtenteils erfolgreich, daß die bisher auf
medizinischer Basis behandelten Störungen als psychosoziale Phänomene gedeutet wurden. Die Behauptung, es gäbe eigentlich keine
Geisteskrankheiten, diente als Vorwand zur Forderung nach Abschaffung jeglicher Laborforschung, die als «bürgerliches Instrument zum Zwecke der Förderung der eigenen Karriere» kritisiert
wurde. Von nun an galten nur noch ganzheitliche psychosoziologi-
sche Modelle als daseinsberechtigt, die «die Persönlichkeit auf eine
neue Grundlage stellen, indem sie die existentiellen Probleme des
jeweiligen Individuums an ihrer Wurzel packen». Solche Denkan-
sätze lösten eine Flut unbeweisbarer und damit unwissenschaft-
licher Theorien aus.

Schließlich beschloß das italienische Parlament mit dem Gesetz
Nr. 180 die Abschaffung aller psychiatrischen Krankenhäuser, da
die Parlamentarier sich der Überzeugung anschlossen, es gäbe keine
Geisteskrankheiten, diese seien lediglich die Auswirkung der Kon-
ditionierung des Individuums durch die Familie, das soziale Umfeld
oder die Gesellschaft. Dies war die Stunde der «Psychiater ohne
Kittel», die die Aufgaben des Psychiaters mit denjenigen des Psy-

chologen, Sozialarbeiters oder Pflegepersonals verwechselten. Im übrigen ist ein «Psychiater ohne Kittel» ein Widerspruch in sich, denn jeder Psychiater ist gleichzeitig Arzt. Es versteht sich, daß von da an auch Psychologen und Sozialarbeiter sich für berechtigt hielten, psychisch Kranke zu behandeln.

Glücklicherweise gehören all diese Ideologien mittlerweile der Vergangenheit an. Aber die durch sie angerichteten Schäden bleiben.

Auch damals wurden aber weiterhin Psychopharmaka verschrieben, wenn man es auch nicht an die große Glocke hängte. Ich verstehe allerdings nicht warum, wenn man doch von ihrer Nutzlosigkeit überzeugt war.

Gerade das ist der beste Beweis dafür, daß Ärzte und Psychiater heute auf Psychopharmaka gar nicht mehr verzichten können. Sie haben recht, auch in den Jahren, in denen die offizielle Lehrmeinung sie verdammte, wurden sie in großen Ausmaß eingesetzt, nur leider schlecht, da die Ärzte damals während ihrer Ausbildung in der klinischen Praxis nicht genügend mit der Psychopharmakatherapie vertraut gemacht wurden. Behauptungen wie «sämtliche Medikamente, die dieser oder jener Patient erhielt, haben ihm nicht geholfen» oder «Psychopharmaka zeigen bei diesem oder jenem Patienten keine Wirkung» werfen doch einige Fragen auf: Welche, in welcher Dosierung, über welchen Zeitraum, gegen welche Krankheit und in welcher Kombination mit anderen Mitteln verschriebenen Medikamente waren unwirksam? In welchem Krankheitsstadium wurden sie aus welchen Gründen gerade in dieser Dosierung verschrieben? Welches Alter und Geschlecht hatte der Patient? An welchen anderen Krankheiten litt er? Nur im Zusammenhang mit einer medizinisch korrekten Beantwortung dieser Fragen sind solche Behauptungen überhaupt sinnvoll.

Ich glaube, damals wurden Psychopharmaka ziemlich unterschiedslos verschrieben, als hätten sie alle mehr oder weniger die gleiche Wirkung.
Da psychische Störungen damals nicht als Krankheiten betrachtet wurden, verzichtete man auf genaue Diagnosen. Diesen Refor-

mern kam es nicht auf den Unterschied zwischen den verschiedenen Depressionsformen an. Angst- und Panikstörungen waren für sie mehr oder weniger das gleiche wie Depressionen. Darum spielten auch die spezifischen therapeutischen Eigenschaften der einzelnen Medikamente und die daraus resultierenden Indikationen keine Rolle. Noch heute hört man oft, alle sedierenden Mittel hätten sich als wirkungslos erwiesen. Sie werden pauschal mit allen Psychopharmaka gleichgesetzt und diskreditiert.

Das waren schwierige Jahre, in denen viel und heftig gestritten wurde... Sogar sehr schwierige. Wenn man es damals in einer Vorlesung wagte, die Genforschung und Elektroschocktherapie auch nur zu erwähnen, wurde man sofort als Rassist beschimpft und mit simplifizierenden, groben Argumenten unterbrochen und kritisiert.

Und dennoch wurde in jenen Jahren im Psychiatrischen Krankenhaus der Universität Pisa das Zentrum für die Prophylaxe und Therapie von Depressionen gegründet. Soweit ich weiß, war das Mitte der siebziger Jahre. Das stimmt. Damals hatten wir das Gefühl, wir müßten etwas gegen die bestehenden Mißstände unternehmen. Deshalb entschlossen wir uns, über ein italienisches Verbindungsbüro mit dem internationalen Komitee für die Prophylaxe und Therapie von Depressionen zusammenzuarbeiten. Gründungsmitglieder waren einige italienische Psychiater, die den Anschluß an die internationale Forschung nicht verlieren wollten. Prof. Cornelio Fazio, Dozent in Rom, leistete damals als Präsident der italienischen Sektion dieses Komitees wertvolle Arbeit. Seit jener Zeit hat das Zentrum in Pisa seine Aktivitäten im ambulanten Bereich sowie in den «Tageskliniken» und psychiatrischen Krankenhäusern beständig ausgeweitet. Entscheidend beigetragen zum Erfolg seiner Arbeit hat der mutige Kampf von Prof. Pietro Sarteschi, dem damaligen Direktor der Psychiatrischen Klinik Pisa, gegen die in jener Zeit in der italienischen Psychiatrie tonangebenden irrationalen Ideologien.

*Und an welchem Punkt der jüngeren Geschichte der Psychiatrie stehen
wir heute?*

Ende der siebziger Jahre erfolgte erneut eine radikale Wende, die
wesentlich von der amerikanischen Psychiatrie ausging und mit
dem Erscheinen des *Diagnostic and Statistical Manual of Mental
Disorders, DSM III* erste greifbare Resultate zeigte.

Dieses von der
American Psychiatric Association erarbeitete und herausgegebene
Handbuch hat neue diagnostische Kategorien eingeführt und den
Psychiatern in der ganzen Welt endlich eine gemeinsame Sprache
zur Verfügung gestellt, ein englisches Esperanto, das einen inter-
kulturellen Erfahrungsaustausch in Praxis und Forschung ermöglicht und Mißverständnisse beseitigt hat, die auf die in den
verschiedenen Zentren benutzten unterschiedlichen Terminologien
zurückzuführen waren.

*Ein revolutionäres Werk. Würden Sie uns seine Bedeutung eingehender
erläutern? Wir Laien kennen ja gewöhnlich nur zwei «revolutionäre
Schriften»: Maos Rotes Buch und Gaddafis Grünes Buch. Das DSM III
scheint mir in ganz anderer Hinsicht revolutionär zu sein.*

In ihm wurde die Arbeit einer beeindruckenden «Task Force»
zusammengefaßt. Mehr als sechs Jahre lang arbeiteten Spezialisten
für Depression, Anorexie, Bulimie, Angst, Alkoholismus, Demenz,
Schizophrenie und Drogensucht eng zusammen, um den Wissensstand jedes einzelnen Fachgebiets systematisch zu erfassen und
interdisziplinär zu vergleichen, bis schließlich verläßliche diagnostische Kriterien zur Erkennung und Klassifizierung psychischer
Störungen festgelegt waren.

Noch heute, achtzehn Jahre nach dem Beginn ihrer Tätigkeit,
arbeitet diese «Task Force» beständig daran, das Handbuch auf den
jeweils neuesten Forschungsstand zu bringen. Seine letzte Fassung,
DSM IV, soll in einigen Monaten erscheinen.

*Die römische Zahl III scheint demnach für die «dritte Auflage» zu
stehen. Wann erschien denn die erste?*

Bereits seit 1952 gab es das von allen amerikanischen Psychiatern benutzte *Diagnostic and Statistical Manual DSM.* 1974 wurde dann von der American Psychiatric Association jene «Task Force» ins Leben gerufen, die durch die Zusammenarbeit zahlreicher Fachleute die bis dahin gültigen diagnostischen Kriterien gründlich revidieren sollte und schließlich 1980 das Ergebnis ihrer Arbeit als dritte Auflage des DSM veröffentlichte. Entgegen allen Erwartungen erreichte dieses Handbuch auch in Italien schon bald eine Auflage von einigen tausend Exemplaren.

Im DSM III werden über hundert psychische Störungen beschrieben und systematisch klassifiziert. Schon kurz nach seinem Erscheinen kam eine überarbeitete neue Ausgabe heraus, die als DSM III-R bekannt wurde. Seit ihrem Erscheinen werden alle Diagnosen «nach DSM III-R» gestellt, also unter Bezugnahme auf die in ihm erfaßten Symptome.

Auch die Weltgesundheitsorganisation (WHO) hat mittlerweile die von diesem Handbuch geschaffene universelle Fachsprache übernommen. Sicherlich sind nicht alle psychiatrischen Fachbereiche in ihm vollkommen zufriedenstellend abgedeckt, und manche Einteilungskriterien sind fraglich. Dennoch hat DSM III der Psychiatrie vollkommen neue Wege eröffnet.

Die große Wende in der Psychiatrie, von der Sie sprachen, hat sich aber nicht nur in der Realisierung dieses Mammutwerks erschöpft...
Das nicht, doch es stellt ein deutliches Zeichen für den Beginn einer neuen Epoche in der Psychiatrie dar, in der die gründliche klinische Beobachtung und konkrete Beschreibung von Symptomen wieder einen hohen Stellenwert besitzen und auf spekulative Deutungen verzichtet wird, die ohne die Grundlage gesicherten Wissens psychologische Ursachen und Bedeutungen der einzelnen Phänomene erklären zu können glaubten.

Denken Sie da an Diagnosen wie «Sie haben Angst, aus dem Haus zu gehen, weil Sie sich vor Ihrer eigenen Aggressivität fürchten», oder «Sie sind depressiv, weil Sie sich als kleines Kind nicht geliebt fühlten». Ich weiß, daß das ziemlich «primitiv» klingt, aber ich bin keine Psychologin.

Nach der erneuten Aufwertung des somatischen Ansatzes kehrte die Psychiatrie in der Diagnostik und Therapie zur empirischen Beobachtung und klinischen Beweisführung zurück. Dadurch haben die in den letzten Jahrzehnten so erfolgreichen Theorien an Einfluß verloren. Die klinische Psychiatrie geht von der Beschreibung der Symptome aus und strebt eine Behandlung auf medizinischer Basis an, denn die Ursachen psychischer Krankheiten liegen nach wie vor zum größten Teil im dunkeln.

Die Tendenz geht demnach dahin, sie nach ihrem konkreten Erscheinungsbild und nicht nach ihrer Ätiologie, also ihren möglichen Ursachen, zu definieren.

Natürlich ist die Ätiologie für die richtige Diagnose und Behandlung einer Krankheit wichtig, aber in sie einbezogen wird sie nur, wenn die Ursachen eindeutig beweisbar sind.

Klassifizierungen, die sich auf zum großen Teil heute widerlegte ätiologische *Hypothesen* gründen, sind inakzeptabel, denn ohne unumstößliche Beweise dient die Unterscheidung zwischen endogener und reaktiver Depression zu nichts, sondern erschwert nur die richtige Behandlung.

Das leuchtet ein. Und welche Folgen hatte diese Wende für die Psychiatrie?

Die Folgen der neuen wissenschaftlichen Strenge in der Psychiatrie reichen sehr weit. Nehmen wir zum Beispiel die Schizophrenie: Bis zum Ende der siebziger Jahre stand sie im Mittelpunkt der «klassischen» Psychiatrie. Allerdings waren die Definitionskriterien für die Zugehörigkeit von Symptomen zum schizophrenen Formenkreis so vage, daß auch einige höchst unterschiedliche Störungen zu ihnen gezählt wurden, von denen wir heute wissen, daß sie zu ganz anderen klinischen und psychopathologischen Einheiten gehören. Aus diesen Gründen wird zur Zeit sogar darüber diskutiert, ob man den Begriff «Schizophrenie» überhaupt beibehalten soll.

Noch immer gibt es in den psychiatrischen Kliniken, Ambulanzen und Krankenhäusern eine Menge sogenannter «Schizophrener», die in Wahrheit gar nicht schizophren sind und unter den schwerwiegenden Folgen einer unnützen und falschen Diagnose zu leiden haben.

Wenn man das nebulöse Gebilde der Schizophrenie näher betrachtet, scheint es in eine Vielzahl unterschiedlicher Einheiten zu zerfallen und als gesonderte Realität gar nicht zu existieren.
Die Ungenauigkeit der gebräuchlichen diagnostischen Kriterien hat dazu geführt, daß atypische Erscheinungsformen von Zwangsstörungen, Angst und Manie ebenso wie verschiedene sekundäre Folgen organischer oder durch Drogenmißbrauch bedingter psychischer Störungen mit dem Einheitsetikett «Schizophrenie» belegt wurden. Das stimmt natürlich nachdenklich.

Um die große Bedeutung dieser Wende für die Psychiatrie besser zu verstehen, muß man wissen, daß die Diagnose Schizophrenie der Diagnose eines bösartigen Tumors gleichkommt; sie gilt nach wie vor als unheilbar und als mit Wahnzuständen, Halluzinationen und einem unaufhaltsamen Persönlichkeitszerfall sowie mit Gemeingefährlichkeit verbunden. Ein Mensch, der durch eine so schwerwiegende Diagnose stigmatisiert wird, ist psychisch und sozial für immer gekennzeichnet. Wie hart dieses Urteil besonders junge Menschen trifft, kann man sich ja leicht vorstellen.

Und nun stellt sich heraus, daß es diese schwere und viel diskutierte Krankheit (man denke nur an das Aufsehen, das das Tagebuch einer Schizophrenen erregte) möglicherweise gar nicht gibt, sondern sie nur das Ergebnis einer falschen Bewertung pathologischer Erscheinungen war.
Vorsicht! Ich möchte nicht, daß Sie mir Äußerungen unterstellen, die meinen Überzeugungen nicht entsprechen. Solche schwerkranken Menschen gibt es überall auf der Welt und hat es immer gegeben. Nur leiden nicht alle sogenannten Schizophrenen unter der gleichen Krankheit, sondern an verschiedenen Erkrankungen mit unterschiedlichen Verlaufsformen, weshalb man das Einheitsetikett «Schizophrenie» ablehnen muß, zumal es unnötigerweise negativ besetzt ist.

Will man es überhaupt beibehalten, sollte man zumindest seinen Gebrauch auf ganz bestimmte Zustände im Endstadium einiger sich rasch verschlimmernder Krankheiten beschränken, meist erblicher Geisteskrankheiten, die bereits früh durch eine «organische» Hirnschädigung kompliziert wurden.

In fortschrittlichen psychiatrischen Forschungszentren wird die Diagnose Schizophrenie heute immer seltener gestellt, allerdings nicht, weil die Patienten andere geworden wären, sondern weil sich die psychiatrische Praxis radikal verändert hat.

Auch bei der Depression hat es eine ähnliche Entwicklung gegeben: Früher galt sie a priori als eine Störung, die auf die mangelnde Bewältigung innerer Konflikte zurückzuführen ist, als eine von zahlreichen Neurosen.

Seit der durch DSM III eingeleiteten Wende wird der Begriff «Neurose» kaum noch gebraucht; in ihm wird er nur in Klammern verwendet. Eingeführt wurde er von William Cullen gegen Ende des achtzehnten Jahrhunderts als Bezeichnung für funktionelle Störungen «nervöser» Natur, denen kein organisches Leiden zugrunde zu liegen schien. Freud nahm den Begriff «Neurose» später erneut auf als Sammelbezeichnung für Angst, Phobien und Hysterie, die er als Symptome eines unbewußten Konflikts deutete, der durch äußere Ereignisse immer wieder aktualisiert wird. Viele Patienten lehnen noch immer eine medikamentöse Behandlung ab, weil sie überzeugt sind, Psychopharmaka würden nur ihre «Symptome» (Angst, Phobien, Depressionen) kurieren, das Übel aber nicht an der Wurzel des «unbewußten Konflikts» bekämpfen, der ihrer Meinung nach ihren Symptomen zugrunde liegt und vorrangig aufgelöst werden muß.

Heute besteht guter Grund zu der Annahme, Panik-, Zwangs- und affektive Störungen für erblich zu halten. Durch die modernen bildgebenden Verfahren des *Brain imagining*, die die Strukturen und Arbeitsweisen unseres Nervensystems sichtbar machen, sowie durch andere neurobiologische Untersuchungsmethoden konnte festgestellt werden, daß diese Störungen tatsächlich durch Veränderungen in verschiedenen Gehirnarealen und neurophysiologischen Zentren entstehen.

Das vielleicht interessanteste Gebiet der Neurowissenschaften befaßt sich mit der Erforschung endogener Moleküle, deren Interaktion mit bestimmten Rezeptoren seelische Zustände wie Angst, Zweifel, Traurigkeit, Euphorie und Aggressivität auslöst, die sich bisher dem biologischen Verständnis entzogen haben. Die in den letzten zwanzig Jahren geleistete Forschungsarbeit scheint den Beweis zu erbringen, daß den menschlichen Leidenschaften eine chemische Matrix zugrunde liegt und daß sie im Labor des Gehirns entstehen.

Dadurch ist die Galaxie «Neurose» in eine Vielzahl klinischer Untereinheiten zerfallen, die mit unterschiedlichen Medikamenten behandelt werden müssen. Vielleicht können wir sie schon bald auf der Basis einer gemeinsamen Neuropathologie wieder zu einer Einheit zusammenfassen.

Hier scheint sich wirklich eine radikale Wende in der Psychiatrie abzuzeichnen. Die neuesten Erkenntnisse könnten das Leben vieler Patienten völlig verändern und wieder Licht in ihren grausamen Alltag bringen.

In letzter Zeit wurden die diagnostischen und therapeutischen Methoden in der Tat sehr verfeinert und die Aufmerksamkeit zunehmend auch auf die Familie des jeweiligen Patienten gerichtet. Außerdem wurden Unterscheidungen zwischen verschiedenen sekundären Störungen wie Bulimie und durch eine Panikstörung komplizierte Depressionen eingeführt. Je größer die Bedeutung des klinisch-wissenschaftlichen Ansatzes in der Psychiatrie wird, um so geringer der Handlungsspielraum des Psychiaters auf diagnostischem und therapeutischem Gebiet. In den Vereinigten Staaten entwickeln zur Zeit verschiedene «Task Forces» Leitlinien, in denen die gültigen Diagnose- und Therapiekriterien definiert werden.

Ich weiß von speziellen Arbeitsgruppen, die Verbände wie die American Psychiatric Association, das National Institute of Mental Health, der Verband praktischer Ärzte und der Apothekerverband in letzter Zeit in den USA gebildet haben. Welche Zwecke werden mit dieser generellen Mobilmachung im Kampf gegen die Depression verfolgt?

Ziel all dieser Aktivitäten in den USA ist in erster Linie die qualitative Verbesserung der medizinischen Versorgung und außerdem die Beseitigung von Willkür und Heterogenität in der Behandlung psychisch Kranker. Einem Patienten, der in Los Angeles einer Depression wegen die Hilfe eines Psychiaters in Anspruch nimmt, wird mit ziemlicher Sicherheit eine Psychoanalyse empfohlen werden, da die Psychoanalyse in Kalifornien noch immer beherrschend ist. Dem gleichen Patienten wird man in New York zu einer medikamentösen Behandlung, wenn nötig sogar zu einer Elektrokonvulsionsbehandlung raten, da dort die somatisch orientierte Psychiatrie tonangebend ist. Zwei vollkommen unterschiedliche Ansätze bei ein und demselben Leiden.

Ist die Situation in Europa und Italien anders?

Auch in Italien wird die Depression höchst unterschiedlich behandelt. Aber in den Vereinigten Staaten sind zur Zeit starke Bestrebungen im Gange, durch die Definition von Standards in Diagnostik und Therapie aus dieser Situation herauszukommen, zumal die privaten Krankenversicherungen in den USA die Erstattungsfähigkeit ärztlicher Kosten von der Erfüllung präziser Diagnose-, Prognose- und Therapiekriterien abhängig machen.

Darüber hinaus wurde in letzter Zeit das Augenmerk vermehrt auf die sozialen Kosten psychischer Krankheiten gelenkt, und zwar nicht nur auf die Kosten der ärztlichen Behandlung, sondern auch auf die volkswirtschaftlichen Produktivitätsverluste.

Amerika überrascht einen immer wieder. Den Amerikanern fehlt es eben weder an Geld noch an der notwendigen pragmatischen Einstellung; sie nehmen Probleme beherzt in Angriff.

Bei uns dagegen erhalten die meisten Krankenversicherungspolicen immer eine kleingedruckte, fast nicht zu entziffernde Klausel, die viele Versicherungsnehmer übersehen: «Nicht von dieser Police abgedeckt sind alle psychischen Krankheiten.»

Wieder einmal werden sie als «nicht ernsthafte» Krankheiten abgewertet.
Ja, das stimmt. Ein privat Versicherter, der sich bei uns wegen einer psychischen Krankheit in Behandlung begibt, muß die Kosten noch immer selbst tragen. Hoffentlich kann man das Risiko einer psychischen Krankheit auch in Italien bald privat versichern lassen, schon um die öffentlichen Ausgaben zu entlasten. In den USA haben sich staatliche Stellen, Ärzteverbände und Selbsthilfegruppen lange vor den Versicherungsgesellschaften dafür eingesetzt, weil sie wußten, daß ein angemessener Solidaritätsbeitrag der Gesellschaft zur Linderung der Leiden dieser vom Schicksal schwer geprüften Menschen auf lange Sicht auch die sozialen Kosten psychischer Krankheiten reduzieren wird.

Amerika ist uns immer ein Stück voraus. Gibt es denn auch bei uns Anzeichen für eine Veränderung in dieser Richtung? Welche Einstellung haben nun die heutigen Studenten?
Es erfüllt mich immer wieder mit großer Befriedigung zu beobachten, wie lebhaft sich die junge Psychiatergeneration, die eine ganz andere Ausbildung genossen hat als die Studenten der letzten zwei Jahrzehnte, für die klinische Arbeit mit Patienten interessiert und wie gründlich sie die verschiedenen Krankheitsbilder studiert. Im Krankenhaus und in der Poliklinik habe ich regelmäßig Kontakt mit ihnen und stelle oft erfreut fest, wie gut informiert und gründlich sie über einzelne Krankengeschichten und deren Symptomatik referieren können und mit wieviel Intuition und Einfühlvermögen sie Diagnosen stellen und Therapievorschläge machen.
Noch vor einigen Jahren waren Therapieprotokolle sehr unbeliebt, und niemand wollte mehr klinische Forschung betreiben. Heute hat sich die Situation so gründlich gewandelt, daß man in Amerika bereits von einer regelrechten *Renaissance* der klinisch-diagnostischen Forschung spricht. Durch die Rückkehr zur biologischen Psychiatrie wird auch das Gesamtspektrum der psychischen Störungen heute anders beurteilt als noch vor ein paar Jahren: der Begriff «Neurose» wurde, wie erwähnt, vollkommen fallengelassen, und als Schizophrenie bezeichnet man heute nur noch ganz

spezifische Störungen. Dagegen stehen heute Angst- und affektive Störungen im Mittelpunkt der Aufmerksamkeit, unter denen die Depression die bedeutendste ist.

Was hält man denn im Psychiatrischen Zentrum Pisa von diesen neuesten Veränderungen?

Wir sind der Meinung, daß in erster Linie die Ausbildung von primär nicht psychiatrisch tätigen Ärzten verbessert werden muß, damit sie die ungeheure Vielfalt der für die verschiedenen Störungen angebotenen Medikamente kritisch bewerten können. Um eine Krankheit zu heilen, genügt es nicht, eine Diagnose zu stellen und Medikamente zu verschreiben. Ganz wichtig ist dabei auch die Fähigkeit zum Management, wie die Amerikaner es nennen. Welche Fähigkeiten der einzelne Arzt auf diesem Gebiet entwickelt, hängt von der Qualität seiner Ausbildung und seiner Persönlichkeit ab. Aus Büchern lernt man sie nicht. Aber in Ländern, in denen die klinische Psychiatrie einen hohen Stellenwert besitzt, herrscht in dieser Hinsicht ein günstiges Klima.

Leider fehlt es uns an ausreichenden Mitteln, um die in unserem Zentrum in Pisa arbeitenden, aus allen Teilen Italiens kommenden jungen Nachwuchswissenschaftler, die später in der Forschung, im Lehrbetrieb und der ärztlichen Versorgung tätig sein werden, bei ihrer Fachausbildung zu unterstützen.

Wir hoffen natürlich, daß wir in Zukunft mehr von Universitäten, Krankenhäusern und vor allem Privatleuten gefördert werden. Wie Sie wissen, verfügt unser Institut nur über eine sehr begrenzte Zahl von Planstellen. Für die übrigen müssen wir immer wieder nach Finanzierungsmöglichkeiten suchen. Solche Bettelaktionen sind alles andere als leicht.

Hoffentlich weicht die derzeit noch herrschende Einstellung zur Psychiatrie bald auch gegenüber der Depression, dem «Krebs der Seele», einer verständnisvolleren. Dann wäre es vermutlich auch leichter, Unterstützung für die Ausbildung von Depressionsspezialisten zu erhalten.

Das hoffe ich auch. Mich erfüllt es nicht nur immer wieder mit großer Befriedigung, wenn sich der Zustand psychisch Kranker endlich bessert und sie wieder lebensfroh werden, sondern ich freue mich auch von Herzen, diese neue Generation von Studenten und Nachwuchswissenschaftlern heranwachsen zu sehen, die sich bemühen, während ihres Studiums oder ihrer Facharztausbildung gründliche Kenntnisse und Erfahrungen im klinischen Alltag zu erwerben, um später als Ärzte Patienten fachkundig betreuen zu können.

Zumindest in diesem Punkt sind Sie also optimistisch?
Auch wir Psychiater haben utopische Wünsche und sind nicht frei von Größenwahn. Sonst könnten wir unsere Arbeit aufgeben.

Betrifft die Renaissance, *von der Sie sprachen, auch die Laborforschung zur Entwicklung neuer Medikamente?*
In jüngster Zeit kommen ständig neue, spezifisch wirksame Medikamente auf den Markt, deren Wirkungsmechanismus wir zunehmend besser verstehen. Um von dieser Flut nicht überschwemmt zu werden, müssen zukünftige Ärzte während ihrer Ausbildung gründlicher als bisher lernen, die verschiedenen Depressionsformen und Angststörungen voneinander zu unterscheiden und die für jeden einzelnen richtigen Medikamente zu kennen und richtig anzuwenden. Angesichts der Unmenge existierender Psychopharmaka sind fundierte pharmakologische Kenntnisse auch viel wichtiger als früher. Die zukünftigen Ärzte müssen auch lernen, neuen, noch nicht genügend getesteten Medikamenten gegenüber skeptisch zu sein. Deshalb müssen bereits die Studenten anders ausgebildet werden und sich mehr in der klinischen Forschung engagieren als früher.

Laut den von Jules Angst durchgeführten Studien werden sechsundfünfzig Prozent der Depressionsdiagnosen allgemein formuliert, obwohl es für die richtige Behandlung entscheidend wäre zu wissen, welche spezifischen Depressionsformen im Einzelfall tatsächlich vorliegen, denn nur dann kann der Arzt aus der Fülle der selektiv wirksamen Psychopharmaka das Geeignete auswählen.

Hier liegt eine hohe Verantwortung. Es gibt nicht zwei vollkommen gleiche Antidepressiva. Dasselbe gilt übrigens auch für angstlösende Medikamente.

Viele Leute fürchten, daß Psychopharmaka die Persönlichkeit verändern und sie nur um diesen Preis von ihrer Depression geheilt werden können. Ist diese Furcht begründet?

Nur der regelmäßige Konsum abhängig machender Drogen wie Crack, Kokain, Amphetamin, psychedelischer Substanzen und nicht zuletzt von Alkohol führt zu irreversiblen Persönlichkeitsveränderungen und löst nicht selten bleibende psychotische Störungen mit chronischen halluzinatorischen Delirien aus.

Daß Drogenabhängigkeit chronische und irreversible Persönlichkeitsveränderungen zur Folge hat, wissen wohl die wenigsten. Vielmehr herrscht im allgemeinen die Vorstellung, nach Überwindung der Drogensucht würden sie sich zurückbilden.

Das stimmt aber nicht. Nach monate- oder jahrelanger Abhängigkeit von bestimmten Drogen wird die Persönlichkeitsstörung chronisch und kann auch nach deren Absetzen anhalten. Viele ehemals Drogenabhängige leiden trotz aller Behandlungsbemühungen unter hartnäckigen Halluzinationen. Auch bei regelmäßiger Einnahme von Amphetaminen und ähnlichen als Abmagerungsmittel benutzten Substanzen besteht diese Gefahr. Immer wieder müssen junge Menschen, die in den Sommerferien Kokain oder andere psychedelische Substanzen ausprobiert haben, mit schwer psychotischen Symptomen im Krankenwagen von ihrem Urlaubsort nach Hause überführt werden.

Obwohl viele Frauen Abmagerungsmittel nehmen, wie Sie sie erwähnten, hört man doch selten von solchen extremen Wirkungen. Wie häufig sie bei Jugendlichen vorkommen, die in den Ferien irgendwelche Drogen probieren, weiß ich nicht.

Manche Menschen sind besonders anfällig für sie, vor allem, wenn in ihrer Familie bereits früher psychische Störungen aufgetreten sind. Außerdem fühlen sich nicht alle Menschen gleichermaßen zu Drogen hingezogen. Möglicherweise ist der ausgeprägte Hang zum Drogenkonsum sogar angeboren. Bei Menschen, die begierig sind, ihr Verhalten und ihre seelische Verfassung durch bestimmte Substanzen zu verändern, ist gleichzeitig die Wahrscheinlichkeit größer, daß sie dauerhaft drogenabhängig werden.

Wollen Sie damit sagen, daß junge Menschen, die aus Neugierde einmal Drogen ausprobieren, bereits eine «angeborene Neigung» zum Drogenmißbrauch zeigen?
Nicht notwendigerweise. Oft lehnen gerade zur Drogenabhängigkeit prädisponierte Menschen sie zunächst besonders heftig ab und haben extreme Angst vor ihnen.
Das Risiko einer dauerhaften Persönlichkeitsveränderung besteht nur beim Konsum illegaler, psychoaktiver Drogen ohne ärztliche Kontrolle.

Damit ist die Frage, ob Psychopharmaka die Persönlichkeit verändern können, aber noch nicht beantwortet.
Ziel der psychiatrischen Therapie ist die Beseitigung von Persönlichkeitsveränderungen, die durch eine psychische Krankheit verursacht wurden. Ob sie während der akuten Phase der Krankheit oder der langen Inkubationszeit eingetreten sind, läßt sich nicht leicht beurteilen, denn psychische Störungen können sich schleichend im Laufe von Jahrzehnten entwickeln.

Können Sie uns das anhand eines konkreten Beispiels näher erklären?
Früher hieß es, daß ängstliche, unselbständige Frauen besonders anfällig für die Panikstörung seien und man deshalb in erster Linie ihre Persönlichkeitsstörung heilen müsse. Nun hat sich herausgestellt, daß sich diese Patientinnen völlig verändern, wenn ihr Paniksyndrom medikamentös behandelt wird. Von einem Tag auf den anderen verschwinden dann oft die frühere Ängstlichkeit und Unsicherheit.
Psychopharmaka entfalten ihre heilende Wirkung allerdings nur,

wenn sie in der richtigen Dosierung, über den vorgeschriebenen Zeitraum und unter ständiger Kontrolle eines erfahrenen Arztes eingenommen werden. Von Selbstverschreibungen, wie sie viele auf Empfehlung von Freunden und Verwandten praktizieren, ist unbedingt abzuraten.

Selbstverschreibung? Antidepressiva sind doch verschreibungspflichtig.
Sicherlich. Dennoch bedrängen viele Patienten ihren Arzt so lange, bis er ihnen ein bestimmtes, angeblich äußerst wirksames Medikament verschreibt. Besonders angstlösende Mittel werden häufig ohne ärztliches Rezept erworben, obwohl ihre Einnahme ohne ärztliche Kontrolle sehr gefährlich ist, denn Benzodiazepine machen abhängig und können die Persönlichkeit verändern.

Antidepressiva und Lithium beeinflussen die Persönlichkeit und das Temperament im allgemeinen zwar nur vorübergehend, dennoch kommt es gelegentlich vor, daß gewöhnlich schüchterne, sanfte und zurückhaltende Menschen durch ihre Einnahme selbstsicher und extrovertiert werden. Auch gewöhnlich gewissenhafte, leicht zwangsneurotische Menschen legen manchmal unter dem Einfluß solcher Tabletten ihre Gewissenhaftigkeit und Schwerfälligkeit ab. Im allgemeinen läßt sich schwer voraussagen, in welche Richtung sich die Persönlichkeit eines Patienten durch die Einnahme eines bestimmten Medikaments verändert. Manche werden weniger impulsiv und reizbar, andere seelisch stabiler und weniger kritikempfindlich. Solche Einflüsse von Antidepressiva auf die Persönlichkeit können nicht geleugnet werden.

Und wie steht es mit Lithium, das sich als natürlicher Stoff von den anderen Antidepressiva unterscheidet?
Bei Einnahme von Lithium wird die Grundstimmung konstanter, was durchaus nicht alle Patienten als positiv empfinden. Mit den «Tiefs» entfallen auch die «Hochs». Vermutlich sind allerdings die meisten gerne bereit, diesen Preis für die gewonnene größere seelische Ausgeglichenheit zu zahlen.
Bei einigen Antidepressiva kann eine falsche und unvorsichtige

Einnahme regelmäßige Stimmungsschwankungen zwischen manischer Erregung und Depressivität auslösen, denen man mit einer Lithiumbehandlung vorbeugen kann.

Psychiater haben eine ungeheure Macht, vor der viele Leute Angst haben.

Wenn Sie das Macht nennen wollen ... Ich meine, es handelt sich hier eher um die Ausübung der ärztlichen Pflichten. Diese «Macht» haben im übrigen nicht nur Psychiater, sondern auch Chirurgen. Alle Ärzte verfügen über mächtige «Waffen», weshalb versucht wird, die Gefahr ihres Mißbrauchs durch strenge Regeln einzuschränken. Wenn man es so sieht, stimme ich mit Ihnen überein. Entsprechend der Größe dieser Macht ist auch ihre Verantwortung höher. Schon aus Verantwortungsbewußtsein müssen Psychiater ebenso wie andere Ärzte fundierte medizinisch-wissenschaftliche Kenntnisse in der Pharmakotherapie erwerben und ihren Wissensstand immer wieder in klinischen Forschungszentren und durch die aktive Teilnahme an Studienprojekten auf den neuesten Stand bringen.

Zweifellos ist lebenslange Fortbildung heute viel wichtiger als früher. Was tun die italienischen Psychiater auf diesem Gebiet? Noch immer werden ja zahlreiche Patienten mit Psychopharmaka «vollgepumpt».

In Italien wie in anderen Ländern stehen viele Psychiater der medikamentösen Therapie nach wie vor skeptisch gegenüber. Außerdem fehlt es bei uns an einem ausreichenden Angebot an geeigneten Fort- und Weiterbildungsmöglichkeiten. Meiner Meinung nach müßten für alle Psychiater regelmäßige Hospitanzen in Spezialkliniken vorgeschrieben werden. Kurze, nur zwei bis drei Tage dauernde Kurse, in denen die Teilnehmer keinen direkten Kontakt zu den Patienten haben, genügen gewiß nicht.

Irgendwie erscheint es mir widersinnig, daß ein Psychiater, also ein Facharzt, Medikamenten gegenüber skeptisch eingestellt sein kann. Kann man sich einen Kardiologen vorstellen, der gegen eine neue Operationstechnik oder ein neues Herzmittel voreingenommen wäre?

Das alte Vorurteil, daß Geisteskrankheiten im Grunde genommen unheilbar seien, sitzt bei vielen Psychiatern noch immer tief. In jüngerer Vergangenheit wurde es durch die Vorstellung überlagert, man könne die Seele nur «durch die Seele» heilen, weshalb man eine angeblich «neurotische» Krankheit natürlich nicht mit Medikamenten behandeln darf. «Psychotische» Störungen werden nach wie vor häufig nur mit sedierenden «Beruhigungsmitteln» behandelt, eine Sammelbezeichnung für «Neuroleptika», die nicht heilen, sondern den Patienten nur über chemische Mittel ruhigstellen sollen, eine Art chemische «Zwangsjacke». Leider sind noch immer viele Psychiater überzeugt, Psychopharmaka würden nur die Symptome kurieren – nicht die Krankheit selbst, die als unheilbar gilt – und außerdem die Leber schädigen.

Dabei wissen wir heute, daß die sogenannten Neurosen präzise biologisch-genetische Grundlagen haben und medikamentös behandelt werden können. Selbst leichte, temperamentsbedingte Krankheiten, die meist gar nicht als solche erkannt werden, sondern als feste Persönlichkeitszüge gelten, können durch eine medikamentöse Behandlung mit überraschendem Erfolg gebessert werden.

Da die neuesten Medikamente selektiv bestimmte Gehirnstrukturen beeinflussen, können psychische Störungen durch sie regelrecht medikamentös «seziert» werden.

Daß eine Teildisziplin der Medizin, die Psychiatrie, Medikamenten gegenüber skeptisch eingestellt ist, klingt schon ein wenig merkwürdig. Sind die Psychiater überall auf der Welt so rückständig? Bitte antworten Sie mir offen und ohne falsche Rücksichten auf diese Frage.

Leider werden in keinem Land der Welt die neuesten diagnostischen und therapeutischen Erkenntnisse von klinischen Psychiatern in vollem Umfang genutzt, wobei es allerdings von Land zu Land und auch innerhalb der einzelnen Länder Unterschiede gibt, je nachdem, welche Richtung jeweils tonangebend ist.

Und wie steht es in Italien, welche Richtung ist bei uns vorherrschend? Auch auf diese Frage bitte ich Sie um eine offene Antwort.

In Italien herrscht ein gewisser Eklektizismus. Die unterschiedlichsten Methoden werden häufig wie vollkommen gleichwertig behandelt. Außerdem herrscht die Tendenz, miteinander unvereinbarc Ansätze in ein Gesamtsystem integrieren zu wollen. Auch wird gerne vergessen, daß sich die Arbeit des Psychiaters in erster Linie auf eine solide medizinisch-biologische Basis gründen sollte und Medikamente sein wichtigstes Therapieinstrument darstellen, weshalb ein fundiertes pharmakologisches Wissen für ihn unerläßlich ist. Stellen Sie sich einen Onkologen vor, der die Wirkungen der verschiedenen gegen Tumore existierenden Medikamente nicht genau kennt, oder einen Diabetesspezialisten, dem es an ausreichender Erfahrung im Umgang mit den unterschiedlichen Antidiabetika fehlt.

Sicherlich sind die derzeit existierenden Psychopharmaka keine Wundermittel, dennoch verdanken wir ihnen die jüngsten Fortschritte in der Psychiatrie.

Gibt es auch bei anderen Fachärzten eine ähnlich skeptische Einstellung gegenüber neu auf den Markt kommenden Medikamenten?
Die meisten Ärzte sind von Natur aus konservativ, und das ist gut so. Sie müssen bei der Erneuerung ihres therapeutischen Arsenals vorsichtig sein und jede Neuheit kritisch und wachsam beäugen. Früher wurde dem angehenden Arzt folgender Satz mit auf den Weg gegeben: «Was neu ist, ist noch lange nicht gut, und was gut ist, ist nicht neu.» Deswegen werden auch in anderen medizinischen Fachbereichen neue Antibiotika oder Antirheumatika nur vorsichtig und allmählich benutzt. In der Psychiatrie setzt man allerdings weniger Hoffnung auf neue Psychopharmaka als in anderen medizinischen Fachbereichen auf neue Medikamente und interessiert sich kaum für ihre neurobiologischen Wirkungen.

Erhalten Psychiater nicht die gleiche wissenschaftliche Ausbildung wie andere Ärzte?
Doch, aber, wie schon gesagt, sind sie nicht im gleichen Maße Ärzte wie andere Ärzte und immer noch stark von der Vorstellung

vom Dualismus von Körper und Seele beherrscht. Natürlich gilt das nicht für alle Psychiater. Es ist ja auch nicht leicht zu verstehen, wie unser Gehirn mit unseren Gefühlen, unserem Denken und Verhalten zusammenhängt. Verständlicherweise haben Psychiater Schwierigkeiten, den Sprung von einer Gehirnläsion zur Veränderung bestimmter Gehirnfunktionen und der daraus resultierenden Verhaltensstörung nachzuvollziehen.

Obwohl die neuesten Erkenntnisse auf diesem Gebiet einiges erhellt haben, sind wir noch weit davon entfernt, die Vorgänge im Gehirn zu verstehen. Außerdem ist es nicht leicht, einzelne Gehirnbereiche und Funktionen von der Gesamttätigkeit des Gehirns isoliert zu betrachten. Insgesamt sind das Gehirn und das zentrale Nervensystem noch immer eine geheimnisvolle «black box», der wir uns mit besonderer Vorsicht und Ehrfurcht zu nähern beginnen.

Das klingt, als ob die meisten Psychopharmaka noch immer blind eingesetzt würden, ohne daß ihr Wirkungsmechanismus wirklich verstanden würde. Werden sie erst im nachhinein aus ihrer Wirkung erschlossen?

Der Arzt behandelt viele Krankheiten, ohne ihre Ursache zu kennen, und versteht die genaue Wirkungsweise der von ihm benutzten Medikamente nur sehr selten. Dies war schon immer so und ist auch heute nicht viel anders. Wenn die Medizin bei der Bekämpfung von Krankheiten und dem Einsatz von Medikamenten immer gewartet hätte, bis ihre Ursachen beziehungsweise Wirkungsweise bekannt waren, hätte sie vielleicht nie Fortschritte erzielt.

Nehmen wir zum Beispiel den Skorbut. Lange bevor man seine Ursachen kannte, wurde er bereits erfolgreich behandelt. Ja, sie wurden überhaupt erst durch die Behandlung entdeckt. Auf langen Seefahrten litten einige Seeleute unter starker Erschöpfung, andere an Zahnfleischentzündungen oder Hautblutungen und Fieber. Zunächst dachte man, daß hier verschiedene Krankheiten im Spiele seien. Aber bei den Genuesern, die auf ihren Schiffen eine Menge Zitrusfrüchte und Pesto (eine Sauce aus Basilikum und Knoblauch, A.d.Ü.) mitführten, kamen diese Symptome fast nie vor, obwohl sie nicht wußten, daß der Mangel an Vitamin C, welches in Knoblauch, Basilikum und Zitronen reichlich enthalten ist, die Ursache für Skorbut ist. Auch die Royal Navy entdeckte irgendwann, daß ein reichliches Angebot an Gemüse, rohem Fleisch und Zitrusfrüchten bei langen Seefahrten über den Atlantik die Erkrankungsrate stark senkte. Erst sehr viel später entdeckte ein englischer Arzt, daß hinter dem großen Spektrum von Symptomen, das ich eben beschrieben habe, eine einzige Ursache steht, nämlich ein Mangel an Askorbinsäure oder Vitamin C. Genueser und Engländer entdeckten und benutzten das Gegenmittel gegen Skorbut, ohne all dies zu wissen.

Auch auf die Schimmelpilze, die Vorläufer des Penizillins und der späteren Antibiotika, stieß man nur per Zufall. Die Geschichte der Medizin steckt voller solcher zufälliger Entdeckungen, über die man sich immer wieder nur wundern kann.
Auch Aspirin war bereits lange im Handel erhältlich, bevor sein Wirkmechanismus entdeckt wurde. Dasselbe gilt für die ersten Herzmittel, für Antirheumatika und Bluthochdruckmittel. Deshalb würde es aber niemandem einfallen zu fordern, man dürfe all diese wirksamen Medikamente erst anwenden, wenn ihre therapeutische Wirkung wissenschaftlich erforscht ist.

Durch die Forschung in den Großlabors gibt es vermutlich solche zufälligen Entdeckungen heute nicht mehr.
Um genau zu sein, verdankte sich der Fortschritt in der Medizin auch früher selten ausschließlich dem Zufall. Im allgemeinen ist ein bestimmtes Phänomen weithin bekannt, aber nur der Forscher erfaßt seine theoretischen und praktischen Auswirkungen in vollem Umfang. Entscheidend ist immer der Beitrag des einzelnen. Nehmen wir zum Beispiel Fleming: Zunächst ärgerte er sich darüber, daß seine Keimkulturen von Schimmelpilzen zerstört worden waren. Dann gelang es ihm, die ganze Situation von einem anderen Standpunkt aus zu betrachten.
Trotz aller Computer und komplizierten elektronischen Maschi-

nen in den großen Laboratorien ist auch heute noch der menschliche Faktor entscheidend. Wenn ein Mensch die Fähigkeit besitzt, empirische Daten auf eine bestimmte Art zu betrachten und ihre mögliche Bedeutung intuitiv zu erkennen, kann man nicht von Zufall sprechen.

Am Anfang ist das Gen

Der Geist ist der dem Menschen eigene Ort;
er kann die Hölle zum Himmel machen
und den Himmel zur Hölle.

JOHN MILTON

*Was formt den Menschen stärker? Seine Umwelt oder seine Gene? Kultur
oder Natur?* Solche Gegenüberstellungen können die komplexe Realität niemals erfassen. Tatsächlich sind unzählige Faktoren an der Bildung unseres Charakters beziehungsweise unserer Persönlichkeit beteiligt. Außerdem unterscheidet die Psychiatrie zwischen verschiedenen Temperamenten.

Das Wort *Temperament* kommt von den «Tempera», den Farbmischungen, die die Maler sich früher selbst aus verschiedenen Farben und Bindemitteln herstellten. Nach der von Hippokrates entwickelten und später immer wieder aufgegriffenen «Lehre von den Körpersäften» gibt es vier verschiedene Grundtemperamente, die auf den Einfluß der vier wichtigsten Körperflüssigkeiten zurückgeführt werden: die schwarze Galle, die gelbe Galle, das Blut und das Phlegma. Ihr Mischungsverhältnis im Organismus bestimmt das Temperament eines Menschen, also seine genetisch bedingte individuelle Eigenart; diese wird ihm nicht durch seine Umwelt vermittelt, sondern ist unmittelbarer Ausdruck präziser Funktionssysteme seines Gehirns.

Charaktér ist das griechische Wort für ein eingegrabenes, eingeritztes Zeichen. Unsere charakterliche Prägung erhalten wir in der frühen Kindheit durch die Menschen und Dinge um uns. Bei der Entstehung von Krankheiten kommt dem Charakter vermutlich eine untergeordnete Rolle zu, aber er beeinflußt die Form, in der sie auftreten, also sozusagen ihren Stil und ihre Sprache. Er hängt eng mit unserer persönlichen Lebensgeschichte, unseren Erfahrungen und unserem kulturellen Umfeld zusammen. *Persönlichkeit* stammt dagegen aus dem Lateinischen. Als *Persona* bezeichneten die Römer die Maske des Schauspielers. Sie entspricht dem Bild, das wir von uns selbst haben und anderen von uns vermitteln, und ist sozusagen die Maske, die wir unseren Mitmenschen und uns selbst zeigen, die ausdrücken oder verbergen kann, was in uns vorgeht. Temperament und Charakter sollten in der Persönlichkeit zu einer harmonischen Einheit verschmelzen. Solche Unterscheidungen sind natürlich relativ willkürlich, aber zur Persönlichkeit gehören auf jeden Fall das Bewußtsein um die individuelle Einzigartigkeit und das Weiterleben des einzelnen im Kontext der Entwicklung der gesamten Menschheit.

Wenn ich Sie richtig verstanden habe, prägt das Temperament, also eine ererbte Veranlagung, unseren Charakter beziehungsweise unsere Persönlichkeit.

Zweifellos hat es großen Einfluß auf unseren Charakter, denn es ist von Geburt an da und bestimmt die Art und Weise, wie wir auf unsere Umwelt reagieren. Deshalb spielt es auch bei der Entwicklung unserer Persönlichkeit eine sehr wichtige Rolle. In vieler Hinsicht ist diese Frage, wer wen beeinflußt, aber ähnlich müßig wie diejenige, ob zuerst das Ei oder die Henne da war.

Beeinflußt das Temperament nun unseren Charakter oder unsere Persönlichkeit? Sie haben doch eben erst erklärt, worin sich beide unterscheiden.

In der Umgangssprache werden beide häufig synonym gebraucht. Worauf es mir ankommt, ist, daß Familie, Schule und Umwelt eine sich bereits früh äußernde Veranlagung nur wenig beeinflussen können.

Wofür die trotz gleicher Erziehung oft völlig verschiedenen Geschwister wohl den besten Beweis liefern.

Nehmen wir als Beispiel eine Familie mit einer erblichen, bipolaren Störung, in der alle Geschwister wegen der Krankheit der Eltern von Geburt an besonderen Belastungen ausgesetzt sind. Obwohl sie sicherlich gleich erzogen werden und unter denselben Bedingungen aufwachsen, werden sie dennoch als Erwachsene völlig verschieden denken, fühlen und handeln. Einige werden die spezifische Störung der Mutter oder des Vaters erben, während andere vollkommen anders veranlagt zu sein scheinen. Und doch sind selbst die grundverschiedensten Geschwister nur unterschiedliche Phänotypen eines einzigen Genotyps.

Bei den Kindern kann sich die Erkrankung eines Elternteils demnach «aufspalten», so daß einige die Manie erben, andere die Depression.

Ein typisches Beispiel hierfür ist die Familie eines bekannten Industriellen aus meinem Patientenkreis: Zunächst behandelte ich den Vater wegen einer bipolaren Psychose. In seinen manischen Phasen war er hyperaktiv und beruflich sehr erfolgreich, während er in der Depression fast lethargisch wurde. Seine Tochter, eine äußerst introvertierte und empfindsame Frau, begab sich ebenfalls zu mir in Behandlung, nachdem sie jahrelang unter starken Depressionen gelitten hatte. Gelegentlich kam sie in Begleitung ihres Bruders, eines lebenslustigen und dynamischen jungen Mannes, der bereits drei Ehen hinter sich hatte und sich eines stabilen hyperthymen Temperaments erfreute. Unterschiedlicher kann man sich zwei Geschwister gar nicht vorstellen.

Noch wissen wir nicht, warum Geschwister bei gleicher Abstammung von so grundverschiedenem Temperament sein können; fest steht aber bereits, daß beide Temperamente nur verschiedene Erscheinungsbilder einer genetischen Disposition zur selben Krankheit darstellen, die sich einmal in Form eines leichtlebigen, extrovertierten und ein anderes Mal in Form eines schwermütigen und introvertierten Temperaments manifestiert.

Das klingt wie ein genetisches Lotteriespiel, bei dem der Bruder Glück gehabt hat.
Zahlreiche Studien mit Adoptivkindern haben diese genetische Hypothese bestätigt. Obwohl sie ihre bipolaren Eltern gar nicht kennen und in einer Familie aufwachsen, mit der sie nicht blutsverwandt sind, werden sie mit hoher Wahrscheinlichkeit an derselben psychischen Störung erkranken, unter der bereits ihre leiblichen Eltern gelitten haben. Auch viele Zwillingsstudien bekräftigen das.

Und wie steht es im umgekehrten Fall? Können depressive Adoptiveltern ihr Adoptivkind «anstecken»? Obwohl die Umwelt einen erblich belasteten Menschen nicht vor der Depression bewahren kann, wäre es doch immerhin möglich, daß Kinder, die von klein auf mit überängstlichen und depressiven Menschen zusammenleben, irgendwann selbst depressiv werden.
Weitergegeben wird ein bestimmter Denkstil, eine besondere Art, unsere Erfahrungen zu deuten und zu bewerten. Aber es gibt keinerlei Beweis dafür, daß exogene Faktoren allein Depressionen auslösen können, wenn keine anderen Faktoren dazukommen.

Wollen Sie damit sagen, daß Kinder manischer oder depressiver Adoptiveltern allerhöchstens optimistisch oder pessimistisch werden können?
Inwieweit Charakterzüge durch das familiäre Umfeld erworben werden, kann ich nicht sagen. Es ist aber durchaus vorstellbar, daß Kinder, die in einer ängstlichen und mißtrauischen Atmosphäre aufwachsen, irgendwann selbst diese Eigenschaften übernehmen. Das verstehe ich unter der Weitergabe kognitiver Stile beziehungsweise eines bestimmten Verhältnisses zur Realität.

Von den vielen mir bekannten Adoptivkindern, die von ihren ersten Lebensmonaten an bei fremden Eltern aufwuchsen, hatte fast keines eine ähnliche Persönlichkeit wie seine Adoptiveltern. Wenn ein Kind mit einem fröhlichen, hyperthymen Temperament auf die Welt kommt, wird es kaum ernsthaft durch die eventuelle Depressivität seiner Eltern zu beeinflussen sein, sondern die elterliche Schwermut eher als unverständlich empfinden.

Entscheidend wäre demnach unsere ererbte Konstitution.

Ja, sie stellt tatsächlich unsere erste, entscheidende Mitgift im Leben dar, was, wie bereits gesagt, auch Studien an eineiigen Zwillingen beweisen. Erkrankt ein Zwilling an Depression, wird mit mehr als siebzigprozentiger Wahrscheinlichkeit früher oder später auch der andere an ihr erkranken, während bei zweieiigen Zwillingen, deren Erbmasse nur zum Teil identisch ist, die Wahrscheinlichkeit des Auftretens der gleichen Krankheit nicht höher liegt als bei normalen Geschwistern.

Warum besteht bei eineiigen Zwillingen nur eine siebzigprozentige Wahrscheinlichkeit des Auftretens derselben erblichen Krankheit und nicht eine hundertprozentige, wie es bei völlig identischem Erbgut doch eigentlich sein müßte?

Möglicherweise sind die vorliegenden Zahlen aufgrund noch unzureichender Untersuchungsmethoden ungenau. Wann und in welcher Schwere eine Krankheit auftritt, hängt aber auch von den Lebenserfahrungen und einer Reihe exogener Faktoren ab.

Demnach wäre es denkbar, daß ein Zwilling mit potentiell auslösenden Faktoren konfrontiert wird, die dem anderen erspart bleiben, was im übrigen nichts an der großen Bedeutung unserer ererbten Veranlagung ändern würde.

Jeder von uns kommt mit einem bestimmten Temperament auf die Welt. Von ihm hängt es ab, wie wir auf äußere Reize reagieren. Je nach Veranlagung zeigen wir uns gegenüber einigen Umwelteinflüssen empfindlicher als gegenüber anderen und schätzen, beziehungsweise übernehmen, bestimmte kulturelle Modelle und Verhaltensmuster, während wir andere ablehnen.

Wo bleibt da die Freiheit? Was Sie da skizzieren, läßt auf ein sehr deterministisches Weltbild schließen. Wenn man über Genetik und Ethik spricht, taucht ja immer die Frage nach der Entscheidungsfreiheit des Menschen auf.

Eigentlich bin ich für die Beantwortung dieser Frage von Berufs wegen nicht zuständig. Aber ich hege, um ehrlich zu sein, den Verdacht, daß bestimmte Programme unseres Gehirns ein raffiniertes Spiel mit uns treiben, indem sie uns die Illusion vermitteln, auch dort frei zu sein, wo wir im Grunde höchst unfrei sind. Je besser wir die neurobiologischen Vorgänge im menschlichen Gehirn und die verschiedenen höheren Gehirntätigkeiten verstehen, um so klarer zeigt sich, wie gering unser Freiheitsspielraum in Wahrheit ist, denn unsere Entscheidungen, unser Verhalten und unser Temperament werden weitgehend von den funktionellen Eigenschaften unseres Nervensystems und unserer konstitutionellen Veranlagung bestimmt.

Es hat den Anschein, als müßten wir immer die gleichen Verhaltensmuster und Irrtümer wiederholen, was unser Verhalten in einer bestimmten Situation leicht vorhersehbar macht. Andererseits haben wir, um mit anderen Menschen zusammenleben zu können, die Fähigkeit erworben, unser Denken kritisch zu analysieren, und gelernt, unsere primitiven, archaischen Triebe immer mehr zu beherrschen sowie bestimmte spontane Reaktionen zu unterdrücken. Man denke nur an die Beherrschung des Sexualtriebs. Da die Mitglieder der ersten menschlichen Gemeinschaft kooperieren mußten, um zu überleben, mußten sie lernen, sich zu «beherrschen».

Mit Freiheit hat das alles wenig zu tun. Im übrigen bringen uns solche philosophischen Fragen vom Weg ab.

Warum haben Sie bei einem so allgemein gehaltenen Gespräch sofort die Sexualität erwähnt?

Nur als ein Beispiel von vielen. Ebensogut hätte ich die Aggressivität anführen können, denn beide sind eng mit der Natur des Menschen verbunden. Ziel der Sexualität ist die möglichst vollständige Weitergabe der Erbmasse des einzelnen Individuums und damit seiner Familie, also ihrer DNA, an die nächste Generation. Der Fortpflanzungstrieb dient auch der Erhaltung der Gattung Mensch, die möglicherweise bereits vom Untergang bedroht war...

Wir hätten wirklich allen Grund, etwas bescheidener zu sein. Wodurch war denn der «König der Schöpfung» vom Untergang bedroht?

Da könnte es verschiedene Gründe gegeben haben. Denken Sie nur daran, wie lange es von der Zeugung bis zur Geburt eines neuen Menschen dauert und wie selten Zwillinge geboren werden. Außerdem kamen Frauen früher – gemessen an ihrer durchschnittlichen Lebenserwartung, die bei ungefähr dreißig Jahren lag – erst sehr spät ins fruchtbare Alter, und schließlich darf man auch nicht vergessen, daß noch bis vor kurzem die Kindersterblichkeit ungeheuer hoch war und Epidemien und Seuchen, Kriege und Naturkatastrophen immer wieder unzählige Menschen in kurzer Zeit töteten. Erst durch die jüngsten Fortschritte der Medizin konnte die Seuchengefahr bei uns gebannt werden, aber für große Teile der Welt stellt sie nach wie vor eine starke Bedrohung dar.

Die Hauptfunktion des auch beim Menschen sehr stark entwikkelten Paarungstriebs ist die Arterhaltung. Darüber hinaus erfüllt er aber auch eine soziale Funktion, denn er führt dazu, daß sich Mann und Frau zur Keimzelle jeder Gesellschaft, dem Paar, zusammenschließen und gemeinsam ihre Kinder beschützen, solange sie noch unselbständig sind.

Und wie entwickelt sich aus dieser Keimzelle die Gemeinschaft?

Grundvoraussetzung dafür ist ein starker Gruppenzusammenhalt. Außerdem kann sie nur Bestand haben, wenn sie das Überleben des einzelnen und der Gemeinschaft als Ganzes dank ihrer Erfahrungen, Kenntnisse, ihrer Religion und einer gemeinsamen Sprache garantieren kann. Jedes Tier kommt bereits mit verschiedenen angeborenen Verhaltensprogrammen auf die Welt, die es selbst und die Gemeinschaft, in der es lebt, schützen sollen. Dazu gehören altruistische Verhaltensweisen, um die Nahrungsversorgung der Nachkommen zu sichern, Opfer des einzelnen, um die Gruppe zu retten, der Instinkt zur Erziehung des Nachwuchses und zur Weitergabe des Gruppenwissens und aller erworbenen Güter an die jeweils nächste Generation. Wie Paul Gilbert in seinem 1992 erschienenen Werk *Human Nature and Sufferings* schreibt, ist in jeder Gemeinschaft der Kampf um eine möglichst mächtige Position, die den Zugang zu Nahrungsquellen und Sexualpartnern sichern soll und damit die Chance zur Fortpflanzung und zum Überleben der eigenen Gene, von grundlegender Bedeutung.

Die natürliche Auslese führt also zu Veränderungen innerhalb der Gruppe.

Ja, das ist richtig. In höher entwickelten menschlichen Gemeinschaften herrscht sie im übrigen weniger gnadenlos als in tierischen, denn der Mensch weiß, daß er vom «anderen» abhängt und die Gemeinschaft nur durch Arbeits- und Rollenteilung überlebensfähig ist. Das gilt auch für Wolfsrudel und Affengemeinschaften. Je differenzierter die Organisationsstruktur einer Gemeinschaft, um so wichtiger ist die koordinierte Zusammenarbeit vieler Menschen mit unterschiedlichen Fähigkeiten und Haltungen, die nur gelingen kann, wenn der einzelne seine aggressiven Impulse unterdrückt und auf der Grundlage der Wechselseitigkeit zur Anpassung bereit ist.

Der aggressive Trieb wurde allerdings nie gänzlich unterdrückt, geändert hat sich nur die Form, in der er sich äußert. Der Kampf um Aufstieg in der sozialen Hierarchie und um eine möglichst einflußreiche Stellung in der Gesellschaft stellt die moderne Form der natürlichen Auslese dar und spielt in unserer Gesellschaft eine sehr wichtige Rolle.

Die Aggression geht also nicht verloren, sondern wird in eine für die Gruppe erträgliche und häufig nützliche Form umgewandelt. Nehmen wir zum Beispiel den extrem aggressiven narzißtischen Typ, der seine Mitmenschen nur für seine Zwecke benutzt und jedes Interesse an ihnen verliert, sobald sie ihm nicht mehr nützlich sind. Unsere Gesellschaft toleriert ihn nicht nur, sondern scheint ihn geradezu besonders zu schätzen. Wie ließe es sich sonst erklären, daß viele Menschen von diesem Schlage gesellschaftlich hoch angesehen und erfolgreich sind?

Gibt es noch andere genetisch bedingte «soziale» Verhaltensprogramme, die mit psychischen Störungen einhergehen können?

Ja, es gibt sogar ein fundamentales Programm, das unsere Bindung an andere Menschen und die Lösung von ihnen steuert. Mit ihm hängen Phänomene zusammen wie Angst und Phobie, Abhängigkeit von einem bestimmten Menschen oder einer Gemeinschaft sowie das Gefühl der Ohnmacht, Wut und Verzweiflung, wenn wir verlassen werden und uns die Sicherheit genommen wird, die uns der jeweilige Mensch oder die Gruppe bietet, mit der wir uns identifizieren. Die Tendenz, sich mit der eigenen Gruppe zu identifizieren, stärkt zwar die Gruppe, ist aber gleichzeitig die Ursache für eine pathologische Form der Intoleranz.

Entschuldigen Sie, wenn ich noch einmal nachfrage. Verstehen Sie unter «Programm» etwas Ähnliches wie ein von Mutter Natur in unser Gehirn eingepflanztes Computerprogramm? Eine Art angeborenen Instinkt, in unserem Verhalten bestimmten Mustern zu folgen?

Genau das. So hat zum Beispiel die Natur dafür gesorgt, daß unselbständige Junge sich eng verbunden fühlen mit der Mutter und ihrem «Nest», indem sie in ihren Genen ein «Bindungsprogramm» verankert hat, das ihre Ernährung, ihren Schutz und das Erlernen der zum Leben notwendigen Fähigkeiten erleichtert. Später fördert die Mutter dann das Spiel zwischen den Jungen und lehrt sie, ihre Umwelt zu erforschen und zu jagen.

Da die Jungen die Mutter als Schutz und Nahrungsquelle brauchen, dürfen sie sich nicht von ihr, vom Nest oder Bau und ihrer Gruppe entfernen. Andernfalls bricht eine regelrechte «Panikattacke» aus, die sie vor der drohenden Gefahr warnt. Da das von der Natur so eingerichtet ist, muß die Glucke, die auf dem Hof nach Nahrung sucht, ihre Küken nicht einzeln dazu bringen, ihr zu folgen, sondern sie folgen ihr von selbst oder werden für jedes Abenteuer mit einer «Panikattacke» bestraft.

Mit der Zeit lockert sich diese enge Bindung. Allmählich wird das Junge selbständiger und ist auch überlebensfähig, wenn es sich einmal von der Mutter und vom Nest oder Lager entfernt.

Kinder und Jugendliche, die unfähig sind, sich von ihrer Mutter und von zu Hause zu lösen, die zum Beispiel um keinen Preis in den

Kindergarten oder die Schule gehen wollen, neigen auch zu Panikattacken.

Die erblich bedingt sind, nehme ich an. Sind solche Kinder dazu verurteilt, später regelmäßig unter Panikattacken zu leiden?
Auch das Paniksyndrom mit Panikattacken wurzelt im Biologischen. Aber kehren wir zum «Bindungsprogramm» zurück, der Grundlage unserer Gefühlsbindungen an Menschen, die wir lieben und schätzen. Es ist die Triebfeder, die uns antreibt, Beziehungen zu anderen Menschen anzuknüpfen, sie zu pflegen und das Netz dieser Beziehungen allmählich auszubauen.

Und das «Lösungsprogramm»?
Jede Auflösung einer engen Beziehung löst eine Angstreaktion aus, denn sie ist eine Verlusterfahrung und häufig mit Wut, Verzweiflung und Depression verbunden. Sobald ein junger Vogel fliegen kann, muß er sein Nest verlassen. Bei Tauben verhindern zum Beispiel die Eltern, daß die Jungen ins Nest zurückkehren, indem sie jeden ihrer verzweifelten Rückkehrversuche vereiteln.

Bei anderen Arten werden die Jungen dagegen nur allmählich selbständig und können oder müssen deshalb länger in ihrer ursprünglichen Gemeinschaft leben. Andere Tierarten, die zum Überleben ein Territorium von einer bestimmten Größe brauchen, zwingen ihre Nachkommen, sich ein neues Territorium zu suchen.

Ein interessantes Thema, aber eigentlich wollten wir über die Depression sprechen. Ich weiß momentan gar nicht mehr, wie wir auf die zwei «sozialen» Programme des Menschen, das Bindungs- und das Lösungsprogramm, gekommen sind.
Weil die Auflösung einer engen Gefühlsbeziehung häufig mit Depressionen verbunden ist, sei es, daß sie durch sie ausgelöst, verschlimmert oder chronifiziert werden. Manchmal identifizieren wir uns so stark mit einem geliebten Menschen oder der Gemeinschaft, in der wir leben, unserer sozialen Rolle, dem Partner, der Schule, daß wir fast mit ihnen verschmelzen. Da sich unser gesam-

tes Selbstwertgefühl auf diese Bindungen gründet, kommt ihr
Zerbrechen dem Verlust eines Teils von uns selbst gleich, als hätten
wir uns selbst verstümmelt.

*Solche Erschütterungen unserer Persönlichkeit oder unseres Selbst ähneln
in ihrer unerbittlichen und unergründlichen Härte Naturkatastrophen.*
Durch das Studium tierischen Verhaltens vergrößern wir unsere
Einsicht in die wahre Natur unserer psychischen Reaktionen und
ihre Verbindung mit den ihnen zugrundeliegenden neurobiologischen und neurophysiologischen Vorgängen, besonders in ihrer
pathologischen Ausprägung.

Ist der Schritt vom Tier zum Menschen wirklich so klein?
Die Methoden der Verhaltensforschung sind für die Psychiatrie
sehr nützlich. Im gegenwärtigen Stadium der neurobiologischen
Forschung bildet sie ein wichtiges Verbindungsglied zwischen psy-
chosozialen und biologischen Theorien. So interessant die jüngsten
Hypothesen sind, beweisbar sind sie allerdings noch nicht.

*Ich möchte Ihnen nicht widersprechen, aber mir scheint bei solchen The-
sen doch einiges unberücksichtigt zu bleiben. Spielen denn die Kultur, das
emotionale Beziehungsgeflecht, das sich im Laufe der Jahre innerhalb
einer menschlichen Familie entwickelt, und die enge Beziehung des Kindes zu den Eltern, insbesondere zur Mutter, bei der Entstehung von
Phobien oder Zwangsvorstellungen oder bei der Gewalttätigkeit von
Kindern keine Rolle? Viele Kinder rebellieren doch eindeutig gegen ihre
«kastrierenden» Mütter, ein Phänomen, das im Tierreich unvorstellbar
ist, weil Tiere nur ererbten Programmen folgen, während der Mensch die
Freiheit besitzt, sich so oder so zu verhalten.*
Sicherlich wird man öfters versucht sein, eine scheinbare – oder
auch reale – Konfliktsituation in dem eben von Ihnen geäußerten
Sinne zu deuten. Bevor man allerdings eine Therapie oder konkrete
Ratschläge auf eine solche Deutung gründet, muß man Beweise für
ihre Richtigkeit haben.
Meiner Meinung nach sollte man mit solchen Deutungen erheb-

lich vorsichtiger sein. Noch vor kurzem war es Mode, die Mütter für alles verantwortlich zu machen, sie als depressiogen, ja sogar schizophrenogen zu verurteilen, da sie mit ihren Neurosen angeblich die ganze Familie in Mitleidenschaft zogen. Ihrem enttäuschten Ehrgeiz, ihrer «ambivalenten» Haßliebe sowie ihrer Frustration wurde die Schuld an allen psychischen und psychosomatischen Störungen der Kinder zugeschrieben. Kaum zeigten sich bei einem jungen Mädchen Eßstörungen oder bei einem Jungen Aufsässigkeit und Aggressivität, schon hatte man die Schuldige gefunden: die Mutter. Jeder meinte auch zu wissen, was in solchen Fällen zu tun sei: man mußte nur das Kind von seiner «pathogenen» Mutter trennen, und schon waren alle Probleme gelöst. Das dürfte wohl eine etwas zu einfache Lösung sein.

In jenen Jahren mußten immer wieder verzweifelte Mütter stationär behandelt werden, die von ihren eigenen Kindern geschlagen worden waren und zu allem Überfluß auch noch die Schuld an allem tragen sollten.

Und welche Lösung schlagen Sie für solche Konflikte vor?

Das Ziel muß sein, jungen Menschen mit einer psychischen Störung zu helfen, ohne zu vergessen, daß sie auch ererbt sein könnte und die Eltern womöglich ebenfalls behandlungsbedürftig sind. Aus dieser Perspektive betrachtet, braucht die gesamte Familie ärztlichen Rat.

Die Gewalttätigkeit solcher Jugendlicher läßt sich entweder durch Antiepileptika verringern oder durch Medikamente, die das serotonerge System beeinflussen, denn Dysfunktionen in ihm äußern sich in impulsiven und zwanghaften Handlungen: gestörtem Eßverhalten (Bulimie), Unbeherrschtheit beim Spiel, Aggressivität und Gewalttätigkeit gegen andere.

Zwischen dem von Ihnen vertretenen ethologischen Erklärungsmodell und den psychodynamischen Theorien scheint mir ein Abgrund zu klaffen, wobei ich den Eindruck habe, daß es sich dabei nur um eine moderne Variante des uralten Dualismus von Seele (beziehungsweise Psyche oder

Geist) und Körper handelt, oder, wenn Ihnen das lieber ist, von «Herz»
und «Hirn», verstanden als psychisches Organ.

Auch in den psychodynamischen Theorien spielt das Gehirn eine
wichtige Rolle, aber in ihnen wird es als einheitlich funktionieren-
des Ganzes betrachtet. Zweifellos ist dies ein Aspekt des zentralen
Nervensystems, aber nicht sein einziger, denn es gibt in unserem
Gehirn verschiedene, auf gewisse Aufgaben spezialisierte Regionen, die jeweils unterschiedliche Funktionen erfüllen. Das beweist
schon seine Entwicklungsgeschichte. In den Anfängen der Menschheit war es viel einfacher strukturiert als heute. Im Laufe der
Evolution bildeten sich dann nach und nach durch sukzessive An-
passungen an Veränderungen der Umwelt immer differenziertere
funktionelle Systeme und Strukturen heraus, in denen elementare
und komplexe neuropsychologische Vorgänge abliefen. In der Entwicklungsgeschichte des Individuums und der menschlichen Gattung werden nach und nach verschiedene Strukturen und Funktionssysteme aktiviert, die miteinander durch biochemische und
bioelektrische Mechanismen verbunden sind.

Zum besseren Verständnis ein Beispiel: Es wäre unvorstellbar,
daß das Gehirn einerseits die Kontrolle des Muskeltonus auf eine
bestimmte Weise steuert, aber die Kontrolle der Affekte und der
Denkprozesse auf eine andere.

Auch das Herz funktioniert als Gesamtsystem, aber trotzdem hat
ein Herzinfarkt ganz andere Symptome zur Folge, als wenn eine
Herzklappe nicht richtig funktioniert.

Die verschiedenen Gehirnregionen weisen also, um es noch einmal zu sagen, gemeinsame und trennende Elemente auf, weshalb
man neurologische nicht von psychologischen Gehirnfunktionen
trennen kann.

Vielleicht kann ich Ihnen nicht mehr ganz folgen. Aber widerspricht Ihre
eben geäußerte Ansicht nicht Ihren früheren Ausführungen, in denen Sie
die unterschiedlichen Funktionen und Hirntätigkeiten gegen die Theorie
vom Gehirn als einem einheitlich funktionierenden Ganzen verteidigt
hatten?

Was ich sagen will, ist, daß die Denkprozesse von einer Gehirnregion gesteuert werden, während für die motorischen Aktivitäten eine andere zuständig ist. Beide funktionieren jedoch auf dieselbe Weise, insofern in beiden die gleichen Hormone und die gleichen chemischen Botenstoffe wirken, die auch unsere Ernährung, Affekte und Wahrnehmungen steuern. Alle Neuronen, die unser Denken, unsere Mimik oder Sprache lenken, arbeiten mit den gleichen Botenstoffen, die alle auf die gleiche Weise durch Medikamente beeinflußt werden können. Deshalb kann man die Psyche behandeln, indem man in die anatomischen Strukturen eingreift, die für unsere Denkprozesse zuständig sind.

Unsere kognitiven Erfahrungen werden zum Beispiel vom noradrenergen System und vom limbischen System gefiltert, die unsere Wahrnehmungen bewerten und allem, was wir sehen und fühlen, eine bestimmte affektive Valenz zuordnen und somit bei unseren emotionalen Reaktionen eine wichtige Rolle spielen.

Dieses Gespräch über die Zusammenhänge zwischen Emotionen und Biologie, Körper und Psyche bringt uns zu den berühmten psychosomatischen Krankheiten, den Magengeschwüren und Darmkrankheiten. Bei ihnen scheinen die Emotionen, also die Psyche, das Soma oder den Körper zu beherrschen. Oder gibt es für dieses Phänomen eine andere Erklärung?

Die chemischen Botenstoffe Serotonin und Acetylcholin kommen sowohl im Gehirn als auch im Darm vor. Deshalb kann sich eine Veränderung des funktionellen Gleichgewichts zwischen Botenstoff und Rezeptor gleichzeitig im Gehirn und in anderen peripheren Körperbereichen bemerkbar machen, zum Beispiel im Darm, im Herzen oder in der Haut. Soviel zur Erklärung der sogenannten «psychosomatischen Krankheiten», einem eigentlich irreführenden Begriff, den man besser nicht benutzen sollte.

Auch Ihr Erklärungsmodell läuft auf die Einheit von Körper und Seele hinaus, die durch die Existenz psychosomatischer Krankheiten bewiesen wird. Nur stellen Sie sie auf eine biologische Grundlage.

Wenn man von der Existenz eines einzigen neurochemischen Systems ausgeht, dessen Funktionsfähigkeit in unterschiedlichen Körperbereichen gestört sein kann, kommt man zu einer anderen Erklärung der Somatisierungsmechanismen als den früher gebräuchlichen, die mit abstrakten und nie bewiesenen Thesen operierten.

Wogegen vermutlich auch all diejenigen, die das Phänomen der Psychosomatik als Beweis für den Triumph des Geistes über den Körper betrachten, nichts einzuwenden hätten.

Schuld und Freiheit

Ich bin ein Gefangener
bei offener Zellentür.

PABLO NERUDA

*Das war eine lange Reise in die Vergangenheit, die uns von der Tierwelt
über die ersten Menschen zu den letzten Geheimnissen des Geistes geführt
hat. Ihr Ausgangspunkt war die Frage nach der Freiheit des Menschen.
Wie läßt sie sich im Lichte der neuesten Erkenntnisse der Neurobiologie
beantworten?*

Ich möchte noch einmal betonen, daß dieses Thema nicht in
meinen Zuständigkeitsbereich als Arzt fällt. Die wissenschaftlichen
Methoden der Medizin lassen sich nun einmal nicht auf ethische,
ästhetische und religiöse Fragen anwenden, weshalb alle möglichen
Antworten immer Spekulationen bleiben müssen. Wenn ein Psych-
iater sich als Philosoph versucht, muß er kläglich scheitern, da seine
Vermutungen über die komplexen Sachverhalte, um die es hier geht,
banal vereinfachend, zu eindimensional oder zu dogmatisch sind.
Deshalb wage ich mich lieber nicht an die Beantwortung solcher
Fragen heran.

Fest steht jedoch, daß unsere Freiheit in starkem Maße vom
individuellen Entwicklungsgrad der verschiedenen neuropsycholo-
gischen Funktionen und ihres funktionellen Zusammenspiels abhängt, also vom jeweiligen Intelligenz- und Bildungsniveau. Nur
unter Berücksichtigung dieser Faktoren läßt sich die Frage nach der
Freiheit des Menschen beantworten. Außerdem müssen auch das
soziale Umfeld, Ethik, Religion und Recht in die Betrachtung mit
einbezogen werden, denn es gibt keine für alle gleiche Freiheit.

Untersuchungen an Häftlingen haben zweifelsfrei ergeben, daß Kriminelle häufiger an mehr oder weniger schweren psychischen Störungen leiden als nie straffällig gewordene Burger. Noch bis vor kurzem wurden Verbrecher überhaupt nicht mit ihnen in Zusammenhang gebracht, obwohl nur allzu offensichtlich ist, daß Maniker häufiger Probleme mit der Einhaltung der Straßenverkehrsordnung haben, dazu neigen, Polizisten zu beleidigen oder gar tätlich anzugreifen, und Betrüger, Gewalttäter, Kleptomanen, manische Glücksspieler, Drogenabhängige und Sexualverbrecher meist auch psychisch gestört sind.

Warum erwähnen Sie bereits zum zweiten Mal das Glücksspiel?

Weil dem Glücksspiel verfallene pathologische Spieler ebenso psychisch gestört sind wie Alkoholiker oder Heroinsüchtige.

Möglicherweise sind wir alle psychisch gestört und für unsere Handlungen nicht verantwortlich?

Obwohl viele Kriminelle Psychopathen sind, unterscheiden Juristen zwischen Zurechnungs- und Unzurechnungsfähigkeit.

Dennoch hat es manchmal fast den Anschein, als ob jeder von uns mehr oder weniger psychisch gestört wäre.

Im Grunde genommen unterscheidet sich unser Gehirn nicht von anderen Organen. Es ist lediglich komplexer strukturiert und schwerer erforschbar. Manchmal sind bestimmte seiner Funktionen von Geburt an minimal «defekt» oder durch bereits in einem frühen Entwicklungsstadium erlittene Traumen oder Läsionen beeinträchtigt. Normalerweise läßt seine Funktionsfähigkeit aber erst durch den Alterungsprozeß allmählich nach. Obwohl gut geschützt, wird es durch die vielen Gifte, denen es im Laufe unseres Lebens ausgesetzt wird, mit der Zeit beträchtlich geschädigt. In erster Linie müssen hier Alkohol, Nikotin, Kaffee, falsche Ernährung sowie Umweltgifte und zahlreiche Medikamente genannt werden.

Unter psychischer Gesundheit versteht man ja nicht die vollständige Abwesenheit jeglicher psychischen Störung. Auch einen

Menschen mit leichten Störungen bezeichnen wir noch als psychisch normal; ebenso gilt jemand, der von Kindheit an kurzsichtig ist oder wegen schlechter Zähne bereits diverse Kronen beziehungsweise Plomben trägt, trotzdem als körperlich gesund.

Selbst Menschen, deren Gehirnfunktionen erheblich beeinträchtigt sind und die wir umgangssprachlich als «verschroben», «verrückt» oder «verworren» bezeichnen, können durchaus kritisch denken und klare Entscheidungen treffen sowie ihre Triebe beherrschen. Von einem vollkommenen Verlust des psychischen Gleichgewichts kann auch bei ihnen keineswegs die Rede sein.

Auch «leichte» Störungen haben aber Auswirkungen auf unsere Handlungen und beeinträchtigen unsere Entscheidungsfreiheit. Wo soll man die Grenze ziehen zwischen bedingter Zurechnungsfähigkeit und wirklicher Unzurechnungsfähigkeit oder Schuldunfähigkeit?

Richter und Gerichtsmediziner müssen bei jedem Straftäter anhand genauer Kriterien darüber entscheiden, ob er zum Tatzeitpunkt zurechnungsfähig beziehungsweise schuldfähig war und deshalb strafrechtlich zur Verantwortung gezogen werden kann.

Auch leichte Störungen können bei Verschlimmerung die Entscheidungsfreiheit des Betroffenen zunehmend einengen. Nur selten ist ein Straftäter bei Begehung einer Tat uneingeschränkt zurechnungsfähig. Manche Menschen sind durch ihre Veranlagung dazu verurteilt, immer wieder die gleichen Fehler beziehungsweise kriminellen Handlungen begehen zu müssen. Andererseits werden im Zuge der allmählichen Entwicklung der Persönlichkeit einige Verhaltensweisen abgelegt und andere radikal gewechselt.

Die Beantwortung der Frage, ob ein Straftäter bei Begehung seiner Tat wirklich die volle Entscheidungsfreiheit besaß, erscheint mir sehr schwierig. Sie waren sicherlich auch bereits als Gutachter bei Gericht tätig.

Um dem Gericht das Verhalten eines Straftäters wirklich verständlich zu machen, muß der begutachtende Psychiater vor allem die Beziehung zwischen sozialen und umweltbedingten Faktoren und dem jeweiligen Temperament des Täters deutlich hervorheben.

Jedem präzise formulierten Artikel des Strafgesetzbuches steht der jeweilige «Gesetzesbrecher» mit seinen individuellen Anlagen gegenüber, die ihn häufig genug geradezu zum Gesetzesbruch verdammen. Das andere Extrem des Spektrums der möglichen Veranlagungen verkörpert der manisch gesetzestreue Bürger, dem seine Veranlagung gar keine andere Wahl läßt, als das Gesetz buchstabengetreu zu befolgen, und der trotz seines untadeligen Verhaltens beständig von Schuldgefühlen geplagt wird und immer befürchtet, er habe sich vielleicht doch irgend etwas zuschulden kommen lassen. Welcher von diesen beiden Typen, die nur die Extreme eines großen Spektrums mit fließenden Übergängen verkörpern, hat mehr Entscheidungsfreiheit? Eine schwer zu beantwortende Frage. Fest steht auf jeden Fall, daß psychische Störungen die ernsthafteste Bedrohung unserer Freiheit darstellen.

Im Lichte der Neurobiologie betrachtet, lösen sich alle Werte und Sicherheiten unserer Kultur und Moral nacheinander in Wohlgefallen auf.

Bevor wir im letzten Kapitel begannen, diesen großen Bogen zu spannen, äußerten Sie einmal, daß jeder Mensch so programmiert sei, daß er sich einbilde, frei zu sein. Warum hat die Natur uns mit solchen Illusionen ausgestattet?

Dazu gibt es verschiedene Hypothesen. Unter anderem eine, die sich im wesentlichen auf ein Gefühl stützt, das Tiere vermutlich nicht besitzen und für das alle großen Religionen großartige Worte gefunden haben: das Schuldgefühl beziehungsweise die Ursünde. Der Mensch mißt sich ständig an einem Ideal der Vollkommenheit und hat deshalb angesichts der Kluft zwischen Ideal und Realität meist ein Schuldgefühl, weil er nie alles in seiner Macht Stehende tut, um sein eigenes und das Leben der von ihm geliebten Menschen vollkommener zu gestalten. Die Hoffnung, dieses Ziel vielleicht doch noch erreichen zu können, beflügelt ihn zu immer neuen Anstrengungen. Beständig liegen in seinem Leben egozentrische und altruistische Triebkräfte im Wettstreit miteinander, die seine eigene Überlebensfähigkeit sowie die seiner Gruppe stärken. Unser Schuldgefühl hindert uns auch daran, unsere Mitmenschen im Konkurrenzkampf um die Macht gnadenlos auszunützen, und begünstigt ganz allgemein altruistische Verhaltensweisen. Es stärkt den Gruppenzusammenhalt und macht die Kräfteverhältnisse in ihrem Inneren ausgewogener.

Wollen Sie damit sagen, daß auch die Moral eine biologische Grundlage hat?

Die biologische Grundlage der Moral ist noch unbekannt. Ich kann nur sagen, daß Anlagen, die den Menschen zu kooperativem und altruistischem Verhalten befähigen, angeboren sind, und auch für das Schuldgefühl wird sich vermutlich eine biologische Erklärung finden.

Andererseits haben auch Wolfsrudel ziemlich komplexe soziale Normen entwickelt.

Sicherlich, aber deswegen haben sie noch kein moralisches Empfinden. Charakteristisch für den *Homo sapiens* ist das Bewußtsein seiner selbst. Nur der Mensch kann sich ein Urteil über sein eigenes Verhalten anderen gegenüber beziehungsweise ihr Verhalten ihm gegenüber bilden. Nur wenn dieses Bewußtsein vorhanden ist, kann man von Ethik sprechen.

Ihre Geburtsstunde fällt demnach mit derjenigen des Homo sapiens *zusammen.*

Ich glaube schon. Es sei denn, unser Urahn habe allein und isoliert gelebt. Ethik und Sprache sind für das Zusammenleben von Menschen gleichermaßen wichtig.

Sie sagten eben, die Moral habe den Menschen gestärkt. Sie hätte ihn ja auch schwächen können, da sie seine Aggressivität hemmt.

So war es aber nicht, sondern sie ermöglichte im Gegenteil eine Zusammenarbeit in der Gruppe auf immer höherem Niveau und machte unsere modernen Errungenschaften erst möglich. Je fester verwurzelt das Moralempfinden in einer Gesellschaft ist, um so stärker ist sie.

Allerdings können psychopathologische Störungen die Atmosphäre selbst in kleinen Arbeitsgruppen vergiften und der Gruppenmoral stark schaden.

Der Mensch ist eben sehr schwach und störungsanfällig und erreicht seine selbstgesteckten Ziele nie. Vielleicht rührt sein Schuldgefühl auch daher. Vermutlich. Schon in seinen Anfängen war er gefährdeter als andere Arten. Dr. Athanasio Koukopoulos, ein mit mir befreundeter römischer Psychiater, und ich haben einmal in einem langen, faszinierenden Gespräch die Hypothese aufgestellt, daß der «erste Mensch» möglicherweise von einem unter bipolaren Störungen leidenden Primaten abstammte. Wenn diese Hypothese stimmt, hätten sich die für den Menschen charakteristischen Züge, sein unermüdlicher Tatendrang und sein beständiges Streben nach Vervollkommnung, aus einer ursprünglichen Anomalie entwickelt, aus einem funktionellen «Plus» unseres Gehirns. Vielleicht drängte ein hyperthymes oder zyklothymes Temperament, eine besondere Neigung zur Erforschung der Umwelt und zur Suche nach neuen Territorien unsere Vorfahren dazu, von den großen Bäumen der Wälder herabzusteigen und in der Savanne auf Abenteuersuche zu gehen, in der sie dann den aufrechten Gang entwickelten.

Da sie schwächer und langsamer waren als andere Tiere, keine Werkzeuge besaßen und auch nicht so gut klettern konnten wie sie, waren sie vermutlich gezwungen, ihren Erfindungsgeist zu schärfen, um in einer Umgebung zu überleben, für die sie nicht geschaffen waren. Allmählich entwickelten sich die für die Denkfähigkeit zuständigen Gehirnareale immer mehr. Während andere Spezies nicht gezwungen waren, ihr Genmaterial zu verändern, um überleben zu können, mußte der *Homo sapiens* immer neue Verhaltensweisen entwickeln und an seine Nachkommen weitervererben, darunter auch das Schuldgefühl beziehungsweise die Frustration bei mangelnder Kreativität. Natürlich sind das nur Mutmaßungen und Gedankenspiele.

Demnach wäre das Schuldgefühl nur eines der zahlreichen Mittel der Natur zur Erreichung ihres Hauptziels, der Arterhaltung, vergleichbar der calvinistischen Ethik, die Max Weber als Motor des Kapitalismus bezeichnete. Er blieb allerdings bei der Kultur. Sie gehen weiter. Für Sie ist die Ethik nur die «Maske», deren sich eine Naturkraft bedient. Ich fürchte, solche Theorien könnten Ihnen Schwierigkeiten einbringen. Zum Glück ist die Exkommunikation heute nicht mehr üblich.

Der durch das Schuldgefühl gehemmte Tatendrang könnte auch zu einer Auslese geführt haben, die begabtere gegenüber minderbegabten Gruppen begünstigte. Die Entwicklung von den ersten primitiven Werkzeugen bis zum Computer ließe sich auch so erklären...

Das Schuldgefühl als Motor des Fortschritts und Triebfeder der menschlichen Entwicklung. Damit stellen Sie ja alles auf den Kopf...

Ich mache mir lediglich als Arzt meine Gedanken und betrachte die Dinge aus einer bestimmten Perspektive. Eigentlich sind meine Hauptanliegen die Verhütung und Heilung von Krankheiten und die Verbesserung von Behandlungsmethoden durch die Erforschung der wahren Wurzeln der Krankheiten. Medizinische Erklärungsmodelle gelten notwendigerweise nur für die Medizin und können deshalb nicht auf andere Gebiete übertragen werden. Außerdem muß der Arzt bei seiner Therapie vor allem die jeweilige Persönlichkeit des Patienten respektieren und die Grenzen seiner eigenen Möglichkeiten im Auge behalten.

Was verstehen Sie unter «die Persönlichkeit des Patienten respektieren»?

Daß man Respekt haben sollte vor seinem Glauben, seinen politischen und moralischen Überzeugungen. Deshalb kann das Ziel ärztlicher Bemühungen immer nur darin bestehen, dem Patienten zu helfen und ihn wieder zu befähigen, sein Leben zu bewältigen. Kein Arzt darf den Anspruch erheben, er könne individuelle Probleme oder gar grundsätzliche Lebensfragen lösen.

Der «erste Mensch» in uns

Der menschliche Geist gleicht einem Gebirge
voller erschreckend steiler Felswände
und unerforschter Gipfel.

GERARD MANLEY HOPKINS

*Gegen Ihre wiederholt geäußerte Ansicht, daß nicht abstrakte Gebilde
wie Moral, Geist oder Psyche das Wesentliche am Menschen ausmachen,
sondern menschliches und tierisches Verhalten in hohem Maße genetisch
festgelegt ist und diese Verhaltensprogramme von Generation zu Generation weitervererbt werden, möchte ich doch zwei Einwände vorbrin-
gen: Erstens sind individuelle Verhaltensunterschiede beim Menschen
sehr ausgeprägt, was man bei Tieren derselben Art nicht feststellen konnte, und zweitens unterscheidet sich unser Verhalten stark von tierischem.
Sie selbst haben auf die nur vom Menschen entwickelten Schuldgefühle
und seine Kreativität hingewiesen. Während bei allen Vögeln einer Spezies über Generationen hinweg die Art des Nestbaus und das Flugver-
halten bis ins kleinste Detail übereinstimmen, folgt der Mensch eben nicht
sklavisch einem minuziös festgelegten Verhaltensprogramm, sondern
macht beständig neue Erfindungen und hat seine Hausbautechniken im
Laufe der Jahrtausende doch wohl beträchtlich verändert, ganz zu
schweigen von der Erfindung des Wagens, von Autos und Flugzeugen.
Außerdem kann nur der Mensch sein Denken in die Zukunft richten und
sich selbst in sie projizieren.*

Aber auch das Genmaterial des Menschen hat sich im Laufe der
letzten Jahrtausende nicht wesentlich verändert. Nach wie vor wird
sein Verhalten zu einem Großteil durch seine ererbten Anlagen
bestimmt. Gäbe es diese «Genbremse» nicht, die unsere wesentlichen Eigenschaften schützt und erhält, könnten Umweltverände-

rungen den Menschen im Verlaufe weniger Generationen radikal verändern. Ob das gut oder schlecht für den Menschen ist, kann ich nicht beurteilen. Der Natur scheinen solche Werturteile auch fremd zu sein.

In gewisser Hinsicht gibt es sicherlich große individuelle Unterschiede im menschlichen Verhalten. Vergleicht man jedoch das Verhalten eines Schweden und eines Nigerianers gründlich miteinander, wird man auf mehr Übereinstimmungen und Ähnlichkeiten als Unterschiede stoßen. Auch eineiige Zwillinge, die ihr ganzes Leben lang getrennt gelebt haben, verhalten sich fast gleich, und ihre Charakterzüge stimmen in fast allem überein, wie die Zwillingsforschung gezeigt hat.

Die relative Starrheit unseres Genmaterials hat sicherlich Vor- und Nachteile. Sie verhindert plötzliche und radikale Veränderungen unseres Nervensystems zum Zwecke der Anpassung an unsere Umwelt. Da unsere biologische Ausstattung nicht den Anforderungen entspricht, die heute an uns gestellt werden, hat der moderne Mensch oft große Schwierigkeiten, sich in der Welt der Autos und Maschinen zurechtzufinden. Er rast sozusagen auf der Autobahn, als habe er eine Pferdekutsche zu lenken; er fliegt ins All und bedient sich ungeheuer schnell und komplex funktionierender Computer, ohne dafür entsprechend gerüstet zu sein.

Aber lassen wir Autos und Maschinen beiseite und wenden uns der Liebe zu, jenem für Außenstehende häufig lächerlich und anachronistisch erscheinenden, intensiven Gefühl. Die Natur hat uns mit einem mächtigen Paarungstrieb ausgestattet, dessen Ziel, die Arterhaltung, heute angesichts des Bevölkerungswachstums auf unserem Planeten überflüssig geworden ist. Daß dieses «Programm» nicht mehr richtig funktioniert und den heutigen Notwendigkeiten nicht mehr entspricht, zeigt schon die Statistik: In der westlichen Welt werden immer weniger Kinder geboren, während in den Entwicklungsländern geradezu eine Bevölkerungsexplosion stattfindet.

Seit der Steinzeit haben sich die in unseren Genen codierten Verhaltensmuster nicht wesentlich verändert, obwohl sie den heutigen Bedürfnissen der Menschheit längst nicht mehr gerecht werden. So gesehen stellt die geringe Anpassungsfähigkeit unseres Genmaterials einen Nachteil dar. Von ihren Vorteilen haben wir ja schon gesprochen.

In gewisser Weise hat es den Anschein, als wären wir früher, ich meine vor sehr langer Zeit, freier gewesen als heute, da unser Leben damals im Einklang mit den uns von der Natur gesetzten Grenzen ablief. Von jeher war sich der Mensch seiner physischen Schwäche und Vergänglichkeit bewußt. Besonders schmerzlich empfand er die Diskrepanz zwischen seinem Erfindungsgeist und seiner Kreativität auf der einen Seite und seiner Unzulänglichkeit auf der anderen in Epochen großen geistigen Aufbruchs oder wenn die Natur durch eine Naturkatastrophe ihn daran erinnerte, daß sie weit mächtiger ist als er selbst. Heute sind es vielleicht weniger die Naturgewalten oder geniale Entdeckungen und schöpferische Akte als die Technik und die komplexe und unüberschaubare Organisation unserer Gesellschaft sowie das unüberschaubar riesige Beziehungsnetz, in dem wir leben, die uns das Gefühl unserer Schwäche und Unzulänglichkeit vermitteln.

Und das bedeutet?
Daß die Entwicklung der physiologischen Systeme, die unsere Anpassungsmechanismen steuern, in den letzten Jahrtausenden mit den Veränderungen unserer Umwelt nicht Schritt gehalten hat. Verglichen mit den aus hundert bis hundertfünfzig Menschen bestehenden, primitiven Kleinstgemeinschaften, die von Wurzeln und Früchten oder von der Jagd und vom Fischen lebten, haben sich unsere Gehirnstrukturen nur wenig verändert, obwohl uns heute ganz andere Leistungen abverlangt werden. Das erklärt, warum unsere Anpassungsmechanismen so leicht störbar sind, und liefert auch eine Erklärung für den Streß.

Der anderen großen Krankheit unserer Zeit.
Auf die ich wegen ihrer Verbindung mit den affektiven Störungen später noch zu sprechen kommen werde.

Einverstanden. Ich möchte aber doch noch einmal auf die interindividuellen Verhaltensunterschiede und den Unterschied zwischen Mensch und Tier zurückkommen.

Dank der allmählichen Entwicklung der Hirnrinde ist das menschliche Gehirn anpassungsfähiger als das tierische. Außerdem entwickelt es sich langsamer und bewahrt seine höhere Anpassungsfähigkeit über viele Jahre. Deshalb gelingt es dem Menschen viel besser als dem Tier, Daten in seinem Gedächtnis einzuspeichern, aus Erfahrungen zu lernen und sein Verhalten flexibel an Änderungen seiner Umwelt anzupassen. Diese Fähigkeiten haben uns von den Fesseln der Natur in großem Maße befreit. Die Plastizität unseres Gehirns macht uns aber auch stark beeinflußbar durch Umweltreize. Alle Ereignisse unseres Lebens, unsere Erziehung, die Art unserer Arbeit und unsere Kultur vergrößern unseren Erfahrungsschatz und festigen und formen unseren Charakter und unser Temperament. Andererseits verursachen die verschiedensten Drogen, schwere Traumata und Infektionen unser Gehirn und damit unsere Persönlichkeit mit der Zeit dauerhaft.

Nachdem Sie im Laufe dieses Gesprächs immer wieder auf die große Bedeutung unseres Gehirns und unserer angeborenen Anlagen hingewiesen haben, freut es mich zu hören, daß Sie unserer Lebensgeschichte und unseren Emotionen auch einen gewissen Einfluß zugestehen. Wie stark er ist, kann ich nicht beurteilen. Dennoch dürfte unbestreitbar sein, daß ein bestimmtes Ereignis das Leben eines Menschen sowie sein Denken und Fühlen vollkommen verändern kann. Auch kann kein Zweifel daran bestehen, daß Erziehung, Familie und frühe Kindheit das Verhalten des Menschen und die Entwicklung seiner Persönlichkeit stark beeinflussen. Ich habe allerdings den Eindruck, daß Sie den Einfluß erworbener Aspekte nicht allzu hoch ansetzen.

Ja, da haben Sie recht. Manchmal können umweltbedingte Faktoren allerdings plötzlich eine sehr wichtige Rolle spielen. So wie jene kleinen Splitterparteien, die mit knapp drei Prozent der Sitze im Parlament als Zünglein an der Waage wichtige Abstimmungen blockieren können. Insgesamt verstehen wir bis heute das komplexe

Zusammenspiel der zahlreichen das Individuum prägenden Faktoren nur wenig.

Bleiben wir lieber bei den Kranken und ihrer Umwelt.
Nehmen wir als Beispiel ein Kind, dessen Vater an einer bipolaren Störung leidet. Zunächst besteht eine gewisse Wahrscheinlichkeit, daß es die Disposition zu dieser Krankheit erbt, weshalb immer mit ihrem Ausbruch gerechnet werden muß. Zusätzlich hat es das Pech, daß seine Familie durch die Krankheit eines Elternteils schwer belastet ist. Die Stimmungsschwankungen und Unzuverlässigkeit des Vaters vergiften die familiäre Atmosphäre und nehmen ihm jede emotionale Sicherheit. Im Zustand manischer Erregung schlägt er womöglich Mutter und Kinder oder unterdrückt die ganze Familie mit seinem hyperthymen Temperament und seinem herrischen Wesen. Da Kinder in solchen Strukturen immer die Schwächeren sind, leiden sie stark unter ihnen.

Solche Familien kennt wohl jeder.
Charakteristisch für sie ist ein ständig schwankendes Stimmungsbarometer. Eine Weile herrscht ausgelassene Fröhlichkeit und Zuversicht, dann schlägt die Stimmung schlagartig um in tiefe Niedergeschlagenheit und Pessimismus, Gereiztheit, Aggressivität oder Verzweiflung. Heftige Streitereien sind ebenso an der Tagesordnung wie Scheidungs- oder Trennungsdrohungen, und auch finanziell gibt es nie Sicherheit. Eben noch war der Vater vielleicht beruflich sehr erfolgreich, kurz darauf steht er vor dem Ruin, weil er aus seiner gut dotierten Stellung entlassen wurde oder sein Vermögen verspekuliert hat. Alkoholabusus und Selbstmordversuche sind ebenfalls keine Seltenheit. Wegen der Unberechenbarkeit eines Elternteils oder gar beider ist die familiäre Atmosphäre von Unsicherheit und Angst durchtränkt. Natürlich bleibt eine derartig unsichere und instabile Atmosphäre nicht ohne spätere Folgen für die Kinder. Der Sohn eines sehr erfolgreichen Geschäftsmanns aus meinem Patientenkreis, der in seinem Leben siebenmal abwechselnd große Vermögen angehäuft und in Konkurs gegangen war,

erzählte mir einmal: «Seit mehr als dreißig Jahren leben wir beständig in der Furcht vor einer neuen Katastrophe. Schon morgen müssen wir vielleicht unser Haus aufgeben und haben alles verloren. Ein Alptraum!»

Das klingt ja fast, als wären Sie doch der Meinung, daß umweltbedingte Faktoren bei Kindern aus solchen Familien Depressionen auslösen könnten.

In gewisser Weise schon, denn unser Nervensystem besitzt eine ungeheure Lern- und Merkfähigkeit und tendiert zur Wiederholung gemachter Erfahrungen. Wenn ein traumatisches Erlebnis eine depressive Episode ausgelöst hat, ist der Betroffene danach anfälliger für einen Rückfall als jemand, der mit derselben genetischen Disposition zur Depression geboren wurde, dem aber traumatische Erlebnisse erspart blieben.

Außer schweren Traumata verursachen auch intensive und wiederholte Reize dauerhafte, im Gedächtnis gespeicherte Veränderungen. Neurophysiologen gehen davon aus, daß neue Reize, die sich zum erstenmal einen Weg über bestimmte Nervenbahnen suchen müssen, zukünftigen Reizen die Benutzung der von ihnen geebneten Wege zur Reizübertragung «erleichtern». Analog dazu wäre es auch vorstellbar, daß bestimmte depressogene Erfahrungen eine neue Tür öffnen, die den Ausbruch späterer Depressionen begünstigt.

Es heißt, daß Menschen mit einer schweren Kindheit besonders anfällig für Depressionen sind. Sind Sie persönlich der Meinung, daß zum Beispiel der Verlust der Mutter in der frühen Kindheit einen Menschen depressionsanfälliger macht?

Wir Psychiater lernen solche Menschen ja erst kennen, wenn sie bereits an Depressionen erkrankt sind. Dann beschäftigen wir uns mit ihrer Vergangenheit und versuchen, ihre Lebensgeschichte zu rekonstruieren. Die vielen Menschen, die trotz des Verlusts der Mutter in der frühen Kindheit nie depressiv wurden, lernen wir dagegen nie kennen.

Ich verstehe. Solche Deutungen sind unbeweisbare Vermutungen. Aber wenn die Biologie darüber «entscheidet», wer wir sind und was wir empfinden, könnte doch immerhin auch das Gegenteil denkbar sein, daß nämlich unsere Gefühle einen gewissen Einfluß auf unseren Körper besitzen. Sicherlich lassen sich nicht alle Phänomene psychologisch deuten, aber eine gewisse wechselseitige Beeinflussung von Körper und Seele läßt sich doch wohl nicht ausschließen. Man muß ja nicht von einem Extrem ins andere fallen.

Manche besonders schweren Belastungen, die die psychische Widerstandsfähigkeit des Menschen überfordern, lösen eine posttraumatische Belastungsreaktion (post-traumatic stress-disorder) aus und beeinträchtigen die Funktionsfähigkeit bestimmter Gehirnbereiche, die die Sekretion von Neurohormonen, Neurotransmittern und ihre Interaktion mit den entsprechenden Rezeptoren regulieren und damit unser Verhalten beeinflussen. Bei regelmäßiger Wiederholung können allerdings auch leichte, über einen längeren Zeitraum «unterschwellig» wirkende Reize Veränderungen in bestimmten Gehirnstrukturen auslösen, besonders im Mandelkörper (Corpus amygdaloideum), der unsere Affekte steuert. Die dabei stattfindenden bioelektrischen Entladungen verändern die Aktivität einiger Gehirnzentren dauerhaft und könnten den Ausbruch verschiedener psychischer Störungen begünstigen.

Das Phänomen, daß leichte, aber regelmäßig wirkende Reize sich allmählich einen «unterirdischen» Weg bahnen, der irgendwann in Funktionsstörungen von höheren Gehirntätigkeiten endet, wird in der Wissenschaft als *kindling* bezeichnet, worunter man in der Umgangssprache das Anbrennen trockener Zweige versteht, die irgendwann dickere Äste entzünden, bis schließlich ein großes Feuer brennt.

Beständige leichte Belastungen sind angeblich schädlicher als heftige, einmalige emotionale Erschütterungen. Wenn das stimmt, wäre es auch denkbar, daß eine unglückliche Kindheit langsam und unterschwellig über den Kindlingeffekt die Psyche «auf biologischem Weg» unterminiert, bis irgendwann im Erwachsenenalter ernsthafte psychische Störungen

auftreten. Das entspräche der allgemeinen Erfahrung und ließe sich
durchaus mit den psychologischen Interpretationen vereinbaren. Was
verstehen Sie eigentlich unter «großen Traumen»?

Extreme, dramatische Ereignisse, die die individuelle Fähigkeit
zur Verarbeitung schwerer Schicksalsschläge überfordern: zum
Beispiel Überschwemmungen, Erdbeben, andere Naturkatastrophen, Gefangenschaft im Konzentrationslager, ein persönlich er-
lebter Hotelbrand, ein Flugzeugabsturz, den man überlebt hat, ein
schwerer Autounfall, Kriege.
Doch ich möchte noch einmal auf die posttraumatische Belastungsreaktion zurückkommen. Diese psychische Störung geriet in
den USA nach der Rückkehr der Soldaten aus dem Vietnamkrieg ins
Rampenlicht der öffentlichen Aufmerksamkeit und des medizinischen Interesses, weil viele in verschiedener Form an ihr litten.

Und wie äußert sie sich?

Der mit Meryl Streep in der Hauptrolle verfilmte Roman von
William Styron, *Sophies Entscheidung,* handelt von einer Frau, die
nach grauenvollen Jahren der Gefangenschaft in einem deutschen
Konzentrationslager von Alpträumen und schrecklichen Erinnerungen an diese Zeit geplagt wird. Sie leidet unter folgenden
Symptomen: dem beständigen Gefühl, daß sich die gleichen Ereignisse schon bald wiederholen werden, einer emotionalen «Anästhesie» und ständiger Alarmbereitschaft. Menschen mit einer solchen
Störung klagen vor allem über Gefühlskälte und Gleichgültigkeit.
Sie können sich über nichts freuen und für niemanden tiefere Gefühle entwickeln. Manche dieser bemitleidenswerten Menschen
enden sogar als Sexualverbrecher.

Selbst bei Sexualverbrechen können also solche Störungen im Hinter-
grund stehen. Der beständige und beängstigende Anstieg solcher Verbre-
chen hat ja in Italien dazu geführt, daß seit Jahren dafür gekämpft wird,
sie als Verbrechen gegen die Person und nicht nur, wie bisher, gegen die
Moral zu werten. Leider wurde noch immer kein entsprechendes Gesetz
erlassen, und Vergewaltiger werden nach wie vor entweder freigesprochen

oder erhalten ein bis zwei Jahre Haftstrafe auf Bewährung, als hätten sie ein Glas Marmelade gestohlen.

Habe ich Sie richtig verstanden, daß schwere Traumen, die wir seelisch nicht bewältigen können, auch körperlich unauslöschliche Spuren hinterlassen?

Auf jeden Fall zeichnen sie den Menschen dauerhaft. Bei manchen vernarbt und heilt die Wunde mit der Zeit, wie bei den meisten Überlebenden der Konzentrationslager oder der Entführungen, die in jüngerer Vergangenheit häufig von Terroristen verübt wurden. Andere bleiben jedoch ihr Leben lang schwer gezeichnet. Wie jemand auf solche extremen Belastungen reagiert, hängt von seiner konstitutionell bedingten affektiven Belastbarkeit ab, über die wir ja bereits gesprochen haben. Menschen, die schon früher unter psychischen Störungen gelitten haben, leiden im allgemeinen auch stärker unter einem schweren traumatischen Ereignis. Vielleicht begünstigt ihre latente Disposition auch den Ausbruch einer Störung, die sonst trotz angeborener Veranlagung möglicherweise nie ausgebrochen wäre.

Primatenforscher haben bei verschiedenen Affengruppen die Reaktion auf traumatische Ereignisse wie zum Beispiel die Trennung von der Mutter in der frühen Kindheit studiert und vollkommen unterschiedliche Reaktionen festgestellt. In einigen Gruppen reagierten die Jungen mit einer fast menschenähnlichen Depression, in anderen zeigten sie dagegen überhaupt keine Reaktion.

Und was schließen Sie daraus?

Daß einige Vietnam-Heimkehrer ohne den Vietnamkrieg nie einen Psychiater gebraucht hätten, weil ihre Störung vielleicht für immer latent geblieben wäre, während bei anderen in jedem Fall eine psychische Störung aufgetreten wäre, wenn auch vermutlich in anderer Form.

Die Temperamente: Hyperthym, dysthym, zyklothym

> Diese Form des Irrsinns scheint so klein,
> und doch wiegt sie am Abend schwer wie ein Stein.
> VIVIAN LAMARQUE

«Unsere Stimmung ist das Barometer, das unser seelisches Wohlbefinden oder Unbehagen widerspiegelt.» So die Definition von Professor Hagop Souren Akiskal, dem Leiter einer Spezialklinik für affektive Störungen an der Universität von Tennessee in Memphis.

In den letzten Jahren sind in den USA eine Reihe solcher Spezialkliniken entstanden, die sogenannten *mood-clinics*. Die Erforschung und Behandlung affektiver Störungen erfordert ebenso wie die anderer psychischer Krankheiten eine besondere fachliche Kompetenz, die mittlerweile im Rahmen der Ausbildung zum Facharzt für Psychiatrie erworben werden kann. Auch in Italien ist die Gründung solcher Spezialkliniken geplant.

Ich habe gelesen, daß unser «Stimmungsbarometer» zwischen vier Hauptaffekten schwankt: Freude, Traurigkeit, Angst und Zorn. Umgangssprachlich würde man wohl eher von «Gefühlen» reden. In der Fachsprache werden Angstgefühle und depressive Gefühle aber als «affektive Störungen» bezeichnet.

Es hat den Anschein, als ob nicht nur die Körpersäfte unser Temperament prägen, wie bereits Hippokrates feststellte, sondern auch jeweils einer der vier Hauptaffekte. Würden Sie dem zustimmen?

Ja. Im Rahmen der Erforschung der affektiven Störungen beschäftigt sich die Psychiatrie auch mit den unterschiedlichen Temperamenten. Wir haben ja bereits festgestellt, daß sich das Temperament von den erworbenen Aspekten unserer Persönlichkeit, also unserem Charakter, unterscheidet. In ihm finden komplexe neurobiologische und neurochemische Prozesse ihren direkten Ausdruck, und es spiegelt getreu wider, ob zwischen den höchsten Funktionen unseres Nervensystems ein harmonisches Gleichgewicht herrscht. Schon leichte temperamentsbedingte Störungen prägen unsere Persönlichkeit durch ein *Zuviel* oder *Zuwenig*. Im allgemeinen gehen wir davon aus, daß es unabänderlich ist, ob jemand pessimistisch, optimistisch, phlegmatisch, faul oder launisch und in seinen Stimmungen unberechenbar ist.

Sprechen Sie jetzt von pathologischen Phänomenen oder normalen Charaktereigenschaften? Wir sind doch alle verschieden. Der eine besonders lebhaft, ein anderer phlegmatisch oder schwermütig.

Meine Überzeugungen in diesem Punkt decken sich vollkommen mit den Ergebnissen der Studien von H. S. Akiskal, dem das Verdienst zukommt, das Interesse für pathologische Temperamentsstörungen neu geweckt zu haben. Sie sind verdeckte oder nur sehr schwach ausgeprägte, chronische Krankheitsbilder, die als Dauerzustand unser ganzes Leben prägen und häufig lebenslanges Leid verursachen. Ein Mensch, der große Schwierigkeiten hat, sich an eine veränderte Situation anzupassen, wird ständig Probleme in seinen Beziehungen zu anderen Menschen, in der Ehe, am Arbeitsplatz und nicht zuletzt auch im finanziellen Bereich haben. Jeder kennt wohl solche Menschen mit einem «abnormen» oder zumindest im Grenzbereich zum Pathologischen liegenden Temperament. Inwieweit solche Dauerzustände noch als normal bezeichnet werden können oder bereits pathologisch sind, ist oft schwer zu beurteilen.

Da wir gerade von Temperament und Persönlichkeit sprechen, möchte ich an dieser Stelle auf eine vor kurzem von Robert Cloninger von der Washington University in St. Louis aufgestellte Hypothese hinweisen. Er kam im Laufe seiner wissenschaftlichen Arbeit zu der Überzeugung, daß der angeborene Teil unserer Persönlichkeit durch die Aktion und Interaktion verschiedener neurochemischer Überträgersubstanzen oder Botenstoffe bestimmt wird.

Sind «neurochemische Überträgersubstanzen» dasselbe wie «Neurotransmitter» oder «chemische Botenstoffe» und, wenn ja, wie wirken sie in unserem Gehirn?

Der Begriff «Botenstoff» ist umfassender als Neurotransmitter, denn er bezieht sich auf jede Substanz, die Informationen in eine Zelle und aus ihr heraus überträgt. Neurotransmitter oder chemische Botenstoffe sind dagegen von der Nervenzelle als Reaktion auf einen elektrischen Impuls freigesetzte Moleküle. Sie übertragen das Signal auf die nächste Nervenzelle.

Kehren wir zu der Verbindung zwischen Neurotransmittern und Temperament zurück. Sie sprachen gerade von Cloninger …

Robert Cloninger hat ein wissenschaftlich bedeutsames und sehr interessantes Modell entwickelt. Er unterschied zwischen drei Persönlichkeitstypen, die vermutlich mit drei Neurotransmittern zusammenhängen: Serotonin, Dopamin und Noradrenalin. Welchem Persönlichkeitstyp ein Mensch zugeordnet werden muß, hängt davon ab, welche dieser drei Substanzen in seinem Körper überwiegt.

Wenn das serotonerge System beherrschend ist, steht die *harm avoidance*, also die Vermeidung von Negativem, im Vordergrund. Es begünstigt auf Risikovermeidung angelegte Verhaltensweisen. Alles, was möglicherweise eine Gefahr darstellen könnte, wird rasch wahrgenommen und als Information zum eigenen Schutz genutzt. Bei Tieren schärft Serotonin den Nestschutzinstinkt beziehungsweise bei den Jungen jene Selbstschutzinstinkte, die sie vor Gefahren wie Feuer, Raubtieren und Entfernung vom Nest oder Bau warnen, vor denen die Mutter sie nicht schützen könnte.

Sie haben bereits an anderer Stelle darauf hingewiesen, daß ein unselbständiges Junges, das sich aus der Sicherheit des Nests oder von der Mutter entfernt, unverzüglich von einer Panikattacke ergriffen wird, die es wie eine Alarmglocke vor der drohenden Gefahr warnt und rettet. Auf diese Weise schützt die Natur die noch unselbständigen Jungen und sorgt für die Arterhaltung. Kann man sagen, daß Serotonin in unserem Organismus als Alarmglocke funktioniert?

Bislang können solche Hypothesen weder bewiesen noch widerlegt werden. Man könnte sie mit den «Sechs Personen auf der Suche nach einem Autor» (Theaterstück von Pirandello, A.d.Ü.) vergleichen. Wahrscheinlich wären wir aber bei Gefahren viel unvorsichtiger, wenn diese Funktion einmal ausfallen sollte.

Abenteurer wie Indiana Jones oder die großen Seefahrer früherer Zeiten dürften demnach nicht unter dem Einfluß von Serotonin gestanden haben.
Oder bei ihnen war das sozusagen mit dem entgegengesetzten Vorzeichen versehene dopaminerge System dominant. Ich muß allerdings noch einmal darauf hinweisen, daß solche theoretischen Modelle den wahren Sachverhalt zu sehr vereinfachen und nur eine Orientierungshilfe darstellen. Man stellt sich vor, daß Menschen, bei denen das serotonerge System schwächer ausgebildet ist, die für den Einfluß von Serotonin typische vorsichtige und umsichtige Haltung verlieren und besonders mutig oder leichtlebig werden, während Phobien, ängstliche Überbewertung von Gefahren, Schüchternheit und mangelndes Selbstbewußtsein typisch für Menschen mit einer starken Serotoninpräsenz sind.

Ein unter dem Zeichen von Serotonin lebender Mensch wäre demnach ein Angsthase, während Dopamin uns zu einem mutigen Abenteurertyp macht.
Ja, Dopamin steht für das andere Extrem, das man als *novelty seeking* (Suche nach Neuem) bezeichnet. Es wird mit dem Drang zur Erforschung der Umwelt, zum Verlassen des Nests, zur Suche nach Unbekanntem und Neuem verbunden, seien es neue Reize oder neue und intensivere Gefühle. Menschen, bei denen dieses System überwiegt, unterschätzen häufig Gefahren und suchen bewußt ständig Streß. Dieses Temperament ist typisch für Hyperthyme wie die wagemutigen Abenteurer und selbstsicheren Führernaturen vom Schlage der berühmten Seefahrer.
Es scheint beim männlichen Geschlecht besonders häufig vertreten zu sein, vielleicht mit Ausnahme der Löwen, bei denen die

Löwin jagt und die Jungen ernährt, während der träge Löwe eher den Eindruck erweckt, als sei er bereits mit der Beaufsichtigung seines Harems überfordert.

Und welcher Typ überwiegt beim weiblichen Geschlecht?
Es scheint heute immer mehr «Löwinnen» zu geben. In vieler Hinsicht scheint aber das weibliche Verhalten von einer Prävalenz des serotonergen Systems geprägt und auf *harm avoidance* angelegt. Eine leichtlebige Frau, die es an der nötigen Sorge um ihre Kinder und den Haushalt fehlen ließe, wäre keine gute Mutter. Die Tatsache, daß viel mehr Frauen ein depressives Temperament haben als Männer, während hyperthyme, manisch betriebsame Menschen meist Männer sind, läßt ebenfalls auf eine unterschiedliche Verteilung von Serotonin und Dopamin bei beiden Geschlechtern schließen. Auch bei Zyklothymen, deren Stimmung beständig zwischen Euphorie und Niedergeschlagenheit schwankt, ist das dopaminerge System beherrschend oder, besser gesagt, instabil ausgeprägt. Ihre Stimmung wechselt beständig; jeden Plan, den sie in Angriff nehmen, geben sie meist schon bald wieder zugunsten eines neuen auf.

Als letztes wäre noch das Noradrenalin zu erklären. Welchen Einfluß hat es auf uns?
Tatsächlich gibt es noch viele andere Systeme, die bisher weniger bekannt sind oder die es noch zu entdecken gilt. Mit dem noradrenergen System wird eine dritte Funktion verbunden, die man als *reward dependence* (Abhängigkeit von Belohnungen) bezeichnet. Es fördert unseren Ehrgeiz und unser Streben nach Anerkennung und ist das Erfolgsgeheimnis vieler Menschen, denn auf viele wirkt das Bedürfnis, geschätzt, anerkannt und bestätigt zu werden, wie eine Droge, die sie in kurzer Abfolge immer wieder brauchen, weil ihre befriedigende Wirkung nicht lange anhält. Deshalb arbeiten sie rastlos und streben unermüdlich nach Erfolg und Anerkennung. Beständig leben sie in der Furcht, man könne sie weniger lieben oder schätzen.

Unsere Gesellschaft, die so großen Wert auf das Image legt, scheint bei nicht wenigen Menschen das noradrenerge System kräftig anzuregen. Um sich zu überzeugen, wie verbreitet dieser Typ heutzutage ist, braucht man ja nur den Fernseher einzuschalten. Aber kehren wir lieber zu unserer konkreten, biologischen Ausstattung zurück.

Es gibt aber noch einen ganz anderen Typ, der allerdings leicht unbemerkt bleibt, weil er so wenig *reward dependent* ist, daß es ihm trotz beträchtlicher intellektueller Gaben an jeglichem Ehrgeiz fehlt. «Mir geht es gut, so wie ich bin. Warum sollte ich mich unnötig abmühen? Um was zu erreichen?» Er zieht eine geruhsame Arbeit dem harten Konkurrenzkampf vor. Obwohl das manchem als Vergeudung von Fähigkeiten erscheinen mag, ist er selbst mit sich und seinem Leben zufrieden und vermutlich seelisch ausgeglichener als manch anderer.

Diese kurz skizzierte Temperamentstypologie ist zweifellos faszinierend. Überhaupt scheinen alle Elemente Ihres Gedankengebäudes gut zueinander zu passen, fast wäre ich versucht zu sagen, zu gut. Die jüngste Vergangenheit hat uns gegenüber «perfekten» Systemen mißtrauisch gemacht. Außerdem stellt sich angesichts der schon allzu häufig mythisierten «Rückkehr zur Natur» denn doch die Frage: Wenn die Natur auch das Leben des Menschen so stark bestimmt wie das der Tiere, was unterscheidet uns dann noch von ihnen? Wo bleibt unsere Freiheit? Nicht nur im Sinne ethisch-philosophischer Freiheit, sondern auch als tagtägliche Freiheit, über unser Leben zu bestimmen. Wenn unsere individuellen Eigenarten nur das Ergebnis vielfältiger Interaktionen zwischen verschiedenen in unserem Gehirn interagierenden Substanzen sind, scheint kein Spielraum für unsere Entscheidungsfreiheit zu bleiben. Um es kurz zu sagen: Sind wir nun Menschen oder Automaten?

Zunächst ließe sich darauf antworten, daß nur der Mensch die Fähigkeit besitzt, sich selbst als denkendes Wesen wahrzunehmen und seine emotionalen und kognitiven Erfahrungen in einen geschichtlichen Zusammenhang einzuordnen. Außerdem bildet er sich ein Urteil über die Ideen, die sein Handeln leiten. Er hat also ein Realitätsbewußtsein; er kann seine Gedanken distanziert be-

trachten und an der Realität messen. Diese Urteils- und Kritik-
fähigkeit, die nur der Mensch besitzt, befähigt ihn zu moralischem
Handeln und zur Anerkennung von Werten, die mit den Regeln der
Gemeinschaft, in der er lebt, im Einklang stehen.

*Aber das alles ist sehr relativ. Sie selbst haben ja mehrfach darauf
hingewiesen, daß das Verhältnis jedes Individuums zur Realität von dem
jeweiligen Zustand seines Gehirns und dessen Veränderungen abhängt.*
Es gibt eben, wie bereits gesagt, keine für alle gleiche Freiheit.
Auch eine Krankheit, also eine Beeinträchtigung unserer physischen Funktionsfähigkeit, kann unsere Fähigkeit verändern, uns ein
kritisches Urteil über eigene Gedanken und die anderer zu bilden.
Dasselbe gilt für psychische Störungen, die unsere Freiheit je nach
ihrem Schweregrad unterschiedlich stark einschränken.

*Ich will Sie wirklich nicht kritisieren. Sicher ist es weder Ihre Schuld
noch die anderer auf diesem Gebiet forschender Wissenschaftler, daß sich
unser Menschenbild durch die neuesten Entdeckungen stark verändert
hat. Wenn bisher als gesichert geltende Überzeugungen als überholt erscheinen, so muß man auf der Grundlage dieser neuen Erkenntnisse die
Sicht vom Menschen neu formulieren, auch wenn mancher sich nur
ungern an diesen Gedanken gewöhnen mag. Galileos «Und sie bewegt
sich doch» hat schließlich auch den Sieg davongetragen, ohne daß deshalb Gott oder der Mensch auf der Strecke geblieben wäre.*
Sicherlich hat die Tatsache, daß der Mensch nach Galileos und
Kopernikus' Entdeckungen nicht mehr im Mittelpunkt des Universums steht, ihn um nichts kleiner gemacht, sondern nur die Perspektive verändert. Die zur Zeit mit modernsten biochemischen
und anderen Methoden stark vorangetriebene Erforschung unseres
Gehirns ermöglicht eine immer feinere Grenzziehung zwischen
Körper und Psyche, wobei sich manchmal die Grenze zwischen
beiden sogar vollkommen aufzulösen scheint. Auch zwischen seelischer Krankheit und Gesundheit scheinen die Grenzen durch die
neuesten Erkenntnisse immer fließender zu werden.

So wie es zwischen pathologischen und normalen Temperamenten eben-falls nur gleitende Übergänge zu geben scheint?

Ein pathologisches Temperament ist die chronische, schwach ausgeprägte, subklinische Form einer affektiven Störung, die im allgemeinen nicht erkannt wird und mit der der Arzt erst konfrontiert wird, wenn eine «typische affektive Störung» *(major affective disorder)* in Form einer depressiven oder manischen Episode auftritt.

Für einen Laien scheinen Temperamentsunterschiede lediglich völlig normale, unterschiedliche Einstellungen zum Leben zu sein. Hyperthyme können sich zum Beispiel über Jahrzehnte außerordentlich produktiv und stark fühlen und leisten meist auch tatsächlich Außergewöhnliches, wofür ihnen der Beifall ihrer Mitwelt sicher ist. In ihrer Genialität, großen Sensibilität und körperlichen Stärke erinnern sie oft an die griechischen Halbgötter, die mit ihren außergewöhnlichen Tugenden und ihrer ungewöhnlichen physischen Stärke und Intelligenz gewöhnlichen Menschen auf allen Gebieten überlegen waren. Schon Aristoteles sah einen Zusammenhang zwischen den verschiedenen Gesichtern der «Melancholie» und Heroen wie Herakles, Ajax und Bellerophontes. Die Bezeichnung Halbgötter läßt sich auch auf Menschen mit einem überdurchschnittlich hyperthymen Temperament anwenden, da beiden das Gefühl der Allmacht, Überlegenheit und Unverletzlichkeit gemeinsam ist und beide gegen physische Schmerzen immun zu sein scheinen; manchmal halten sie sich geradezu für unsterblich, wie ihr Verhalten immer wieder beweist.

Wenn Sie Hyperthymiker mit Halbgöttern vergleichen, wer sind dann für Sie die Götter?

Vielleicht die großen, vollkommen außerhalb der Realität stehenden Psychotiker. Sehr intelligenten und gebildeten Hyperthymen – Managern, Geschäftsleuten, Politikern und Künstlern – gelingt es häufig, die erkämpfte gesellschaftliche Anerkennung über lange Zeiträume zu behaupten. Wegen ihrer Begeisterungsfähigkeit und ihres nie ermüdenden Tatendrangs werden sie von allen geschätzt

und geben sich anderen gegenüber im allgemeinen freundlich und
aufgeschlossen. Dadurch darf man sich aber nicht täuschen lassen.
Im Grunde genommen verfolgen sie in erster Linie ihre eigenen
Ziele, und ihr Weg zum Erfolg ist gepflastert mit den Opfern, die
andere für sie bringen.

Dank ihrer ungeheuren Vitalität und Energie sind sie in jeder
Familie der natürliche Mittelpunkt, in jedem Betrieb der unersetz-
liche Chef und in jeder Gruppe der Dreh- und Angelpunkt des
Geschehens. Erst vor kurzem lernte ich eine solche Hyperthymi-
kerin kennen, die einen an Depression erkrankten Familienangehörigen zu mir begleitete. Sie war eine sehr energische Dame und
hatte offensichtlich ihr ganzes Leben in den Dienst an anderen
gestellt. Solche Menschen sind mit ihrer Großzügigkeit und Hilfs-
bereitschaft ein wahrer Segen für jede Gemeinschaft. «Ich bin
immer fröhlich, immer für alle da. Bei mir findet jeder Trost»,
erzählte sie mir. Selbstverständlich konnte sie sich gar nicht vorstellen, selbst je depressiv zu werden.

Hyperthym ist auch der arbeitsbesessene Manager, der von seiner Umgebung genausoviel verlangt wie von sich selbst und bei dem
dann mit vielleicht Fünfzig in einer beliebigen Streßsituation eine
depressive Episode ausbricht, die ihn für spätere Rückfälle besonders anfällig macht, denn wenn eine Tür erst einmal aufgestoßen
wurde, läßt sie sich nur schwer wieder schließen.

*Superman gerät scheinbar häufig bei den ersten Anzeichen des Alterns in
eine Midlife-crisis.*

Bei sehr erfolgreichen und kreativen Männern tritt in der Tat die
erste depressive Episode sehr häufig zwischen Fünfzig und Sechzig
auf. Wird diese späte Erstdepression nicht behandelt, verläuft sie
meist chronisch, das heißt, sie dauert länger als zwei Jahre.

Da Hyperthyme sich meist nur ungern eingestehen, daß sie
krank sind, kommen Selbstmordversuche bei ihnen besonders häufig vor, was solche späten Erstdepressionen besonders gefährlich
macht. Verständlicherweise fällt es einem erfolgreichen Menschen,
der sein Leben lang pausenlos hart gearbeitet hat, besonders

schwer, eine plötzliche Erschöpfung zu akzeptieren und sich von anderen helfen zu lassen.

Außerdem meinen viele Menschen irrtümlicherweise, übermäßiger Kaffeegenuß, Zigaretten oder Stimmungsaufheller könnten ihnen bei Erschöpfungszuständen helfen.

Sind Hyperthyme nun stets freundliche, gut gelaunte Menschen oder skrupellose Karrieristen? Das habe ich noch nicht ganz verstanden.

Manche Hyperthyme stehen jeden Morgen gut gelaunt und energiegeladen auf und suchen beständig neue Anregungen und Emotionen. Sie suchen geradezu die Konkurrenz mit anderen sowie Prüfungs- und Streßsituationen. Sie haben ein gutes Gedächtnis, großes Sprachtalent und eine rasche Reaktionsfähigkeit sowie ein gesundes Selbstbewußtsein. Selbst wenn sie durchschnittlich weniger als vier Stunden schlafen und tagaus, tagein rastlos arbeiten, fühlen sie sich nie müde oder erschöpft. Dank ihrer ungeheuren Energie bemerken sie lange Zeit gar nicht, daß sie Raubbau an ihrer körperlichen Konstitution betreiben. Von ihren Mitmenschen verlangen sie genausoviel wie von sich selbst. Da kaum jemand mit ihnen Schritt halten kann, umgeben sie sich ständig mit neuen Menschen.

Der unermüdliche Schaffensdrang dieser stark hyperthymen Menschen hat aber bereits einen zwanghaften Charakter. Solche Workaholics zwingen ihren Mitarbeitern oder Familienangehörigen tyrannisch ihren eigenen Arbeits- und Lebensrhythmus auf, und wehe, wenn die anderen rebellieren. Nicht von ungefähr werden sie meist von ihrer Umgebung sehr gefürchtet.

Leider setzen solche «besessenen» Hyperthymen ihr Übermaß an Energie auch nicht immer für gute Zwecke ein, wodurch sie ihrer Gemeinschaft beträchtlich schaden können.

Gibt es auch erträglichere Hyperthyme?

Ja, zum Beispiel Hyperthyme, die gleichzeitig an einer leichten Zwangsstörung leiden und ihr Leben deshalb so gestalten, daß es in streng geregelten Bahnen verläuft und die nach Möglichkeit jede

Streßsituation vermeiden. Da ihnen Ordnung und Sicherheit so wichtig sind, sind sie in all ihren Aktivitäten sehr beständig.

Obwohl es ihnen nicht an Schwung und Energie fehlt, gehen sie früh zu Bett, ernähren sich extrem gesund, halten stets feste Arbeitszeiten ein und gestatten sich nur Hobbys, die sich mit ihrer strengen Lebenseinteilung und ihren sonstigen Verpflichtungen vertragen. Tendenziell sind solche Hyperthymen affektiv beständig leicht übererregt.

Wollen Sie damit sagen, daß sie besonders lebensbejahend und meist gut gelaunt sind?
Ja, allerdings ist hier Vorsicht geboten. Die Hochstimmung kann leicht in Dysphorie und Überreiztheit umschlagen, sobald Schwierigkeiten auftreten. Trotz überdurchschnittlicher Kreativität läßt die Fähigkeit zu distanzierter Selbstbetrachtung und Selbstkritik im Stadium starker Euphorie nach, so daß alles leicht realisierbar erscheint, was nicht immer gut geht.

Nehmen wir zum Beispiel Sie selbst: Jetzt geht es Ihnen gut. Sie haben beschlossen, dieses Buch herauszubringen. Sie haben gute Einfälle, das Projekt begeistert Sie, und mit allen Schwierigkeiten werden Sie mühelos fertig. Auch mich stecken Sie mit Ihrem Optimismus an. Hoffen wir, daß er unseren kritischen Blick nicht trübt, denn eine allzu euphorische Stimmung macht uns leicht oberflächlich und anfällig für Irrtümer und Fehleinschätzungen.

Sagen Sie das nicht. Sonst werde ich wieder depressiv, und wir bringen dieses Buch nie zu Ende.
Sie wissen selbst am besten, daß man aus dem Tunnel der Depression auch wieder herauskommt. Sobald die Euphorie nachläßt, nimmt auch die Kritik- und Urteilsfähigkeit wieder zu. Dann sieht man nicht nur die Risiken einer begonnenen Arbeit, sondern auch ihre Mängel plötzlich überdeutlich, was einen wiederum anspornt, die bisher vernachlässigten Aspekte zu verbessern.

Sinkt die Stimmung dann allerdings noch weiter ab, erscheint alles nur noch schwierig, wenn nicht gar unmöglich, weil dann jede schöpferische Inspiration fehlt.

Menschen, deren Stimmung regelmäßig solchen mehr oder minder leichten Schwankungen unterworfen ist, haben sozusagen die Chance, doppelte Erfahrungen im Leben zu sammeln und ein größeres Gefühlsspektrum kennenzulernen als andere Menschen, vorausgesetzt, sie verstehen es, diese verschiedenen funktionellen Zustände ihres Gehirns positiv zu nützen. Natürlich müssen diese für Hyperthyme charakteristischen Eigenschaften mit anderen gepaart sein, um sich nicht in einem oberflächlichen und sterilen Aktivismus zu erschöpfen.

Expansiver Tatendrang und depressive Niedergeschlagenheit sind zwei seelische Zustände, die sehr nahe beieinanderliegen. Manchmal schlägt die Stimmung an ein und demselben Tag von einem Extrem ins andere um; man kann sogar gleichzeitig dynamisch und niedergeschlagen sein.

Wenn das Normalzustände sind, wann kann man dann von pathologischen Zuständen sprechen?

Ein zyklothymer Patient fragte mich einmal: «Wann bin ich normaler? Wenn ich mich in Hochstimmung fühle oder wenn ich ernsthaft und gesetzt bin? Ich verstehe mich selbst nicht; sagen Sie es mir.» Die Wahrheit ist, daß sich diese Frage nicht beantworten läßt. Jede Grenzziehung hat etwas Willkürliches. Eine pathologische Störung liegt aber auf jeden Fall vor, wenn die Stimmungslage unabhängig von positiven oder negativen äußeren Bedingungen immer gleichbleibend entweder ein bißchen zu euphorisch oder ein bißchen zu deprimiert ist, der Mensch also nicht mehr in der Lage ist, variabel auf die Veränderung äußerer Umstände zu reagieren. Hyperthyme, deren Stimmung konstant auf ein leichtes Hoch eingestellt ist, tun sich schwer, die Probleme anderer Menschen zu verstehen und auf sie einzugehen. Werden sie mit ihnen konfrontiert, reagieren sie meist mit leeren Trostfloskeln wie: «Nimm's nicht so schwer! Kopf hoch, du wirst schon sehen, alles wird wieder gut werden.»

Da sie selbst stets optimistisch und entschlußfreudig sind, mangelt es ihnen auch oft an Takt und Feingefühl gegenüber Menschen, die sich schwerer im Leben tun. Dem oberflächlichen Betrachter mag ihre beständige leichte Fröhlichkeit beneidenswert erscheinen. Bei näherer Beobachtung zeigt sich aber, daß sie tatsächlich ziemlich unfrei sind, denn ihre Störung hat ihr emotionales Reaktionsspektrum erheblich reduziert. Typisch ist diese affektiv leicht gestörte Verfassung für Menschen, die an einer affektiven Störung mit saisonal abhängiger Verlaufsform leiden und im Frühling und Sommer über Monate hinweg ohne besonderen Grund geradezu vor Lebensfreude und Optimismus bersten und ein Liebesabenteuer nach dem anderen suchen.

Ein hyperthymer Patient gestand mir einmal: «Ich habe immer den Eindruck, als wären alle Menschen um mich herum mir wohlgesinnt und jederzeit bereit, mir zu helfen.» Als ob die Umgebung sich vor dem Hyperthymen verneigen würde und ihm ihre Hilfe und Unterstützung in allem anböte! Wie anders hört sich dagegen die folgende Klage eines dysthymen Patienten an: «Die ganze Welt scheint mir feindlich gesinnt. Alles bereitet mir Probleme, selbst das Rasieren am Morgen. Ich fühle mich immer wie ein Wurm.»

Aber über dem fröhlichen, lebenslustigen Hyperthymen sollten wir nicht einen anderen, ebenfalls hyperthymen Typus vergessen: den ständig übererregten und unberechenbaren Streithammel und Querulanten, dessen Grundstimmung mitnichten fröhlich ist, sondern der nie mit seiner Umgebung in Frieden leben kann, weil er sich selbst zu wichtig nimmt.

Tritt bei Menschen mit hyperthymem Temperament mit Sicherheit früher oder später eine Depression auf?
Nicht unbedingt. Ebenso wie bei Menschen mit ständig grenzwertig erhöhtem Blutzuckerspiegel der Diabetes ein Leben lang latent bleiben kann.

Sagen wir also: er ist depressionsgefährdet.
Ja, ebenso ist bei ihm das Risiko des Auftretens anderer Krank-

heiten wie zum Beispiel Angststörungen und Störungen im Eßverhalten höher. Wenn Ihr Auto einen «frisierten» Motor hat, beschleunigt es schneller und kann höhere Geschwindigkeiten erreichen, womit Sie wahrscheinlich sehr zufrieden sind. Aber dann fährt es auch bei geringer Geschwindigkeit «überdreht», verbraucht mehr Benzin und verschleißt sich schneller. Bei einem «frisierten» Auto ist das Risiko eines Motorschadens entsprechend höher. Dasselbe gilt für «überdrehte» Menschen, in deren Familie im übrigen häufig affektive Störungen von klinischer Relevanz vorkommen. Wenn einer dieser arbeitsbesessenen, energiegeladenen Geschäftsleute, die mit drei bis vier Stunden Schlaf auskommen, mir erzählt, seine Mutter oder sein Vater seien depressiv, wundert mich das nie.

Wer weiß, wie viele Menschen, die mit einem solchen «Energiebündel» leben müssen, depressiv werden. Aber mit welchem Typus wollen wir fortfahren?

Mit dem Gegenteil des Hyperthymen, dem Dysthymen, für den ein depressives Temperament charakteristisch ist. Im Grunde genommen stellt die Dysthymie eine schwache, chronische Form der Depression dar. Aber auch hier ist die Abgrenzung zwischen temperamentsbedingten depressiven Symptomen und regelrechter Dysthymie sehr schwierig.

Um die Begriffe Hyperthymie, Dysthymie und Zyklothymie verständlicher zu machen, sollten wir vielleicht den Begriff «Thymie» übersetzen.

Er kommt vom griechischen *thymos*, ein Wort, das Seele, Mut, Geist, Herz bezeichnet und sich im weitesten Sinne auf die Stimmung oder Gemütslage bezieht. Der Hyperthyme hat zuviel Lebensenergie, der Dysthyme zuwenig *(dys)*; beim Zyklothymen schwankt die Stimmung dagegen zwischen Stimmungshoch, Zwischenphasen der seelischen Ausgeglichenheit und Niedergeschlagenheit.

Kurt Schneider bezeichnete bereits Mitte der fünfziger Jahre Menschen mit depressivem oder dysthymem Temperament als «Aristokraten des Leidens». Es äußert sich bereits in sehr jungen

Jahren, in der Adoleszenz und manchmal sogar schon in der Kindheit. Dysthyme Jugendliche sind jene traurigen und meist etwas
arrogant wirkenden jungen Menschen, die mit der fröhlichen Ausgelassenheit ihrer Altersgenossen nichts anzufangen wissen und nur
sich selbst für sensibel und tiefer Gefühle für fähig halten. Keiner
außer ihnen liest und versteht Kant. Alle anderen interessieren sich
nur für Fußball oder Mädchen.

Da sich das depressive Temperament schon so früh zeigt, ist alle
Welt meist überzeugt, daß der Betreffende so geboren ist und an
seiner Veranlagung nichts zu ändern ist.

Wie sind denn Dysthyme?
Unsicher, schüchtern, gewöhnlich wehleidig, von geringem
Selbstbewußtsein. Sie neigen zum Grübeln, sehen immer ihre
Grenzen und leiden unter ihnen; es fällt ihnen schwer, sich für
etwas zu begeistern und Vergnügen an etwas zu empfinden. Viele
Dysthyme sind Sklaven ihres stark ausgeprägten Pflichtgefühls und
nehmen ihre Arbeit sehr ernst. Wegen ihres hohen Anspruchs an
sich und der daraus resultierenden ständigen Diskrepanz zwischen
Anspruch und Wirklichkeit leiden sie beständig unter Schuldgefühlen. Um ihre Arbeit möglichst gut zu erledigen, arbeiten sie meist
auch in ihrer Freizeit sehr viel, was dann natürlich zu Schwierigkeiten in der Familie oder in der Beziehung führt.

Auch Hyperthyme sind, wie wir gesehen haben, oft arbeits-
besessen, aber sie haben im Arbeitsleben höchst unterschiedliche
Rollen: Der Hyperthyme ist, wie H. S. Akiskal festgestellt hat,
meist in führender Position tätig, während der Dysthyme eher ein
Befehlsempfänger ist und in untergeordneter Position arbeitet.
Dysthyme sind gewöhnlich die wertvollsten Mitarbeiter, denn sie
arbeiten konzentriert und gewissenhaft, sind pflichtbewußt und gehorsam. Nie würden sie sich erlauben, während der Arbeitszeit die
Zeitung zu lesen oder eine Kaffeepause einzulegen. Bei Frauen
äußert sich die Dysthymie meist in besonderer Tüchtigkeit. Dys-
thym sind jene vollkommen überlasteten Frauen, die immer freud-
los und erschöpft wirken, da sie es für ihre Pflicht halten, nicht nur

eine gute Hausfrau, Mutter und Ehefrau zu sein, sondern auch ihren Beruf und ihre gesellschaftlichen Pflichten darüber nicht zu vernachlässigen. Da ihr ganzes Handeln unter der strengen Maxime der Pflichterfüllung steht, sind sie besonders anfällig für die klinische Depression.

Sind Dysthyme Menschen, die immer leiden?
Zweifellos. Viele sind überzeugt, sie seien so geboren und an ihrem vermeintlichen Naturell ließe sich nichts ändern. Erst wenn sie sich wegen einer schweren Depression irgendwann doch zu einer medikamentösen Behandlung durchgerungen haben, entdecken sie manchmal, daß das Leben auch bunt und fröhlich sein kann. Es kann für einen Dysthymen eine wahre Erlösung sein, zum ersten Mal zu erkennen, daß das Leben nicht nur grau ist. Nach einer erfolgreichen Behandlung fühlt er sich möglicherweise wie neu geboren. Ein immer trauriger, verschlossener und grüblerischer Mensch kann sich durch die richtige Behandlung zum großen Erstaunen seiner Familie in einen viel offeneren, aktiveren und heiteren Menschen verwandeln.

Bleiben noch die Zyklothymen.
Sie schwanken beständig zwischen Depression und Euphorie – obwohl ihre Stimmungsschwankungen nicht so ausgeprägt sind wie bei der bipolaren Störung –, zwischen Hyperaktivität und Apathie, Kreativität und stumpfsinnigem Grübeln, hohem, bis zur Arroganz gesteigertem Selbstbewußtsein und Schuldgefühlen. Besonders charakteristisch für sie ist ihre labile affektive Verfassung. Sexuell sind sie meist sehr promiskuitiv und in der Liebe rasch zur Trennung oder Scheidung entschlossen. Sie können nie lange an einem Ort bleiben und wechseln deshalb häufig die Wohnung, den Arbeitsplatz oder gar das Land. Durch ihre dauernden Stimmungsschwankungen steht ihr ganzes Leben im Zeichen des Wechsels.
Viele Zyklothyme brauchen intensive Emotionen. Deshalb reizen sie Glücksspiele, Abenteuer, leidenschaftliche und unmögliche

Liebesaffären, Drogen und Alkohol. Nicht wenige sind Alkoholiker oder drogenabhängig.

Womit ließe sich dieses Thema abschließen?

Zum Abschluß dieses Kapitels möchte ich noch einmal betonen, daß die manisch-depressive Psychose – oder bipolare Störung, wie sie heute heißt – in einer Vielzahl von Formen auftreten kann, die sich manchmal nur in Nuancen voneinander unterscheiden, weshalb viele Kranke, die nur die klassische Beschreibung dieser Krankheit kennen, irrtümlich annehmen, sie seien gesund.

Außerdem muß darauf hingewiesen werden, daß sich die verschiedenen Temperamentsprofile einer strengen Definition von normal und pathologisch entziehen, da beide Bereiche fließend ineinander übergehen und die Grenzen zwischen ihnen sich beständig verändern.

Suizidrisiko

Der Selbstmörder ist der Gefangene, der sieht,
wie im Gefängnishof ein Galgen aufgestellt wird und glaubt,
er sei für ihn bestimmt.
In der Nacht bricht er aus seiner Zelle aus,
geht in den Hof hinunter und hängt sich selbst an ihm auf.
FRANZ KAFKA

*Ich denke, es ist an der Zeit, über den Suizid zu sprechen, denn er ist eng
mit diesem Thema verbunden und häufig der einzige Trost des Depressiven, sein letzter Ausweg.*
Jeder Depressive quält sich immer wieder mit Fragen wie: Wozu
lebe ich eigentlich? Warum bringe ich nicht den Mut auf, ein Ende
zu machen? Viele provozieren auch durch ihre Lebensweise einen
Herzinfarkt oder eine andere schwere Krankheit oder durch ihr
Verhalten im Verkehr einen Unfall. Diese indirekten Suizide werden
in keiner Statistik berücksichtigt.

Wie hoch liegt die Suizidrate bei Depressiven?
Viel höher, als die Statistiken uns glauben lassen möchten. Obwohl es auf diesem Gebiet kaum unbezweifelbare Zahlen gibt, wird
im allgemeinen davon ausgegangen, daß über neunzig Prozent aller
Selbstmörder psychisch krank und fast alle unter anderem auch
depressiv sind; ein Viertel sind depressive Alkoholiker. Der Intellektuelle, der sich bei klarem Verstand kaltblütig für den Tod
entscheidet, ist ein Mythos, an den wir nach wie vor glauben möchten.

Nicht zu vergessen die vielen gescheiterten Suizidversuche...
Sie werden häufig nicht ernst genug genommen, obwohl fünfzehn Prozent aller Menschen, die bereits einmal einen Suizidver-

such unternommen haben, sich früher oder später tatsächlich das Leben nehmen.

Gibt es Zahlen über das Suizidrisiko bei Depressiven?
Statistisch sind fünfzehn Prozent aller Depressiven suizidgefährdet. Diese Zahl berücksichtigt aber nur die von einem Arzt diagnostizierten Depressionsfälle.

Obwohl die tatsächlichen Zahlen noch viel höher liegen dürften, sind fünfzehn Prozent bereits sehr viel, besonders wenn man bedenkt, daß diese Krankheit generell viel zu selten erkannt und nicht ernst genug genommen wird.
Das Leid eines Depressiven läßt sich mit keiner anderen leidvollen Erfahrung im Leben vergleichen, denn der Melancholiker verzweifelt am Leben, ohne irgendeine Hoffnung auf Besserung zu besitzen. Auf die Dauer kann aber kein Mensch ohne Hoffnung in einer emotionalen Wüste leben. Selbst der Glaube wird einem Menschen, der sich bei lebendigem Leibe tot fühlt, irgendwann keinen Halt mehr bieten.

Dennoch würde sich kein Depressiver das Leben nehmen, wenn diese Krankheit nicht auch den natürlichen Selbsterhaltungstrieb mit der Zeit zerstören und den Kranken auch gegen die Menschen, die er liebt, gleichgültig machen würde. Außerdem leiden Depressive, wie bereits erwähnt, an starken Schuld- und Minderwertigkeitsgefühlen und empfinden ihre Krankheit als Sühne für vermeintlich begangene schlechte Taten.

Da Depressive generell zu impulsiven Handlungen neigen und ihnen alles, auch ihr eigenes Leben, immer gleichgültiger wird, sinkt mit der Zeit auch ihre Hemmschwelle, Hand an sich selbst zu legen. Viele sind durch ihren qualvollen Zustand bereits so abgestumpft, daß sie auch die Angst vor physischem Schmerz nicht vor einer solchen Tat zurückschrecken läßt. Bei anderen kommt es in einem Moment höchster affektiver Erregung zu dieser Kurzschlußhandlung.

Läßt sich vorher erkennen, ob jemand suizidgefährdet ist?
Direkte warnende Anzeichen gibt es selten. Manchmal bricht die Depression mit solcher Heftigkeit über einen Menschen herein, daß er sich in seiner momentanen Verzweiflung das Leben nimmt. Solche scheinbar unerklärlichen und unerwarteten Handlungen schokkieren Familienangehörige und Freunde im allgemeinen besonders. Geht man bei solchen Patienten der Familiengeschichte nach, stößt man fast immer auf Depressionen und Selbstmorde oder zumindest Suizidversuche.

Demnach wäre auch Suizid erblich?
Wenn in einer Familie bereits Suizide vorgekommen sind, besteht auf jeden Fall ein erhöhtes Suizidrisiko. Auf den Fall Hemingway habe ich ja bereits hingewiesen, in dessen Familie sich vor ihm bereits sein Vater, ein Bruder und eine Schwester das Leben genommen hatten.

Gibt es eine neurobiologische Erklärung dafür?
Schwedische Wissenschaftler haben im Gehirn von Selbstmördern einen niedrigeren 5-Hydroxyindolessigsäure-Spiegel festgestellt. Demnach müßte der Suizid also auch mit neuroendokrinen Funktionen verbunden sein.

Sind depressive Männer suizidgefährdeter als depressive Frauen?
Ja. Frauen versuchen zwar häufiger, sich das Leben zu nehmen, als Männer, tatsächlich ist die Suizidrate bei Männern aber doppelt so hoch wie bei Frauen, vielleicht, weil sie leichter über die dazu nötigen Mittel verfügen können und Männer ganz allgemein mehr zu impulsiven Gewaltakten neigen. Besonders gefährdet sind Männer, die an einer bipolaren Störung oder an manisch-depressiven Mischzuständen leiden.

Kann es bei einem Suizid den Ausschlag geben, daß jemand leicht an die für ihn nötigen Mittel herankommen kann?
Offensichtlich schon. Am höchsten ist das Suizidrisiko bei Ärz-

ten, Polizisten und Soldaten, also in Berufsgruppen, die relativ leicht an wirksame Mittel herankommen. Es folgen Geschiedene, Alleinlebende, Rentner mit wenigen sozialen Kontakten, alleinlebende männliche Alkoholiker, alleinlebende schwerkranke Männer, die zum Beispiel wegen Krebs oder eines Herzleidens zu einem langen Siechtum verurteilt sind. Auch bei alten Menschen liegt die Selbstmordrate sehr hoch.

Gibt es auch spezifisch weibliche Risikofaktoren?

Ja. Frauen mit einer schweren körperlichen Entstellung sind besonders depressions- und suizidgefährdet, da Frauen im allgemeinen ihr Äußeres viel wichtiger nehmen als Männer. Eine Brustentfernung kann sie am Leben verzweifeln lassen.

Das sind doch rein ästhetische Beeinträchtigungen. Ich kann mir gar nicht vorstellen, daß sich jemand aus einem derartigen Grund das Leben nimmt.

Schon die Entfernung der Gebärmutter oder der Eierstöcke, also eines äußerlich nicht wahrnehmbaren Organs, kann eine Frau sehr unglücklich und depressiv machen.

Schwere Gesichtsentstellungen oder Verbrennungen lösen sogar häufig eine chronische Depression aus und sind immer wieder Ursache für Selbstmordversuche.

Wer die plastische Schönheitschirurgie als nur der Eitelkeit dienend verurteilt, macht sich meist gar keine Vorstellung davon, wie sehr eine junge Frau oder auch ein junger Mann unter einer schweren Entstellung leiden kann.

Das klingt, als würden sich viele Frauen aus Eitelkeit und Oberflächlichkeit das Leben nehmen.

So meine ich es wirklich nicht. Ein entstelltes Gesicht oder eine Brustamputation verändern das Selbstbild eines Menschen vollkommen. Die betreffende Frau oder der betreffende Mann kann sich körperlich möglicherweise nicht mehr akzeptieren und hat das Gefühl, ein häßliches Monster zu sein. Vor allem leiden die Betroffenen natürlich darunter, daß sie nie wieder aussehen werden wie früher. Die Blicke der anderen bestätigen ihnen außerdem beständig ihre eigene Häßlichkeit und verstärken ihre Minderwertigkeitskomplexe.

Das große Anpassungsvermögen des Menschen gerät angesichts solcher extremen Belastungen an seine Grenzen. Aus diesem Grunde zahlen Versicherungen bei Gesichtsentstellung mehr als beim Verlust eines funktionellen Körperteils.

Es überrascht mich ein wenig, daß Sie soviel Verständnis und Anteilnahme für die viel kritisierte Eitelkeit und Oberflächlichkeit vieler Frauen aufbringen, die sich fast ausschließlich mit ihrem Äußeren identifizieren.

Natürlich spielt der Wunsch, schön zu sein, bei Frauen eine besonders wichtige Rolle, aber dahinter steht ein starker Naturtrieb. Der Schönere ist auch sexuell attraktiver und hat größere Fortpflanzungschancen. Die natürliche Auslese bedient sich sicherlich auch der Ästhetik. Naturvölker schmücken sich gerne prächtig, und viele Tiere versuchen in der Paarungszeit durch ihre auffallenden Farben oder Federn, einen Sexualpartner anzulocken. Die Natur hat uns mit einem Programm ausgestattet, das uns danach streben läßt, schön zu sein, es möglichst lange zu bleiben und unseren Mitmenschen unsere körperlichen Vorzüge auch zu zeigen. Bei Dysmorphophobikern, also Menschen, die unter der Zwangsvorstellung leiden, durch wirkliche oder vermeintliche Körperfehler unangenehm aufzufallen, ist dieses angeborene Bedürfnis pathologisch übersteigert, so daß sich ihr gesamtes Denken und Fühlen um ihre körperliche Erscheinung dreht.

Viele Jugendliche würden wegen einer vermeintlich zu großen Nase, Pickeln, einem zu kleinen Busen, dicker Beine, Übergewicht und vielem mehr am liebsten nicht mehr aus dem Haus gehen.

Die Symmetrie und Harmonie der Körperformen scheinen der natürliche Ausdruck für das bestehende Gleichgewicht zwischen dem Entwicklungs- und Gesundheitszustand eines Individuums zu sein.

Die Tatsache, daß Suizidversuche bei Frauen doppelt so häufig vorkom-
men wie bei Männern, aber nur halb so viele sich tatsächlich das Leben
nehmen, läßt allerdings auch den Verdacht aufkommen, viele Frauen
seien nur Schauspielerinnen.

Aus ethologischer Sicht ließe sich vermuten, daß die Frau als
Garant der Fortpflanzung eine wichtigere Funktion besitzt und die
Natur ihr deshalb ein längeres Leben gewährt. Außerdem sind
Frauen im allgemeinen weniger aggressiv und beherrschter als
Männer, weshalb sie bei Suizidversuchen fast nie mit der für Män-
ner charakteristischen brutalen Härte vorgehen, so daß ihre Ver-
suche oft mißlingen. Ich habe aber bereits darauf hingewiesen, daß
das Suizidrisiko bei Frauen in Führungspositionen – Managerin-
nen, Ärztinnen und Psychologinnen – ebenso hoch ist wie bei
Männern.

Das scheint geradezu zu bestätigen, daß die übrigen Frauen nach wie vor
dem oben erwähnten Klischee entsprechen. Ich kann mir nicht vorstellen,
daß hinter vielen von Frauen verübten Suizidversuchen nur der Wunsch
steht, beachtet zu werden.

Auch ein Suizidversuch, der «nur» ein verzweifelter Schrei nach
Beachtung ist, bleibt ein Akt äußerster Verzweiflung und beweist,
daß der betreffende Mensch am Ende ist. Nach dem Scheitern einer
Liebesbeziehung oder einer Ehe begehen viele depressive Frauen
Suizidversuche, um ihren Partner zurückzugewinnen. Meist
kommt es nach dem ersten mißglückten Versuch schon bald zu
weiteren, in ihrer Ausführung ernsthafteren selbstaggressiven Akten.

Statistisch gesehen steht Suizid in den USA an neunter Stelle der
Todesursachen. Zwei Prozent aller Todesfälle pro Jahr sind selbst-
mordbedingt, wobei die hohe Dunkelziffer der nicht erfaßten
Suizide zu berücksichtigen bleibt. Zu den «spontanen» Kurzschluß-
handlungen kommen noch zahllose «langsame» Selbstmorde, die in
keiner Statistik erscheinen. Man denke nur an die vielen Menschen,
die sich durch Alkohol und Drogen langsam zugrunde richten.

Man kämpft nicht mehr gegen seine Depression an und stirbt jeden Tag ein Stückchen...

Ja, so ist es. Vielleicht ist dieser «langsame» Selbstmord der häufigste. Bei Frauen beginnt dieser traurige Niedergang oft nach dem Ende einer Liebesbeziehung. Normalerweise trauert der Mensch eine Zeitlang über eine Liebesenttäuschung, bis die Trauer irgendwann nachläßt und die Kraft zum Neuanfang wieder da ist. Wenn zu einer solchen Enttäuschung eine Depression hinzukommt, wird der quälende Schmerz darüber, verlassen worden zu sein, zum tagtäglichen Begleiter. Im übrigen haben Männer in unserer Gesellschaft noch immer mehr Möglichkeiten als Frauen, eine solche Enttäuschung zu kompensieren.

Sind manche Frauen suizidgefährdeter als andere?

Besonders suizidgefährdet sind Frauen, die ihre bipolare Störung unter der Maske der Hysterie verbergen. Ich meine jene narzißtischen Frauen, die, solange es ihnen gutgeht, ständig hektisch betriebsam und «überdreht» sind, während sie in einer depressiven Phase auf jede «banale» Enttäuschung so pathetisch reagieren, daß ihre theatralisch zur Schau gestellte Niedergeschlagenheit angesichts der Geringfügigkeit des Anlasses unecht wirkt. Für solche Frauen ist aber nichts «banal» und unwichtig, denn sie meinen, der Nabel der Welt zu sein, und benutzen ihre Mitmenschen nur für ihre Zwecke. Aber wehe, wenn sie selbst abgewiesen und erniedrigt werden! Sie selbst können nicht die geringste Ablehnung oder Frustration ertragen.

Im Volksmund heißt es: «Wer von Selbstmord spricht, begeht ihn nicht.» Stimmt das?

Keineswegs. Zweiundachtzig Prozent aller Lebensmüden kündigen ihre Absichten vorher versteckt oder offen an, oft mit großem Galgenhumor. Nur ein Drittel aller Selbstmörder hinterläßt einen Abschiedsbrief.

Die Ansicht, Lebensmüde, die ihre Tötungsabsicht vorher ankündigen, würden sie nicht in die Tat umsetzen, ist falsch und gehört zu den vielen Vorurteilen über den Suizid und die Depression.

Vermutlich wollen viele Menschen einfach nicht glauben, was doch so offensichtlich ist, und versuchen, sich mit solchen Beschwichtigungen selbst zu beruhigen. Wie kann man einen Lebensmüden vom Suizid abhalten?

Jeder Arzt muß sich bei der Behandlung depressiver Patienten vergewissern, ob sie sich mit Suizidabsichten tragen und eventuell bereits konkrete Ausführungspläne haben, was gar nicht so selten der Fall ist.

Er muß all seine Überzeugungskraft aufbringen, um sie über die wahre Natur ihrer Erkrankung aufzuklären, denn die meisten Kranken glauben irrtümlicherweise, sie litten vor allem unter der Sinnlosigkeit ihres Lebens und nicht an einer organischen Krankheit. Ein Mensch, der weiß, daß seine Krankheit heilbar ist, wird sich nicht das Leben nehmen.

Den Patienten muß klarwerden, daß ihre Suizidgedanken ein typisches Symptom ihrer Depression sind wie Fieber bei Grippe, Durchfall bei Typhus, Husten bei Bronchitis, Erbrechen bei einer Nahrungsmittelvergiftung. Suizidabsichten sind immer ein Hinweis auf das Vorliegen einer schweren Erkrankung, auch wenn die übrigen Symptome eher leicht zu sein scheinen.

Ich wiederhole noch einmal: Der Psychiater muß seine Patienten im Gespräch von ihrer Überzeugung abbringen, daß ihre Suizidgedanken von ihren Problemen oder der Sinnlosigkeit ihres Lebens herrühren, und ihnen klarmachen, daß sie mit ihrer Erkrankung zusammenhängen. Das bedeutet nicht, daß alle Probleme der Betroffenen ausschließlich «medizinisch» interpretiert und ihre bewußten Konflikte vernachlässigt werden, sondern stellt meiner Meinung nach die korrekte Haltung des Arztes Kranken gegenüber dar. Es ist seine Aufgabe, ihnen immer wieder klarzumachen, daß die Vorstellung, Selbstmord sei der einzige Ausweg aus ihrem Leid, verschwinden wird, sobald sich ihr Zustand gebessert hat, auch wenn sich an ihren realen Verhältnissen nichts geändert haben sollte und ihre Probleme die gleichen bleiben. Was ihnen jetzt als unüberwindliches Hindernis erscheint, werden sie mit anderen Augen sehen, sobald ihre depressive Phase abgeklungen ist und sie wieder Hoffnung haben, mit ihren Problemen fertig werden zu können. Bis dieses Stadium erreicht ist, muß der Arzt gemeinsam mit Familienangehörigen und Freunden ein soziales Hilfsnetz knüpfen. In vielen Fällen kommt es darauf an, einem Patienten zumindest eine Zeitlang keine Gelegenheit zu bieten, ein Ende zu machen. Er muß ihm Medikamente verschreiben, die seine Angst lindern, und eine Langzeitbehandlung mit Antidepressiva einleiten.

Lithium ist als Mittel zur Langzeitprophylaxe besonders geeignet. Bei Patienten, die eine Lithiumbehandlung korrekt einhalten, kommt es nur sehr selten zum Suizid.

Bei stark gefährdeten Patienten, die bereits früher in schwer depressiven Phasen wiederholt Suizidversuche unternommen haben, kann auch eine Elektrokonvulsionsbehandlung angezeigt sein. Häufig reicht schon eine einmalige Behandlung, um die Gefahr zu bannen.

Stimmt es, daß außer Depressionen auch Suizide in bestimmten Jahreszeiten gehäuft vorkommen?

Die meisten Suizide werden im Mai begangen, aber auch im Oktober liegt ihre Zahl nur geringfügig darunter. Die Jahreszeiten mit der höchsten Depressionsrate sind also die gleichen, in denen sich auch die meisten Menschen das Leben nehmen.

Am beängstigendsten sind wohl Suizide bei jungen Menschen. Von ihnen wird auch am meisten gesprochen. Wie kommt es, daß sich heutzutage so viele junge Menschen das Leben nehmen?

Ich glaube nicht, daß die Zahl heute wirklich höher liegt als früher, nur sprach man früher nicht so viel darüber. Heute haben die Massenmedien sie in das Bewußtsein der breiten Öffentlichkeit gerückt, wobei es allerdings nicht darum geht, die Gründe zu verstehen, sondern nur, einen Schuldigen zu finden. Der Verhütung solcher Taten ist damit nicht gedient.

Man kann doch nicht leugnen, daß junge Menschen heutzutage weniger seelischen Halt haben als früher. Woran können sie denn noch glauben? Welche Werte haben in unserer Zeit noch Bestand? Und wie viele «heile» Familien gibt es noch? Meiner Meinung nach hat sich da doch vieles zum Negativen hin verändert. Ob hier allerdings die wahren Gründe liegen, weiß ich auch nicht.

Sicherlich begehen Jugendliche, die in einer depressiven Phase weder in der Familie noch in der Schule, am Arbeitsplatz oder in einem Sportverein Halt finden, besonders häufig Suizid. Außerdem begünstigt der leichte Zugang zu Drogen wie Kokain, Haschisch, Marihuana, Alkohol und Amphetaminen, die die Nervenstrukturen angreifen und damit das Depressionsrisiko erhöhen, gegen die eigene Person oder andere gerichtete Gewalthandlungen, denn all diese Substanzen schränken unser Beherrschungsvermögen stark ein und machen uns hemmungsloser.

Und welche Rolle spielen dabei die Eltern?

Heute wird viel darüber gesprochen, daß die meisten Eltern und unsere Gesellschaft im allgemeinen zu leistungsorientiert sind und zuviel von den Kindern fordern. Zweifellos wachsen junge Menschen heutzutage in einem Klima der Konkurrenz und des Leistungsdrucks auf und werden ständig mit schwer zu realisierenden Leitbildern konfrontiert. Aber ein Rückblick in frühere, bäuerliche Gesellschaften zeigt auch, daß Kinder damals vor allem als spätere Arbeitskräfte geschätzt wurden. Schon mit sechs oder acht Jahren mußten sie häufig ihre Familie verlassen, um in einem Handwerksbetrieb praktisch als Sklave des Meisters zu arbeiten, oder sie mußten blutjung als Matrosen auf Schiffen anheuern. Die vielen Romane über dieses Thema sind sicherlich nicht nur der Phantasie ihrer Autoren entsprungen, ebensowenig wie Dickens' Romane über die Qualen der Kindheit im England des vorigen Jahrhunderts.

Kindern aus höhergestellten Kreisen erging es meist nicht viel besser. Entweder kamen sie schon früh in ein Internat, oder sie wurden strengem Militärdrill unterworfen beziehungsweise mußten eine meist ebenso strenge kirchliche Laufbahn einschlagen.

Deswegen ist es meiner Meinung nach zumindest gewagt zu behaupten, junge Menschen seien früher beschützter aufgewachsen und ihr Leben sei weniger von Frustrationen und Konkurrenz geprägt gewesen als heute, ganz zu schweigen vom harten Kampf ums bloße Überleben. In *Krieg und Frieden* sagt der Vater zum jungen Prinzen Andrej, der in einen Krieg zieht, aus dem er nicht zurückkehren wird, und der seine junge, schwangere Frau zurücklassen muß: «Schlag dich vor allem tapfer ... damit ich mich nicht für dich schämen muß.» Ich will damit nur sagen, daß der Mythos vom Erfolg, der den Versager zur Depression verurteilt, nicht erst in unserer Zeit entstanden ist.

Sicherlich war das Leben früher härter. Die Menschen starben jünger, und tödliche Krankheiten waren häufiger, auch der Lebenskampf war voller Mühen und Opfer, aber andererseits fühlte man sich in der Gemeinschaft geborgener. Sie bot einen festen Halt und Werte, an die man glauben konnte. Heute dagegen ist die Gesellschaft in zahllose Individuen zerfallen, die kaum gemeinsame Werte verbinden. An diesem Auseinanderbrechen der Gesellschaft und der Sinnlosigkeit des Lebenskampfes, vor allem aber an der Vereinzelung leidet meiner Meinung nach der moderne Mensch am meisten. Hier sehe ich auch den größten Unterschied zwischen früher und heute.

Ihre Ansicht kann ich weder widerlegen noch bestätigen. Als Krankheit gibt es die Depression jedenfalls schon lange, vielleicht schon länger als den *Homo sapiens*.

Laut Statistik sinkt die Suizidrate in Kriegszeiten rapide, was bei oberflächlicher Betrachtung wie ein Widerspruch erscheint, gibt es doch keine größere Katastrophe als den Krieg. Wer Selbstmörder als Feiglinge verunglimpfen will, bedient sich gerne dieses Arguments. Gibt es eine Erklärung dafür und, wenn ja, welche?

Der Mensch bricht nicht im Augenblick der Gefahr oder einer großen Belastung zusammen, sondern in der Phase der Entspannung danach. Deshalb treten nach einer schwierigen Prüfung oder einer Phase großer Anspannung häufig Depressionen oder Panikattacken auf, aber selten unter Streß oder wenn Gefahr droht. Im Krieg, bei Naturkatastrophen oder in lebensgefährlichen Situationen konzentriert der Mensch all seine Kräfte auf das eigene Überleben. Oft wachsen ihm in einer solchen Zeit hektischer, ja fast manischer Aktivität bis dahin unbekannte Kräfte zu. Wenn diese natürliche Reaktion auf Gefahren, wie im Krieg, kollektiv ist, wirkt sie gewissermaßen «ansteckend», weshalb die Menschen in solchen Zeiten untereinander viel hilfsbereiter und solidarischer sind. Jeder ist ständig auf das Schlimmste gefaßt. Aus diesen Gründen ist auch für suizidgefährdete Menschen die «Ruhe nach dem Sturm» am gefährlichsten. Dann treten häufig Erschöpfungszustände und Depressionen auf. Gleichermaßen gefährlich ist die Zeit nach dem Ende einer heftigen Liebesaffäre, in der man wegen der plötzlichen emotionalen Leere empfindlicher und verletzlicher ist als gewöhnlich.

Die schlechten Gefährten der Depression

Ich war kaum mehr als eine Statue,
weder heiß noch kalt...
Einmal rauschte das Blut mächtig durch meine Adern;
dann wieder ergriff mich unsägliche Angst
oder mich peinigte Atemnot,
gefolgt von Momenten der Bewußtlosigkeit.

ROBERT SCHUMANN

*Herr Professor, wenden wir uns angenehmeren Themen zu, wie zum
Beispiel den konkreten Möglichkeiten, diese Krankheit zu behandeln
und zu heilen, und den «Wundermitteln», die wir den jüngsten wissenschaftlichen Entdeckungen verdanken.*
Wunder gibt es in der Medizin nicht. Ihr Ziel ist die Verwirklichung des Möglichen. Bevor der Arzt sich der Therapie einer
Krankheit widmen kann, muß er sie selbst genau kennen. Bei der
Depression besteht die Schwierigkeit darin, daß sie häufig gleichzeitig mit anderen organischen oder psychischen Störungen auftritt, was natürlich für viele Krankheiten und Störungen gilt. Man
spricht dann von Komorbidität. Die weitreichende Bedeutung dieses Phänomens wird von der Medizin erst langsam erkannt. Jede
einzelne Krankheit oder Störung muß präzise von anderen abge-
grenzt und sowohl als gesonderte Einheit als auch als Teil des
Gesamtkrankheitsbildes betrachtet werden. Da die wechselseitige
Überlagerung verschiedener Störungen die Ärzte früher häufig ver-
wirrte, sprachen sie oft vorschnell von Unheilbarkeit oder Thera-
pieresistenz. Und da die Depression sich häufig hinter organischen
Störungen «versteckt», wurde sie besonders selten erkannt.

*Sprechen Sie von der «larvierten Depression», die sich hinter psychischen
Symptomen versteckt?*
Man kann wirklich von «verstecken» sprechen, denn die Patien-

ten klagen in erster Linie über körperliche Beschwerden: Kopfschmerzen, Migräne, Magenschmerzen, Verdauungsstörungen, Brechreiz, Verstopfung, Herzbeschwerden oder, wenn Ängste beteiligt sind, über Herzrasen, Zittern, Magenbeschwerden sowie über ein einschnürendes oder drückendes Gefühl auf der Brust. Neben all diesen körperlichen Beschwerden liegt aber immer eine mehr oder minder ausgeprägte depressive Verstimmung vor. Viele Patienten haben Todesgedanken und fühlen sich wie «in einem Tunnel ohne Ausweg». Sie sind zu resigniert und kraftlos, um jemanden um Hilfe zu bitten. Da all ihre bisherigen Anstrengungen, sich aus ihrer Hölle zu befreien, in ihren Augen überflüssig und nutzlos waren, versprechen sie sich auch von diesem letzten Versuch nichts.

An Suizid denken aber dennoch nicht alle, wie Sie sagten. Außerdem leiden sie ja tatsächlich unter Herzrasen oder Magenschmerzen. Könnte es nicht sein, daß diese körperlichen Symptome doch Ausdruck einer organischen Krankheit sind?

Sicherlich. Das muß zuerst abgeklärt werden, denn manche Krankheiten gehen mit depressiven Zuständen einher oder beginnen mit ihnen, zum Beispiel Diabetes, Anämie, chronische Hepatitis, schwere Leberfunktionsstörungen, Nebenniereninsuffizienz, Schilddrüsenunterfunktion, Hypophysenstörungen und bestimmte Tumore. Außerdem verursachen auch manche Medikamente Depressionen.

Vielleicht hätten Sie das nicht sagen sollen. In ihrer ungeheuren Angst vor Tumoren könnten manche depressiven Leser diese Stelle falsch interpretieren und sich einbilden, an einer lebensgefährlichen Krankheit zu leiden. Angesichts der weitverbreiteten Ängste und Hypochondrien kann man gar nicht vorsichtig genug sein. Viele Menschen lehnen jede Behandlung ab, weil sie glauben, daß Medikamente ihnen mehr schaden als nützen.

Die Depression ist tatsächlich häufig mit großer Angst vor Krankheiten und Hypochondrie verbunden. Darauf komme ich

234 Untersuchung einer immer weniger «dunklen» Krankheit

später noch zu sprechen. Dennoch können bei bestimmten Krankheiten wie den eben aufgezählten als sekundäres Symptom auch depressive Verstimmungen auftreten. Sobald der Patient von seiner «organischen» Krankheit geheilt ist, verschwinden im allgemeinen auch seine depressiven Symptome ohne weitere spezifische Therapie.

Zu den Medikamenten, die Depressionen auslösen können, gehören: Bluthochdruckmittel, Betablocker, kortisonhaltige Medikamente, einige Antibiotika, Antitumorpräparate, Kalziumantagonisten und amphetaminhaltige Aufputschmittel.

Und was tut der Arzt in diesen Fällen?

Er setzt das jeweilige Medikament ab und ersetzt es durch ein anderes. Aus diesem Grund ist es besonders wichtig, daß der Patient die Fragen des Arztes nach den in letzter Zeit oder momentan eingenommenen Medikamenten präzise und lückenlos beantwortet.

Vor allem darf man nie vergessen, daß auch Neuroleptika, Schlafmittel und Barbiturate Depressionen auslösen können. Viele Menschen konsumieren regelmäßig Schlaf- und Beruhigungsmittel, als handele es sich um Nahrungsmittel, obwohl Ärzte immer wieder vor ihrem Mißbrauch warnen.

Kommen wir zu den häufig mit der Depression verbundenen psychischen Störungen. Was heißt «verbunden»? Werden sie durch sie verursacht oder verursachen sie sie?

Weder noch. Heute ist die Medizin von der früher üblichen «hierarchischen» Klassifizierung der Krankheiten abgekommen, in der «schwerere» Krankheiten vor «leichteren» rangierten. Solche Klassifizierungssysteme hatten zur Folge, daß andere Diagnosekriterien als weniger wichtig vernachlässigt oder nicht berücksichtigt wurden. Deshalb zieht man es heute vor, von der Konkomitanz verschiedener, gleichzeitig auftretender Störungen oder von Komorbidität zu sprechen, ohne sie nach ihrem Schweregrad oder ihrer Prognose zu bewerten.

Und was veranlaßte die Mediziner zu dieser Änderung ihrer Einstellung?

Das häufige gleichzeitige Auftreten von affektiven und Angststörungen legt die Vermutung nahe, daß beiden eine besondere, genetisch bedingte Anfälligkeit zugrunde liegt, eine Veränderung desselben funktionellen Systems. Demnach läge also beiden Störungen eine Veränderung desselben pathophysiologischen Mechanismus zugrunde. Dabei beläßt es der Psychiater, denn er muß sich auf die klinisch-deskriptive Analyse beschränken. Erst wenn er unwiderlegbare Beweise in Händen hält, kann er sich an die pathogenetische Deutung heranwagen, das heißt sich dazu äußern, welche ursächlichen Faktoren dahinter stehen.

Gibt es denn bis jetzt noch keine wissenschaftlichen Erkenntnisse über das Phänomen der Komorbidität?

Noch sind die Forschungen auf diesem Gebiet nicht abgeschlossen. Es gibt lediglich verschiedene Hypothesen, von denen allerdings noch keine endgültig bewiesen werden konnte. Bislang richtet sich unser Augenmerk vor allem auf die korrekte Abgrenzung der verschiedenen Krankheitsbilder voneinander sowie auf die Erfassung aller, auch atypischer und kaum wahrnehmbarer Anzeichen für eine bestimmte Störung. Um die verschiedenen psychischen Störungen korrekt zu erfassen, bedient man sich heute wieder der Vorstellung von einem «Spektrum», worunter ein breiter Fächer verschiedener möglicher Erscheinungsbilder einer Krankheit zu verstehen ist, die auf eine einzige Störung zurückgeführt werden können. Bei der Depression sind in diesem kontinuierlichen Spektrum eine Anzahl von Symptomen aneinandergereiht, die von der leichten Verlangsamung aller Denkprozesse bis zu ihrer völligen Lähmung beziehungsweise einem psychomotorischen Zusammenbruch reichen. Bei der Angststörung bilden dagegen vage Angstgefühle den einen Pol und schwere Panikattacken den anderen Pol des Spektrums.

Im allgemeinen sind die Übergänge zwischen den verschiedenen Krankheitsspektren fließend: So gibt es zum Beispiel keine genaue Abgrenzung zwischen der Panik- und der Zwangsstörung. Ebenso können in der Krankengeschichte eines Patienten eine Panikstörung, eine Zwangsstörung und eine manisch-depressive Störung vorkommen.

Das klingt alles ziemlich verwirrend.
Früher bezeichnete man solche Patienten als *Borderline*-Persönlichkeiten.

Was übersetzt «in Grenznähe» bedeutet. Wenn ich mich nicht irre, war dieser Begriff immer negativ besetzt.
Sogar sehr negativ. Eine Weile wurde dieses bequeme Etikett geradezu inflationär gebraucht, bis es schließlich jede Bedeutung verlor. Patienten mit höchst unterschiedlichen Störungen wurden unter diesem Sammelbegriff subsumiert. Seit sich das Augenmerk wieder vermehrt auf die Möglichkeit des gleichzeitigen Vorliegens verschiedener Störungen richtet, ist die Behandlung solcher Patienten viel erfolgreicher geworden.

Wie kann die bloße Entdeckung dieses Phänomens einen derartigen Unterschied bewirken?
Das ist sogar sehr gut möglich. Wenn man die verschiedenen Erscheinungsformen einer Krankheit als Steine eines Mosaiks betrachtet, erkennt man die unterschiedlichen Störungen als gleichwertig an und kann sie dann gemeinsam und einzeln behandeln. Außerdem berücksichtigt eine solche Betrachtungsweise auch mögliche negative Auswirkungen der korrekten Behandlung einer Störung auf eine andere. Viele Fälle von «Behandlungsresistenz» sind auf eine ungenügende Berücksichtigung der Komorbidität zurückzuführen.

Eng verwandt mit dem Konzept der Komorbidität ist die Vorstellung von «konkomitierenden» Störungen.

Wir sollten auch diesen Begriff zunächst übersetzen. «Konkomitierend» kommt aus dem Lateinischen und setzt sich aus «cum» (mit) und «comes» (Gefährte) zusammen; gemeint ist, daß verschiedene Störungen gleichzeitig auftreten.

«Konkomitierende» Störungen sind tatsächlich gleichzeitig auftretende Störungen, während der Begriff «Komorbidität» umfassender ist und auch Störungen umfaßt, die im Laufe des Lebens
nacheinander auftreten, oder sogar solche, die bei verschiedenen
Angehörigen einer Familie getrennt auftreten. Wenn zum Beispiel
ein junges Mädchen an Anorexie leidet, ihr Bruder an einer
Zwangsstörung und ihre Mutter an einer bipolaren Störung, spricht
der Mediziner von familiärer Komorbidität, denn man kann die
Familie als Einheit betrachten, die unter einer einzigen Krankheit
leidet, die sich allerdings bei ihren verschiedenen Mitgliedern unterschiedlich äußert.

*Das klingt, als wäre jedes Familienmitglied ein Steinchen im großen
Mosaik der Komorbidität und die gesamte Familie das Opfer einer my-
steriösen Krankheit, die wie ein großer Krake mit seinen Tentakeln nach
Lust und Laune das eine oder andere Opfer ergreift.*
Möglicherweise bleiben einige Familienmitglieder völlig ver-
schont, obwohl bei allen die gleiche genetische Vulnerabilität vorliegt.
Eine Dame, die ihre Tochter wegen einer schweren bipolaren
Störung in Verbindung mit einer Zwangsstörung zu mir in die
Sprechstunde begleitete, hatte offensichtlich das Phänomen der
Komorbidität intuitiv erfaßt, denn sie erzählte mir: «Mein Vater litt
bereits unter einer Zwangsstörung, und meine Mutter war mal depressiv, mal übererregt. In ihrer Ehe wurden beide Krankheiten
zum Teil kompensiert. Nun hat meine Tochter sowohl die Krankheit
ihres Großvaters als auch die ihrer Großmutter geerbt. Ich habe
dem Psychologen, den wir konsultiert haben, bereits erklärt, daß
meine Tochter ihre Großeltern gar nicht gekannt hat, weshalb sie
diese Krankheit nur geerbt haben kann. Er wollte mir aber einfach
nicht glauben.»

*Vielleicht sollten wir ein bißchen Ordnung in die verschlungenen Pfade
der Vererbung bringen, die immer wieder Überraschungen bergen. Der
eine erbt eine bestimmte Krankheit, ein anderer ein ganzes «Krankheits-*

paket», wobei hinter beiden die gleiche Ursache zu suchen ist. Welche Theorie gibt es dazu?

Zunächst möchte ich zu diesem Thema noch ein paar Beobachtungen erwähnen: Es scheint, als ob bestimmte Störungen zwei Menschen füreinander besonders anziehend machen. So kann zum Beispiel ein depressiver Mann sich einer unter einer Zwangs- oder Panikstörung leidenden Frau seelisch verwandt fühlen. Wissenschaftler bezeichnen dieses gar nicht so seltene Phänomen als *assortive mating.*

Am wahrscheinlichsten ist jedoch die Hypothese, daß einige psychische Störungen eine gemeinsame Ursache haben, die uns allerdings noch unbekannt ist. Darum bleibt uns bislang nichts anderes übrig, als die verschiedenen Störungen gesondert zu untersuchen und zu behandeln.

Es wäre auch möglich, daß nicht nur ein einziges, sondern mehrere Gene Träger erblicher Krankheiten sind. Die Kinder und Enkel eines Menschen, bei dem insgesamt zehn Gene Krankheitsträger sind, könnten diese zehn Gene in unterschiedlichen Kombinationen erben oder auch nur einen Teil von ihnen, so daß bei ihnen nur die eine oder andere der Krankheiten, die sie potentiell erben könnten, tatsächlich auftritt.

Natürlich ist das alles noch unbewiesen. Es scheint aber zumindest unökonomisch, daß von verschiedenen denkbaren Störungen wie Depression, Zwangsstörung, Manie, Panikstörung und Eßstörung jede eine andere Ursache haben sollte. Vernünftiger erscheint dagegen das Erklärungsmodell eines kontinuierlichen Spektrums von Störungen, dessen verschiedene Erscheinungsbilder ein gemeinsamer Nenner eint.

Was verstehen Sie in diesem Zusammenhang unter «vernünftig»? Können organische Prozesse «vernünftig» oder ökonomisch sein?

Es geht dabei um die «Logik» eines Erklärungsmodells, das sich bereits an anderen Erkrankungen wie zum Beispiel Erkrankungen des Immunsystems als richtig erwiesen hat. Bekanntlich kann ein einziger pathogenetischer Immunfaktor die unterschiedlichsten

Krankheiten verursachen: Thyreoiditis, Polyarthritis, Lupus erythematodes, andere Hautkrankheiten und Nierenerkrankungen.

Alle bisher von der Wissenschaft aufgedeckten biologischen Mechanismen sind von großer Einfachheit, und alle erreichen ein Höchstmaß an Wirkung mit einem Minimum an Energieeinsatz.

Die Krankheiten, die Sie eben aufgezählt haben, sind untereinander so verschieden, daß es einem nie in den Sinn käme, sie einer einzigen «Familie» zuzuordnen. Behandelt man denn Schilddrüsenerkrankungen genauso wie Hautkrankheiten?

Nein. Obwohl die eben erwähnten Krankheiten auf die gleichen Ursachen zurückzuführen sind, müssen sie unterschiedlich behandelt werden. Manchmal erlaubt eine einheitliche Pathogenese aber auch die gleiche Behandlung unterschiedlicher Störungen. So kann man zum Beispiel die Panik- und die Zwangsstörung mit demselben Antidepressivum behandeln.

Noch ein Beispiel dafür, daß verschiedene Krankheitsbilder manchmal auf eine einzige Ursache zurückzuführen sind: die Tuberkulose. Der Tbc-Erreger kann bei einem Mitglied einer Familie die Niere angreifen, bei einem anderen die Lunge und bei einem dritten Knochentuberkulose oder eine tuberkulöse Meningitis auslösen. Bei bloßer Betrachtung der Symptome und der jeweils angegriffenen Organe könnte man leicht zu dem Schluß kommen, es handele sich um vollkommen verschiedene Krankheiten.

Sie sagten, daß Mediziner auch dann von Komorbidität sprechen, wenn verschiedene, zu demselben «Mosaik» gehörende Störungen zu unterschiedlichen Zeitpunkten im Leben des Betroffenen auftreten, möglicherweise mit jahrelangen Intervallen dazwischen. Wie läßt sich das mit der Theorie vereinbaren, daß erbliche Krankheiten auch in verschiedenen Genen kodiert sein könnten?

Vielleicht ist hier der Vergleich mit einer Tresorkombination hilfreich. Je nach der jeweiligen Kombination von Genen und Umweltfaktoren öffnet sich der «Tresor» so oder so oder auch überhaupt nicht. Möglicherweise handelt es sich aber auch um ähnliche Mechanismen wie bei der multiplen Sklerose, bei der die Symptome wechseln, je nachdem, in welcher Gehirnregion der Krankheitsherd auftritt.

Häufig treten bei einem Menschen zunächst Panikattacken oder Agoraphobie auf; irgendwann folgen depressive und später manische Episoden, bis schließlich eine Zwangsstörung mit Wahn- und Zwangsvorstellungen auftritt; das kann ein Waschzwang sein oder der Zwang, immer wieder kontrollieren zu müssen, ob eine bestimmte Tür geschlossen ist oder der Gashahn abgedreht wurde.

Außerdem kann ein Mensch, wie bereits gesagt, die Disposition zu einer Erkrankung erben, ohne daß sie unbedingt auftreten muß. Warum erkrankt einer von zwei Brüdern, während der andere sein Leben lang gesund bleibt? Auch mit der richtigen «Kombination» kann die Tür zur Krankheit nur geöffnet werden, wenn ein weiteres genetisch bedingtes Moment hinzukommt: die Konstitution und ihre Interaktion mit Umweltfaktoren.

Demnach bedarf es eines weiteren genetischen «Schlüssels», um den Gentresor zu öffnen. Wer ihn nicht besitzt, scheint Glück gehabt zu haben.
Zweifellos. Ich meine, wir sollten jetzt die einzelnen Krankheiten, die häufig Steinchen desselben Mosaiks bilden, der Reihe nach behandeln.

Vielleicht sollten wir sie zunächst aufzählen?
Die wichtigsten sind: Panikstörung, generalisierte Angststörung, Hypochondrie, Zwangsstörung, Bulimie-Anorexie, Migräne, Neurasthenie. Auch Alkoholismus hängt sehr eng mit der Depression zusammen. Außerdem muß auch auf die durch Streß verursachten pathologischen Störungen hingewiesen werden. Über das Phänomen des Streß wird heute viel Falsches verbreitet, und oft wird er auch mit der Depression verwechselt.

Das verspricht ein langes Gespräch zu werden. Ich denke, wir sollten mit einem neuen Kapitel beginnen.

Die Panik und der eingebildete Kranke

Sobald ein Vogel sich einmal in einem Busch verfangen hat,
zittert er vor jedem.
SHAKESPEARE

Ein Herz erstarrt
in bleichem Schweigen.
GEORG TRAKL

*Beginnen wir unseren Überblick über die häufig mit der Depression
verbundenen psychischen Störungen mit der Panikstörung.*
Wenn zur Depression eine Panikstörung hinzukommt, ist ihre
Verlaufsform besonders schwer; manchmal beginnt sie auch mit ihr.

Wie äußern sich Panikattacken?
Als heftige Angst und Schrecken, die den Betroffenen aus heiterem Himmel überfallen. Er meint, ersticken zu müssen, ringt
nach Luft; seine Kehle ist wie zugeschnürt. Dazu kommen vegeta-
tive Symptome: Herzrasen, Druckgefühl auf dem Brustkorb, Zittern, Schwindelgefühl, manchmal Brechreiz und gelegentlich auch
Verlust der Kontrolle über den Schließmuskel und die Blase, Kribbeln in Armen und Beinen, heftige Schweißausbrüche, manchmal
auch in Form kalten Schweißes.
Der Patient hat plötzlich das Gefühl, er könne den Verstand
verlieren. Typisch ist auch die Angst vor Ersticken, plötzlichem
Herzstillstand oder einer Ohnmacht.

Kann denn eine Panikattacke tatsächlich in einer Ohnmacht enden?
Das kann durchaus vorkommen. Manchmal geht auch die Kontrolle über die Blase verloren.

242 Untersuchung einer immer weniger «dunklen» Krankheit

Wie lange dauert sie?

Zwischen wenigen Sekunden und zehn Minuten. Manchmal treten auch nur einige der beschriebenen Symptome auf.

Trotzdem sie relativ rasch vorüber ist, könnte ich mir vorstellen, daß diese wenigen Minuten dem Betroffenen wie eine Ewigkeit erscheinen.

Wer je eine heftige Panikattacke durchgemacht hat, wird sie nie vergessen und beständig fürchten, sie könne sich wiederholen. Diese «Angsterwartung» wird durch die danach zurückbleibenden Symptome noch verstärkt. Über Stunden, Tage und manchmal sogar Wochen fühlt der Betroffene sich erschöpft, unsicher, leer im Kopf oder wie betäubt. Manche berichten auch, sie hätten das Gefühl, ständig auf Schaumstoff zu laufen.

Ein Drittel aller Patienten macht während einer Panikattacke eine Depersonalisationserfahrung. Die Betroffenen haben plötzlich das Gefühl, sich selbst und ihrer Umgebung fremd gegenüberzustehen. Ihre Umgebung erscheint ihnen nicht mehr vertraut, sondern unwirklich, kalt und fremd. Viele Patienten schildern dieses plötzliche Auseinanderfallen von Gefühlen und Wahrnehmung, das man als *splitting* bezeichnet, mit Worten wie: «Ich hatte das Gefühl, mich in einem Film zu bewegen... Ich fühlte mich wie ein Roboter... Ich war nicht mehr Herr über meine Gefühle, Gedanken und Bewegungen...»

Liegen zwischen den einzelnen Attacken gewisse zeitliche Abstände?

Wie bei depressiven Phasen können zwischen zwei Attacken Jahre vergehen; sie können aber auch in rascher Abfolge aufeinander folgen. Auf jeden Fall verändern sie das ganze Leben des Betroffenen.

Vielleicht auch wegen der sogenannten «Erwartungsangst»?

Der Patient lebt in einem dauernden Alarmzustand, immer am Rande des Abgrunds, er befürchtet beständig, verrückt zu werden oder sterben zu müssen. Dadurch verändert sich oft auch seine ganze Einstellung zum Leben. Er wird ängstlich und pessimistisch.

Noch zwanzig oder dreißig Jahre nach einer Panikattacke leben viele Menschen, als hätte sie sich gestern ereignet.

Je nachdem, unter welchen Umständen sie auftrat, wird der Betreffende sein Leben lang vergleichbare Umstände zu vermeiden suchen. Er wird, wie es in der Psychiatrie heißt, ein bestimmtes, manchmal groteskes «Vermeidungsverhalten» entwickeln. Erlitt er die Panikattacke beim Essen, wird er sich in Zukunft bevorzugt von Flüssigem ernähren, aus Angst, ein Bissen könnte ihn ersticken. Geschah es am Steuer, wird das Autofahren soweit wie möglich vermieden. Überfiel sie ihn während des Liebesspiels, wird Sexualität von da an für ihn mit Angst besetzt sein. Freud kannte Panikattacken aus eigener, leidvoller Erfahrung. Er litt unter einer Zugphobie.

Natürlich wird jemand, der eine solche Attacke in einem Aufzug erlitt, in seinem Leben keinen Aufzug mehr betreten. In Italien mag das noch angehen, aber ein Angestellter, der in New York im dreiunddreißigsten Stockwerk arbeitet, muß wegen einer solchen Störung seine Stellung aufgeben. Wird die Panikstörung nicht behandelt, hat sie auch abgesehen von solchen speziellen Fällen Folgen für das Verhalten des Betroffenen am Arbeitsplatz und dürfte, wie die Depression, sehr hohe soziale Kosten verursachen. Die Notaufnahmestationen der Krankenhäuser sind ständig überfüllt mit Menschen, die wegen einer Panikattacke den Notarzt anriefen und sich auf der Allgemeinstation oder von Kardiologen gründlich untersuchen lassen. Dabei wird keine noch so teure und komplizierte Untersuchung ausgelassen, denn noch lange nach einer Panikattacke leiden die meisten Patienten unter großer Angst vor allen möglichen Krankheiten.

Vermutlich sollen diese Untersuchungen nur ihre Befürchtung zerstreuen, sie könnten womöglich an einer mysteriösen organischen Krankheit leiden. Bei Hypochondern ist das ja nicht anders. Aber warum will jemand, der in einem Zug eine Panikattacke erlitt, keinen Zug mehr besteigen? Wird der Zug mit der Panik assoziiert, oder hat er wirklich etwas mit der Attacke zu tun?

Einerseits spielt die Vorstellung, daß sie sich unter denselben Umständen wiederholen könnte, sicherlich eine gewisse Rolle. Andererseits ist es tatsächlich schwieriger, wenn nicht unmöglich, bei einer Attacke Hilfe zu bekommen, die beim Auto- oder Zugfahren, in einem Tunnel oder an einem von Menschen wimmelnden beziehungsweise völlig isolierten Ort auftritt. Auch die bekannte Flugzeugphobie ist in den meisten Fällen auf eine frühere Panikstörung zurückzuführen.

Die erste Attacke kommt, wie bereits gesagt, unerwartet und wie aus heiterem Himmel, aber fast immer in einer Situation oder Umgebung, in der der Betreffende sich beengt, isoliert, einsam oder unfrei gefühlt hatte.

Häufig tritt sie in einer Phase der Entspannung nach dem Ende einer schweren Streßsituation auf, zum Beispiel nach einer langen, anstrengenden Fahrt auf der Autobahn, während der der Betreffende beständig fürchtete, es könne ihn in einem Stau oder Tunnel plötzlich eine Panikattacke überfallen. Viele Patienten berichten, daß sie deshalb Angst vor dem Moment der Entspannung haben und sich nie mehr wirklich entspannen können.

Möglicherweise ist die Verlangsamung der Atemfrequenz im Augenblick der Entspannung mit einem leichten Abfall der Sauerstoffkonzentration im Gehirn verbunden, der die Attacke auslösen könnte.

Verreisen die Betroffenen überhaupt nicht mehr? Schließlich dürfte ja nicht jede Attacke so schwer sein. Außerdem kann man nicht immer zu Hause bleiben.

Wenn sie doch einmal in die Ferien fahren oder aus Arbeitsgründen verreisen müssen, vergewissern sie sich zuvor, daß dort ein Arzt in der Nähe oder zumindest telephonisch erreichbar ist. Wer bei einer früheren Attacke die Kontrolle über seine Blase oder seinen Schließmuskel verloren hat, wird großen Wert auf die Nähe einer Toilette legen. Außerdem verreisen die Betroffenen im allgemeinen nie allein.

Läßt die Angst vor einem überfüllten oder einsamen Ort oder Tunnel nicht auf eine Klaustrophobie oder Agoraphobie schließen?

Diese beiden Phobien gehören zu demselben Krankheitsspektrum, dem «Paniksyndrom».

Patienten mit Paniksyndrom haben im allgemeinen auch eine starke Abneigung gegen Sicherheitsgurte, Ringe, Krawatten, Gürtel und enge oder bis zum Hals zugeknöpfte Kleidung. Eine fast achtzigjährige Patientin von mir erschien in einem tief ausgeschnittenen Kleid in meiner Praxis und erklärte mir, sie brauche Luft, sie müsse sonst ersticken.

Außerdem können sie wegen ihrer Angst vor einer erneuten Panikattacke nie allein sein, sondern brauchen ständig einen vertrauten Menschen um sich, der ihnen im Notfall helfen und sie beruhigen könnte.

Hilft es ihnen wirklich, immer einen Vertrauten in ihrer Nähe zu wissen?

Für manche kann er die einzige Rettung sein, da die Angst sie überfällt und wächst, sobald sie allein sind. Je größer die Angst, um so geringer die Widerstandskraft gegen Faktoren, die potentiell eine Panikattacke auslösen könnten, so daß sie ihre verheerende Wirkung um so leichter entfalten kann.

Bisher hatte ich von dieser komplexen und das ganze Leben beeinflussenden Störung noch nie gehört. Sind denn viele Menschen von ihr betroffen?

Sogar sehr viele. Man schätzt, daß mehr als drei Prozent der Bevölkerung an ihr leiden. In der Häufigkeit steht sie statistisch unmittelbar hinter der Depression, mit der sie oft verbunden ist.

Daß die Depression eine Krankheit ist, dringt trotz ihrer weiten Verbreitung erst allmählich ins allgemeine Bewußtsein. Wurde die Panikstörung auch erst in jüngster Vergangenheit als eigenständige Krankheit erkannt?

Schon Areteus von Kappadokien beschrieb sie im zweiten Jahrhundert nach Christus: «Man erzählt sich von einem Schreiner, der viel von seiner Arbeit verstand... Wenn er arbeitete, war er immer zufrieden. Aber wenn er zu den Thermen oder zum Forum gehen mußte, seufzte er, sobald er sein Werkzeug niederlegte... Kaum war er außer Sichtweite von seinen Arbeitern und seiner Werkstatt, ergriff der Wahnsinn von ihm Besitz, und er wurde erst wieder er selbst, wenn er an seinen Arbeitsplatz zurückgekehrt war.» Dieser Schreiner litt an «Angsterwartung» und Agoraphobie. In diesem Passus wird die Panikattacke sehr genau beschrieben: der Verlust der Selbstbeherrschung, das Gefühl, verrückt zu werden, und die Beruhigung, die durch die Rückkehr an den vertrauten Ort eintritt.

Im letzten Jahrhundert haben französische und deutsche Ärzte die Panikstörung präzise beschrieben. In den fünfziger Jahren unseres Jahrhunderts erkannte und beschrieb der Spanier José Lopez-Ibor sie als *Angustia vidal y corporal*. Und in den sechziger Jahren begann schließlich ihre gründliche wissenschaftliche Erforschung, die der Therapie den Weg ebnete.

Heute wird die Panikstörung mit einer Funktionsstörung des noradrenergen Systems in Verbindung gebracht, das für die Kontrolle derjenigen neurophysiologischen Mechanismen zuständig ist, die unser Alarmsystem steuern. Noch herrscht in der Neurobiologie allerdings keine Einigkeit über ihre Ursachen.

Unsere gemeinsam mit Sir Martin Roth, einem Psychiater an der Universität Cambridge, durchgeführten Studien haben gezeigt, daß die Symptome bei der Panikstörung mit vielen Symptomen identisch sind, die bei der Schläfenlappen-Epilepsie auftreten. Die Tatsache, daß die beim Paniksyndrom auftretenden angeblich «neurotischen» Symptome zum Großteil auch bei einer neurologischen Erkrankung auftreten, die durch eine Läsion des Schläfenlappens verursacht wird, hat die früheren «psychologischen» Theorien über die Entstehung hinfällig gemacht. Man kann jetzt schon sagen, daß der Schläfenlappen bei der Panikstörung häufig eine Rolle spielt. Natürlich bleiben beide Krankheiten trotzdem grundverschieden.

Läßt sich auch die Panikstörung ethologisch erklären?

Bei einer Panikattacke brechen Urängste in uns auf: die Angst davor, in einem geschlossenen Raum eingesperrt zu sein, die Angst vor dem Alleinsein, vor Isolation und Leere sowie die Angst vor dem Ersticken. Im krankhaften Klammern an einen vertrauten Menschen, der quälenden Angst davor, daß ein geliebter Mensch sterben oder uns verlassen beziehungsweise schwer erkranken könnte, kommt die tiefe Sehnsucht nach der «starken Mutter» zum Ausdruck, jener dominanten Gestalt, die uns beschützt und bei Kummer und Verzweiflung helfen kann. Sobald ein Kleinkind oder Tierjunges die Nähe der Mutter spürt, beruhigt es sich, während jede Entfernung von ihr automatisch Alarmreaktionen auslöst. Diese Trennungsangst schützt, wie bereits gesagt, die noch unselbständigen Jungen vor Gefahren.

Womit wieder einmal unsere Nähe zu unseren Vorfahren deutlich wird. Im Grunde haben sich unsere Affekte seit jenen fernen Zeiten, als die ersten Menschen in Höhlen hausten und den Naturgesetzen unbarmherzig ausgeliefert waren, nicht sehr verändert. Ist die Panikstörung heilbar, oder verschwindet sie nach einer oder mehreren Attacken von selbst?

Manche Menschen leben ihr Leben lang mit ihr, aber durch Behandlung mit Medikamenten wie Imipramin, Clomipramin, Phenelzin, Alprazolam und anderen gelingt es mittlerweile, sie unter Kontrolle zu bekommen.

Über das krankhafte Bedürfnis nach der beruhigenden, ständigen Nähe eines vertrauten Menschen habe ich bereits gesprochen. Das Bedürfnis, seine Ängste irgendwie zu beschwichtigen, macht den Betroffenen aber auch anfällig für magische, Unheil bannende Rituale und abergläubische Praktiken. Manche gehen nie ohne ein angstlinderndes Mittel aus dem Haus oder verreisen nur mit einer großen Flasche Wasser, aus Angst vor Erstickungsanfällen bei eventueller Mundtrockenheit. Andere gehen nur mit Hund, Stock oder schwarzer Brille aus, oder sie benutzen nur bekannte Wege und müssen vor Verlassen ihrer Wohnung eine komplizierte Vorbereitungsprozedur absolvieren.

Bei manchen Patienten treten allerdings gar keine Ängste auf, weshalb sie sich an einen Hals-Nasen-Ohren-Arzt, einen Neurologen oder Kardiologen wenden, um die Ursachen ihres rätselhaften Unwohlseins zu ergründen. Natürlich vergeblich. Auch die ständige Angst vor Krankheiten, die «sekundäre Hypochondrie», ist häufig mit der Panikstörung verbunden.

Das Wort «Hypochondrie» kommt aus dem Griechischen. Das Hypochondrium ist der unter den Rippenknorpeln liegende Teil der Oberbauchgegend. Früher wurde die Hypochondrie demnach für eine organische, an einer bestimmten Körperstelle lokalisierte Krankheit gehalten. Obwohl sie heute als psychologische Störung gilt, nähert sich die Wissenschaft wieder mehr und mehr den antiken biologischen Theorien an.

Der Hypochonder fürchtet beständig, an einer schweren Herz-, Lungen- oder Nervenkrankheit zu leiden; er wähnt sein Leben dauernd in Gefahr oder hat Angst, verrückt zu werden. Das kann über Monate oder Jahre so gehen. Danach treten gewöhnlich verschiedene Phobien auf. Patienten mit sekundärer «sozialer Phobie» vermeiden, wenn irgend möglich, jeden sozialen Kontakt oder fühlen sich in Gesellschaft anderer zumindest sehr unwohl, da sie von der Furcht vor einem plötzlichen Unwohlsein oder gar einer Ohnmacht geplagt werden. Andere leiden an Klaustrophobie und Agoraphobie, an der Angst vor Orten, an denen sie plötzlich krank werden könnten, ohne daß ihnen jemand helfen kann.

Häufig wird die Hypochondrie durch Alkoholmißbrauch kompliziert oder versteckt sich hinter einer Depression.

Kann man diese Angst vor Krankheiten behandeln?

Ja, man behandelt sie mit denselben Medikamenten, die gegen den Kern dieser Erkrankung, die Panikattacke, eingesetzt werden.

Angst und soziale Phobie: Wenn alles angst macht

Den Verängstigten ängstigt alles
SOPHOKLES

Aber am größten ist die Angst vor künftigem Schaden
ARIOST

Nach den verschiedenen Ängsten nun die Angst in ihrer Reinform. So-
weit ich weiß, handelt es sich um eine Angst vor allem, die oft als
Begleitsymptom der Depression, aber häufig auch allein auftritt. Viele
Menschen leben den ganzen Tag lang in Angst.
Sie tritt sogar oft allein auf. Diese Störung wird in der Psychiatrie als generalisiertes Angstsyndrom bezeichnet. Da dieser Zustand viele Jahre dauern kann, halten manche Wissenschaftler es für
treffender, von einer Persönlichkeitsstörung beziehungsweise einer
ängstlichen Persönlichkeit zu sprechen.

Mit welchen Symptomen äußert sich das generalisierte Angstsyndrom?
Zum Beispiel in der ständigen ängstlichen Erwartung irgend-
eines Unglücks, wie man sie oft bei überbesorgten Müttern beob-
achten kann. In Amerika bezeichnet man diesen Typus als *chronic*
worrier. Wenn es an der Tür oder am Telefon klingelt, kann das nur
Schlimmes bedeuten: sicherlich hat jemand aus der Familie einen
Unfall gehabt, ist ins Krankenhaus eingeliefert worden oder mit der
Polizei in Konflikt geraten.

Eine Mutter erzählte mir einmal: «Ich bin nie wirklich entspannt.
Solange nicht alle Kinder nach Hause gekommen sind, kann ich
nicht schlafen, denn ich fürchte ständig, daß irgendein Unglück
passieren könnte.» Der Ängstliche zuckt bei jedem Geräusch zusammen; während jeder Autofahrt ist er so lange nervös und

angespannt, bis endlich alle wohlbehalten am Ziel angekommen sind. Menschen, die am generalisierten Angstsyndrom leiden, sorgen sich beständig um alles und alle. Kürzlich gestand mir ein junger Geschäftsmann: «Obwohl ich noch nie Pech im Leben hatte, lebe ich immer in der Angst, daß meine Firma demnächst pleite gehen wird.» Wer die Angst kennengelernt hat, fühlt, daß es im Leben keine Sicherheit gibt.

Der dauernd aufrechterhaltene Alarmzustand verändert auch die Beurteilung und Wahrnehmung der Realität, so daß potentielle Gefahren oder Verluste ebenso falsch beurteilt werden wie die Chancen, gesteckte Ziele zu erreichen. Auch wenn keines der befürchteten Ereignisse je eintritt, wird die Angst nicht geringer. Ein Patient klagte mir neulich, er habe sein ganzes Leben in Erwartung irgendwelcher Gefahren vertan, die dann nie eingetreten seien. Obwohl er wußte, daß seine Ängste unbegründet waren, nahmen sie beständig zu, und es gelang ihm nicht, sie unter Kontrolle zu bekommen.

Jeder Versuch, die Ängste solcher Menschen mit Worten zu vertreiben und sie durch vernünftige Erklärungen zu beruhigen, ist schon deshalb zum Scheitern verurteilt, weil für sie praktisch alles angstbesetzt ist. Solange die Nervenstrukturen, die die Angst verursachen, nicht normal funktionieren, wird jede Beruhigung nur von kurzer Dauer sein. Darin unterscheidet sich diese Störung auch von der Panik- und Trennungsangst, bei der der Patient sich, wie wir gesehen haben, beruhigen läßt.

Im allgemeinen sind Ängstliche überaktiv, schon weil sie immer alles unter Kontrolle haben müssen, um ihre nervöse Anspannung in Grenzen zu halten. Immer wieder klagen Menschen, die von ständigen Ängsten geplagt werden, daß sie sich nie entspannen können.

Die kontinuierliche Anspannung führt dazu, daß sie überwachsam auf jedes Anzeichen einer möglichen Gefahr lauern und nachts wegen ihrer vielen Sorgen kaum Schlaf finden. In ihrem Pessimismus sind sie immer auf das Schlimmste gefaßt und sehen überall nur Gründe zur Sorge. Es hat den Anschein, als stelle diese dauernde Überbesorgtheit einen verzweifelten Versuch dar, das Schicksal berechenbar zu machen.

Wenn ich richtig informiert bin, treten beim generalisierten Angstsyndrom auch häufig organische Störungen auf.
Es wird häufig über Bauch- und Magenschmerzen geklagt, über Übelkeit und Brechreiz. Patienten, die am Paniksyndrom leiden, klagen dagegen eher über Lungen- und Herzbeschwerden sowie Beklemmungen im Brustkorb. Charakteristisch für das generalisierte Angstsyndrom sind auch Schlafstörungen, Zittern, Palpitationen und Schweißausbrüche sowie ein ständiges neuromuskuläres Spannungsgefühl. Der Ängstliche ist, wie gesagt, immer angespannt und stets zum Angriff oder zur Verteidigung bereit.

Es ist sicher kein schöner Zustand, wenn einem immer das Herz bis zum Hals schlägt. Läßt sich die Angststörung leicht heilen?
Ja. Viele müßten nur auf ihre drei oder vier Tassen Kaffee pro Tag verzichten, und ihre Angst würde wie Schnee unter der Sonne schmelzen. Kaffee, Alkohol und Nikotin sind für Menschen mit ängstlich-depressivem Temperament äußerst schädlich.
Zu Ihrer Frage nach der bei der Angststörung angewandten Therapie ist zunächst zu sagen, daß Menschen, die unter Angst leiden, im allgemeinen nicht zum Psychiater gehen, sondern höchstens ihren Hausarzt um Rat fragen. Das generalisierte Angstsyndrom läßt sich heute mit Medikamenten behandeln, die nicht abhängig machen und auch über einen langen Zeitraum eingenommen werden können.

Soviel zur Angst. Gibt es noch weitere häufig mit der Depression verbundene Störungen?
Auf die «soziale Phobie» habe ich schon bei der Behandlung der Panikstörung hingewiesen. Es gibt auch eine unabhängig von ihr auftretende primäre soziale Phobie. Sie äußert sich als Angst, vor anderen lächerlich oder ungeschickt zu erscheinen, als Über-

empfindlichkeit gegen Kritik und das Urteil anderer Menschen. Um sie zu vermeiden, werden Sozialkontakte weitgehend gemieden.

Auch viele Depressive ziehen sich wie Eremiten aus der Welt zurück. Der Depressive zieht sich aus der Welt zurück, weil er kein Interesse an ihr hat und es ihm an der Kraft mangelt, sich mit ihr auseinanderzusetzen. Depressive mit sozialer Phobie brechen alle Brücken ab, da sie fürchten, sich wegen ihrer Schwerfälligkeit im Denken, ihres schlechten Gedächtnisses und ihrer leisen, monotonen Stimme an keinem Gespräch beteiligen zu können und sich in Gesellschaft nur lächerlich zu machen. Da sie spüren, daß sie oft nur geduldet sind, schämen sie sich und haben Angst, daß man ihnen das Kainszeichen des «Wahnsinns» ansieht.

Bei der als sekundäres Phänomen der Depression auftretenden sozialen Phobie werden Sozialkontakte gemieden, um in Gesellschaft keinen schlechten Eindruck zu machen, während bei der primären Angst und dem Paniksyndrom die Möglichkeit eines tatsächlichen plötzlichen Unwohlseins als Angst im Raume steht.

Eine depressive Frau kann bereits die Frage des Bäckers verwirren, welches Brot sie kaufen möchte, da sie sich einfach nicht entscheiden kann. Ebenso schwer fällt es ihr, im Restaurant die einfachste Bestellung aufzugeben. Selbst der Kauf eines Taschentuchs wird unter diesen Umständen zu einer schwierigen Angelegenheit, ganz zu schweigen vom Kauf eines Kleides. Da die Verlangsamung aller Denkprozesse dem Depressiven das Gefühl gibt, entscheidungsunfähig und ein Versager zu sein, meidet er Geschäfte, Restaurants oder Versammlungen weitgehend.

Das mag schon schlimm genug sein, aber manchmal hat die Depression noch viel negativere Auswirkungen: Ein zwanghaft gewissenhafter und depressiver Arzt muß irgendwann seine Praxis schließen, da er kein Medikament mehr verschreiben und keine Therapie verordnen kann, ohne darüber nachzugrübeln, ob er auch wirklich richtig gehandelt hat. Seine Selbstzweifel und sein mangelndes Vertrauen in seine eigenen Fähigkeiten können oft sogar so weit gehen, daß er den Patienten anruft oder zu Hause aufsucht und seine Therapie ändert. Einem Notar gelingt es in diesem Zustand womöglich nicht mehr, eine Urkunde termingerecht abzufassen; ein Anwalt zweifelt daran, ob er auch wirklich die richtigen Gesetzesartikel für den jeweiligen Fall herangezogen hat. Bei all diesen Phänomenen handelt es sich um eine zwanghafte Unsicherheit, die als sekundäres Symptom der affektiven Störung auftritt. Mit der Zeit führt das Gefühl der Unsicherheit und Unzulänglichkeit zu einem Schuldgefühl, bis irgendwann alles auf die eigene Person bezogen wird, so daß der Betreffende sich beobachtet und kritisiert fühlt. Ein mir bekannter Arzt ging in einer depressiven Phase überhaupt nicht mehr aus dem Haus, da er sich für den Tod eines Patienten, der vor vielen Jahren an Krebs verstorben war, verantwortlich fühlte und meinte, die Leute würden ihm diesen Tod zur Last legen.

Aus diesem und vielen anderen Gründen ist der Depressive irgendwann vollkommen allein, obwohl er die anderen verzweifelt braucht.

Und wie äußert sich die primäre soziale Phobie, bei der keine Depression im Spiel ist?

In starker Sensibilität, Schüchternheit und ausgeprägten Minderwertigkeitskomplexen, die viele junge Menschen, aber auch Erwachsene hemmen. Die Betreffenden sind verletzlich und im Umgang mit anderen sehr unsicher. Obwohl sie ihre eigene Überempfindlichkeit gegen Kritik und das Urteil anderer zur Verzweiflung bringt, reagieren sie immer wieder gekränkt. Im nahen Zusammensein mit fremden Menschen fürchten sie beständig, rot zu werden, zu schwitzen oder unangenehm zu riechen. Ein Geschäftsmann erzählte mir einmal: «Am Telefon kann ich in Geschäftsangelegenheiten kämpfen wie ein Löwe, aber wenn ich auch nur mit zwei Menschen persönlich verhandeln muß...» Solche Menschen können im Restaurant nicht essen, wenn sie sich von anderen beobachtet fühlen, oder sie verreisen nicht, da sie nicht in der Lage sind, einen Scheck zu unterschreiben oder eine Rechnung in einem Hotel zu begleichen, wenn ein anderer sie dabei beobachtet. Öffentliche Toiletten benutzen sie nicht, um niemanden draußen warten lassen zu müssen. Viele junge Menschen gehen nie zum Tanzen oder treiben keinen Sport, da sie sich dabei öffentlich zur Schau stellen müßten. Chirurgen mit dieser Störung können nicht operieren, wenn ein nicht zum Operationsteam gehörender Fremder bei der Operation anwesend ist.

Ihre Störung macht ihnen offensichtlich das Leben ziemlich schwer.

Glücklicherweise läßt sich die soziale Phobie heute mit gutem Erfolg durch Monoaminooxydasehemmer wie Phenelzin und Moclobemid behandeln. Auch mit Fluoxetin haben wir bei dieser Störung gute Erfahrungen gemacht. Wenn die soziale Phobie ein Begleitsymptom der Depression oder Panikstörung war, verschwindet sie, sobald die primäre Störung erfolgreich behandelt wurde. Oft verändert sich dann sogar die gesamte Persönlichkeit des Betreffenden, so daß sich schüchterne Menschen, die vorher in der Öffentlichkeit kaum ein Wort herausbrachten, ohne zu stottern, plötzlich völlig angstfrei in Gesellschaft bewegen.

Nach der Behandlung trinken sie auch kein Bier mehr.

Was hat das Bier damit zu tun?

Sehr viel, denn Menschen, die an sozialer Phobie leiden, trinken sich oft mit Bier den Mut an, unter Leute zu gehen. Warum sie dafür ausgerechnet Bier wählen, ist noch unbekannt. Vielleicht weil es nicht stark alkoholhaltig ist und man es auch während der Arbeit und zwischen den Mahlzeiten trinken kann. Auf jeden Fall werden viele schüchterne Menschen zu starken Bier- oder Cognactrinkern. Schüchterne Frauen benutzen dagegen eher Optalidon, um in Gesellschaft locker zu wirken.

Menschen mit Zwangsstörungen: Gefangene eines Rituals

Die Gesten des Seiltänzers müssen jedem absurd erscheinen,
der nicht weiß, daß er über der Leere und dem Tod tanzt.

JEAN COCTEAU

In diesem Kapitel wollen wir uns mit einer weiteren, häufig als Begleit-
symptom der Depression auftretenden Störung beschäftigen: der
Zwangsstörung.
Zur Klarstellung möchte ich zunächst darauf hinweisen, daß
man bei dieser Störung zwischen Zwangsvorstellungen und
Zwangshandlungen unterscheiden muß. Manche Zwangshandlungen laufen jedoch nur im Kopf ab, zum Beispiel der Zwang, immer
wieder den Refrain eines Liedes zu wiederholen, Dinge abzuzählen
oder komplizierte Rechnungen im Kopf anstellen zu müssen.
Wer an einer Zwangsstörung leidet, findet die Fülle der Ideen,
Gedanken, Bilder, Vorstellungen, musikalischen Motive und Hand-
lungsimpulse, die sich ihm aufdrängen, selbst absurd und kämpft
bis zur Erschöpfung gegen sie an.

Er ist sich also seiner Krankheit bewußt?
Ja, die meisten Patienten, wenn auch längst nicht alle, empfinden
ihre Zwangsvorstellungen und Zwangshandlungen als irrational
und grundlos auftretend und lehnen sie ab. Trotzdem fühlen sie sich
gezwungen, immer wieder eine bestimmte Zwangshandlung auszuführen.
Wohl jeder Mensch ist sich gelegentlich nicht sicher, ob er den
Gashahn wirklich abgedreht oder die Schlüssel eingesteckt hat,
denn wir sind alle manchmal zerstreut oder vergeßlich. Auch der

Wunsch, sich nach dem Kontakt mit einem Kranken die Hände zu waschen, ist noch nicht Ausdruck einer hypochondrischen Angst vor Krankheiten. Wenn allerdings jemand zwanghaft stundenlang unter der Dusche steht oder sich dauernd die Hände wäscht oder keine Kirche betreten kann, weil er Angst hat, laut fluchen zu müssen, liegt eine krankhafte Störung vor. Manche Menschen werfen alle Messer in ihrem Haushalt weg aus Angst, sie könnten unter irgendeinem Zwang ein Messer ergreifen und damit womöglich auf das eigene Kind losgehen. Andere gehen nie aus dem Haus, da sie fürchten, sie müßten plötzlich Passanten ins Gesicht spucken oder den Genitalbereich fremder Menschen anstarren. Manche verriegeln alle Fenster, um sich selbst daran zu hindern, aus einem plötzlichen Impuls heraus aus dem Fenster zu springen, oder sie dichten sie hermetisch ab, damit keine verschmutzte Luft in ihre Räume dringt.

Unter fixen Ideen leiden aber auch Depressive...
Aber das ist etwas ganz anderes. Ihr Denken kreist beständig um negative Ereignisse, und was wir als «fixe Ideen» bezeichnen, erscheint ihnen als notwendige Auseinandersetzung mit Geschehenem. Außerdem sind sie keine Sklaven ihrer Zwangsrituale wie Zwangsneurotiker, die vor jedem Verlassen ihrer Wohnung wieder und wieder überprüfen müssen, ob auch wirklich alle Lichter ausgeschaltet sind und der Gashahn abgedreht ist, oder sie überhaupt nicht mehr verlassen aus Angst, sich draußen mit einer gefährlichen Krankheit anzustecken. Bei solchen Menschen kann jeder soziale Kontakt ein anstrengendes und langwieriges «Reinigungsritual» auslösen.

Gelegentlich tritt die Zwangsstörung als Begleitsymptom der monopolaren oder bipolaren Depression auf.

Auch sie scheint eine schwere Krankheit zu sein.
In ihrer klinischen Form sicherlich. Solange allerdings keine regelrechte Störung vorliegt, sondern lediglich eine leicht zwanghafte Persönlichkeitsstruktur, ist kein Grund zu allzu großer Be-

sorgnis. Vielmehr können die besonderen Eigenschaften leicht zwangsneurotischer Menschen für die Gemeinschaft durchaus von Vorteil sein. Wegen ihrer Pünktlichkeit, Zuverlässigkeit, ihres Ordnungssinns, ihrer Vertrauenswürdigkeit und Gewissenhaftigkeit werden sie als Arbeitskräfte sogar besonders geschätzt, denn all diese Eigenschaften sind in vielen Berufen äußerst nützlich. Nur wenn sie krankhaft ausgeprägt sind, beeinträchtigen sie die Entscheidungs- und Handlungsfreiheit des Betreffenden durch den Zwang zur ständigen Wiederholung bestimmter Rituale und Kontrollhandlungen erheblich.

Wann sind solche Eigenschaften für den Betreffenden von Vorteil, und wann werden sie zu einer Behinderung?

Da Zwangsneurotiker in ihrem Denken unflexibel sind und unvorhergesehene Änderungen ihrer Pläne sie völlig aus dem Gleichgewicht bringen, brauchen sie geordnete Arbeitsverhältnisse und Zeitabläufe. Verpflichtungen übernehmen sie nur, wenn sie hundertprozentig sicher sind, sie auch erfüllen zu können. Aber dann kann nichts auf der Welt sie davon abhalten, diese gewissenhaft auszuführen.

Sie brauchen also immer die Gewißheit, eine Arbeit perfekt erledigen zu können?

So ist es. Menschen mit einem zwanghaften Temperament genießen, wie bereits gesagt, große gesellschaftliche Wertschätzung, da sie hohe moralische Anforderungen an sich selbst stellen, gesetzestreue Bürger und gottesfürchtige Gläubige sind.

Zu Hause entpuppt sich der hochgeschätzte Arbeiter oder Angestellte allerdings oft als Haustyrann, der seine starren Grundsätze um jeden Preis auch den anderen Familienmitgliedern aufzwängen will. Jede Übertretung, jede Verspätung oder auch nur scheinbare Unordnung bereitet ihm Angst und bringt ihn zur Verzweiflung. Solange nur ein einziges Bild schief hängt oder der Schreibtisch nicht völlig leer geräumt ist, kann er nicht weggehen. Zwangsneurotische Frauen schicken den Ehemann am Sonntagmorgen aus dem Haus, um endlich einmal die Wohnung wirklich gründlich putzen zu können. Sie putzen auch da, wo beim besten Willen kein Schmutz zu entdecken ist, und keiner darf ihre stets blitzblanken Böden ohne Filzpantoffeln betreten, damit sie nicht zerkratzt werden.

Zumindest sind sie sehr reinliche Menschen.

Nicht unbedingt. Manche waschen sich zwar tausendmal am Tag die Hände, vernachlässigen aber ansonsten ihre Körperhygiene. Andere legen höchsten Wert darauf, jede Arbeit ordentlich zu erledigen, aber wehe, wenn man ihre Wohnung oder Kleidung genauer in Augenschein nimmt... Manzoni soll ein Zwangsneurotiker gewesen sein. Über zwanzig Jahre lang arbeitete er an seinem Hauptwerk *Die Verlobten*, da er es immer wieder änderte.

Glücklicherweise brachte Manzoni sein wunderbares Buch zu Ende. Sind Zwangsneurotiker hoffnungslos ihren Zwangshandlungen ausgeliefert?

Noch bis vor wenigen Jahren galt diese Störung als unheilbar. Jetzt läßt sie sich mit überraschend guten Ergebnissen behandeln.

Welche Medikamente werden eingesetzt?

Clomipramin und, in jüngster Zeit, Fluoxetin, Fluvoxamin, Paroxetin und Sertralin, also Antidepressiva, die das serotonerge System – die Nervenzellen, die mit Serotonin als chemischem Botenstoff arbeiten – selektiv beeinflussen.

Wissenschaftler beobachteten, daß diese Substanzen bei verletzten Labradorhunden den Impuls unterdrücken, ihre Wunden ständig zu lecken, was durchaus zum Tode eines kranken Tieres führen kann. Auch bei Papageien, die sich in Gefangenschaft häufig zwanghaft die Federn ausreißen und dadurch Infektionen und Blutungen verursachen, konnte eine ähnliche Wirkung nachgewiesen werden. Das zwanghafte Ausreißen von Körper- und Kopfhaaren wird in der Psychiatrie als Trichotillomanie bezeichnet.

Und wie steht es mit dem weitverbreiteten Tick des Nägelkauens?
Auch die Onychophagie, das zwanghafte Nägelkauen, wird mit diesen Medikamenten behandelt.

Eine Patientin, die ich wegen ihrer Depression mit Fluoxetin behandelte, kam einige Tage nach Beginn der Behandlung höchst erstaunt in meine Praxis. Die Depression war zwar noch nicht abgeklungen, dafür hatte sie aber plötzlich mit dem Nägelkauen aufgehört, von dem sie seit ihrer Kindheit nie hatte lassen können. Damals erfuhr ich zum ersten Mal von der erstaunlichen Wirkung dieses Medikaments, die heute als wissenschaftlich erwiesen gilt.

Für die Forschung sind Tierversuche von großer Bedeutung, da sie Aufschluß über die neurobiologischen Grundlagen wichtiger Verhaltensweisen geben – wie zum Beispiel des Wundenleckens von Hunden – und die Möglichkeit bieten, die Wirksamkeit neuer Medikamente gegen die Zwangsstörung an Tieren zu erproben.

Schlagen Behandlungen mit Antidepressiva bei dem betreffenden Patienten nur dann an, wenn die Zwangsstörung mit einer Depression verbunden ist, oder auch dann, wenn sie für sich allein auftritt?
Ja, auch dann. Die Forschung hat auf diesem Gebiet in jüngster Vergangenheit große Fortschritte gemacht. Die Entdeckung, daß eine Zwangsstörung mit Antidepressiva erfolgreich behandelt werden kann, ist für unsere Erkenntnisse über ihre neurophysiologischen Grundlagen und auch aus ethologischer Sicht von größter Bedeutung.

Womit wir wieder bei Ihrer großen Leidenschaft, der Verhaltensforschung, wären. Wie lassen sich denn menschliche Zwangsvorstellungen und Handlungen biologisch erklären, und mit welchen tierischen Verhaltensweisen kann man sie vergleichen?
Es hat den Anschein, als ob beim Zwangsneurotiker bestimmte Verhaltensprogramme blockiert oder durch eine Art Kurzschluß gestört wären, von denen viele genetisch verankert und nicht erworben sind. Bei Frauen ist der Zwang zur Sauberkeit und zum zwanghaften Putzen beziehungsweise zu besonders gründlicher

Körperhygiene vorherrschend, während Männer häufiger Ordnungs- und Kontrollrituale entwickeln. Die Amerikaner nennen diese beiden Typen von Zwangsneurotikern *washers* und *checkers*. Auch ein Säugetier verhält sich nach der Geburt von Jungen dank eines in seinen Genen verankerten Programms wie ein *washer*. Es leckt die Neugeborenen so lange, bis die Nabelschnur abfällt.

Die Beobachtung von Vögeln, die beim Nestbau mit zwanghafter Ordentlichkeit und unermüdlichem Fleiß Zweiglein um Zweiglein und anderes Nestbaumaterial zusammentragen oder Vorräte sammeln, erinnert unweigerlich an bestimmte Verhaltensweisen mancher Menschen wie das Horten von Vorräten und den manischen Sammeltrieb. Typisch für den Zwangsneurotiker ist ja nicht nur die beständige Wiederholung gewisser Kontroll- oder Zwangshandlungen und ein – ihn oft selbst zur Verzweiflung treibender – Perfektionismus in allem, sondern auch das Ansammeln von unnützen Dingen.

Diese Verhaltensweisen sind als Programm in bestimmten Regionen unseres Gehirns – vermutlich in den Hirnbasiskernen – codiert. Solche Strukturen stellen eine regelrechte «Diskettensammlung» von Verhaltensweisen dar. Sie sind vorgeformte Antworten, die im entsprechenden Moment aufgerufen und mittels spezieller Mechanismen in Gang gesetzt werden, als seien sie auf der Festplatte eines Computers gespeichert. Wenn die auf diesen «Disketten» gespeicherten Verhaltensweisen durch unkontrollierbare innere oder äußere Reize aufgerufen werden, scheint eine Art Kurzschluß einzutreten, eine Blockierung vergleichbar dem Sprung auf einer Schallplatte, der dazu führt, daß immer dieselbe Stelle wiederholt wird. Eine solche Blockierung verursacht dem Betroffenen große Angst und Verzweiflung.

Und wo liegt der Defekt?
Das konnte bis heute noch nicht geklärt werden. Es scheint, daß dieser Kurzschluß durch eine gesteigerte Aktivität des mit den Hirnbasiskernen in Beziehung stehenden Stirnlappens ausgelöst wird.

Hunger- und Freßwahn: Anorexie und Bulimie

Der Hunger wird zu einem Dauerzustand.
SIMONE WEIL

Ich schwöre vor Gott...,
daß mich die Nahrungsaufnahme ein- oder zweimal pro Tag
Überwindung kostet...
Ich habe gründlich über diese menschliche Unvollkommenheit
nachgedacht und glaube,
daß Gott sie mir in seiner Güte schenkte,
um mich von dem Laster der Freßsucht zu befreien.
DIE HEILIGE KATHERINA VON SIENA

*Wenn wir uns weiterhin an die von Ihnen aufgestellte Reihenfolge halten
wollen, käme jetzt die Bulimie an die Reihe, unter der – wie ich glaube –
nur Frauen leiden.*
Hauptsächlich Frauen. Gelegentlich leiden aber auch Männer
unter ihr, allerdings sehr viel seltener. Man darf die Bulimie weder
mit der Hyperphagie (Freßsucht wegen Fehlens eines Sättigungs-
gefühls) verwechseln noch mit der für einige Depressionsformen
typischen, unbezähmbaren Lust auf Süßes.

Bulimikerinnen oder Bulimiker knabbern und naschen nicht nur
den ganzen Tag lang Kekse, Süßigkeiten und Schokolade, sondern
werden immer wieder von regelrechten Freßattacken überfallen.
Aus einem plötzlich auftretenden Heißhunger heraus stürzen sie in
die nächstbeste Konditorei und verschlingen fünf, zehn, ja manchmal zwanzig Tortenstücke oder gar eine oder auch zwei Butter-
creme- oder Sahnetorten. Fast immer bevorzugen sie sehr kalorienreiche Nahrungsmittel. Am liebsten essen sie fette, süße und weiche
Speisen, die sie unzerkaut hinunterschlingen können. Manche bereiten sich auch systematisch unter Verwertung aller kalorienrei-
chen Vorräte und Kühlschrankreste eine üppige Riesenmahlzeit.
Nicht selten schlingen Bulimikerinnen bei einer solchen Freßorgie
bis zu zwanzig-, ja dreißigtausend Kalorien auf einmal hinunter.

Unvorstellbar.

Und doch ist es so. Nach dem Freßtaumel ergreift die Bulimikerin Scham, Ekel und Abscheu vor sich selbst; sie ist verzweifelt und leidet unter Schuldgefühlen. Schließlich provoziert sie Erbrechen und stopft sich erneut voll, um das Gefühl der Befreiung und Erleichterung danach wiedererleben zu können. Dieser Kreislauf wiederholt sich immer wieder.

Erbrechen sich alle Bulimikerinnen nach einem Freßanfall?

Nein, vorwiegend Frauen, die Angst vor dem Dickerwerden oder vor Unförmigkeit haben. Bei der «Bulimarexie» ist das Bild vom eigenen Körper gestört. Das «Idealgewicht» dieser Mädchen liegt weit unter der Norm. Um es zu erreichen, unterwerfen sie sich einer eisernen Diät, gegen die sie zu ihrem eigenen Leidwesen immer wieder verstoßen. Nach einer gewissen Zeit des systematischen Hungerns funktionieren die Nervenzentren, die unser Hunger- und Sättigungsgefühl regulieren, bei den Betreffenden nicht mehr einwandfrei, so daß sie immer öfter die Kontrolle über ihr Eßverhalten verlieren und ihrem Heißhunger nachgeben.

Sie sagten vorhin, daß diese Störung sich manchmal anfallartig äußere. Wie kann sie sich sonst noch äußern?

Manche Frauen planen ihre Freßorgien systematisch und kaufen dann im Supermarkt oder in der Konditorei alles Nötige ein. Sie können erst aufhören zu essen, wenn ihnen der Magen buchstäblich zu platzen droht.

Sind alle Bulimikerinnen beziehungsweise Bulimiker fett?

Durchaus nicht. Bulimikerinnen, die sich nach jeder opulenten Mahlzeit erbrechen, nehmen unter Umständen gar nicht zu. Außerdem wechseln sich oft Perioden der Bulimie mit langen Zeiten der Anorexie ab, die mit entsprechend hohem Gewichtsverlust verbunden sind.

Hinzu kommt, daß sowohl die Freßorgien als auch das Erbrechen heimlich erfolgen. Sobald jemand das Zimmer betritt, wird die

Fresserei sofort unterbrochen. Diese Geheimniskrämerei erinnert
an vergleichbare Verhaltensweisen Süchtiger, die sich ihre Droge
auch meist heimlich injizieren und erstaunliche Fähigkeiten entwickeln können, wenn es darum geht, ihre Sucht vor Familienangehörigen und Freunden zu verbergen.

Die Anorexie scheint mir untrennbar mit der Bulimie verbunden zu sein.
Das muß nicht unbedingt der Fall sein. Auch manche Depressive leiden unter Appetitverlust und verweigern jegliche Nahrungsaufnahme. Ihre negativistische Verweigerungshaltung führt mit der
Zeit zu vollkommener Abmagerung, körperlicher Schwäche und
Krankheitsanfälligkeit. In diesem Fall handelt es sich allerdings um
ein sekundäres Symptom der Depression.
Die Anorexie ist dagegen selten mit Depressionen verbunden.
Magersüchtige junge Mädchen, die Hauptgruppe der Betroffenen,
sind im allgemeinen sogar besonders lebhaft und oft sogar hyperaktiv. Sie leiden auch nicht unter Appetitverlust, sondern zwingen
sich dazu, nichts zu essen.
Von einem Tag auf den anderen, manchmal auch allmählich,
reduzieren sie erbarmungslos ihre Nahrungszufuhr und unterwerfen sich einer eisernen Diät. Zusätzlich treiben sie intensiv Sport,
um möglichst viele Kalorien zu verbrennen, und stopfen sich mit
Abmagerungs-, Abführ- und Entwässerungsmitteln voll. Und wenn
das alles noch nicht zum gewünschten Ziel führt, provozieren sie
immer wieder Erbrechen. Junge Mädchen, die diese Selbstkastei-
ung über einen längeren Zeitraum durchhalten, sind irgendwann
lebensgefährlich untergewichtig und so schwach, daß ihr Körper
einer eventuellen Infektionskrankheit keinerlei Widerstand mehr
entgegenzusetzen hat.
Für die Anorexia nervosa gilt dasselbe wie für die anderen bisher
behandelten psychischen Störungen. Auch ihr liegt eine zerebrale
Funktionsstörung zugrunde: Entweder ist das Gehirnareal betroffen, welches über unser Bild von uns selbst bestimmt, oder das
Hunger- beziehungsweise Sättigungszentrum, über das unser Eßverhalten kontrolliert wird. Aus diesem Grunde ist auch hier eine

medikamentöse Behandlung erfolgversprechend. Dabei sollten möglichst Fachleute für parenterale Ernährung einbezogen werden, da sie bei frisch an der Speiseröhre, am Magen oder im Rachen operierten Patienten, die auf natürlichem Wege keine Nahrung mehr zu sich nehmen können, Erfahrungen gesammelt haben, die auch bei der Behandlung magersüchtiger Mädchen nützlich sind.

Da die medikamentöse Behandlung und Ernährung einer durch ihre Anorexie körperlich ausgezehrten Patientin, die vielleicht weniger als dreißig oder manchmal sogar nur zwanzig Kilo wiegt, sehr schwierig ist, sollten solche Patientinnen stationär behandelt werden.

Weniger als zwanzig Kilo?

Meine magerste Patientin wog bei einer Körpergröße von 160 cm und einem Alter von 25 Jahren neunzehn Kilogramm.

Konnte sie geheilt werden?

Ja. Allerdings ist die Zusammenarbeit mit so jungen Patientinnen, die schon vor einem einzigen zusätzlichen Gramm Körpergewicht große Angst haben, schwierig. Entweder widersetzen sie sich offen jeglicher Behandlung, oder sie unterlaufen konsequent und geschickt alle ärztlichen Maßnahmen, obwohl sie sich nach außen hin sehr kooperationswillig geben.

Die Zahl junger Mädchen, die nach jahrelangen obskuren Therapien in einem elenden Zustand in Spezialkliniken wie die unsrige eingeliefert werden, nimmt rasant zu. Unter anderem tragen solche fragwürdigen Therapien dazu bei, einen Keil zwischen die Patientin und ihre Familie zu treiben, da sie meist die Eltern für deren Leiden verantwortlich machen.

Da bei der Anorexie mit Sicherheit auch Erbfaktoren eine Rolle spielen und der behandelnde Arzt also auf psychische Störungen in der Familie stoßen wird, sollte er eher darauf drängen, daß sich auch andere gestörte Familienmitglieder in Behandlung begeben, als in den Eltern die Schuldigen zu suchen. Wir legen im allgemeinen bei jeder Anorexiebehandlung Wert auf die Einbeziehung der Mutter.

Wenn ich Sie richtig verstanden habe, treten bei der Bulimie häufiger gleichzeitig Depressionen auf als bei der Anorexie.

Bei unter Depressionen leidenden Bulimikerinnen treten besonders häufig Freßanfälle auf, so daß sie die daraus resultierende Gewichtszunahme nicht mehr durch Abmagerungskuren oder Erbrechen kompensieren können. Sie fühlen sich ihren Freßattacken gegenüber vollkommen hilflos und verzweifeln an ihrer Unbeherrschtheit. Aber auch Magersüchtige sind verzweifelt und leiden an Depressionen, wenn sie feststellen müssen, daß sie zunehmen und über ihrem «Idealgewicht» liegen. Je öfter sie in ihrem seltsamen Kampf eine Niederlage erleiden mußten, um so aggressiver, frecher und lauter verhalten sie sich zu Hause, vor allem der Mutter gegenüber. In solchen Krisenzeiten ist natürlich auch die Gefahr am größten, daß sie sich etwas antun.

Verhalten sie sich außerhalb der Familie ebenso?

Nein, dort benehmen sie sich in vieler Hinsicht geradezu untadelig. Da jedoch das gesamte Denken von Bulimikerinnen mit der Zeit nur noch um das Essen kreist, ziehen sie sich zunehmend zurück und brechen alle Freundschaften oder auch Liebesbeziehungen ab. Überflüssig zu erwähnen, daß sie auch große Schwierigkeiten haben, konzentriert zu lernen oder zu arbeiten.

Die Bulimie scheint eine typische Krankheit unserer Zeit zu sein, die immer mehr zunimmt.

Zumindest hat es den Anschein. Zum einen stehen Nahrungsmittel, im Gegensatz zu früher, rund um die Uhr zur Verfügung. Der Kühlschrank, den es früher nicht gab, ist ja mittlerweile fast der Mittelpunkt jeder Familie. Außerdem könnte auch das modische Schlankheitsideal dabei eine Rolle spielen. Andererseits wird die Bulimie erst seit wenigen Jahren als Krankheit behandelt. Seit die Massenmedien ausführlich über sie berichteten, suchen immer mehr Bulimikerinnen ärztlichen Rat. Früher hielten sich Frauen mit dieser Störung nicht für krank, sondern gaben sich selbst die Schuld für ihr verwerfliches Laster und waren überzeugt, daß nur sie derartige Probleme hätten. Immer wieder hört man von solchen Patientinnen: «Ich verabscheue mich selbst wegen meiner grauenvollen Freßanfälle... Damit die anderen nicht über mich lachen, bleibe ich fast immer zu Hause und fresse heimlich in mich hinein... Ich weiß, daß niemand mich verstehen kann, ich verstehe mich ja selbst nicht. Für krank halte ich mich allerdings nicht.»

Manche wollen um keinen Preis zugeben, daß sie krank sind.

Dieses Phänomen ist typisch für Gesellschaften, in denen der einzelne wegen mangelnder medizinischer Aufklärung kein Krankheitsbewußtsein besitzt. Wenn eine Frau nicht weiß, daß sie krank ist, verurteilt sie sich selbst moralisch und entwickelt entsprechende Schamgefühle sowie die Angst, von anderen ausgelacht oder abgelehnt zu werden. Je mehr sich diese Einstellung verfestigt, um so stärker wehrt sie sich dagegen, ihr abscheuerregendes Äußeres als Folge einer Krankheit zu betrachten.

Ist auch die Anorexie eine Krankheit unserer Zeit und hängt sie mit dem herrschenden Schönheitsideal der schlanken Mannequinfigur zusammen?

Nein, die Anorexie hat es immer gegeben. Extrem mager zu sein galt früher als Beweis für besondere Tugendhaftigkeit, für die Herrschaft des Geistes über den Körper und das Streben nach Unterdrückung der «niederen» Sinnesfreuden. Die üppige Leibesfülle eines trink- und eßfreudigen Menschen galt dagegen als vulgär. Zahllose Heilige dürften an dieser Krankheit gestorben sein. Der Historiker Rudolph M. Bell schrieb vor einigen Jahren ein Buch über dieses Thema, dem er den Titel *Santa anoressia* (Heilige Anorexie) gab. Auch die früher bei vielen mageren Frauen diagnostizierte Tuberkulose dürfte nicht die wahre Ursache ihres starken Abmagerns gewesen sein, sondern nur eine sekundäre Komplikation.

Wenn Sie das «Idealbild vom eigenen Körper» erwähnen, das bei diesen Eßstörungen eine Rolle spielt, meinen Sie also kein modernes, sondern ein zeitloses Ideal, das es schon immer gegeben hat. Im übrigen haben Sie bereits früher, als wir darüber sprachen, daß ein nach einem Unfall stark entstelltes Gesicht einen Menschen zur Verzweiflung, wenn nicht gar in den Tod treiben kann, darauf hingewiesen, wie wichtig das Bild von sich selbst für jeden Menschen ist.

Bei der Bulimie oder Anorexie ist das Verhältnis zum eigenen Körper und zum Essen gleichermaßen gestört. Von daher der ständige Heißhunger auf kalorienreiche Nahrungsmittel oder das Bedürfnis, regelrechte Freßorgien zu veranstalten, die eine gewisse Ähnlichkeit mit Akten der Selbstbefriedigung haben (bevorzugt finden sie allein und heimlich statt). Insgesamt scheint sowohl bei der Bulimie als auch bei der Anorexie die Maßlosigkeit eine wichtige Rolle zu spielen, denn auch Magersüchtige fallen von einem Extrem ins andere. Gelingt es ihnen nicht, ihre eiserne Diät konsequent durchzuhalten, bricht oft spontan ein Anfall maßloser Eßgier aus.

Heute gilt es als wissenschaftlich erwiesen, daß manche Medikamente, die bestimmte serotonerge Rezeptoren blockieren, unseren Appetit auf Süßigkeiten wecken, so daß wir Sahnespeisen, Schokolade und Torten, die uns vorher überhaupt nicht reizten, plötzlich unwiderstehlich finden. Durch Stimulierung des dopaminergen Systems läßt sich dagegen der gegenteilige Effekt erzielen. Andere Substanzen können dagegen Appetit auf fettreiche Speisen auslösen.

Womit wir wieder bei Ihrem mechanistischen Erklärungsmodell wären.

Es läßt sich nun einmal nicht leugnen, daß jeder von uns mit «Programmen» ausgestattet ist, deren Zweck die Steuerung unserer Ernährungsgewohnheiten und die Herstellung eines Gefühls der Zufriedenheit mit unserem Körper ist, wie unser Spiegelbild oder unsere Wirkung auf andere ihn uns erscheinen lassen. Der Körper ist ein wichtiger Vermittler für unsere Beziehungen zu anderen Menschen. Deshalb führt die Erfahrung körperlicher Häßlichkeit beziehungsweise die Angst vor ihr häufig zu schweren Depressionen und Verhaltensstörungen. In der Psychiatrie spricht man in diesem Zusammenhang von Dysmorphophobie. Ein junger

Mensch, der sich selbst nicht akzeptiert und sich für häßlich hält, wird den Kontakt mit anderen vermeiden und mit heftiger Ablehnung auf jeden Versuch seiner Familienangehörigen reagieren, ihn vom Gegenteil zu überzeugen. Viele verwechseln diese gravierende Störung, die einem jungen Menschen das Leben sehr erschweren kann, mit der Schizophrenie.

Ich würde gerne den manchen Lesern vermutlich unbekannten Begriff «Dysmorphophobie» erklären. Die Silbe «dys» bedeutet falsch, unregelmäßig, während «morphé» auf griechisch «Form, Gestalt» heißt. Das Wortende «phobie» ist ja geläufig. Man könnte Dysmorphophobie als Angst vor Unförmigkeit und Entstellung bezeichnen.

Manche Dysmorphophobiker haben ganz generell Angst, häßlich zu wirken, während die Angst bei anderen auf bestimmte Körperteile fixiert ist. Einer magersüchtigen Dysmorphophobikerin können unter Umständen schon ihre Pausbacken oder ihr rundliches Gesicht Grund genug sein, eine strenge Diät zu machen. Viele sind so fixiert auf ein solches Detail, daß sie dafür einen «Hängebusen» in Kauf nehmen und auf ihre ansonsten attraktiv geschwungenen Formen verzichten.

Andere sind ausschließlich von der Angst vor dem Dickwerden beherrscht und weigern sich selbst dann zu essen, wenn ihr Gewicht bereits unter dreißig Kilogramm gesunken ist.

Betrifft auch diese Störung vor allem Frauen?
Nein, auch viele Jungen quälen ähnliche Ängste. Wegen einer häßlichen Nase, einer zu schmächtigen Gestalt oder zu kleiner Genitalien gehen sie nicht mehr aus dem Haus oder entwerfen abenteuerliche Strategien, wie sie ihre vermeintliche körperliche Entstellung verheimlichen können.

Und zu welchen Tricks nehmen sie Zuflucht?
Sie tragen die merkwürdigsten Hüte und Schals, um ihren Kopf, ihre Augen oder ihre Nase zu verstecken... Ein junger Mann aus meiner Bekanntschaft pflegte selbst im Hochsommer vier oder fünf

Pullover übereinander zu tragen und stopfte sich seine «Schwach-stellen» aus, nur um kräftiger zu erscheinen.

Manche nehmen regelmäßig hormonhaltige Kräftigungsmittel ein und versuchen sich durch tägliches, hartes körperliches Training zu stählen. Andere tragen Einlagen in den Schuhen, um größer zu erscheinen. Allerdings gelingt es in solchen Fällen nie, das verzerrte Idealbild zu erreichen.

Und Psychiater können dazu verhelfen?
Die Dysmorphophobie wird heute mit recht positiven Ergebnissen behandelt. Sie ist eine schwere Störung, die den Betroffenen einsam macht und ihm überall im Leben Schwierigkeiten bereitet. Er kann sich nicht mehr auf seine Arbeit oder sein Studium konzentrieren, und auch seine Freundschaften und Liebesbeziehungen leiden schwer, ganz zu schweigen von den Problemen, die in der Familie entstehen.

Auch hier ist das Krankheitsspektrum weit. Das eine Extrem stellt der schüchterne, ängstliche, mit seinem Äußeren unzufriedene Dysmorphophobiker dar, das andere der Exhibitionist, der im Unterhöschen im Zug sitzt, um seinen wohlgebildeten Körper zur Schau zu stellen, oder sich wie ein Monument mitten auf der Piazza aufbaut, damit alle seinen perfekten Körper bewundern können.

Mit den Mitteln der modernen Psychiatrie kann auch solchen gestörten jungen Leuten geholfen werden.

Als vorletzter Punkt Ihrer Aufzählung bliebe noch die Neurasthenie, die ebenfalls häufig als Begleitsymptom der Depression auftritt.
Neurastheniker fühlen sich immer müde und erschöpft, schlecht gelaunt und leicht reizbar. Obwohl sie sich selbst über ihre Willenlosigkeit und Mattigkeit ärgern, gelingt es ihnen nicht, sie zu überwinden.

Sind das nicht dieselben Symptome wie bei der Depression?
Zum Teil schon. Die neurasthenische Symptomatik tritt aber

auch bei Hepatitis, Anämie und manchen Immunkrankheiten auf. Man findet sie häufig bei der chronischen Depression oder als Folge einer Panikstörung. Bei Behandlung der Grunderkrankung verschwinden auch die beschriebenen Begleiterscheinungen.

Alkohol und Depression

Man muß immer betrunken sein,
darin liegt das ganze Geheimnis . . .
Nur im Zustand der Trunkenheit
spüren wir die schreckliche Last der Zeit nicht mehr,
die uns zu Boden drückt und unser Rückgrat bricht.
Darum betrinkt euch unaufhörlich.

CHARLES BAUDELAIRE

*Dem letzten häufigen «Gefährten» der Depression, dem Alkoholismus,
wollen wir ein eigenes Kapitel widmen, denn er verursacht dem Depressiven oft große Probleme.*

Obwohl die Umwelt und kulturelle Aspekte beim Alkoholismus
eine sehr wichtige Rolle spielen, haben die jüngsten Forschungen
ergeben, daß auch bei dieser Krankheit Erbfaktoren von großer
Bedeutung sind. In Tierversuchen wurde beobachtet, daß einige
Tiergruppen leichter alkoholabhängig werden als andere. Professor
Gian Luigi Gessa von der Universität Cagliari machte diese Beobachtung an Mäusefamilien. Für die bei manchen Mäusen besonders
schnell eintretende Alkoholabhängigkeit muß seiner Ansicht nach
eine bestimmte Struktur in ihrem dopaminergen und gabaergen
System verantwortlich gemacht werden. Setzt man ihnen gleichzeitig alkoholische Getränke und Wasser vor, entscheiden sie sich
immer für erstere. Verschiedene klinische Forschungen legen die
Vermutung nahe, daß es auch beim Menschen eine solche Disposition zum Alkoholismus gibt.

Welche Beziehung besteht zwischen Alkohol und Depression?
Patienten mit affektiven Störungen, Sozialphobie, Panikstörungen und Agoraphobie neigen besonders zu Alkoholmißbrauch, da
sie sich hierdurch wie von einer Medizin Besserung erhoffen.

Wie meinen Sie das?

Wer zwischen den Mahlzeiten Bier, Wein oder stark alkoholhaltige Getränke als angstlösendes oder aufputschendes Mittel beziehungsweise als Stimmungsaufheller konsumiert, ist stark gefährdet. Solche Gewohnheiten sind immer ein Warnzeichen. Auch wer trinkt, wenn er allein ist, muß als Risikofall bezeichnet werden.

Betroffen fühlen muß sich demnach, wer anstelle von Tabletten oder Kaffee Alkohol trinkt, um sich zu entspannen oder «munter» zu machen. Ebenso gefährdet ist, wer trinkt, um seine Schüchternheit und Angst vor fremden Menschen zu überwinden.

Ja, all diese Menschen sind gefährdet, da sie Alkohol als Heilmittel benutzen, aber auch, weil sie leichter alkoholabhängig werden können als andere Menschen und bei völliger Abstinenz unter schwereren Entzugskrisen zu leiden haben.

Ständiger Alkoholgenuß verursacht Depressionen und Angst. Er erhöht die Reizbarkeit und verändert mit der Zeit die Persönlichkeit und das Verhalten. Eine klassische Folge von Alkoholmißbrauch ist der *hang-over* am Morgen danach, ein Zustand starker Nervosität, Angst und Spannung, der einen so lange quält, bis man erneut etwas Alkoholisches trinkt.

Wenn der Alkoholismus mit einer Depression einhergeht, besteht immer ein erhöhtes Selbstmordrisiko.

Weil der Betroffene besonders verzweifelt ist oder aus einem anderen Grund?

Alkohol macht den Menschen impulsiver, enthemmt ihn und setzt sein Beherrschungsvermögen herab. Außerdem schwächt chronischer Alkoholmißbrauch allmählich unsere Denk-, Kritik- und Urteilsfähigkeit, weshalb Alkoholiker gegen andere und auch gegen sich selbst leicht gewalttätig werden.

Dazu kommen noch weitere Faktoren, die das Selbstmordrisiko erhöhen: Meist wird ein Alkoholiker von seinen Kindern, seinem Partner und seinen Freunden abgelehnt, denn Trinken gilt immer noch als selbstverschuldetes Laster, so daß er von keinem mehr unterstützt wird und oft rasch auf der sozialen Leiter nach unten abrutscht.

Ein trauriger Abstieg!
Es ist nicht leicht, Familienangehörige davon zu überzeugen, daß auch Trinken eine Krankheit ist und als solche behandelt werden muß. In einer manischen Phase werden Trinker oft sehr gewalttätig und damit für ihre Umgebung gefährlich. Um dem vorzubeugen, sollten in diesen Fällen die affektiven Störungen, die soziale Phobie, die Panikstörung oder auch die generalisierte Angststörung behandelt werden, ehe es zu einem chronischen Alkoholabusus kommt.

Ist Alkoholismus ein Begleitsymptom der Depression, weil beide Steinchen des gleichen «Genmosaiks» sind, oder ist er eine sekundäre Folgeerscheinung von Depressionen?
In vielen Fällen ist er ein sekundäres Symptom einer affektiven oder Angststörung, in anderen Fällen scheint eine Komorbidität vorzuliegen, das heißt eine Prädisposition zum Alkoholismus und parallel dazu eine besondere Vulnerabilität für andere Krankheiten.

Hat die Psychiatrie Hoffnung, im Kampf gegen den Alkohol etwas auszurichten? Noch scheint sich mir da kein Sieg abzuzeichnen.
Trotz aller Rückschläge darf man nicht aufgeben, sondern muß bei jedem Rückfall erneut eine Entzugsbehandlung durchführen und sich unbeirrt weiter bemühen, den Patienten sozial zu reintegrieren.

Was diesen Kampf so schwierig macht, ist doch wohl die Alkoholabhängigkeit.
Ja, am gefährlichsten sind die Abhängigkeit und die Entzugskrisen. Wenn beide überwunden sind, lauert aber noch eine weitere Gefahr im Hintergrund: Noch nach jahrelanger vollkommener Abstinenz tritt immer wieder plötzlich die übermächtige Versuchung auf, etwas zu trinken, ein Phänomen, das in der Fachsprache als

craving bezeichnet wird und mit dem ein ehemaliger Alkoholiker immer rechnen muß. Manchmal führt bereits ein winziges Gläschen Bier, dem er nicht widerstehen kann, zum Rückfall.

Auch die Anonymen Alkoholiker unterstreichen, daß man sein ganzes Leben lang Alkoholiker bleibt, weshalb ehemalige Alkoholiker nie mehr auch nur einen einzigen Tropfen trinken sollten.

Immer wieder höre ich von Patienten verzweifelte Klagen über solche Rückfälle. «Ich glaubte, ich sei über den Berg, mir könne nichts mehr passieren... Dann habe ich ein einziges Mal der Versuchung nachgegeben, und der Abgrund tat sich erneut vor mir auf.» «Bei einer Hochzeit trank ich nur einen Fingerhut Champagner. Später habe ich dann zu Hause eine ganze Flasche Cognac geleert.» Dabei hatten beide Patienten jahrelang nichts mehr getrunken.

Und was macht man in solchen Fällen?

Das kommt auf den jeweiligen Fall an. Wenn nötig, wird die Entzugsbehandlung wiederaufgenommen.

Die wichtigste Regel für ehemalige Alkoholiker lautet, nie mehr auch nur einen einzigen Tropfen Alkohol zu trinken, denn für sie ist es leichter, überhaupt nichts zu trinken, als sich an mäßigen Alkoholkonsum zu gewöhnen. Für Raucher gilt im übrigen dasselbe. Auch bei ehemals starken Rauchern kann schon ein einziger Zug an einer Zigarette einen Rückfall verursachen.

Diese Erfahrung habe ich selbst auch gemacht. Nach einem Rückfall rauchte ich viel mehr als früher. Außerdem kostete es mich beim zweiten Mal erheblich mehr Mühe, das Rauchen aufzugeben. Aber kehren wir zu unserem Thema Depression und Alkoholismus zurück...

Manche Depressionsformen gehen dem Alkoholismus voraus, andere treten mit ihm zusammen auf, und eine dritte manifestiert sich erst nach langer Alkoholkarenz: Bei vielen ehemaligen Alkoholikern führt der jahrelange Alkoholabusus zu einem allmählichen Persönlichkeitszerfall, der Verflachung aller Gefühle und einer erheblichen Verschlechterung der kognitiven Fähigkeiten. In Familien mit bipolaren Störungen kommt Alkoholismus im übrigen besonders häufig vor.

Und wie werden diese Depressionsformen behandelt?

Die richtige Behandlung ist schwierig, da sich nicht alle Antidepressiva mit Alkohol vertragen. Deshalb muß man den Patienten zunächst von seiner Alkoholabhängigkeit befreien, was – wie gesagt – ein harter Kampf ist.

Streß und Liebesstreß

Dich umhüllt ein wohliger Schlaf.
(...) Du weißt nicht, welche Wunden Du in meine Brust gerissen hast.
GIACOMO LEOPARDI

Widmen wir auch dem Streß ein eigenes Kapitel, einem Thema, das außerordentlich interessant ist. Dennoch möchte ich Sie daran erinnern, daß unser eigentliches Thema die Depression ist.
Gerade weil die Depression unser eigentliches Thema ist, müssen wir uns auch mit dem Zusammenhang zwischen ihr und dem Streß beschäftigen, zumal heute viel, meiner Meinung nach zu viel und auch viel Falsches über ihn gesagt wird. Wenn wir so weitermachen, werden bald alle psychischen Krankheiten auf Streß zurückgeführt. Viele Menschen, die an Depressionen oder einer Panikstörung leiden, meinen, sie litten nur unter Streß und müßten in erster Linie ihr Leben ändern, damit es ihnen besser gehe. Anstatt ihre wahre Krankheit behandeln zu lassen, erhoffen sich die meisten eine Besserung davon, wenn sie ihre Familie verlassen, den Arbeitsplatz wechseln oder in eine andere Stadt ziehen, da sie bestimmte Streßsituationen für ihre Probleme verantwortlich machen. Verändern sie ihr Leben aber tatsächlich, geht es ihnen höchstwahrscheinlich seelisch noch viel schlechter als vorher, ganz zu schweigen von den Anpassungsschwierigkeiten, die unweigerlich in der neuen Umgebung auftreten, und dem möglicherweise mit der Veränderung verbundenen sozialen Abstieg sowie dem Kummer, den sie mit ihren ständigen neuen Plänen ihren Angehörigen bereiten.
Krankheiten, die eine erbliche Komponente haben, gelten im-

mer noch als entehrender Makel für eine Familie. Deshalb ziehen die meisten Menschen es vor, nach äußerlichen Ursachen für ihre Probleme zu suchen statt nach inneren. Dabei haben ererbte affektive Störungen durchaus auch positive Aspekte, wie wir ja bereits festgestellt haben.

Jetzt kann ich Ihnen nicht ganz folgen. Worin liegt dabei Ihrer Meinung nach das Positive?

Es wird gerne übersehen, daß diese Störungen häufig mit sehr positiven Eigenschaften verbunden sind: Viele psychisch gestörte Menschen sind besonders sensibel und einfühlsam. Sie sind offen für Beziehungen und können in Freundschaften oder Liebesbeziehungen viel geben. Im Umgang mit anderen Menschen zeichnen sie sich ganz allgemein durch viel Verständnis und Anteilnahme aus.

Vielleicht liegt das auch daran, daß Leid sensibler macht. Wer selbst harte Zeiten durchgemacht hat, kann sich eben leichter in die Lage anderer unglücklicher Menschen hineinversetzen.

Ehemalige Depressive sind bekanntermaßen besonders hilfsbereit und empathisch, weshalb sie sich häufig in Selbsthilfegruppen engagieren.

Obwohl wir von unserem eigentlichen Thema, dem Streß, abgekommen sind, war es sicherlich wichtig, auch einmal auf die positiven Eigenschaften depressiver und ängstlicher Menschen hinzuweisen. Aber kehren wir zu jenen Menschen zurück, die meinen, unter Streß zu leiden, obwohl sie in Wahrheit depressiv sind.

In ihrer irrigen Meinung, daß der Abbruch einer Beziehung, ein Arbeitsplatz- oder Ortswechsel ihre Probleme lösen könnte, werden sie häufig auch von Angehörigen, Freunden, Bekannten und ihrem Arzt unterstützt.

Wenn ich Sie richtig verstehe, entbehrt das ständige Gerede vom Streß heutzutage jeder realen Grundlage.

Zumindest in vielen Fällen. Womit ich nicht sagen will, es gäbe keine Streßfaktoren. Ich möchte nur darauf hinweisen, daß die Reaktion auf sie ein präzises neurophysiologisches und klinisches Phänomen darstcllt.

Das englische Wort stress *bedeutet «Anstrengung, Druck».* Genau. Es bezeichnet die Anstrengung, die die Anpassung an Veränderungen für unseren Organismus bedeutet. So betrachtet ist unser gesamtes Leben ein ununterbrochener Streß, denn wir müssen uns von Geburt an beständig an innere und äußere Veränderung anpassen. Diese Erkenntnis ist keineswegs neu. Schon Heraklit war der Ansicht, daß das Leben ein ewiger Entwicklungsprozeß sei, und faßte diese Ansicht in dem Satz *Panta rhei* (alles fließt) zusammen. Empedokles vertrat die These, daß alle Dinge aus Elementen bestehen, die entweder in dynamischer Opposition gegeneinander oder im Bündnis miteinander agieren. Demnach wären auch die biologischen Phänomene in ständiger Bewegung, gegen- oder miteinander. Hippokrates übertrug diese Vorstellung auf die Medizin und definierte Gesundheit als einen Zustand, in dem zwischen allen dynamischen Elementen des Körpers, also den Körpersäften, ein harmonisches Gleichgewicht herrscht. Krankheit definierte er dementsprechend als Folge einer Störung dieses Gleichgewichts.

Heute spricht man in demselben Sinn von Homöostase, worunter ein dynamisches Gleichgewicht zwischen verschiedenen Systemen, dem inneren System unseres Organismus und dem äußeren System der Umwelt, verstanden wird. Jeder neu hinzukommende Faktor stört dieses Gleichgewicht und verursacht Streß, der im Grunde nichts anderes ist als die Bemühung unseres Organismus, über bestimmte Anpassungsprozesse ein neues Gleichgewicht zu erreichen.

Wenn wir uns in einer besonders prekären Lage befinden, geschwächt sind, intensiv arbeiten oder uns mit anderen messen müssen, muß unser Gehirn neue Verhaltensweisen erfinden und seine bisher immer wiederholten aufgeben. Deshalb sind wir in solchen Situationen so lange unter Streß, bis ein neues Gleichgewicht zwischen innen und außen erreicht ist.

Ein gestreßter Mensch wäre demnach ein Mensch, der Schwierigkeiten hat, sich an eine veränderte Situation anzupassen. Solange die Anpassungsbemühungen andauern, leidet er unter Streß.

Einen häufig vernachlässigten Streßfaktor, der zyklisch wiederkehrt, haben wir bereits behandelt: die verschiedenen Jahreszeiten. Bei vielen Menschen verursachen bestimmte Jahreszeiten Depressionen, Angst oder Schlaflosigkeit, Panikattacken und Appetitverlust oder -steigerung. Es sind vor allem die Schwankungen in der Intensität und Dauer des Lichts, die hohe Anforderungen an die Anpassungsfähigkeit unserer Nervenstrukturen und biologischen Rhythmen stellen.

Ist Streß nun eine eigenständige Krankheit, oder öffnet er die Tür, durch die andere Krankheiten eintreten können?

Unter *Streß* versteht man nicht die belastende Situation selbst oder den jeweiligen Reiz, sondern die im allgemeinen ungenügende Reaktion des Organismus auf solche Situationen oder Reize, die als *Streßfaktoren* bezeichnet werden. Psychologisch betrachtet stellt er eine Unfähigkeit dar, auf Ereignisse, die das Gleichgewicht zwischen Individuum und Umwelt stören, mit der Entwicklung neuer Verhaltensweisen und Denkmuster zu reagieren. Alle zur Anpassung nötigen Veränderungen werden durch das zentrale Streßsystem unseres Organismus, das endokrine System, gesteuert, das auch den Blutdruck, unseren Herzschlag und unsere Körpertemperatur reguliert.

Allerdings hat die Entwicklung dieses Systems in den Jahrtausenden der menschlichen Evolution nicht mit den Veränderungen in den vom Menschen geschaffenen Gesellschaften Schritt gehalten, die immer komplizierter und differenzierter geworden sind.

Ganz zu schweigen davon, wie es mit der beständigen Reizüberflutung und den wachsenden Leistungsansprüchen unserer modernen Gesellschaft fertig werden soll.

Auch früher gab es Streßfaktoren: Kriege, Willkürakte der Herrscher, Raubüberfälle, Trauerfälle, Tod, Hunger und Epidemien.

Möglicherweise ertrugen die Menschen das Unabänderliche aber früher fatalistischer und opferbereiter.

Immer wieder zeigt sich, daß es zwischen den Molekülen unseres Gehirns und der Kultur, unserem Körper und unserer Denkweise, zwischen den relativ starren Strukturen unseres Organismus und den Ereignissen unseres Lebens eine rege Interaktion gibt. Aber kehren wir zum Streß zurück. Wie äußert er sich?

Innerhalb weniger Monate nach einem belastenden Ereignis treten folgende Symptome auf: Erschöpfung, Schlaflosigkeit, Überreiztheit, Konzentrations- und Gedächtnisschwäche, Kopfschmerzen, Palpitationen, Nachlassen der Libido, Impotenz sowie Frigidität und prämenstruelle Beschwerden bei Frauen. Mit der Zeit verschwinden diese Symptome allmählich, allerdings nicht immer. Bei manchen treten nach Abklingen dieser primären Streßsymptome psychische Störungen auf: Anorexie, bipolare Depressionen, Angst, Panik...

Ist Streß eine eigenständige Krankheit oder nicht?

Im allgemeinen nicht. Es ist, wie wenn man die Tür eines Stalles öffnet und alle Stiere herausstürmen oder wie das Öffnen eines unter Druck stehenden Dampfdrucktopfes. Wichtig ist der Ausgangszustand... Schließlich sind nicht in jedem Stall wilde Stiere.

Meinen Sie die «Stiere» der genetischen Veranlagung für diese oder jene Krankheit?

Ja. Die Streßfaktoren unserer Umwelt treffen ja auf eine bereits vorhandene genetische Struktur, eben unsere Veranlagung.

Die unsere Reaktion auf die Umwelt bestimmt.

Eine genauere Betrachtung der unterschiedlichen Temperamente zeigt, welche wichtige Rolle sie bei der Reaktion auf Streßfaktoren spielen. Manche Menschen suchen den Streß geradezu. Sie haben einen regelrechten Hunger nach Emotionen und intensiven Reizen. Man denke nur an den Typus des risikofreudigen Unternehmers, der seine Erfolge immer wieder aufs Spiel setzt und bei seinen geschäftlichen Aktivitäten immer alles riskiert.

Diese «Streßhungrigen» erinnern an die Hyperthymen.

Ja, Hyperthyme und Zyklothyme brauchen intensive Reize und heftige Emotionen wie die Luft zum Leben. Nur wenn sie gefährlich leben und ständig mit neuen, immer größeren Herausforderungen kämpfen, fühlen sie sich wahrhaft lebendig. Nur dann empfinden sie ihr Leben als sinnvoll und erfüllt. «Gefährlich» sind für sie allerdings nicht nur rasante Autorennen oder Fallschirmsprünge.

Wie lassen sich solche Phänomene biologisch erklären?

Gefahren, Risiken und intensive Emotionen stimulieren bestimmte Gehirnareale und lösen Kettenreaktionen aus, gleichgültig, ob es sich um plötzlich auftretende, kurz einwirkende Reize handelt oder länger andauernde. Sie setzen die Alarmmechanismen unseres noradrenergen Systems in Gang, das für die richtige Einschätzung von Gefahren zuständig ist. Zunächst vergrößert es das Ausmaß der Gefahr wie eine Lupe, wodurch Angst, Erregung, Spannung und Besorgnis ausgelöst werden. Als Gegengewicht dazu aktivieren solche Ereignisse aber auch das endorphinerge System, das nun bestimmte Hormone, die Endorphine, ausschüttet, deren beruhigende Wirkung derjenigen von Morphium und Opium ähnelt. Und schließlich tritt in solchen Situationen auch das gabaerge System mit seiner angstlösenden und sedativen Wirkung auf den Plan.

Was geht in dem Betreffenden vor? Vor einem öffentlichen Vortrag, einem Examen oder einem riskanten Geschäft sind Gefühle der Angst und Besorgnis beherrschend («Warum habe ich mich nur darauf eingelassen?»); irgendwann läßt die starke Anspannung nach und macht einem angenehmen Gefühl der Ruhe und Entspannung, aber auch der Stärke Platz. Die Hyperaktivität des endophinergen und gabaergen Systems löst nun einen Zustand der überschwenglichen Freude an der eigenen Kraft aus. Wer einmal ein solches emotionales «Wechselbad» und das Glücksgefühl, das durch die

Überschwemmung bestimmter Gehirnareale mit Endorphinen verursacht wird, erleben durfte, wird immer wieder das Risiko, die Herausforderung und das Abenteuer suchen.

Das erinnert an die Wirkung von Drogen.
In gewisser Weise ähneln die durch unser Streßsystem ausgelösten Wirkungen auch denjenigen von Drogen. Aber Vorsicht ist geboten. Wenn es nicht richtig funktioniert, kann auf den Zustand des Glücks leicht eine Depression folgen. Hyperthyme und Zyklothyme – die sogenannten «stress seekers» – leiden unter einer Hyperfunktion des Streßsystems, die sie süchtig macht nach dem beständigen Wechsel von Anspannung und Entspannung, von Leid und Glücksgefühl, Erschöpfung und Machtgefühl. Auch in ihrem Liebesleben brauchen sie diesen beständigen Wechsel. Sie verlieben sich leidenschaftlich, fühlen sich unwiderstehlich zu jemandem hingezogen und gehen immer gleich aufs Ganze.

Sagen Sie nicht, daß auch die Liebe nur eine Angelegenheit von Serotonin, Noradrenalin und Endorphinen sei!
Der Psychiater Michael Liebowitz von der Columbia University hat ein Buch geschrieben mit dem Titel *Die Chemie der Liebe.* Er geht davon aus, daß das mit dem dopaminergen System verbundene endorphinerge System dafür verantwortlich ist, ob wir jemanden mögen oder nicht. Das dopaminerge System kontrolliert Phänomene wie sexuelle Anziehung, aggressives Verhalten, Tatendrang, Abenteuerlust und Forscherdrang und wird durch Substanzen wie Kokain, Amphetamin und Alkohol stimuliert. Wenn es durch psychische Erlebnisse oder chemische Wirkstoffe aktiviert wird, fühlt der Betreffende sich stark und mächtig und geistig besonders klar.

Allerdings verursachen Substanzen, die das dopaminerge System aktivieren, leicht Abhängigkeit und können auch nach Monaten der Enthaltsamkeit plötzlich jenes unbezähmbare Verlangen nach dem anregenden Wirkstoff auslösen, was in der Fachsprache als *craving* bezeichnet wird.

To crave *bedeutet «etwas brennend ersehnen». Sollten zwei Neurotransmitter auch dafür verantwortlich sein, daß die Liebe manchmal wie ein Blitz einschlägt?* Wir wollen nicht übertreiben. Das ist nur eine Hypothese, die allerdings von vielen bestätigt wird, die Erfahrungen mit Kokain und Amphetaminen gemacht haben. Immer wieder hört man von solchen Menschen, daß sich das Gefühl überbordender Kraft, Stärke und Macht, das sie vermitteln, mit dem Zustand leidenschaftlicher Verliebtheit vergleichen läßt. Unter dem Einfluß solcher Drogen und im Zustand der Liebe fühlt man sich gleichermaßen leicht und sorglos. Alles scheint klar und mühelos zu bewältigen, und das ganze Leben wird viel tiefer empfunden als sonst. Außerdem steuert das dopaminerge System auch unsere Aggressivität in der Sexualität und beeinflußt unsere Gefühle und leidenschaftlichen Empfindungen. Beim *craving* kann das Verlangen nach dem diesen Zustand auslösenden Stoff entweder allmählich aufsteigen oder schlagartig ausbrechen.

Daß die Liebe wie eine Droge wirkt, ist ja eine uralte Weisheit. Warum das so ist, galt früher allerdings als das große Geheimnis der Liebe. Auch heute scheint mir vieles noch nicht geklärt. Warum verursacht ausgerechnet diese Person und keine andere uns irgendwann jenes Glücksgefühl, ohne das wir später nicht mehr leben zu können meinen? Vielleicht sollten wir nicht versuchen, diesen Schleier endgültig zu lüften.

Lassen wir es dabei. Tatsache ist aber, daß Kokain oder Amphetamine das Risiko des Auftretens einer psychischen Störung ebenso erhöhen wie starke Verliebtheit. Bei vielen jungen Menschen ist die erste «große Liebe» der Beginn einer langen manisch-depressiven Krankheitsgeschichte. Der Zustand der Euphorie und des Überschwangs in der Verliebtheit ähnelt in vielen Punkten manischen und paranoiden Zuständen.

Weil Liebeskummer unvermeidlich ist?

Wenn es keine Probleme in der Liebe gibt, ist das Risiko genauso groß. Ausschlaggebend ist wie immer die Veranlagung. Ein Beispiel:

Ein junger Jurastudent verliebt sich zum ersten Mal. Er kann an nichts anderes denken, fühlt sich beständig hypernervös und übererregt; sein Mißtrauen ist immer wachsam; er schläft und ißt wenig und sieht aus, als stünde er unter dem Einfluß von Drogen. Nach einigen Wochen kommen ihm die ersten Zweifel, ob seine Liebe auch wirklich erwidert wird. Obwohl alles gutgeht, findet er keine Ruhe. Beständig schwankt er zwischen überschwenglichem Glücksgefühl und tiefer Niedergeschlagenheit, bis er schließlich in eine schwere und lange Depression versinkt.

Haben wir es hier nicht auch mit einem Streßphänomen zu tun, wenn auch mit umgekehrtem Vorzeichen? Der Betreffende kann sich nicht an eine neue Gefühls- und Lebenssituation anpassen. Mit dem Glück fertig zu werden ist eben auch nicht leicht.

Das ist richtig. Der Absturz in die Depression nach dem Zustand der Verliebtheit läßt sich durchaus mit dem Kater nach dem Konsum von Kokain und ähnlichen Aufputschmitteln vergleichen. Was den Streß auslöst, ist die Intensität der Gefühle, gleichgültig, ob sie positiv oder negativ sind.

Können Sie uns erklären, was beim Streß biologisch abläuft?

Soweit man heute weiß, hängen die biologischen Folgen von Streß vor allem von seiner Dauer ab. Tierversuche haben gezeigt, daß Streß das monoaminerge System aktiviert: gesteigerter Dopaminumsatz im Cortex präfrontalis, Hyperaktivität bestimmter noradrenerger und serotonerger Nervenfasern.

Manche Wissenschaftler vermuten, daß die nach Streß zu beobachtende Kampf- oder Fluchtreaktion mit einer Verringerung der GABA-Aktivität zu tun habe, einem hemmend wirkenden Neurotransmitter, der im gesamten Gehirn vorkommt.

Was verstehen Sie unter Kampf- oder Fluchtreaktion?

In einer besonders bedrohlichen Situation sorgen die Anpassungsmechanismen unseres Organismus für einen erhöhten Stoffwechsel, damit das gestörte Gleichgewicht möglichst rasch wiederhergestellt werden kann. In einer kritischen Situation gibt es immer zwei Alternativen: Vorbereitung auf den Kampf oder Flucht.

Im Blutplasma eines unter Streß stehenden Menschen finden sich erhöhte Spiegel von Katecholaminen, ACTH, Cortisol und Wachstumshormon. Diese versetzen den Organismus in einen zur Bekämpfung der Gefahr optimalen Zustand. Auch Prolaktin und CRF können vermehrt nachgewiesen werden, während die Konzentration an Gonadotropinen, also den für die Sexualfunktionen zuständigen Hormonen, abnimmt. Auf diese Weise entsteht ein neues hormonales Gleichgewicht, das bessere Voraussetzungen für die nötige Anpassung bietet, denn in einer Streßsituation sind die auf die Erhaltung des eigenen Lebens gerichteten instinktiven Verhaltensweisen wichtiger als der Fortpflanzungstrieb.

Ich habe gelesen, daß man in Streßsituationen auch weniger schmerzempfindlich ist. Wie kommt das?

Das hängt damit zusammen, daß Streß das endorphine System beeinflußt, welches körpereigene Opiate ausschüttet, die unter anderem auch Schmerzreize unterdrücken. Dadurch wird verhindert, daß negative Empfindungen wie Schmerz die Reaktionsfähigkeit in Momenten der Gefahr beeinträchtigen.

Hält die betäubende Wirkung auch bei länger anhaltendem Streß an?

Wenn eine Streßsituation länger anhält oder sich häufig wiederholt, treten weitere biologische Veränderungen zum Zwecke der Anpassung ein: Die Intensität der Reaktion verringert sich, was biochemisch auf eine reduzierte monoaminerge Aktivität zurückzuführen ist. Auch hierbei spielen die Anpassungsmechanismen der zuvor stimulierten Systeme eine Rolle.

Das klingt so, als würde das Tier «Mensch» in Gefahrensituationen oder bei Streß immer gleich reagieren, was ich offen gestanden nicht glauben kann. Es gibt doch mutige Menschen und Feiglinge.

Instinktiv reagieren alle Menschen auf Streß mit angeborenen und universellen Verhaltensweisen, unabhängig davon, welcher Art von Streß sie ausgesetzt sind. Erst zu einem späteren Zeitpunkt entwickeln sie unterschiedliche Reaktionen, die davon abhängen, wie das einzelne Individuum die jeweilige Situation kognitiv bewertet.

Könnten Sie das näher erklären?
Jeder Mensch hat im Laufe seines Lebens unterschiedliche Streßsituationen zu bewältigen. Ihre Folgen hängen von verschiedenen Faktoren ab. Zunächst kommt es auf die besonderen Umstände der jeweiligen Streßsituation an: wie lange sie andauert, wie belastend sie ist und welche anderen Faktoren noch hinzukommen. Außerdem spielen das Alter, das Geschlecht und der Gesundheitszustand beziehungsweise die psychische Verfassung des jeweiligen Individuums eine Rolle. Und auch der Bildungsgrad, das kulturelle Umfeld, religiöse Überzeugungen sowie politische oder ethnische Faktoren haben bei der kognitiven Verarbeitung einer Streßsituation einen wichtigen Anteil.

Einfache Menschen mit geringem Bildungsgrad und wenig sozialen Kontakten, die sich nur in einem sehr überschaubaren Rahmen zurechtfinden, empfinden möglicherweise alles, was ihren engen geistigen Rahmen sprengt, als Streß, da ihre Anpassungsmechanismen «unterentwickelt» sind.

Inwiefern beeinflußt das Alter unsere Reaktion auf Streß?
Das Alter ist dabei sogar ganz entscheidend. In der Kindheit ist unsere Fähigkeit zur Bewältigung von Streßsituationen sehr gering, weshalb der Verlust eines geliebten Menschen ein Kind viel stärker trifft als einen Erwachsenen. In der Psychiatrie gelten Menschen, die ihre Mutter vor dem elften Lebensjahr verloren haben, als besonders gefährdet, was Depressionen oder Panikstörungen angeht.

Auch im Alter kann die Fähigkeit eines Menschen zur Streßbewältigung mehr oder minder stark beeinträchtigt sein, da die kognitiven Fähigkeiten nachlassen, immer öfter organische Krankheiten auftreten, der Tod eines geliebten Menschen die Abwehrkräfte schwächt oder die Pensionierung psychisch nicht bewältigt wird. Es gilt als erwiesen, daß Streß ein häufiger Depressionsauslöser im Alter ist, während genetisch bedingte Depressionen in dieser Phase des Lebens nur selten auftreten. Dagegen sind affektive Störungen bei jüngeren Menschen häufig die Folge einer besonderen «familiären Belastung».

Die Menschen sind ja nicht nur verschieden alt, sondern haben auch sehr unterschiedliche Persönlichkeiten und Charaktere. Spielen sie bei der Reaktion auf Streß keine Rolle?

Sie spielen sogar eine sehr wichtige Rolle. Ein Mensch mit zyklothymem oder hyperthymem Temperament, der – wie wir gesehen haben – in Hochstimmung stets zu neuen Abenteuern aufgelegt und jeder Erfahrung gegenüber offen ist, hat natürlich auch mehr Streßsituationen zu bewältigen. Andererseits macht seine Euphorie ihn optimistisch und unkritisch, so daß er selbst negative Ereignisse positiv bewertet.

Menschen mit depressivem Temperament reagieren dagegen zwar viel sensibler auf belastende Situationen, vermeiden aber aufgrund ihrer Antriebslosigkeit möglichst jeden Streß und suchen die Gefahr nicht.

Läßt sich denn gar nichts Positives über den Streß sagen?

Doch, durchaus. Bisher haben wir uns nur mit Anpassungsproblemen in Belastungssituationen beschäftigt, das heißt mit den pathologischen Aspekten des Streß. Dabei hat er auch sehr positive. Der sogenannte Fortschritt wäre ohne ihn undenkbar. Biologen benutzen diesen Begriff allerdings nie.

Alle Herausforderungen im Leben des Menschen und der Menschheit im allgemeinen sind und waren mit Streß verbunden: die Entdeckung neuer Kontinente, die Eroberung eines Sexualpartners, der Versuch, uns an unsere Umwelt anzupassen und vor allem, sie uns untertan zu machen. Nur weil der Mensch beständig neue Streßgründe sucht und gleichzeitig zu vermeiden sucht, gibt es Fortschritt. Eine Welt ohne Streß würde unser Überleben gefährden und der Selektion ihre Grundlage entziehen, aber sie ist im Grunde genommen unvorstellbar.

Streß als Schicksal unserer Spezies, ein würdiger Schlußpunkt für dieses Kapitel.
Wir könnten es auch mit der Liebe beschließen. Denn schon mancher wurde durch eine schicksalhafte Begegnung von der Depression befreit. Immer wieder kommt es vor, daß zwei Menschen spontan eine tiefe Liebe verbindet, die die Depression zurückdrängt.

Statt vom Wunder der Liebe sollte man in solchen Fällen vielleicht eher vom Geheimnis der Liebe sprechen. Oder sind die sich dahinter verbergenden neurochemischen Reaktionen der Wissenschaft bereits bekannt? Auch die Depression hat nach wie vor ihre Geheimnisse. Sie bricht manchmal scheinbar grundlos über einen Menschen herein, kann aber auch grundlos wieder verschwinden. Im übrigen kann nicht nur die Liebe von der Depression heilen. Seit Jahrtausenden ist bekannt, daß eine tiefe Erschütterung im positiven wie im negativen Sinn eine Depression auslösen, aber auch heilen kann. Auf dieser Erkenntnis basierten bereits die ersten unbeholfenen Versuche, sie zu heilen: Der Kranke wurde abwechselnd mit heißem und eiskaltem Wasser übergossen oder in einer Art Drehsessel so lange herumgewirbelt, bis er fast die Besinnung verlor. Vermutlich waren solche Heilmethoden aber eher schädlich als nutzbringend.

Die Behandlung der Depression: Besserung oder Heilung?

O Herr, schenk mir eine gute Verdauung
und auch etwas zum Verdauen.
Schenk mir körperliche Gesundheit
und die zu ihrer Erhaltung notwendige gute Laune.

Sir Thomas More

Professor Cassano, wie werden Depressionen behandelt?
Bevor ich auf die medikamentöse Behandlung der Depression eingehe, möchte ich einen Satz von Daniel Widlöcher zitieren, der als Psychiater in der berühmten Pariser Klinik Salpêtrière arbeitet: «Allen, die aus Stolz auf die hohen geistigen Fähigkeiten des Menschen glauben, wir könnten mit unserer Willensstärke alles erreichen und unseren Körper beherrschen ... antworten wir, daß die Krankheit Depression den Willen lähmt und den Kranken unfähig macht, gegen sie zu kämpfen ...» Aus diesem Grund ist es besonders wichtig, sie von fachkundigen Ärzten behandeln zu lassen.

Zu Ihrer Frage kann ich sagen, daß die Psychiatrie heute über eine breite Palette bewährter Medikamente und Therapien verfügt, um einem Depressiven rasch und wirksam zu helfen. Wenn ein Medikament einem bestimmten Patienten nicht hilft, gibt es mit Sicherheit unter den vielen existierenden ein anderes, bei ihm wirksames. Deshalb sollte jeder Depressive wissen, daß es keinen Grund zur Resignation gibt.

Und daß er wieder gesund werden kann ...
Allerdings sind Krankheit und Gesundheit relativ theoretische Begriffe. Gesund zu sein heißt nicht, überhaupt nicht krank zu sein. Auch wenn gewisse Strukturen und funktionelle Systeme seines Organismus nicht perfekt funktionieren, ist jeder Mensch bestrebt,

so weit wie möglich im Einklang mit sich und der Welt zu leben und seinen Alltag davon nicht allzusehr beeinträchtigen zu lassen. Die Weltgesundheitsorganisation, WHO, hat einmal die mit jedem Lebensjahrzehnt wachsende Zahl der Krankheiten errechnet und in einer eindrucksvoll ansteigenden Kurve graphisch dargestellt.

Es gibt allerdings auch Menschen, die sich noch mit sechzig Jahren und mehr bester Gesundheit erfreuen.

Wenn Sie den einzelnen Fall näher betrachten, werden Sie allerdings immer diese oder jene Störung finden. Der eine ist weitsichtig oder leidet an einer Arthrose; den anderen plagt eine mehr oder minder schwere Kolitis oder ein Leberschaden, eine Hauterkrankung oder Herzrhythmusstörungen. Trotzdem sind diese Menschen gesund. Wir haben ja bereits über die Relativität dieses Begriffes gesprochen. Körperliches Wohlbefinden ist ein subjektives Gefühl und hängt damit zusammen, in welchem Maße es einem Menschen gelingt, seine Pläne und Vorstellungen vom Leben zu verwirklichen und im Einklang mit seiner Umwelt zu leben, was trotz einer oder mehrerer Krankheiten durchaus gelingen kann.

Das gleiche gilt für den Begriff der Heilung, sofern man darunter eine *restitutio ad integrum*, also eine vollständige Wiederherstellung, versteht. Sie bildet in jedem medizinischen Bereich die absolute Ausnahme. Auch eine längst überwundene Infektionskrankheit hinterläßt bleibende Folgen.

Ob jemand sich als gesund bezeichnen kann, hängt im übrigen auch von den an ihn gestellten beruflichen Anforderungen ab. Ein kaputter Meniskus ist für einen Arzt wie mich kein Problem; einen Profifußballspieler oder Skifahrer mit demselben Leiden müßte man dagegen als krank bezeichnen, ja sogar als so krank, daß er seinen Beruf nicht mehr ausüben kann.

Deshalb spricht man in der Medizin lieber von «Krankheitsschwelle». Der Zeitpunkt, an dem sie als überschritten gilt, bemißt sich an bestimmten Kriterien wie dem subjektiven Leiden, dem Grad der noch möglichen Leistungen sowie der sozialen Anpassungsfähigkeit. Außerdem gibt es für eine Reihe von Krankheiten konkret meßbare Indikatoren: den Blutdruck, die Temperatur oder den Blutzuckerspiegel. Über solche Hinweise werden oft Krankheiten entdeckt, von denen der Patient selbst gar nichts weiß. Ein hoher Blutdruck wird oft jahrelang nicht bemerkt, bis die Krankheit plötzlich mit fünfzig oder sechzig Jahren in ihrer schwersten Form, einer Gehirnblutung, auftritt. Auch Hyperglykämie oder ein zu hoher Cholesterinspiegel können über Jahre unbemerkt bleiben und dann plötzlich zu einem Infarkt führen.

Bei psychischen Krankheiten scheinen mir allerdings subjektives Leiden und gestörte soziale Anpassung eindeutige Hinweise auf das Vorliegen einer Krankheit zu sein. Nicht immer. Manche Menschen, die unter einer Zwangsstörung leiden, sind durchaus glücklich und zufrieden mit sich selbst und fühlen sich keineswegs krank. Sie sind im Gegenteil stolz auf ihren gewissenhaften Perfektionismus, ihre strengen Grundsätze und darauf, daß sie alles unter Kontrolle haben. Obwohl sie anderen als tyrannisch erscheinen, halten sie sich selbst etwas darauf zugute, daß sie ihre Grundsätze und Ordnungsvorstellungen durchzusetzen wissen.

Auch viele depressive Menschen fühlen sich anderen gegenüber überlegen, da sie meinen, sensibler und feinfühliger zu sein als der Durchschnitt der in ihren Augen oberflächlichen Menschheit.

Trotz großer sozialer Probleme wird sich kaum ein Maniker subjektiv als krank empfinden. Schlägt man ihm vor, sich behandeln zu lassen, wird er vermutlich antworten: «Lassen Sie sich doch selbst behandeln. Ich sollte übererregt sein? Vermutlich fehlt es Ihnen einfach an ein bißchen Schwung. Sie verstehen doch davon gar nichts.» Obwohl seine Kritikfähigkeit sowie seine Selbsteinschätzung erheblich beeinträchtigt sind, fühlt er sich in absoluter Hochform.

Warum sollte man einem Maniker eigentlich seine Euphorie nicht gönnen? Ihm zu einer Behandlung zu raten hat ja fast etwas Gemeines. Seine Mitmenschen sähen es allerdings meist sehr gerne, wenn sich seine Hochstimmung etwas dämpfen ließe, denn es ist sehr anstrengend, mit einem Maniker zusammenzuleben, selbst wenn seine Manie nur schwach ausgeprägt ist. Man weiß nie, was er als nächstes tun wird, und muß deshalb beständig mit allem rechnen. Er wirft mit dem Geld um sich und manövriert sich dauernd in irgendwelche Schwierigkeiten. Außerdem sind, wie gesagt, nicht alle Maniker fröhliche Menschen, sondern häufig notorische Querulanten, streitsüchtig und arrogant und neigen bei jedem Streit zu Gewalttätigkeit.

Sind auch zu Verstimmung neigende Maniker mit leicht reizbarem Temperament subjektiv mit sich selbst zufrieden?

Nicht immer. Die wenigsten gestehen sich aber selbst ein, daß sie krank sind, und lehnen deshalb meist eine Behandlung ab.

Eigentlich wollte ich mit diesen Ausführungen vor allem darauf hinweisen, daß bei den meisten als «langfristig heilbar» bezeichneten Krankheiten – bei Rheuma, Asthma und anderen Erkrankungen der Atemwege, Hautkrankheiten wie Psoriasis, Herz-Kreislauf- und Gelenkerkrankungen – das Ziel der Behandlung darin liegt, die Symptome ganz oder teilweise zum Verschwinden zu bringen, so daß sich der Patient subjektiv wieder wohl fühlt und sozial gut adaptiert ist. Bei richtiger Behandlung ist auch seine Lebenserwartung durchschnittlich hoch, und er kann – was sehr wichtig ist – leben, als sei er vollkommen gesund. Dafür muß er allerdings unter Umständen ein Leben lang Medikamente nehmen.

Er ist also nur bedingt gesund. Man könnte ihn mit einem zu einer Bewährungsstrafe verurteilten Straftäter vergleichen, dem auch nur eine «bedingte» Freiheit zugestanden wird.

Da es bei vielen Krankheiten auch nach dem Abklingen der Symptome zu Rückfällen kommen kann, sollte der Patient unbedingt auch danach weiter Medikamente nehmen, um diese zu vermeiden oder zumindest zu erreichen, daß die Krankheit nur noch in einer schwachen Form auftritt. Bei bipolaren Störungen kann durch eine Langzeitprophylaxe mit Lithium das Auftreten späterer depressiver oder manischer Episoden ganz vermieden werden, oder sie treten zumindest seltener auf, verlaufen leichter und klingen schneller wieder ab.

Eine vollständige Genesung von der Depression gibt es demnach nicht?
Nicht, wenn man unter Genesung einen absoluten Schutz vor Rückfällen versteht. Wie bereits gesagt sollte man bei Krankheiten, bei denen ein Rückfall nie ganz auszuschließen ist, nicht von «Genesung» in diesem Sinne sprechen. Im übrigen liegt auch bei Menschen, die nie unter Depressionen gelitten haben, das Risiko, daß einmal in ihrem Leben eine depressive Phase auftritt, bei zwölf bis zwanzig Prozent.

Wollen Sie uns mit dieser ausführlichen Einleitung darauf vorbereiten, daß jeder Depressive mit einer langen Therapie rechnen muß? Soll der Vergleich mit anderen Krankheiten, bei denen eine langwierige Behandlung allgemein akzeptiert wird, diese bittere Pille versüßen?
Die Notwendigkeit einer Langzeittherapie wird tatsächlich bei anderen Krankheiten eher akzeptiert als bei der Depression. Nach dem Abklingen einer akuten depressiven Phase, das heißt, wenn die Symptome verschwunden oder schwächer geworden sind, muß die Therapie mindestens weitere vier Monate fortgesetzt werden. Die Erhaltungstherapie dauert im allgemeinen vier bis acht Monate.

Bei allen Patienten?
Fast allen. Da das Rückfallrisiko in den ersten vier Monaten nach dem Abklingen der Symptome besonders hoch ist, sollte der Patient unbedingt weiterbehandelt werden, wobei die Medikamentendosis möglicherweise reduziert werden kann.

Bekanntlich möchte aber fast jeder depressive Patient so schnell wie möglich von Psychopharmaka loskommen. Dabei spielt vor allem die Angst vor ihren Nebenwirkungen eine wichtige Rolle. Deshalb versuchen die meisten, ohne sie auszukommen, sobald es ihnen einigermaßen besser geht.
Das kenne ich nur zu gut. Kaum geht es einem Patienten etwas

besser, höre ich immer wieder: «Herr Professor, es geht mir ausgezeichnet; ich habe all meine Medikamente weggeworfen.» Ich wiederhole deshalb noch einmal: Nach dem Abklingen einer akuten depressiven Episode muß die Therapie über mindestens vier Monate fortgesetzt werden. Das gilt für alle depressiven Patienten. Sollte der Arzt es danach für nötig halten, die Behandlung weiter fortzusetzen, ist seiner Empfehlung unbedingt zu folgen. Eine akute depressive Episode bedarf einschließlich der Erhaltungstherapie eines Behandlungszeitraums von sechs bis acht Monaten.

Bei manchen Patienten kann sogar eine sehr viel längere Therapie nötig sein, um spätere Rückfälle zu vermeiden. Patienten, die unter in kurzem zeitlichem Abstand aufeinanderfolgenden depressiven Episoden leiden, müssen jahrelang prophylaktisch behandelt werden.

Vielleicht ein Leben lang?

In seltenen Fällen schon. Möglicherweise wird es aber schon bald andere Behandlungsmethoden geben, durch die diese Störungen hoffentlich vollkommen geheilt werden können. Im übrigen müssen auch Diabetiker und Bluthochdruckpatienten ihr Leben lang Medikamente nehmen.

Ich bitte Sie, mir auf folgende Frage ehrlich zu antworten: Gibt es wirklich Patienten, die nur für kurze Zeit Antidepressiva nehmen, sagen wir über jenen Mindestzeitraum von sechs Monaten, von dem Sie eben sprachen, und dann nie mehr Tabletten nehmen müssen?

Sicher gibt es die. Eine nur alle zehn oder fünfzehn Jahre auftretende depressive Episode kann durch eine einmalige Behandlung mit Antidepressiva über einen entsprechenden Zeitraum zum Verschwinden gebracht werden, so daß der Patient später keine Tabletten mehr nehmen muß.

Bilden solche Patienten die Ausnahme oder sind sie zahlreich? Auch auf diese Frage bitte ich Sie um eine ehrliche Antwort.

Das gilt für viele, vielleicht sogar die Mehrheit aller Patienten.

Die meisten Ihrer depressiven Patienten nehmen also nur einige Monate lang Antidepressiva und werden nicht zum «Sklaven» ihrer Medikamente. Allerdings haben Sie uns ja bereits erklärt, daß Antidepressiva nicht abhängig machen.

Die meisten Antidepressiva verursachen keine Abhängigkeit. Folglich treten auch keine Entzugserscheinungen auf, wenn sie abgesetzt werden. Im allgemeinen müssen Depressive nur für eine begrenzte Zeit Medikamente nehmen. Nach dem vollständigen Abklingen aller Symptome wird immer das Absetzen der Medikamente angestrebt. Wann dieser Zeitpunkt gekommen ist, kann aber nur der Arzt entscheiden.

Es steht einem Patienten aber frei, das Risiko eines Rückfalls der weiteren Einnahme von Medikamenten vorzuziehen.

Dabei gilt es zu bedenken, daß bei solchen Patienten ein plötzlicher Suizidversuch nie auszuschließen ist, der, auch wenn er scheitern sollte, katastrophale Auswirkungen auf den Beruf, das Familienleben und die sozialen Beziehungen des Betroffenen hat. Außerdem kann er irreversible körperliche Schädigungen zur Folge haben. Aus diesen und anderen Gründen bestehen wir Psychiater auf der Notwendigkeit einer prophylaktischen Behandlung. Maniker müssen außerdem davor bewahrt werden, daß sie ihrer eigenen Gesundheit schaden oder sich und andere in finanzielle Schwierigkeiten bringen beziehungsweise straffällig werden.

Auch bei Patienten, die außer an Depressionen noch an Diabetes oder einer Herzerkrankung leiden, ist eine Prophylaxe unbedingt zu empfehlen, denn ein depressiver Diabetiker neigt besonders dazu, sich zu vernachlässigen. Wenn er seine Diät nicht einhält, verschlimmert er damit beide Krankheiten. Dasselbe gilt für Patienten mit Herz-Kreislauf-Erkrankungen.

Dennoch muß man befürchten, daß solche überzeugenden Argumente die bestehenden Vorurteile gegen Psychopharmaka nicht abbauen können und die Vorstellung, ein Leben lang Antidepressiva nehmen zu müssen, noch immer viele Menschen abschreckt.

Unsere Stimmung ist Ausdruck eines von bestimmten Nervenstrukturen kontrollierten funktionellen Systems, in denen manchmal Störungen auftreten können. Vergleichbare Beeinträchtigungen
liegen vor, wenn die Gehirnzentren, die unseren Blutdruck oder
unsere Herztätigkeit regulieren, gestört sind.

*Aber die Medikamente, die man einem Hypertoniker oder Herzkranken
gibt, haben keine Auswirkung auf das Gehirn. Hier scheint mir doch ein
Unterschied zu liegen. Ob ein Medikament auf die Blutgefäße oder das
Herz oder auf das Gehirn wirkt, berührt einen Patienten doch in sehr
verschiedener Weise.*

Zur Behandlung von Herz-Kreislauf-Erkrankungen werden
zweierlei Medikamente eingesetzt: solche mit zentraler Wirkung,
also auf das Gehirn, und solche mit peripherer Wirkung, also auf
das Herz und andere periphere Organe.

Damit wären wir wieder bei dem Artikel, den ich in der Zeitung La
Stampa *über den Kongreß der American Psychiatric Association im Mai
1992 gelesen habe. Dort hieß es: «Mittlerweile ist das Gehirn nur ein
Organ wie jedes andere, wie die Leber und die Milz.» In den folgenden
Kapiteln wollen wir uns den Wirkstoffen zuwenden, die Funktionsstö-
rungen des Gehirns beseitigen sollen, damit es wieder Glück statt
Verzweiflung «ausschüttet».*

Tranquilizer: Ein gesellschaftliches Problem?

Im Rücken des Reiters
sitzt die schwarze Angst
HORAZ

Endlich kommen wir zu den berühmt-berüchtigten Psychopharmaka, die fast zu einem Symbol unserer Zeit geworden sind. Sie werden, ähnlich wie der Fortschritt, entweder in höchsten Tönen gepriesen oder in Bausch und Bogen verdammt. Im Laufe unseres Gesprächs war schon öfter von ihrem schlechten Ruf die Rede, wobei nicht jede Kritik vollkommen unbegründet ist. Häufig werden ihre Möglichkeiten schlecht genutzt, und zwar in dem Sinne – und darauf lege ich Wert –, daß sie falsch verordnet werden. Daß auch von seiten der Patienten Mißbrauch getrieben wird, ist ein anderes Problem. Auf jeden Fall assoziieren die meisten Menschen Psychopharmaka mit Phänomenen wie Sucht und Abhängigkeit. Vielleicht könnten wir zunächst diesen Punkt klären?

Ich kann nur erneut wiederholen, daß das Risiko der Abhängigkeit bei den besten und gebräuchlichsten Antidepressiva verschwindend gering oder zumindest nicht erwiesen ist.

Was verstehen Sie unter «nicht erwiesen»?

Daß Antidepressiva dem heutigen Stand wissenschaftlicher Erkenntnis zufolge nicht abhängig machen oder zumindest nur äußerst selten ein Entzugssyndrom auftritt. Im übrigen sind alle medizinischen Erkenntnisse nur vorläufig, bis sie durch spätere Forschungsergebnisse widerlegt werden.

298 Untersuchung einer immer weniger «dunklen» Krankheit

Welche Medikamente sind denn gemeint, wenn immer wieder von der Gefahr der Medikamentenabhängigkeit die Rede ist?

Gegen Antidepressiva gibt es viele Vorurteile, obwohl mit einer ganz anderen Kategorie von Psychopharmaka Mißbrauch in großem Ausmaß getrieben wird: den Benzodiazepinen, also Tranquilizern und Schlafmitteln. Auch Alkohol-, Kaffee- und Nikotinabusus sind weit verbreitet. Obwohl kaum einer der vielen an Depressionen oder Angststörungen leidenden Menschen, die gleichzeitig koffein- und nikotinsüchtig sind, etwas gegen diese Sucht unternimmt, befürchten die meisten, daß sie sich mit geringen Dosen von Antidepressiva vergiften könnten.

Wenn ich Sie richtig verstehe, kann man also nur bei Tranquilizern und Schlafmitteln von Suchtgefahr sprechen, während Antidepressiva nicht süchtig machen.

So ist es. Die Einnahme von Benzodiazepinen ist heute so weit verbreitet, daß die meisten Patienten vollkommen vergessen, sie bei der Frage nach ihrem Tablettenkonsum zu erwähnen, sondern im Brustton der Überzeugung versichern, sie nähmen überhaupt keine. Fragt man dann, ob sie dieses oder jenes bestimmte Präparat nehmen, so stellt sich meist heraus, daß sie die Einnahme eines Tranquilizers am Morgen oder einer Verdauungspille nach dem Essen schlicht vergessen haben, ganz zu schweigen von ein paar Vitamintabletten oder Schlaftropfen.

1,8 bis 5,8 Prozent der Bevölkerung der meisten westlichen Länder nehmen regelmäßig Benzodiazepine, wobei es natürlich Unterschiede zwischen den einzelnen Ländern gibt.

Wer täglich Tranquilizer nimmt, fährt sozusagen «mit angezogener Bremse» durchs Leben, denn die in ihnen enthaltenen Wirkstoffe verstärken die dämpfende Wirkung des gabaergen Systems auf unser gesamtes Nervensystem. Konsumiert derselbe Mensch zusätzlich regelmäßig Koffein und Nikotin, fährt er mit einem Fuß auf der Bremse und dem anderen auf dem Gaspedal.

Außerdem scheinen Benzodiazepine, wenn sie über einen längeren Zeitraum eingenommen werden, die Chronifizierung depressi-

ver Zustände zu begünstigen und ängstliche Menschen noch
ängstlicher zu machen, denn sie sensibilisieren die Rezeptoren unserer Nervenzellen für die von unserem Gehirn produzierten angst-
erregenden Substanzen. Bei Entzug wächst auch die Suizidgefahr.

*Meiner Meinung nach wird die Öffentlichkeit nicht genug über diese
hohen Risiken aufgeklärt. Abgesehen von ihrem Suchtpotential haben
Tranquilizer aber eigentlich einen sehr guten Ruf.*

Der 1960 erstmals gelungene Nachweis der angst- und span-
nungslösenden Eigenschaften von Benzodiazepinen wurde damals
als große Entdeckung gefeiert. Sie wirken selektiv und entsprechen
in ihrer chemischen Struktur gewissen in der Natur vorkommenden
Substanzen. Die Tatsache, daß sie in menschlichen Gehirnen gefunden wurden, die lange vor der industriellen Fabrikation von
Benzodiazepinen gestorben waren, ist ein Beweis dafür, daß unser
Organismus sie selbst produzieren oder über bestimmte Nahrungsmittel aufnehmen kann.

Tranquilizer in Nahrungsmitteln?

Der Nachweis von benzodiazepinähnlichen Molekülen in einigen
Pflanzen und im Gehirn von Säugetieren, ja sogar im menschlichen
Gehirn, hat einiges Aufsehen erregt. Pilze wie der *Penicillum cyclo-
pium* können benzodiazepinähnliche Alkaloide synthetisieren. Auch
manche Bakterien *(Streptomyces refuineus)* sind in der Lage, Moleküle mit der Grundstruktur der Benzodiazepine zu produzieren.

Die Tatsache, daß Diazepam und andere Benzodiazepine in
Kuhmilch, Kartoffeln, Soja, Linsen, Reis und Mais vorkommen,
läßt darauf schließen, daß die im Gehirn von Säugetieren gefunde-
nen benzodiazepinähnlichen Moleküle mit der Nahrung aufgenom-
men wurden. Auch im Gehirn von Lachsen, Fröschen, Ratten,
Katzen und Hunden wurden unterschiedlich hohe Mengen von
Diazepam nachgewiesen.

*Demnach sollten Menschen, die unter Schlafproblemen oder Nervosität
leiden, viel Kartoffeln essen. Ich meine, wir sollten uns gründlich mit den*

*Benzodiazepinen befassen und, wenn möglich, ein für allemal klären,
was es mit Phänomenen wie Abhängigkeit, Gewöhnung und Entzug auf
sich hat.*

Benzodiazepine sind wichtige Medikamente, auf die der Arzt in
seiner Praxis nicht verzichten kann. In jüngster Zeit sind sie an die
Stelle der früher gebräuchlichen Beruhigungsmittel, der als Schlafmittel benutzten Barbiturate und Meprobamat getreten, von denen
eines, Alprazolam, auch zur Behandlung der Panikstörung empfohlen wird. Da sie relativ leicht zu handhaben sind, gehören Benzodiazepine
heute zum therapeutischen Arsenal fast jedes Arztes. Wegen ihrer
raschen Wirkung bei Angst, Schlaflosigkeit und Epilepsie, ihren
geringen Nebenwirkungen und ihres relativ geringen Suchtpoten-
tials auch bei Einnahme von sehr hohen Mengen sind sie gleichermaßen beliebt bei Chirurgen, Augenärzten, Hautärzten und vielen
anderen Fachärzten. Außerdem tritt ihre angstlösende Wirkung
schon bei einer sehr geringen Dosis ein, bei der sie noch keine
sedierende Wirkung haben.

*Wo liegt der Unterschied zwischen sedierender und angstlösender Wir-
kung?*

Die Grenzen sind fließend. Tranquilizer wirken angstlösend,
ohne die Reflexe zu verlangsamen und die geistige Klarheit zu beeinträchtigen, während Sedativa die Motorik und die geistige
Klarheit herabsetzen.

Seit Benzodiazepine die früher gebräuchlichen Barbiturate ersetzen, kann man sich mit «Beruhigungsmitteln» praktisch nicht
mehr das Leben nehmen, denn selbst wenn jemand eine Unmenge
Tranquilizer nimmt, funktionieren seine Atmungs- und Herzregu-
lationszentren nach wie vor, so daß man ihn leicht wecken kann.

Welche Benzodiazepine gibt es?

Viele: Chlordiazepoxyd, Diazepam, Chlorazepam, Fluorazepam,
Dismetyldiazepam, Alprazolam und Triazolam...

Lauter Namen, die man immer wieder auf den Beipackzetteln vieler gebräuchlicher Medikamente wie Valium, Tavor, Lexotan und vieler mehr liest.

Richtig, all diese Medikamente und noch viele weitere enthalten Benzodiazepine. Es ist erwiesen, daß bei vierzig Prozent aller Menschen, die über vier Monate regelmäßig Benzodiazepine einnehmen, nach dem Absetzen Entzugserscheinungen auftreten, was auf eine Abhängigkeit schließen läßt.

Und wie äußern sie sich?

Ihre Schwere hängt zum Teil davon ab, an welche Dosis der Körper gewöhnt war. Auf jeden Fall treten einige der ursprünglichen Symptome erneut und meist sehr viel heftiger auf, so daß der Betreffende noch mehr unter Angst und Schlafstörungen leidet. Man spricht in diesem Zusammenhang von einem *rebound-Effekt*. Manchmal kommen aber auch neue Symptome wie Kopfschmerzen, Übelkeit oder Schwindelgefühle, erhöhte Reizbarkeit und Depressionen hinzu. Im wesentlichen sind die Entzugserscheinungen ähnlich wie bei Alkoholentzug. Bei manchen Menschen, die lange Zeit große Mengen von Tranquilizern genommen haben, treten nach plötzlichem Entzug sogar epileptische Anfälle oder ein *Delirium tremens* auf. Typische Symptome bei Benzodiazepinentzug sind eine Überempfindlichkeit gegen Licht und Geräusche und ein metallischer Geschmack aller Nahrungsmittel und Getränke.

Und wie lange dauert die Entzugskrise?

Die Symptome treten zwei oder drei Tage nach dem Absetzen des Medikaments auf, erreichen ihren Höhepunkt ein oder zwei Wochen danach und verschwinden nach ungefähr einem Monat allmählich wieder. Bei manchen dauern sie in mehr oder weniger ausgeprägter Form über mehr als drei Monate an. Dauer und Schwere der Entzugserscheinungen hängen von der eingenommenen Menge ab. Allerdings löst schon eine Schlaftablette am Abend bei sehr vielen Menschen Abhängigkeit aus. Da der Patient unter schwerer Schlaflosigkeit leidet, sobald er sie absetzt, glaubt er natürlich, seine Grunderkrankung sei eben noch nicht behoben, weshalb er weiter Schlaftabletten nehmen müsse. Hier liegt die Hauptursache für Schlafmittelabusus.

Ein Teufelskreis. Für Tranquilizer gilt im übrigen dasselbe. Kaum werden sie abgesetzt, ist der Patient wieder nervös und ängstlich. Also greift er wieder zu ihnen. Aber was soll man tun, wenn man Angst hat oder nicht schlafen kann?

Von einigen Ausnahmen abgesehen, dürfen Tranquilizer bei akuten und intensiven Angstzuständen und Schlaflosigkeit höchstens ein bis zwei Wochen lang genommen werden.

Nicht länger als eine Woche? Die meisten Menschen nehmen sie monate-, wenn nicht jahrelang. Ich habe auch noch nie gehört, daß ein Arzt jemandem nur für eine Woche Tranquilizer verschrieben hätte.

Eigentlich sollten Ärzte heutzutage darüber informiert und entsprechend verantwortungsbewußt sein. Das Hauptübel sind aber Patienten, die Tabletten nehmen, ohne den Arzt zu fragen.

Sie wollen doch nicht behaupten, daß Angst und Schlaflosigkeit in einer Woche verschwinden können?

Wenn nötig, kann der Arzt in Ausnahmefällen einer ein- oder maximal zweimonatigen Einnahme von Tranquilizern zustimmen. Danach muß die Dosis allmählich reduziert und der Patient auf das eventuelle Auftreten einer Entzugskrise vorbereitet werden.

Hieß es nicht früher, daß bei allmählichem Entzug nicht mit dem Rebound-Effekt gerechnet werden muß?

Wenn ein Patient auf diese Wirkstoffe besonders empfindlich reagiert, kann es auch bei allmählichem Entzug dazu kommen.

Soweit ich weiß, sind diese Erkenntnisse über Benzodiazepine noch ziemlich jung.

Man weiß das alles schon seit Jahren. Leider werden die schädlichen Wirkungen von Benzodiazepinen aber häufig bagatellisiert.

Als letztes möchte ich noch darauf hinweisen, daß jeder, der Tranquilizer nimmt, auf Alkohol verzichten sollte, da dieser die Wirkung von Benzodiazepinen verstärkt; beide reagieren mit denselben Rezeptoren.

Ich möchte noch einmal auf die von Ihnen empfohlene Obergrenze von einer Woche für die Einnahme von Tranquilizern und Schlafmitteln zurückkommen. Was soll man Ihrer Meinung nach tun, wenn nach ihrem Absetzen keine Besserung eintritt, was vermutlich bei der Mehrzahl der Patienten der Fall sein dürfte?

Mit Tranquilizern kann eine schwere Angststörung selbst bei einmaliger intravenöser Gabe unter Kontrolle gebracht werden. Gleichzeitig muß aber eine Langzeittherapie mit anderen Medikamenten eingeleitet werden, um den Kern der Angst aufzulösen. Auch bei einem Zahnabszeß wird gegen den akuten Schmerz ein Schmerzmittel verschrieben, obwohl die tiefere Ursache der Krankheit nur durch ein Antibiotikum zu beseitigen ist.

Tranquilizer sind also Ihrer Meinung nach eine Art Schmerzmittel, ein Wundpflaster...

In gewissem Sinne ist die Angst der Schmerz der Seele, ein Schmerz der Gehirnrinde. Daneben gibt es aber noch eine andere, körperliche Angst, die von einem älteren Teil unseres Gehirns, dem bulbären System, ausgeht, welches unsere vegetativen Funktionen steuert. Heute macht man allerdings keinen Unterschied mehr zwischen der psychischen und der körperlichen Seite der Angst.

Häufige Streßsituationen können ebenso wie hoher Amphetamin- und Kaffeekonsum die vom bulbären System ausgehende körperliche Angst auslösen.

Und wie steht es mit der Angststörung, von der Sie bereits sprachen?

In der Fachsprache wird sie generalisierte Angststörung genannt. Es handelt sich häufig um feste Persönlichkeitszüge besonders ängstlicher Menschen, die fest davon überzeugt sind, daß sie bereits ängstlich auf die Welt gekommen sind und sich daran nichts ändern läßt. Obwohl man diese Störung mit Medikamenten behandeln kann, wenn sie in leichter Form auftritt, geschieht dies nur selten. Meist wird der Betreffende dazu angeleitet, mit seinen Ängsten zu leben. Schwere Angstzustände mit Herzrasen, Zittern, Schweißausbrüchen und Stottern werden heute mit sehr wirksamen Medikamenten wie Buspiron, Fluvoxamin, Trazodon und MAO-Hemmern behandelt.

Sind MAO-Hemmer und Fluvoxamin nicht Antidepressiva?
Sie haben sich aber auch bei der Langzeittherapie von Angststörungen als wirksame Alternative zu anderen Medikamenten erwiesen. Das gilt auch für trizyklische Antidepressiva wie Imipramin und Trimipramin.

Die, wie Sie bereits erwähnten, nicht abhängig machen. Könnten Sie uns mit einfachen Worten erklären, wie die Abhängigkeit entsteht? Zumindest bei Benzodiazepinen.
Eine zentrale Rolle spielt dabei das wichtigste dämpfende System unseres Gehirns, das gabaerge System, das unsere emotionalen Reaktionen steuert. Wenn es stimuliert wird, dämpft es die Angst, blockiert sie und löst sie schließlich auf. Dies ist die Wirkungsweise von Benzodiazepinen.
Das gabaerge System wird von agonistischen und antagonistischen Substanzen gesteuert. Unser Gehirn produziert selbst angsterregende und angstlösende Substanzen, allerdings nur in den im entsprechenden Augenblick benötigten Mengen. Arzneimittel können heute die Wirkung dieser endogenen Substanzen nachahmen und dadurch die Angst sowohl verstärken als auch mildern.

Und wie entsteht die Abhängigkeit?
Wenn das gabaerge System durch die Gabe von Benzodiazepinen stimuliert wird, muß der entsprechende Rezeptor Mehrarbeit leisten. Wird ihm das über einen längeren Zeitraum zugemutet, reagiert er überempfindlich auf jeden angstauslösenden Reiz, gleichgültig, ob chemischer oder psychischer Natur.

Der Betreffende wird dann noch ängstlicher und reizbarer als früher, bis er irgendwann nicht einmal mehr eine Tasse ruhig in der Hand halten kann und schon beim kleinsten Mißgeschick übernervös reagiert.

Um die Wirkung von Benzodiazepinen auf das gabaerge System zu kompensieren, scheint das Gehirn antagonistische Substanzen zu produzieren, die zum größten Teil angstauslösend wirken.

Demnach entstünde die Abhängigkeit dadurch, daß ein nicht körpereigener Wirkstoff zerebrale Funktionen und Strukturen verändert. Und was geht im Körper vor, wenn er wegfällt?

Man könnte die Abhängigkeit als eine Anpassung des Gehirns an die wiederholte Zufuhr einer Substanz, zum Beispiel Benzodiazepin, über einen längeren Zeitraum definieren.

Sie verändert die Struktur des Rezeptors, so daß er weniger sensibel auf endogene angstlösende Substanzen reagiert, dafür aber verstärkt auf von außen zugefügte angsterregende Reize und Substanzen.

Und was bedeuten die anderen beiden Begriffe, von denen im Zusammenhang mit Medikamentenabhängigkeit immer die Rede ist: «Gewöhnung» und «Toleranz»?

Wenn dieselbe Dosis eines Medikaments nach einem bestimmten Zeitraum keine Wirkung mehr zeigt, spricht man von «Toleranz». Der Organismus hat sich angepaßt und «toleriert» es. Bei Benzodiazepinen bleibt in diesem Stadium die angstlösende Wirkung aus, und die Ängste werden im Gegenteil stärker. Hinzu kommen noch neue Symptome, die das Verlangen nach höheren Dosen verstärken. Um dieselbe Wirkung zu erzielen, muß deshalb die Dosis allmählich gesteigert werden. Dieses Phänomen bezeichnet man als «Gewöhnung». Bei Benzodiazepinen ist es allerdings nur selten notwendig, die Dosis zu erhöhen. Dagegen wächst die Abhängigkeitsgefahr mit der Behandlungsdauer.

Wie Sie bereits äußerten, entstehen Entzugerscheinungen und Abhängigkeit zum Teil dadurch, daß das Gehirn «zusätzliche» angsterregende Substanzen produziert, um wieder ein Gleichgewicht zu den dem Körper zugeführten angstlösenden Substanzen herzustellen.

Das ist zumindest ein Teilaspekt. Vermutlich regt die Einnahme von Tranquilizern über einen längeren Zeitraum das Gehirn dazu an, die Zufuhr angstlösender Mittel dadurch zu kompensieren, daß es selbst angsterregende Substanzen produziert, mit der Folge, daß der Betreffende noch stärker unter Spannungs- und Angstzuständen sowie Schlaflosigkeit leidet.

Welchen Rat können Sie hinsichtlich des Umgangs mit Tranquilizern und Schlafmitteln geben?

Zunächst muß gesagt werden, daß alle Medikamente potentiell gefährlich sind und nur unter Aufsicht eines qualifizierten Arztes in geeigneter Dosis und über einen genau festgelegten Zeitraum eingenommen werden sollten. Das gilt für jede Therapie, nicht nur für Psychopharmaka. Manche trösten sich damit, daß sie ja nur geringe Mengen nehmen, und sei es auch ein Leben lang. Auch viele Ärzte haben die Tendenz, Medikamente niedrig zu dosieren, womit man einem Patienten aber auch schaden kann. Deshalb kommt es auf die richtige Dosierung an, durch die in möglichst kurzer Zeit die gewünschte Wirkung erzielt und die Zahl und Schwere der Nebenwirkungen möglichst gering gehalten wird.

Bevor wir uns mit den anderen Psychopharmaka beschäftigen, möchte ich eine Anekdote erzählen, die Sie möglicherweise schon kennen. Das erste Psychopharmakon wurde bekanntlich 1952 entwickelt, obwohl das Wort selbst bereits vor vierhundert Jahren, nämlich 1548, geprägt wurde. Ein gewisser Reinaldo Lorichius, genannt Hadamarius, gab einem seiner Werke den Titel Psychopharmacon, Arznei der Seele. *Es sollte den Leser lehren, sich als guter Christ auf den Tod vorzubereiten.*

Der Unterschied ist gar nicht so groß. Damals ging es darum, im Jenseits nicht in die Hölle zu kommen, heute soll es uns helfen, der Hölle auf Erden zu entkommen.

Antidepressiva: Die Rückkehr ins Leben

Die Psychiatrie,
die echte, die biochemische hat gesiegt.

PIERRE DANINOS

Endlich sind wir bei unserem eigentlichen Thema angelangt: der Therapie der Depression. Welche Medikamente gibt es und welche sind wirksam?

Dank der jüngsten Entwicklungen der pharmakologischen Forschung ist für Ärzte eine glückliche Zeit angebrochen, denn sie können heute bei der Depressionsbehandlung auf eine große Anzahl spezifisch wirkender Medikamente zurückgreifen, was auch für den Patienten tröstlich sein dürfte.

Aufgrund schlechter Erfahrungen haben allerdings manche Angst vor Medikamenten.

Jeder Mensch reagiert anders: Dasselbe Medikament, das bei einem Patienten zu einer Besserung führt, kann den Zustand eines anderen paradoxerweise verschlechtern. Zu Beginn einer Behandlung sollte deshalb jeder Patient seinem Arzt alle zwei bis drei Tage telephonisch berichten, wie er seine Medikamente verträgt, und einmal pro Woche zu einer Kontrolluntersuchung gehen. Tritt innerhalb der vorgesehenen Zeit keine Besserung ein, sollte das Medikament gewechselt werden, worüber aber nur der Arzt entscheiden kann. Jedenfalls kann mit Sicherheit für jeden Patienten das für ihn geeignete gefunden werden.

Leider resignieren Depressive sehr schnell, wenn sich ihr Zustand trotz konsequenter Einnahme eines Medikaments nicht bessert, da sie immer davon ausgehen, daß ihnen sowieso nicht zu helfen ist.
Wenn eine Therapie nicht den erwarteten Erfolg bringt, kann sie jederzeit geändert werden. In diesem Stadium braucht der Patient den Beistand und die Unterstützung seiner Angehörigen und Freunde besonders dringend, damit er den Mut aufbringt, seinen Arzt wieder aufzusuchen. Die Familie ist überhaupt das wichtigste Verbindungsglied zwischen Arzt und Patient.

Könnten Sie uns kurz die wichtigsten im Kampf gegen die Depression eingesetzten Medikamente aufzählen?
Trizyklische Antidepressiva, Monoaminooxydasehemmer (MAOH), Lithium, Carbamazepin sowie die neuen selektiv wirkenden Serotonin-Rückaufnahmehemmer (Serotonin-reuptake-Hemmer), nicht zu vergessen die trotz ihres schlechten Rufes noch immer angewandte Elektrokonvulsionstherapie.

Beginnen wir mit den trizyklischen Antidepressiva, die, wenn ich richtig informiert bin, die ältesten sind.
Trizyklische Antidepressiva sind tatsächlich die ältesten Antidepressiva. Sie heißen so, weil sich ihr Molekül aus drei Ringen oder Zyklen zusammensetzt. Außerdem gibt es noch tetrazyklische Antidepressiva, deren Moleküle aus vier Ringen bestehen, und einige andere antidepressiv wirkende Substanzen von geringerer Bedeutung.

Können Sie uns einige Handelsnamen von trizyklischen Antidepressiva nennen?
Die bekanntesten sind Tofranil, Anafranil, Laroxyl, Noritren und Ludiomil. Es gibt aber noch viele weitere.

Wie schnell wirken sie?
Schon wenige Tage nach Beginn der Therapie schläft der Patient besser, und seine Angst nimmt ab. Um eine spürbare Stimmungs-

verbesserung zu erzielen, muß er das jeweilige Medikament zwischen drei und sechs Wochen einnehmen. Manchmal tritt bereits innerhalb der ersten Wochen eine deutliche Besserung ein. Wie schnell ein Präparat wirkt, hängt vom Allgemeinzustand des Patienten ab, von seinem Stoffwechsel, seinem Gewicht und anderen individuellen Faktoren. Warum jeder Mensch anders reagiert und es unterschiedlich lange dauert, bis die Wirkung eintritt, ist letztlich noch nicht bekannt.

Aus Ihren bisherigen Äußerungen schließe ich, daß es gegen die Depression noch kein Medikament gibt, das man nur an den Tagen einnimmt, an denen man sich depressiv fühlt.
Nein, das gibt es nicht. Antidepressiva sind keine Beruhigungs- oder Schlafmittel, die nur ein isoliertes Symptom zum Verschwinden bringen sollen. Bei Depressionen muß die Behandlung dem jeweiligen Krankheitsstadium angepaßt werden. Auf jeden Fall kann aber bei konsequenter Einhaltung aller ärztlichen Empfehlungen nach einer gewissen Zeit mit einer Besserung gerechnet werden.

Leider werden Antidepressiva häufig mit anderen Psychopharmaka wie Tranquilizern und Schlafmitteln in einen Topf geworfen. Deshalb glauben viele Menschen, die daran gewöhnt sind, ein Beruhigungs- oder Schlafmittel zu nehmen, wenn sie unter Nervosität oder Angstgefühlen leiden beziehungsweise nicht einschlafen können, man müsse auch Antidepressiva nur nehmen, wenn man sich niedergeschlagen fühlt.
Benzodiazepine wirken selektiv auf das gabaerge System und beseitigen Schlaflosigkeit und Angstzustände rasch. Ebenso wie Schmerzmittel den Schmerz prompt zum Verschwinden bringen. Dagegen verändert sich die Wirkung von Antidepressiva mit der Behandlungsdauer, da sie einen anderen Ansatzpunkt an der Nervenzelle haben und sich ihr Wirkungsmechanismus grundsätzlich von demjenigen von Schlaf- und Beruhigungsmitteln unterscheidet.

Wie wirken trizyklische Antidepressiva?

Noch ist ihr Wirkungsmechanismus nicht in vollem Umfang bekannt. Wir wissen aber, daß sie die im Gehirn vorkommenden Amine, Neurohormone, beeinflussen, die als Botenstoffe zwischen den einzelnen Nervenzellen fungieren. Überhaupt scheinen alle polizyklischen Medikamente ihre Wirkung der Tatsache zu verdanken, daß sie die Konzentration von Botenstoffen an den Kontaktpunkten zwischen den einzelnen Nervenzellen erhöhen.

Kommen wir zu den gefürchteten und häufig übertriebenen Nebenwirkungen von Antidepressiva.

Leider treten die negativen Wirkungen sofort auf, weit vor den erwünschten. Je lästiger sie sind, um so mehr fürchtet der Patient natürlich, seine Krankheit habe sich durch die Einnahme der Medikamente noch verschlimmert. Deshalb ist es besonders wichtig, ihm klarzumachen, daß die unerwünschten Wirkungen ohne bleibende Folgen verschwinden werden. Im übrigen treten bei den alten trizyklischen Antidepressiva mehr und häufigere Nebenwirkungen auf als bei den modernen Antidepressiva.

Wie äußern sich diese Nebenwirkungen?

Als Verstopfung, Mundtrockenheit, Schweißausbrüche, Leseschwäche, Abgeschlagenheit, Schläfrigkeit, Benommenheit; gelegentlich kommen auch mit Schlaflosigkeit verbundene Erregungszustände vor. Manche Patienten leiden auch unter leichtem Händezittern und Artikulationsschwierigkeiten. Viele Patienten im mittleren und höheren Alter klagen über Kreislaufreaktionen beim Aufstehen.

Es wird empfohlen, während der ersten Behandlungstage nicht Auto zu fahren und keine Maschinen zu bedienen, die ein schnelles Reaktionsvermögen erfordern.

Damit hätten wir die bei Einnahme von trizyklischen Antidepressiva in den ersten Tagen auftretenden Nebenwirkungen erfaßt.

Verständlicherweise ist der Patient beunruhigt, wenn es ihm trotz Behandlung nicht besser, sondern schlechter geht, was leicht dazu führen kann, daß er seine Medikamente nicht mehr nimmt.

Gerade deshalb ist der regelmäßige Kontakt zum behandelnden Arzt besonders wichtig, damit er über die aufgetretenen Nebenwirkungen unterrichtet wird und die Dosierung gegebenenfalls anpassen kann. Manchmal muß auch das Medikament gewechselt werden. Jeder Patient sollte wissen, daß die unerwünschten Wirkungen nur vorübergehend sind und nach Absetzen des Medikaments vollkommen verschwinden.

Bei einer Therapie mit Antidepressiva wird, soweit ich weiß, die Dosis allmählich bis zur Erreichung der therapeutischen Dosis gesteigert.

Das stimmt. Bei den älteren Antidepressiva Imipramin und Amitryptilin werden zum Beispiel zunächst 25 bis 75 Milligramm verordnet. Alle zwei bis drei Tage wird die Dosis dann um 25 bis 50 Milligramm erhöht, bis eine durchschnittliche Tagesdosis von 150–300 Milligramm erreicht ist. Im allgemeinen wird die Hälfte der Gesamttagesmenge morgens und die andere Hälfte abends eingenommen, obwohl nichts gegen eine einmalige Einnahme der Gesamttagesmenge spricht.

Ältere oder schwerkranke Menschen erhalten zunächst eine geringere Dosis, und auch die Steigerung erfolgt langsamer.

Wird die Dosis beim Absetzen ebenfalls allmählich verringert?

Ja, die Tagesdosis wird jede Woche um 25 Milligramm reduziert. Die stufenweise Reduzierung während der sechs bis acht Monate dauernden Behandlung richtet sich nach der individuellen Reaktion des Patienten. In der Erhaltungsphase werden ungefähr 100 Milligramm pro Tag verschrieben. Bei Verschlechterung der Symptome wird die Dosis erhöht. Da die Therapie zu diesem Zeitpunkt bereits fortgeschritten ist, kann schon nach einer Woche eine Besserung eintreten. Über jede Veränderung der Dosis kann selbstverständlich nur der Arzt entscheiden.

Aus dem falschen Glauben heraus, eine möglichst niedrige Dosierung könne den Patienten vor schädlichen Nebenwirkungen schützen, werden Antidepressiva leider häufig zu niedrig dosiert. Auch die Dosisreduzierung erfolgt im allgemeinen zu früh, was ebenso falsch ist, wie wenn man Infektionskrankheiten wie Typhus oder Tuberkulose mit einer zu geringen Dosis Antibiotika behandeln oder die Behandlung abbrechen würde, sobald das Fieber gefallen ist, obwohl die Keime nach wie vor im Organismus zirkulieren.

Weiß man schon, welche Langzeitwirkungen trizyklische Antidepressiva haben?

Trizyklische Antidepressiva haben sich seit mehr als dreißig Jahren an Millionen Patienten auf der ganzen Welt als sicher und wirksam erwiesen. Die neuesten Antidepressiva sind noch besser verträglich und haben weniger Nebenwirkungen als die früher gebräuchlichen.

Wie wurden die trizyklischen Antidepressiva entdeckt?

Nicht durch systematische Forschung, sondern «per Zufall». Früher wurden ganz andere Krankheiten mit diesen Substanzen behandelt; irgendwann entdeckten die Mediziner ihre stimmungsaufhellende Wirkung. 1949 entdeckte der australische Psychiater John F. Cade die beruhigende Wirkung von Lithium anläßlich einer Studie über die Gicht. Das erste Psychopharmakon wurde aber erst 1952 entdeckt. Damals stellte man fest, daß Reserpin, ein seit langem gegen Bluthochdruck verwendetes Mittel, auch eine antipsychotische Wirkung besitzt. Der Wirkstoff Reserpin wird aus der Wurzel der *Rauwolfia serpentina* gewonnen, einer Pflanze, die die indischen «Heiligen» von jeher an den Hängen des Himalaya zur Herstellung eines Beruhigungstrunks sammeln. Aber erst seit Delay und Deniker werden Psychopharmaka in der Psychiatrie in großem Umfang eingesetzt. Sie entdeckten die antipsychotischen Eigenschaften von Chlorpromazin, das unter dem Handelsnamen Largaktil bis dahin in der Anästhesie verwendet wurde.

Die antidepressive Wirkung von Isoniazid wurde zum ersten

Mal bei gewöhnlich eher zu Verstimmung neigenden Tuberkulose-
patienten beobachtet, die bei Einnahme dieses Mittels fröhlich und
lebhaft wurden. Bis dahin wußte man nur von seinen antibakteriel-
len Eigenschaften.

Zu dieser Revolution kam es also «per Zufall»...
Man kann wirklich von einer Revolution sprechen, obwohl sie
wenig bekannt ist. Psychopharmaka haben die Psychiatrie in ähnlicher Weise revolutioniert wie Antibiotika die Behandlung von
Infektionskrankheiten. Vor ihrer Entdeckung standen wir Ärzte
psychischen Störungen praktisch ohne wirksame Waffe gegenüber.
Im übrigen reichen die Auswirkungen dieser Revolution weit
über die psychiatrischen Krankenhäuser hinaus. Die Entdeckung
von Psychopharmaka – von Meprobamat über Benzodiazepine,
MAO-Hemmern bis zu den jüngsten Serotonin-Rückaufnahme-
hemmern – beeinflußte und beeinflußt unsere gesamte Kultur und
unsere Sitten in ständig wachsendem Ausmaß.

*Könnten wir die verschiedenen Antidepressiva der Reihe nach behandeln
und vielleicht mit den MAO-Hemmern anfangen?*
Sie heißen so wegen ihrer hemmenden Wirkung auf die Enzym-
aktivität der Monoaminooxydasen (MAO). Auch bei ihrer Gabe
stellt sich eine Besserung innerhalb von zwei bis vier Wochen ein.
Als Nebenwirkung kann Schlaflosigkeit und nervöse Unruhe, seltener Hypotonie und Verstopfung auftreten. Die größte Gefahr
besteht jedoch in einer plötzlichen Erhöhung des Blutdrucks wegen
ihrer Unverträglichkeit mit bestimmten anderen Medikamenten.

*Muß man bei MAO-Hemmern, auch MAOH genannt, vorsichtiger sein
als bei trizyklischen und anderen Antidepressiva?*
Ja. Während der Behandlung sollten bestimmte andere Medikamente und Speisen gemieden werden. Trizyklische Antidepressiva
vertragen sich nicht mit Alkohol, MAO-Hemmer nicht mit Sympa-
thomimetika und gefäßverengenden Substanzen, die bei gewöhn-
licher Erkältung zur Schleimlösung verwendet werden. Bei der

neuen Generation selektiv reversibler MAOH, zum Beispiel bei Moclobemid, müssen weniger Einschränkungen in Kauf genommen werden.

Auf welche Nahrungsmittel sollte man bei der Behandlung mit MAOH verzichten, solange diese neuen, selektiv reversiblen MAO-Hemmer bei uns noch nicht erhältlich sind?
Käse, mit Ausnahme nicht fermentierter Käsesorten, Bier und Wein (insbesondere Chianti), Leber, Wurst, Bohnen und Bananen. Im allgemeinen gibt jeder Arzt seinem Patienten eine genaue Liste der Nahrungsmittel und Medikamente, die sich nicht mit MAO-Hemmern vertragen. Im übrigen empfiehlt es sich, den jeweiligen Beipackzettel aufmerksam zu beachten.

Auf die wollte ich sowieso noch zu sprechen kommen, denn gerade bei Antidepressiva ist die Liste der Kontraindikationen und Nebenwirkungen so lang, daß die meisten Patienten erschrocken auf eine Behandlung verzichten, wenn sie sie wirklich aufmerksam lesen. Bei Anafranil, einem Mittel, das ich selbst jahrelang mit ausgezeichnetem Ergebnis und ohne jegliche Nebenwirkung genommen habe, ist der Beipackzettel fast doppelt so lang wie sonst üblich. Auf gut zwanzig Zeilen werden alle nur irgend erdenklichen «Nebenwirkungen» aufgezählt. Mundtrockenheit, Schläfrigkeit und «Kribbeln» in den Gliedern sind ja noch verständlich; aber wenn es dann weitergeht mit Halluzinationen, Gelbsucht bis zu Infarkt und Schlaganfall, fragt man sich doch, ob man all diese möglichen Wirkungen noch als «Nebenwirkungen» bezeichnen kann.
Die Praxis, auf Beipackzetteln auch äußerst seltene, möglicherweise nur bei einem einzigen Patienten unter ganz besonderen Umständen einmal aufgetretene Nebenwirkungen oder bei Einnahme überhöhter Dosen aufgetretene Wirkungen zu vermerken, ist eine Vorsichtsmaßnahme der Pharmaindustrie, um sich abzusichern. Seit viele Leute in Amerika wegen erlittener Schäden oder unerwünschter Wirkungen, über die sie zuvor nicht aufgeklärt worden waren, Prozesse gegen Ärzte oder pharmazeutische Firmen angestrengt haben, ist es üblich geworden, Beipackzettel so aus-

führlich wie möglich zu formulieren. In Amerika sind derartige Prozesse seit Jahren an der Tagesordnung, aber auch in Europa nehmen sie immer mehr zu.

In Italien sind bei der Abfassung von Beipackzetteln sehr strenge ministerielle Vorschriften zu beachten, die in Anlehnung an die EG-Richtlinien entstanden sind.

Was halten Sie persönlich von der Praxis, auf Beipackzetteln «alles» zu vermerken? Einerseits läßt sich gegen eine umfassende Aufklärung ja nichts einwenden, andererseits ist der Laie nicht immer in der Lage, eine so komplizierte Materie richtig zu beurteilen, so daß Medikamente, die ihm helfen könnten, ihn möglicherweise nur beunruhigen, zumal es ohnehin genügend Vorurteile gegen Psychopharmaka gibt.
Jeder Bürger sollte grundsätzlich an größtmöglicher Aufklärung interessiert sein. Auch für Therapieangebote, für deren Überwachung generell die Gesundheitsbehörden zuständig sind, gilt die Regel: Je anspruchsvoller der «Kunde», um so besser das «Angebot». In erster Linie kommt es aber darauf an, daß der Patient seinem Arzt vertraut und seine Anordnung respektiert. Jedes Medikament ist ebenso wie das Skalpell eine gefährliche Waffe in den Händen Unqualifizierter.

Bei einigen Psychopharmaka wird auf dem Beipackzettel auf eine besonders bei Frauen sehr unbeliebte Nebenwirkung hingewiesen: eine mögliche Gewichtszunahme. Machen Antidepressiva dick?
Trizyklische Antidepressiva können, müssen aber nicht zu einer Gewichtszunahme führen. Das hängt von der individuellen Veranlagung ab. Die neuesten Antidepressiva wie Fluvoxamin, Fluoxetin, Paroxetin und Sertralin haben dagegen meist Gewichtsverlust zur Folge.

Sind sie als Antidepressivum genauso wirksam wie die früheren? Schließlich ist es immer noch besser, dick zu sein als depressiv?
Da bin ich nicht Ihrer Meinung. Auch eine Gewichtszunahme muß vermieden werden, da Übergewicht andere Störungen zur

Folge hat und es sinnlos wäre, durch die Behandlung einer Krankheit eine andere zu provozieren, zumal Übergewichtige bekanntlich eine verringerte Lebenserwartung haben.

Seit in Amerika Ende der achtziger Jahre Fluoxetin und ähnliche Medikamente zugelassen wurden, begann eine neue Epoche in der Geschichte der Depressionsbehandlung. Diese neuen Mittel sind wirklich revolutionär, denn sie beeinflussen das serotonerge System selektiv und haben weit geringere Nebenwirkungen als die früher gebräuchlichen trizyklischen Antidepressiva und MAO-Hemmer. Auch bei der Bulimie, der Panikstörung mit Agoraphobie, der Zwangsstörung und der sozialen Phobie sowie bei gleichzeitigem Vorliegen verschiedener Krankheiten hat sich Fluoxetin als wirksam erwiesen. Dank ihm lassen sich heute auch Störungen wie die Trichotillomanie (das ständige Ausreißen von Haaren), Onychophagie (Nägelkauen) und der Zwang, sich ständig zu kratzen, sowie andere zum Zwangsspektrum gehörende Störungen heilen.

Fluvoxamin hilft bei denselben Störungen, wirkt aber stärker angstlösend als Fluoxetin; dafür ist bei letzterem die enthemmende und antriebssteigernde Wirkung ausgeprägter. Beide Medikamente wirken bei besonders impulsiven und zu Gewalttätigkeit neigenden Patienten beruhigend.

Und welche Nebenwirkungen haben die neuen Antidepressiva?
Äußerst wenige. Ihre gute Verträglichkeit erlaubt ihren Einsatz auch bei älteren Patienten sowie bei Herz- und Gefäßkranken.

In Großbritannien und anderen Ländern sind noch weitere ähnliche Substanzen zugelassen, die ebenfalls das serotonerge System selektiv beeinflussen: Sertralin, Paroxetin und Citalopram.

Und in Italien sind diese Medikamente nicht erhältlich?
Auch in Italien sollen sie in Kürze zugelassen werden. Zusammen mit den selektiv reversiblen MAOH stehen dann auch uns deutlich verbesserte Behandlungsmöglichkeiten zur Verfügung. Da sie weder müde machen noch dämpfen und auch sonst nur wenige und geringe Nebenwirkungen haben, sind sie besonders geeignet

für junge Menschen, die viel Sport treiben und lernen, sowie für jeden, dessen Beruf geistige Klarheit und Konzentrationsvermögen verlangt.

Fachärzte scheinen diesen Medikamenten zur Zeit den Vorzug vor anderen zu geben. Und wie steht es mit praktischen Ärzten?
Wegen ihrer geringen Schädlichkeit und leichten Handhabbarkeit eignen sich diese neuen Medikamente besonders gut zur Einbindung praktischer Ärzte in die Prophylaxe und Therapie von Depressionen und Angststörungen. Die meisten Depressiven wenden sich zuerst an ihren Hausarzt, wenn sie unter Symptomen wie Müdigkeit, Kopfschmerzen und Schlaflosigkeit leiden. Wenn er hinter dieser Fassade die affektive Störung erkennt und rechtzeitig behandelt, kann er damit dem Patienten viele Qualen und spätere Komplikationen ersparen.

Da die praktischen Ärzte in vorderster Front tätig sind und mit jeder Krankheit als erste konfrontiert werden, sind sie die Hauptzielgruppe der zur Zeit in vielen Ländern stattfindenden Aufklärungs- und Sensibilisierungskampagnen.
Könnten wir uns jetzt mit Lithium befassen?
Zuvor möchte ich noch einige Bemerkungen über die Therapie der Manie einfügen. Obwohl sie auch mit Lithium, Carbamazepin und Valproat behandelt wird, therapiert man schwere manische Episoden mit Neuroleptika oder Antipsychotika, manchmal auch mit Benzodiazepinen in hoher Dosierung, um innerhalb weniger Tage eine deutliche Verminderung der Übererregung zu erreichen. Dennoch erweist sich manchmal eine Krankenhausbehandlung als notwendig.

Lithium wird aber nicht nur bei der Manie eingesetzt.
Nein. Deshalb sollten wir ihm ein gesondertes Kapitel widmen.

Lithium: Das Salz des seelischen Gleichgewichts

Es gibt ein Salz,
Lithium genannt, das Wunder wirkt
wie der Stein der Weisen.
Oder ist auch es nur ein neuer Betrug?

OTTIERO OTTIERI

Worin unterscheidet sich Lithium von anderen Psychopharmaka? Ist es überhaupt ein Psychopharmakon? Soweit ich weiß, ist es ein natürlich vorkommendes Metall.

Ja, chemisch ist Lithium ein Element wie Kohlenstoff, Eisen, Natrium und Stickstoff. Insofern unterscheidet es sich von synthetisch hergestellten Psychopharmaka. Wegen seiner sedativen und stimmungsausgleichenden Wirkung gehört es zu den psychoaktiven Substanzen und wird vor allem bei bipolaren Störungen eingesetzt. Im Handel wird es in Form verschiedener Salze angeboten: als Lithiumkarbonat, Lithiumsulfat und Lithiumglutamat, von denen einige bei der Therapie affektiver Störungen Verwendung finden.

Damit wäre geklärt, worin es sich von anderen Psychopharmaka unterscheidet. Und wodurch zeichnet es sich als Medikament besonders aus?

Lithiumsalze werden, wie gesagt, bei der Behandlung der bipolaren Störungen eingesetzt. Vor allem stabilisieren sie die Stimmungslage und wirken vorbeugend. Eine konsequente Lithiumprophylaxe schützt relativ sicher vor Rückfällen.

Wird Lithium nur in der Langzeittherapie eingesetzt?

Seine therapeutische Wirkung tritt nicht sofort ein. Manchmal ist ein «Schutz» vor Rückfällen erst nach mehrmonatiger Behandlung gewährleistet, weshalb sich kein Patient von Rückfällen in der Anfangsphase der Behandlung entmutigen lassen sollte.

Außerdem hat sich Lithium als beste Prophylaxe gegen das Suizidrisiko erwiesen. Bei konsequenter Einhaltung der Lithiumprophylaxe kommen bei bipolaren Patienten nur äußerst selten Suizidversuche vor.

In welchen Fällen rät der Arzt zu einer Langzeitbehandlung mit Lithiumsalzen?
Dafür gibt es keine festen Regeln. Ich persönlich würde zu ihr raten, wenn im Jahr zuvor mindestens zwei depressive Episoden aufgetreten sind oder in den letzten drei Jahren mindestens drei. Die Entscheidung muß der Arzt von Fall zu Fall unter Berücksichtigung des Allgemeinzustands des Patienten treffen. Wann eine Langzeittherapie nötig ist, habe ich ja bereits gesagt: bei hohem Suizidrisiko; bei Patienten, die in jeder depressiven oder manischen Phase zu Alkoholmißbrauch oder Konsum illegaler Drogen neigen; bei besonders schweren depressiven oder manischen Phasen; wenn ein Patient sich selbst und seine Familie durch sein Verhalten schädigt und schließlich bei drohender Chronifizierung sowie bei hohem Rückfallrisiko.

Irgendwelche Nebenwirkungen treten sicher auch bei Lithium auf.
Vor allem kann es zu Gewichtszunahme kommen. Dagegen hilft nur eine strenge Diät, über deren Wichtigkeit man den Patienten unbedingt aufklären muß, besonders wenn er bereits zu Übergewicht neigt.

Verursacht es eine starke Gewichtszunahme?
Auch auf Lithium reagiert jeder Mensch anders. Ein Drittel nimmt überhaupt nicht zu. Bei den anderen schwankt die Gewichtszunahme zwischen vier und sieben Kilo in den ersten beiden Behandlungsjahren. Im allgemeinen nimmt das Gewicht danach allmählich wieder ab und pendelt sich schließlich auf einem bestimmten Niveau ein. Bei manchen ist allerdings eine beständige

Gewichtszunahme zu verzeichnen. Fast in allen Fällen tritt Heißhunger auf süße Speisen auf, gegen den nur eine strenge Diät hilft. Da Übergewicht nicht nur körperliche Störungen verursacht, sondern auch psychisch und sozial negative Folgen hat, sollte streng auf ihre Einhaltung geachtet werden. Einem Fünfzigjährigen mögen fünf oder acht Kilo zuviel nicht allzu schlimm erscheinen, aber ein Zwanzigjähriger kann stark unter ihnen leiden, ganz zu schweigen von einer Zwanzigjährigen.

Einen Teil der Energien, die durch die Befreiung von seiner Depression frei werden, muß der Patient also wieder auf die Einhaltung einer Diät verwenden. Welche sonstigen Nebenwirkungen hat Lithium?
Bei den meisten Patienten nur sehr leichte. Manchmal kommt es zu Brechreiz, Durchfall, Zittern der Hände (Tremor) und Durst. Während die anderen Nebeneffekte relativ rasch verschwinden, leiden viele Patienten lange unter ständigem Durst und sollten deshalb kalorienreiche Getränke wie Bier, Milch und Fruchtsäfte meiden. Ich rate allen Patienten, zu Beginn einer Lithiumbehandlung alles aufzuschreiben, was sie an einem Tag essen und trinken, um einen Überblick über die konsumierten Kalorien zu bekommen und die kalorienreichsten Nahrungsmittel vom Speiseplan streichen zu können.

Wäre damit alles über Lithium gesagt?
Das Wichtigste habe ich noch nicht erwähnt: Wie hoch der Lithiumspiegel im Blut sein muß, damit die therapeutische Wirkung eintritt, und wie er kontrolliert wird. Nur bei einer Lithiumkonzentration im Blut zwischen 0,5 und 1,0 mval/l treten die gewünschten Wirkungen ein. Unter einem Wert von 0,5 mval/l läßt sich nur selten eine prophylaktische Wirkung erzielen, während man bei Werten von über 1,0 mval/l mit einer Lithiumvergiftung rechnen muß. Deshalb muß man den Lithiumspiegel so lange regelmäßig kontrollieren, bis eine optimale Einstellung erreicht ist. Danach muß gelegentlich geprüft werden, ob sich der Lithiumspiegel noch innerhalb der festgesetzten Grenzen hält.

Und wie kontrolliert man den Lithiumspiegel?
Durch eine Blutentnahme. Dabei gilt folgendes Schema:
- im ersten Monat wöchentliche Kontrolle des Lithiumspiegels;
- vom zweiten bis zum sechsten Monat alle drei Wochen eine Kontrolluntersuchung, bis sich die Lithiumkonzentration im Blut auf die therapeutischen Werte eingependelt hat; danach monatliche Kontrolluntersuchungen;
- vom sechsten bis zum zwölften Monat reichen Untersuchungen im Abstand von zwei Monaten, wenn die Lithiumwerte stabil sind; dazu kommen die allgemeinen Blut- und Urinuntersuchungen;
  - nach mehr als einjähriger Behandlung genügt eine Kontrolluntersuchung alle vier Monate.

Da Lithium auch die Schilddrüsenfunktion herabsetzen kann, müssen zu Beginn der Behandlung regelmäßige Kontrollen der Hormone TSH, T_3 und T_4 durchgeführt werden. Bei schweren Herzleiden, Epilepsie und Niereninsuffizienz ist eine Lithiumtherapie nicht ratsam.

Da starker Flüssigkeitsverlust, der durch Fieber, Durchfall, eine strenge Diät, übermäßiges Schwitzen und Entwässerungsmittel verursacht werden kann, die Lithiumkonzentration im Blut ansteigen läßt, muß der Lithiumspiegel sofort kontrolliert werden.

Ist Lithium wirklich so gefährlich?
Bei Einhaltung der entsprechenden Vorsichtsmaßnahmen keineswegs. Durch die regelmäßigen Kontrolluntersuchungen soll nicht nur eine Lithiumvergiftung ausgeschlossen, sondern auch überprüft werden, ob die Nieren ihre Funktion, Lithium aus dem Blut aufzunehmen und über den Urin auszuscheiden, noch in vollem Umfang erfüllen. Diese Nierenfunktion läßt zum Beispiel im Alter häufig nach.

Wie reagieren die Nieren im allgemeinen auf diese jahrelange Extraarbeit?
Auch um das zu prüfen, werden die jährlichen Kontrollunter-

suchungen durchgeführt. Es hat sich jedoch herausgestellt, daß nur
weniger als fünf Prozent aller Patienten, die über viele Jahre Lithium nehmen, unter einer leichten Einschränkung der Nierenfunktion leidet, die sich fast immer korrigieren läßt und keinen Grund
zum Absetzen dieses Medikaments darstellt.

Über die Dosierung haben wir auch noch nicht gesprochen.
Sie hängt vom jeweiligen Patienten ab. Im allgemeinen wird
zunächst eine geringe Dosis verschrieben, die dann je nach der
Reaktion und dem erreichten Lithiumspiegel gesteigert wird. Die
gleiche Dosis Lithium kann bei zwei Patienten sehr verschieden
wirken, da Alter, Gewicht, die Funktionstüchtigkeit des Herzens
sowie der Nieren und der Schilddrüse eine wichtige Rolle dabei
spielen. Junge Menschen brauchen fast die doppelte Menge wie
ältere zur Erzielung der gleichen Wirkung.

Und was ist, wenn der Lithiumspiegel über 1,0 mval/l ansteigt?
Bei Werten zwischen 1,2 und 1,6 genügt eine Reduzierung der
Dosis; dagegen muß bei Werten zwischen 1,7 und 1,9 eine Einnah-
mepause eingehalten werden, bis der Lithiumspiegel wieder auf das
gewünschte Niveau gesunken ist; Werte von mehr als 3,0 mval/l
sind alarmierend und weisen auf eine Lithiumvergiftung hin.
Erwähnen möchte ich noch, daß die letzte Lithiumeinnahme bei
allen Kontrolluntersuchungen zwölf Stunden zurückliegen sollte,
um korrekte und miteinander vergleichbare Werte zu erhalten.

Sicher gibt es wie bei jedem Medikament auch bei Lithium Patienten, bei
denen eine Wirkung überhaupt nicht eintritt. Was macht man mit ihnen?
Jahrelang gab es keinerlei Alternative zur Lithiumprophylaxe.
Heute verfügen wir über ein weiteres wirksames Mittel zur Stabilisierung der Stimmungslage: Carbamazepin, Handelsname Tegre-
tol, das auch bei einigen nicht in die Zuständigkeit des Psychiaters
fallenden Störungen eingesetzt wird, zum Beispiel bei Epilepsie,
Kopfschmerzen, Trigeminusneuralgie und Diabetes insipidus.
Mit Carbamazepin können akute manische Phasen behandelt

werden. Bei der Depressionsprophylaxe ist es ähnlich wirksam wie Lithium. Es wird Patienten verordnet, die auf Lithium nicht ansprechen, allerdings nicht nur ihnen.

Bei manchen Patienten wirkt Lithium nur in Verbindung mit Carbamazepin. Insgesamt werden beide Medikamente heute gleich häufig verwendet. Dazu kommen noch neue Mittel wie Valproinsäure, Depakin und Depamid.

Auch dazu die unvermeidliche Frage nach den Nebenwirkungen von Carbamazepin.

Vor allem in den ersten beiden Wochen können Schläfrigkeit, Koordinationsstörungen, Brechreiz, Erbrechen, Mundtrockenheit, Nesselfieber und Herzrasen auftreten. All diese Symptome verschwinden aber im allgemeinen nach kurzer Zeit.

Bei einer Langzeitbehandlung mit Carbamazepin sollten die Leber- und Nierenfunktion ebenso regelmäßig kontrolliert werden wie das Blutbild.

Welchem Wirkungsmechanismus verdankt Lithium seine stimmungsstabilisierende Wirkung?

Sein hauptsächlicher Wirkungsmechanismus wurde noch nicht entdeckt. Die zahlreichen Theorien hierzu wurden bisher noch nicht in einem globalen Erklärungsmodell zusammengefaßt.

Heißt das, daß die Wissenschaft sich bisher noch nicht genügend um die Ergründung des Wirkungsmechanismus bemüht hat?

Im Gegenteil. Ärzte, Psychiater, Biologen, Pharmakologen und Biochemiker beschäftigen sich zur Zeit eingehend mit diesem Thema. Auch die pharmazeutische Industrie arbeitet daran, da sie hofft, ein ähnliches, noch wirksameres und noch besser verträgliches Medikament auf den Markt bringen zu können.

Was weiß man denn bisher über diese wichtige Substanz?

Lithium beeinflußt eine Vielzahl wichtiger biologischer Prozesse im Gehirn. Beteiligt an ihnen sind: Botenstoffe wie zyklisches AMP und Inositolphosphat, die Neurotransmitter Noradrenalin, Acetylcholin, Dopamin, GABA und Serotonin, die Ionen, die an der Regulierung der Zellmembranpermeabilität beteiligt sind, bestimmte Hormone, Aminosäuren und die Eiweißsynthese... Lithium in zu geringer oder falscher Dosierung zu gebrauchen ist wirklich eine Sünde, die leider nach wie vor überall auf der Welt begangen wird.

Die gute Wirksamkeit von Lithium ist unumstritten. Aber über ihre Ursachen herrscht noch immer Unklarheit.

Wie bereits gesagt, wird vermutet, daß seine therapeutische Wirkung auf verschiedene, miteinander verbundene Wirkungsmechanismen zurückzuführen ist. Solange wir noch nicht einmal die organische Ursache bipolarer Psychosen kennen, ist es sicherlich noch schwieriger, den Wirkungsmechanismus von Medikamenten zu verstehen, die gegen diese eingesetzt werden.

Das gilt wohl für alle Psychopharmaka. Ich hatte gehofft, daß wir etwas mehr über Lithium erfahren könnten, zumal in letzter Zeit geradezu ein Lithiummythos entstanden ist, da es sich als «natürliche» und äußerst wirksame Substanz von den anderen Psychopharmaka grundsätzlich zu unterscheiden scheint. Wie so oft, wenn etwas ins Gespräch kommt, ist die Diskussion auch hier häufig sehr undifferenziert. Die einen preisen es als Wundermittel, die anderen verteufeln es.

Seine Wirkung scheint individuell sehr verschieden zu sein, obwohl das dem Laien auch nicht verständlicher macht, «wie» es wirkt.

Mehr Aufklärung darüber, wie es zur Wiederherstellung und Stabilisierung des psychischen Gleichgewichts beiträgt, erhoffen wir uns von den neuesten Forschungen der Molekularbiologie.

Um es nicht länger zu verteufeln, dürfte es aber genügen zu wissen, daß Lithium bereits Millionen von Menschen und ihren Angehörigen geholfen hat. Daran gibt es nicht den geringsten Zweifel.

Elektroschock: Wahrheit und Vorurteil

> Manche Leute ... können nicht unterscheiden
> zwischen dem, was ist, und dem, was nicht ist,
> zwischen Wahrheit und bloßer Meinung.
>
> PARMENIDES

Ich kann nicht sagen, daß ich über die Elektroschocktherapie gerne spräche, denn sie hat nicht gerade einen guten Ruf. Erlauben Sie mir, zunächst einen Brief zu diesem Thema zu zitieren, den ich gestern von einer Frau erhielt und der meiner Meinung nach die große Bedeutung dieser Therapie auch in unserer heutigen Zeit eindrucksvoll belegt. Die Dame ist übrigens keine Patientin von mir:

Sehr geehrter Herr Professor,
nachdem ich vor kurzem einen Artikel über die Behandlung von Depressionen durch Elektroschocks las, habe ich das Bedürfnis, Ihnen mitzuteilen, daß diese Therapie mir vermutlich das Leben gerettet hat.

Vor vierzehn Jahren litt ich anderthalb Jahre lang unter einer reaktiven Depression. Weder Psychopharmaka noch Schlafkuren, noch eine Psychoanalyse konnten mir helfen. Die Ärzte waren völlig ratlos. Erst als sie es mit einer Elektroschockbehandlung versuchten, fand ich den Weg ins Leben zurück.

Heute bin ich 53 Jahre alt und weiß, was ich will und wer ich bin. Ich fühle mich ausgeglichen, fröhlich und liebe das Leben. Nie habe ich mich so gut gefühlt wie heute.

Wenn ich an jene schrecklichen Jahre zurückdenke, wird mir bewußt, daß ich erst durch diese schmerzlichen Erfahrungen zu dem Menschen geworden bin, der ich heute bin. Erst meine Krankheit ließ mich erkennen, wie schön das Leben sein kann, wenn man entdeckt, daß man das Glück nur in sich selbst finden kann.

Es ist mein innigster Wunsch, durch diesen Brief anderen Patienten zu helfen, ihre Angst vor dieser Therapie zu überwinden, gegen die es immer noch viele Vorurteile gibt.

Obwohl die Elektroschockbehandlung seit langem ein wichtiges therapeutisches Instrument ist, hat sie die Mediziner mehr als jede andere Behandlungsmethode in zwei Lager gespalten: Die einen verteidigen sie ebenso hartnäckig, wie die anderen sie blindwütig angreifen. Seit ihrer Entdeckung im Jahre 1938 hat sie Millionen Patienten auf der ganzen Welt geholfen. Vielen Patienten mit schweren psychischen Störungen hat sie geradezu das Leben gerettet, manchmal auch ihren Angehörigen.

Heute liest man in Fachzeitschriften immer wieder, daß sie besonders gut von alten Patienten vertragen wird, bei denen mit medikamentöser Behandlung keine Besserung erzielt wird.

Ausgerechnet für alte Menschen sollte sie besonders geeignet sein?

Ja, bei ihnen ist die Elektroschocktherapie oft besonders indiziert. Ebenso bei Patienten, die Antidepressiva nicht vertragen oder bei denen sie wirkungslos sind, da die Art und Weise, wie sie heute praktiziert wird, oft besser verträglich ist als manche Medikamente. Ich glaube, daß kein Psychiater auf sie verzichten kann.

Trotz der zahllosen Psychopharmaka, die es heute gibt?

In den Fällen, in denen die medikamentöse Therapie keine Besserung bringt, hilft meist die Elektroschockbehandlung. Mehr als neunzig Prozent aller affektiven Störungen können durch sie gebessert werden.

Warum steht dieses Wunderheilmittel dann in einem so schlechten Ruf?

Als die Italiener Bini und Cerletti sie im Jahre 1938 entwickelten, wofür sie einen Nobelpreis verdient hätten, standen die Psychiater psychischen Krankheiten noch vollkommen hilflos gegenüber. Mit der Elektroschockbehandlung hielten sie zum ersten Mal ein wirksames Therapieinstrument in Händen. Allerdings führte die anfängliche Begeisterung dazu, daß sie bei fast allen psychischen Krankheiten eingesetzt wurde, auch dort, wo sie unangebracht oder schädlich für den Patienten war. Leider änderte sich daran über Jahre nichts.

Soweit ich weiß, wurde die Elektroschocktherapie in Irrenanstalten auch als Strafmaßnahme angewandt.

Ich weigere mich zu glauben, daß ein verantwortungsbewußter Arzt ein therapeutisches Instrument zu solchen Zwecken mißbrauchen könnte. Andererseits läßt sich nicht leugnen, daß diese Behandlungsmethode in Ermangelung anderer dazu benutzt wurde, schwerkranke, aggressive Patienten ruhigzustellen. Dadurch wurde der Eindruck erweckt, sie würde als Strafmaßnahme benutzt.

Außerdem wurde sie früher ohne Narkose eingesetzt. Die während der Behandlung eintretende tonisch-klonische Krise, also eine Art Schüttelkrampf, der einige Sekunden dauert und den Symptomen eines großen epileptischen Anfalls ähnelt, erschien vielen Laien verständlicherweise wie eine grausame Tortur.

Man darf aber nicht vergessen, daß die Depressionssterblichkeit in den vierziger Jahren dank dieser Methode in den psychiatrischen Krankenhäusern von achtzehn auf zwei Prozent gesenkt werden konnte.

Was verstehen Sie unter «Depressionssterblichkeit»?

Wenn der Wille zum Kampf gegen die Depression gebrochen ist, verweigern viele Patienten oft jegliche Nahrung und Behandlung und verwahrlosen insgesamt, so daß schwere organische Krankheiten ihre Depression zusätzlich komplizieren, die früher oder später zum Tod führen, falls der Patient sich nicht selbst das Leben nimmt.

Hat die Elektroschockbehandlung die hohe Sterblichkeitsrate bei solchen Patienten wirklich so drastisch reduziert?

Daran gibt es gar keinen Zweifel, obwohl diese Tatsache nur wenig bekannt ist. Ich will auch gar nicht leugnen, daß sie früher mit gewissen Gefahren verbunden war. Doch heute ist dies dank der verfügbaren Narkosemittel nicht mehr der Fall. Im übrigen waren früher fast alle medizinisch-chirurgischen Eingriffe für den Patienten qualvoll und riskant.

Als immer neue Psychopharmaka auf den Markt kamen, wurde diese Behandlungsmethode auch wegen der gegen sie gerichteten Angriffe immer weniger angewandt und von manchen Kliniken sogar ganz abgelehnt.

Befürworten Sie ihre Rehabilitierung?

Ich halte sie nach wie vor für wertvoll und nützlich, obwohl sie in Italien von verschiedenen antimedizinischen Bewegungen verurteilt wurde und in Vergessenheit geraten ist. Diese doktrinären Bewegungen vergaßen, daß sich die Psychiatrie und die Medizin im allgemeinen auf konkrete klinische Fakten und Beobachtungen stützen muß und dem Patienten mit leidenschaftlichem ideologischem Engagement nicht gedient ist. Trotz guten Willens wird damit das Gegenteil des Gewollten erreicht: der Kranke leidet mehr als nötig.

Heute ist von diesen Bewegungen kaum noch die Rede. Welche Einstellung herrscht heute gegenüber der Elektroschockbehandlung?

Das britische Royal College of Psychiatrists hat 1977 die hohe Wirksamkeit der Elektroschocktherapie bei Depressionen offiziell anerkannt und sie «auf der Basis des aktuellen Erkenntnisstands» als ein «unverzichtbares und wichtiges» Therapieinstrument bezeichnet.

1985 organisierte das amerikanische National Institute of Mental Health eine «Consensus-Conference» zu diesem Thema, an dem Psychiater, Psychologen, Neurologen, Psychopharmakologen, Epidemiologen und Juristen teilnahmen. In der Abschlußerklärung dieser Konferenz hieß es: Bei schweren Depressionen wirkt die Elektroschocktherapie am raschesten und besten.

Es gibt in den Vereinigten Staaten eine «Association for Convulsive Therapy», eine Vereinigung von Ärzten, die diese Methode praktizieren. Außerdem werden in der Fachzeitschrift *Convulsive Therapy* Beiträge aus aller Welt über die Arbeit mit dieser Behandlungsmethode veröffentlicht.

Damit nicht genug. Die Vereinigung Amerikanischer Psychiater, APA, leistet sich eine ständige *Task Force* von Spezialisten, die 1990 ein dreijähriges Forschungsprojekt ins Leben riefen. Ein halbes Jahrhundert nach Einführung dieser Methode kam sie zu dem Ergebnis, daß die Elektroschockbehandlung nach wie vor ein wichtiges therapeutisches Instrument darstellt. Die APA hat im übrigen präzise Richtlinien zum klinischen Einsatz dieser Behandlungsmethode erarbeitet und veröffentlicht.

Könnten Sie uns deren Inhalt präzisieren?

Die Elektroschocktherapie ist indiziert bei schweren Depressionen, bei Mischzuständen, bei Manien mit Verwirrungszuständen und Stupor, bei akuten Psychosen mit Katatonie sowie bei Altersdepressionen, bei denen mit Medikamenten keine Besserung zu erzielen ist oder mit schweren Nebenwirkungen und Vergiftungserscheinungen gerechnet werden muß. Besonders wirksam ist sie bei stark suizidgefährdeten Menschen.

Außerdem sollte der Arzt sich für sie entscheiden, wenn gleichzeitig eine Erkrankung vorliegt, derentwegen keine Psychopharmaka verschrieben werden können. Auch bei affektiven Störungen in der Schwangerschaft oder nach der Geburt sollte sie das Mittel der Wahl sein. Bei Patienten mit Erkrankungen der Atemwege und zerebralen Durchblutungsstörungen ist sie dagegen nicht empfehlenswert.

Was nicht erstaunlich ist. Ich habe gehört, daß sie gelegentlich auch bei Patienten mit schwachem Herzen angewandt wird, was mich als Laien bei einer Behandlungsmethode, deren Grundlage eine elektrische Entladung ist, doch erstaunt.

Bei Patienten mit Herzrhythmusstörungen, Herzkranzgefäßverengung oder nach einem Herzinfarkt wird diese Methode im allgemeinen auch nicht angewandt. In der Fachliteratur ist allerdings ein kurioser Fall vermerkt: ein Patient mit ängstlich-agitierter Depression, der einen Infarkt erlitten hatte, verweigerte zunächst jede Behandlung. Er riß sich immer wieder alle Schläuche heraus und wollte um keinen Preis liegen bleiben. Erst nach einer Elektroschockbehandlung ließ er die Behandlung seines Herzleidens zu.

Wenn die Elektroschockbehandlung bei neunzig Prozent aller Patienten zu einer Besserung führt, rascher wirkt und mit weniger Nebenwirkungen verbunden ist als Medikamente, so daß ihr sogar bei alten Menschen und schweren Begleiterkrankungen der Vorzug gegeben wird, warum wird sie dann nicht allen Depressiven empfohlen?

Weil ihre Anwendung komplexer ist als die medikamentöse Therapie: Zunächst muß eine Narkose eingeleitet werden, was auch bei einer Kurznarkose eine verantwortungsvolle Aufgabe darstellt. Außerdem müssen ein Elektrokardiogramm und verschiedene andere Voruntersuchungen gemacht werden. Dann braucht man eine Reihe von Fachkräften: einen Anästhesisten, eine Krankenschwester und einen Psychiater. Aus diesen Gründen, aber auch um möglichst rasch mit einer in vielen Fällen zusätzlich nötigen Langzeittherapie mit Medikamenten beginnen zu können, wird meist der medikamentösen Behandlung der Vorzug gegeben. Bei Erhaltungs- und prophylaktischen Therapien können medikamentöse Therapie und Elektroschocktherapie miteinander kombiniert werden.

Wird die Elektroschockbehandlung nur stationär durchgeführt?

Nicht notwendigerweise. Meist wird sie ambulant durchgeführt. Ungefähr zwei Stunden nach der Behandlung kann der Patient wieder nach Hause gehen. Manche sind sogar schon nach einer knappen halben Stunde wieder auf den Beinen. So unglaublich es klingt, aber gar nicht so selten verwandelt schon eine einzige Behandlung einen schwer depressiven, vollkommen lethargischen Patienten in einen fröhlichen, strahlenden Menschen.

Ich meine, es wäre an der Zeit, daß Sie uns diese ebenso gefürchtete wie anscheinend verdienstvolle Therapie näher erläutern.

Viele Mißverständnisse rühren von dem unglücklichen Begriff «Elektroschock» her, bei dem man automatisch an etwas Schreckliches denkt, obwohl diese Therapieform heute nichts Furchterregendes mehr hat. Eigentlich sollte man sie als «Elektroreizbehandlung» bezeichnen, denn ihre Heilwirkung beruht auf der Auslösung eines durch elektrischen Strom künstlich herbeigeführten Krampfanfalls. Ein Elektroschock wird dabei nicht verursacht; vielmehr wird das Gehirn des narkotisierten Patienten eine halbe oder ganze Sekunde lang mit einem Wechselstrom von 50 bis 60 Hz pro Sekunde, 110 bis 150 V und 200 mA durchflutet. Eine tonisch-klonische Muskelkontraktion löst sie heute auch nicht mehr aus, da dem Patienten mit dem Narkosemittel eine muskelentspannende Substanz verabreicht wird. Zehn bis zwanzig Minuten nach der Behandlung wacht er aus der Narkose auf.

Und wie oft wird die «Elektrokonvulsionsbehandlung», wie Sie sie vermutlich lieber nennen, angewandt?

Zwischen zwei- und viermal pro Woche. Im allgemeinen tritt bereits nach ein bis drei Wochen eine spürbare Besserung ein, die die Angehörigen oder Bekannten eines Patienten häufig eher bemerken als er selbst. Im Durchschnitt sind sechs bis zehn Behandlungen erforderlich, in seltenen Fällen zwölf bis sechzehn. Zu einem späteren Zeitpunkt kann der Behandlungszyklus wiederholt werden, so daß auch diese Therapie zu einer Langzeittherapie werden kann.

Was ist über die Folgen jahrelanger Elektrokonvulsionsbehandlungen bekannt?

In der Fachliteratur ist ein Mann erwähnt, der bis zu seinem Tod im Alter von ungefähr achtzig Jahren mehr als 1500 Elektrokonvulsionsbehandlungen erhalten hatte. Trotzdem ergab die histologische Untersuchung seines Gehirns keinerlei Anzeichen einer Läsion. Die Forschungen zu diesem Thema sind aber noch nicht abgeschlossen.

Irgendwelche Nebenwirkungen hat sicherlich auch sie. Sie erwähnten bereits das Gedächtnis.

Beim Aufwachen aus der Narkose hat der Patient das Gefühl, aus einem gesunden Schlaf zu erwachen. In seltenen Fällen fühlt er sich leicht verwirrt, benommen oder noch müde. Ein gelegentlich auftretendes Unwohlsein verschwindet meist rasch wieder. Häufiger kommt es dagegen zu vorübergehenden Gedächtnisstörungen: ein Drittel der Patienten bleibt davon völlig verschont; ein weiteres Drittel klagt über eine leichte Beeinträchtigung, und bei einem Drittel sind sie ausgeprägter. Sie haben aber auf jeden Fall nur vorübergehenden Charakter.

Wie lange halten sie an?

Im allgemeinen wenige Wochen und nie länger als zwei bis drei Monate. Bei der unilateralen Elektrokonvulsionsbehandlung treten Gedächtnisstörungen im übrigen noch seltener auf und verschwinden auch rascher.

Gibt es noch weitere Nebenwirkungen?

Nein. Es soll allerdings nicht geleugnet werden, daß bei Ausbleiben des Krampfanfalls möglicherweise eine entgegengesetzte Wirkung sowie vorübergehend ein Orientierungsverlust eintreten können. Vielleicht rührt ihr schlechter Ruf auch von solchen Mißerfolgen her. Andererseits kann jede Behandlungsmethode falsch angewandt werden. Auch der richtige Umgang mit Psychopharmaka ist nur gewährleistet, wenn der Psychiater entsprechende Erfahrungen besitzt und eine medizinisch-biologische Fachausbildung genossen hat.

Zum Erfolg einer Elektrokonvulsionsbehandlung können die Spezialisten, die den Patienten auf den Eingriff vorbereiten, maßgeblich beitragen. So kann zum Beispiel der Anästhesist dabei helfen, die Ängste vor der Narkose und dem Zustand nach dem Aufwachen abzubauen. Deshalb sollten sowohl die medikamentöse Therapie als auch die Elektrokonvulsionsbehandlung nur in Spezialkliniken durchgeführt werden.

Wie kamen die römischen Ärzte Bini und Cerletti auf die Idee, Patienten Strom durch das Gehirn zu leiten? Soweit ich weiß, gab es damals keine vergleichbare Therapie, und der Öffentlichkeit dürfte sie zumindest als kühn erschienen sein.

Schon in der Antike wurde beobachtet, daß bei Patienten, die gleichzeitig an Depressionen (oder anderen affektiven Störungen) und an Epilepsie litten, nach ein oder zwei epileptischen Anfällen eine Besserung eintrat. Bei der Elektrokonvulsionstherapie werden praktisch künstlich epileptische Anfälle ausgelöst. Sie läßt sich mit der in der Kardiologie gebräuchlichen Elektrodefibrillation vergleichen.

In Indonesien setzten die Ärzte schon vor langer Zeit Patienten, die an Melancholie litten, bestimmte Fische an die Schläfen, die einen elektrischen Schlag verursachen.

Wie läßt sich die therapeutische Wirkung der Elektrokonvulsionsmethode erklären?

Bisher gibt es kein einheitliches Erklärungsmodell, das all seine Wirkungsmechanismen erschöpfend beschreibt. Wir wissen aber bereits einiges über die Wirkung auf die verschiedenen Neurotransmitter, also jene Moleküle, die das Gehirn zur Übertragung von Botschaften von einem Neuron zu einem anderen benützt.

Welche Neurotransmitter?

Noradrenalin, Dopamin, Serotonin, Acetylcholin, Gammaaminobuttersäure, Endorphine... Daß die Zielrezeptoren dieser Neurotransmitter und ihr Stoffwechsel durch die Elektrokonvulsionstherapie beeinflußt werden, ist mittlerweile erwiesen.

Könnten Sie uns mit einfachen Worten erklären, wie sie genau wirkt?

Wie Tierversuche gezeigt haben, ist die Wirkung auf verschiedenen Ebenen unterschiedlich. Der Noradrenalinstoffwechsel und die Aktivität des dopaminergen Systems wird gesteigert und das serotonerge System beeinflußt. Vor kurzem wurde die These aufgestellt, daß sie auch bei der Signalübertragung von einem Neuron zum nächsten eine Rolle spielt. Schließlich wird auch die Ausschüttung von Endorphinen erhöht, die bekanntlich schmerzlindernd wirken.

Nicht zu vergessen ihre antiepileptische Wirkung, womit wir wieder bei den Zusammenhängen zwischen affektiven Störungen und der Epilepsie wären.

Schon in der Antike wußte man um sie. Hippokrates schrieb eine berühmte Abhandlung über die «heilige Krankheit», wie die Epilepsie damals hieß. In ihr findet sich auch seine sehr moderne Beschreibung der Depression.

Stationär oder ambulant: Hauptsache geheilt

... Dort schritten wir hinaus
zu schaun die Sterne
DANTE

*Werden Depressionen im allgemeinen ambulant oder stationär behandelt,
Herr Professor?*

Fast immer ambulant. Sobald der Therapeut einen guten Kontakt zum Patienten hergestellt hat, muß er zunächst sorgfältig die Anamnese erheben, um auf ihrer Grundlage eine Diagnose stellen und Behandlungsvorschläge machen zu können. Wenn die Entscheidung für eine bestimmte Therapie gefallen ist, wird dem Patienten vorgeschlagen, im ersten Behandlungsmonat alle sieben bis zehn Tage zu einer Kontrolluntersuchung zu kommen. Ist das nicht möglich, sollte er zumindest regelmäßig anrufen und sich bei Auftreten von Nebenwirkungen unbedingt bei seinem Arzt melden. Da jeder Patient anders auf dasselbe Medikament reagiert, muß der Arzt über die ersten Reaktionen unbedingt informiert werden, damit er gegebenenfalls die Dosierung oder, falls notwendig, die gesamte Behandlungsstrategie verändern kann.

*Ein Medikamentenwechsel kann leicht dazu führen, daß der Patient das
Vertrauen in seinen Arzt verliert.*

Bei der Depressionsbehandlung kommt es häufig vor, daß das erste Medikament gewechselt werden muß, ohne daß dies ein Zeichen für mangelnde Vertrauenswürdigkeit oder einen Irrtum des Arztes sein muß. Wenn ein Patient sich über die Natur seiner Krankheit klargeworden ist, wird er aktiv mit seinem Arzt zusammenarbeiten und ihn durch seine Hinweise das geeignete Medikament finden lassen. Jede Therapie ist wie ein neues Kleid. Nur sehr selten paßt sie auf Anhieb. Hier liegt die Verantwortung des Arztes. Erfolgreich kann sie nur sein, wenn der Patient aktiv mitarbeitet und seinen Arzt gewissenhaft über alle auftretenden Phänomene unterrichtet, ohne sich durch unerwünschte Symptome entmutigen zu lassen, auch wenn sie sehr lästig sind.

Außerdem geht es manchen Patienten zu Beginn einer medikamentösen Behandlung zunächst schlechter. Vor Eintritt der therapeutischen Wirkung spüren sie möglicherweise nur die lästigen Nebenwirkungen, obwohl das glücklicherweise nur selten der Fall und diese Phase meist nur kurz ist.

In diesem Stadium brechen aber viele Patienten ihre Behandlung ab, auch weil ihnen diese «Verschlechterung» den ohnehin schlechten Ruf von Psychopharmaka zu bestätigen scheint.

Trotz solcher Rückschläge darf der Patient nicht resignieren, sondern muß das Abklingen der Nebenwirkungen abwarten und den Kontakt mit dem behandelnden Arzt suchen, der ihn beruhigen wird, daß seine «Verschlechterung» ein ganz natürliches Phänomen ist, und gegebenenfalls die Dosierung des verordneten Medikaments verändern wird, um dessen Wirksamkeit und Verträglichkeit zu verbessern.

Im Verlaufe der ersten zwei bis drei Wochen brechen dreißig bis vierzig Prozent aller Patienten ihre Behandlung ab, sei es wegen der obenerwähnten Nebenwirkungen oder aus Angst davor, den Arzt erneut aufzusuchen oder enttäuscht zu werden.

Viele dieser Patienten reagieren besonders empfindlich auf bestimmte Medikamente. Bereits bei sehr geringer Dosierung treten Blutdruckabfall, starke Müdigkeit, Zittern, Palpitationen und ein sehr unangenehmer Zustand der Übererregung auf. Nach zehn bis zwanzig Tagen klingen diese Symptome meist ab oder werden durch eine angepaßte Dosierung zum Verschwinden gebracht. Wenn das nicht der Fall ist, kann der Arzt das betreffende Medikament problemlos wechseln.

Wenn ein Patient mit seinem Arzt sprechen möchte, stößt er häufig auch auf ganz konkrete Hindernisse: Entweder ist das Telefon dauernd besetzt, oder die Sekretärin verkündet, daß er gerade beschäftigt ist. Außerdem sind viele Patienten schüchtern und ängstlich. Sie wissen nicht so genau, was sie von all den Tabletten halten sollen, und fürchten, irgendeine schwere Krankheit zu haben. Solche konkreten Probleme darf man keineswegs unterschätzen.

Deshalb versucht man in großen Universitätskliniken, aber auch in privaten Krankenhäusern mit einem Ärzte-Team zu arbeiten, das der Patient bereits bei seinem ersten Besuch kennenlernt, so daß er sich selbst den Spezialisten seines Vertrauens aussuchen kann, sich andererseits aber bei Problemen auch jederzeit an die anderen Teammitarbeiter wenden und mit einer einheitlichen und kontinuierlichen Behandlung rechnen kann. So stehen dem Patienten mehrere Ärzte zur Seite, und der einzelne Arzt ist weniger überlastet. Eine perfekte Betreuung garantiert das natürlich auch nicht. Außerdem entstehen dadurch viele Organisationsprobleme.

Üblicherweise kehrt der Kranke nach einer Untersuchung nach Hause zurück. Als wir zu Beginn unseres Gesprächs über die Arbeit im Zentrum für die Verhütung und Therapie von Depressionen an der psychiatrischen Universitätsklinik Pisa sprachen, erwähnten Sie auch die Tageskliniken.

Durch die Betreuung in einer Tagesklinik läßt sich bei schwer depressiven Patienten, die zumindest zu Beginn der Therapie unter täglicher Beobachtung stehen müssen, manchmal eine Krankenhauseinweisung vermeiden.

Wann ist bei einem Depressiven eine Klinikeinweisung nötig oder zumindest ratsam?

Nötig ist sie:

a) Bei einer schweren Depression mit Wahnvorstellungen; wenn der Patient sich seiner Krankheit nicht bewußt ist oder sie für selbstverschuldet und für eine Buße für vermeintlich begangene Sünden hält.

b) Wenn der Patient jede Behandlung für überflüssig hält oder aktiv ablehnt; wenn er unkooperativ ist, die Nahrungsaufnahme verweigert und dadurch seinen eigenen Tod provoziert.

c) Wenn bei einem älteren Depressiven eine ständige Monitorüberwachung sowie die Hinzuziehung anderer Fachärzte notwendig ist; wenn andere Erkrankungen wie Magen-Darm-Leiden oder ein Blasenleiden, Augenleiden etc. durch die Gabe von Antidepressiva verschlimmert oder kompliziert werden können.

d) Eine Alternative zum Klinikaufenthalt kann eine Tagesklinik auch darstellen, wenn die Depression unabhängig vom Alter mit einem schweren Diabetes, zerebralen Durchblutungsstörungen oder einem Herz- beziehungsweise Lungenleiden einhergeht.

e) Bei einer Schwangerschafts- oder Wochenbettdepression. Besonders letztere kann leicht psychotisch verlaufen, und auch das Suizidrisiko ist hier besonders hoch.

f) Immer sollte man einer stationären Behandlung den Vorzug geben, wenn die Gefahr besteht, daß der Patient sich das Leben nehmen könnte oder sein Leben aus anderen Gründen gefährdet ist, wobei zu bedenken ist, daß es auch viele Arten des indirekten Suizids gibt. Viele Depressive mit einer Lungen- oder Blinddarmentzündung gehen nicht zum Arzt und sterben, ohne je einen Arzt gerufen zu haben, irgendwann zu Hause.

g) Nötig ist die Krankenhauseinweisung schließlich auch, wenn ein Depressiver gleichzeitig Alkoholiker ist und ohne Familie, nahe Verwandte oder Freunde, die sich um ihn kümmern könnten, sozial vereinsamt lebt. Solche Patienten nehmen die verordneten Medikamente häufig nicht konsequent ein und neigen insgesamt zur Verwahrlosung. Dem behandelnden Arzt bereitet dieser heute weit verbreitete Patiententyp große Schwierigkeiten. Das zum Zwecke der kontinuierlichen Hausbetreuung solcher Patienten entwickelte Fürsorgenetz und ähnliche Modelle haben die in sie gesetzten Erwartungen bisher nicht immer erfüllt.

Die Liste der Fälle, in denen ein Krankenhausaufenthalt einer ambulanten Behandlung vorzuziehen ist, ließe sich beliebig fortsetzen.

Wenn ich Sie richtig verstanden haben, ist ein Krankenhausaufenthalt nur in einer absoluten Minderheit der Fälle nötig.
Das stimmt. Wenn ein Patient sich entschließt, ins Krankenhaus zu gehen, sollte er aber auf jeden Fall mit einem längeren Aufenthalt rechnen. Depressive, die schon nach wenigen Tagen wieder nach Hause zurückkehren, sind besonders suizidgefährdet, da sie den Belastungen des Alltags nicht gewachsen sind, solange nicht alle Symptome verschwunden sind. Treten sie dann erneut auf, ziehen sie daraus leicht den falschen Schluß, daß ihnen eben nicht zu helfen ist – was sie eh schon immer wußten – und es für sie keinen anderen Ausweg gibt als den Suizid.

Und was kann man tun, um das zu verhindern?
Der Patient sollte, wie gesagt, erst nach dem Abklingen aller Symptome aus dem Krankenhaus entlassen werden und auch danach in Kontakt mit dem behandelnden Arzt bleiben. Außerdem muß man ihn darauf hinweisen, daß es zunächst möglicherweise nicht leicht für ihn sein wird, sein gewohntes Alltagsleben wieder aufzunehmen, und daß auch Rückfälle auftreten können, die aber leichter zu behandeln sind als seine ursprüngliche Störung. Angehörige können einen unschätzbaren Beitrag zur allmählichen Wiedereingliederung eines ehemaligen Depressiven leisten, indem sie ihn nicht mit Erwartungen und Anforderungen überlasten und tatkräftig unterstützen. Für die Phase der Rekonvaleszenz gilt das gleiche wie für die Genesung von anderen Krankheiten: der Genesungsprozeß ist langsam, und immer wieder ist mit Komplikationen und Rückschlägen zu rechnen.
Die Entscheidung über den richtigen Entlassungszeitpunkt muß sehr sorgsam abgewogen werden. Auf keinen Fall darf sich der Arzt vom Drängen der Angehörigen oder Bettenmangel beeinflussen lassen. Leider ist die Situation auf diesem Gebiet in ganz Italien skandalös, so daß meist nicht einmal den Minimalanforderungen an eine angemessene Betreuung Genüge getan werden kann.

Könnten Sie auf diesen Punkt noch etwas näher eingehen?
Je besser die ambulante Versorgung Depressiver und je gründlicher die begleitenden Prophylaxemaßnahmen, um so überflüssiger wird die stationäre Behandlung. Darin wird mir wohl jeder zustimmen. Wie bereits gesagt, wird die Mehrheit selbst schwer Depressiver heute bereits ambulant behandelt. Wegen der gestiegenen Lebenserwartung und der Tatsache, daß immer häufiger psychische Störungen diagnostiziert werden, ist die Zahl der Patienten, die stationär behandelt werden müssen, aber noch immer sehr hoch. Vermutlich werden sich kurze Krankenhausaufenthalte in naher Zukunft noch häufiger als bisher als notwendig erweisen.

Warum sind Sie dieser Meinung? Ich habe den Eindruck, daß Sie etwas zu pessimistisch sind.
Das hat mit Pessimismus nichts zu tun. Dieses Phänomen läßt sich auch in anderen medizinischen Bereichen beobachten. Einige früher stationär behandelte Krankheiten werden heute entweder ambulant behandelt oder treten dank geeigneter Prophylaxe gar nicht erst auf. Dagegen müssen immer mehr Patienten mit Herzinfarkt, Tumoren, Aids und zahlreichen altersbedingten Erkrankungen stationär behandelt werden. Sowohl in der Medizin als auch in der Psychiatrie sind die Krankenhäuser immerzu überfüllt, aber mit ganz anderen Fällen als früher.

Wie kam es zu diesem neuen Notstand in den psychiatrischen Krankenhäusern?
Dafür gibt es eine Reihe von Gründen:
a) Das Alter. Wegen der gestiegenen Lebenserwartung treten naturgemäß häufiger mit dem Alterungsprozeß zusammenhängende psychische Krankheiten auf. Zudem verschlimmern sich einige bereits in der Jugend aufgetretene Störungen im Alter.
b) Psychisch Kranke, die früher in der inneren Medizin behandelt wurden, werden heute sofort in psychiatrische Krankenhäuser eingewiesen, so zum Beispiel Diabetes- oder Arthrosepatienten mit Depressionen. Anorexia nervosa (psychisch verursachte

Magersucht), Panikstörungen oder Hypochondrie, die früher in die Zuständigkeit von Gynäkologen, Endokrinologen oder Kardiologen fielen, werden heute ebenfalls in der Psychiatrie behandelt.

c) Patienten mit Tumoren, Herz- und Gefäßkrankheiten und anderen Erkrankungen, die häufig durch Depressionen kompliziert werden und ärztlicher Betreuung mit wiederholten kurzen Krankenhausaufenthalten bedürfen, haben heute eine gute Überlebenschance.

d) Nicht zu vergessen schließlich iatrogene psychische Erkrankungen, die durch Medikamente und Drogenmißbrauch verursacht wurden. Besonders Frauen und alte Menschen nehmen heute immer mehr Medikamente ein.

Nun fehlt es ja in jedem medizinischen Bereich an ausreichenden Bettenkapazitäten, aber in der Psychiatrie wurde dieser Mangel geradezu gesetzlich verankert und beruht nicht nur auf Zufall und Ineffizienz.

Die Arbeit der psychiatrischen Versorgungsdienste in einem bestimmten Distrikt gilt in Italien als um so effizienter, je weniger Patienten in psychiatrische Krankenhäuser eingewiesen werden. Leere Betten in der Psychiatrie gelten als Beweis für eine erfolgreiche Prophylaxe. Diese Vorstellung ist aber viel zu optimistisch, wenn nicht gar naiv, denn sie läßt das Phänomen der «Mobilität» unberücksichtigt: All die Reisen der «Hoffnung», die verzweifelte Patienten durch ganz Italien und sogar über die Alpen hinweg unternehmen, um irgendwo Hilfe zu finden. Man hat in Italien Bettenkapazitäten reduziert und sogar ganze Krankenhäuser aufgelöst, ohne einen Blick über die Grenzen auf die Gesundheitspolitik anderer westlicher Länder zu werfen, ohne die tatsächlichen Bedürfnisse der Kranken zu berücksichtigen und ohne sich zu überlegen, daß auch die ambulante Betreuung durch die «Gemeinschaft» sehr teuer ist.

Inwiefern wurden die Bedürfnisse der Kranken beim Abbau von Krankenhausbetten nicht berücksichtigt?

Der Kranke selbst ist hier in den Hintergrund gedrängt worden. Natürlich hat niemand etwas gegen eine Verbesserung der Vorbeugung und die daraus resultierenden Einsparungen. Eine wirksame Prophylaxe liegt sowohl im Interesse des Patienten als auch des Staates. Allerdings sind die für die Heimbetreuung psychisch Kranker zuständigen psychiatrischen Betreuungsdienste, denen die Entscheidung zufällt, ob ein Patient ambulant oder stationär behandelt werden muß, in ihrer bisherigen Form absolut unzureichend und können die Interessen psychisch Kranker nicht effizient wahren: sie sind nicht nur personell unterbesetzt, sondern in ihren Betreuungsprogrammen auch viel zu einseitig an sozialpsychologischen Prinzipien orientiert.

Gibt es heute noch Zwangseinweisungen?

Ja, viele psychisch Kranke werden noch immer, manchmal auch gegen ihren Willen, in geschlossene psychiatrische Abteilungen eingeliefert. Ob und wann die gesetzlich geregelte «Unterbringung» abgeschafft werden kann, läßt sich heute noch nicht sagen.

In welchen Fällen verlangt der Gesetzgeber eine solche Unterbringung?

Wenn sie therapeutisch notwendig ist. Unter folgenden Bedingungen muß der behandelnde Arzt eine Unterbringung auch gegen den Willen des Betroffenen veranlassen:

a) Wenn psychische Veränderungen des Patienten bestimmte Therapiemaßnahmen dringend erforderlich machen, die ambulant nicht durchgeführt werden können;

b) wenn der Kranke jede Behandlung ablehnt.

Ob diese Bedingungen erfüllt sind, kann nur ein Arzt feststellen, der dann einen «begründeten Unterbringungsantrag» stellen muß, welcher zusätzlich von einem anderen Arzt des örtlichen Gesundheitsamts befürwortet werden muß. Anschließend wird dieser Antrag dem zuständigen Bürgermeister vorgelegt werden, der innerhalb von achtundvierzig Stunden eine Unterbringung für maximal sieben Tage anordnet. Der örtlich zuständige Vormundschaftsrichter muß zusätzlich überprüfen, ob diese Anordnung legal ist.

Sollten sieben Tage Krankenhausaufenthalt nicht ausreichen, können die Krankenhausärzte unter Einhaltung desselben Verfahrens einen Verlängerungsantrag stellen.

Zu Beginn dürfte es nicht leicht sein, einen zwangseingewiesenen Patienten zu behandeln. In den ersten Tagen fühlt sich der Patient möglicherweise bedroht oder von seinen Angehörigen verraten und in eine «Falle» gelockt, da sie seine Einweisung im Einvernehmen mit dem Arzt veranlaßt haben. Meist macht er aber schon bald einen erleichterten Eindruck. Seine Ängste lassen nach; er fühlt sich «beschützt» von der Krankenhausorganisation, die ihn von jeglicher Verantwortung für sich befreit, und hat weniger Schuldgefühle. Vor allem beruhigt ihn die ständige Anwesenheit von Ärzten und Personal.

Sobald die Therapie positive Wirkungen zeigt, hat er seinen anfänglichen Widerstand vergessen und beurteilt seine Situation ganz anders. Dann ist er meist allen dankbar, die ihn zwangen, sich behandeln zu lassen.

In den ersten Kapiteln haben wir Depressive ihren Zustand mit ihren eigenen Worten schildern lassen. Vielleicht sollten wir zum Abschluß dieses Gesprächs geheilte Patienten zu Wort kommen lassen.
Immer wieder hört man: «Ich fühle mich, als ob ich von den Toten auferstanden wäre», «Wie neu geboren» oder «Die Behandlung hat mir mein Leben wiedergeschenkt», «Warum hat mir das nur niemand früher gesagt?», «Warum habe ich mich jahrelang ohne Medikamente gequält?», «... wenn ich mir vorstelle, daß ich so lange gezögert habe, mit der Elektroschocktherapie zu beginnen!»
Vor kurzem meinte eine Patientin: «Man sollte viel öfter in Zeitungen und Zeitschriften, die man beim Friseur durchblättert, von diesen therapeutischen Möglichkeiten lesen. Denn Depressive interessieren sich nur für ihre Krankheit; ihre Kraft reicht nicht zum Lesen anspruchsvoller Artikel. Andere Informationen erreichen sie nicht.»

344 Untersuchung einer immer weniger «dunklen» Krankheit

Deshalb müßt ihr Journalisten die Massenmedien auf jeder Ebene und in jeder Form dazu nutzen, die Menschen zu erreichen.

Das ist richtig. Der Kampf gegen die Depression kann nur gewonnen werden, wenn es gelingt, das bestehende Informationsdefizit abzubauen. Dazu wird hoffentlich auch dieses Buch beitragen. Unsere Reise begann im Dunkel des Todes, des vom Depressiven täglich erlebten Gefühls, bei lebendigem Leibe begraben zu sein, und des als Erlösung von all den Qualen herbeigesehnten Todes und endet, wie die eben wiedergegebenen Schilderungen ehemaliger Depressiver zeigen, im «Leben» und in der «Wiedergeburt». Endlich sind wir aus dem finsteren Wald herausgetreten und sehen die Sterne wieder.

Nachwort: Ratschläge für Familienangehörige

Wochen- oder monatelang neben einem Depressiven oder Maniker zu leben ist nicht leicht, da jeder Rat und jeder Versuch, ihm zu helfen, ins Leere zu fallen scheint. Hat man gelegentlich doch das Gefühl, etwas erreicht zu haben, folgen meist schon bald enttäuschende Rückschläge, so daß man irgendwann entmutigt resigniert. Angesichts der Vergeblichkeit aller Bemühungen fällt es auch oft schwer, dem Kranken nicht die Schuld an seinem Zustand zu geben. Es scheint, als sei er nicht kooperativ und wolle einfach nichts dazu beitragen, damit es ihm endlich besser gehe.

Obwohl die Willenlosigkeit des Depressiven offenkundig ist, müssen sich seine Angehörigen und Freunde immer wieder vor Augen halten, daß er nicht will, weil er nicht kann. Es kann gar nicht oft genug wiederholt werden, daß die Depression eine Krankheit ist, die den Willen zunichte macht, denn nur wer das verstanden hat, kann den Kampf gegen sie aufnehmen oder sogar hoffen, einen depressiven Angehörigen zu verstehen, auch wenn dieser selbst felsenfest davon überzeugt ist, daß ihn nur Menschen mit demselben Schicksal wirklich verstehen können.

Was kann man tun? Auf diese Frage antworten die in Millionenauflage vom National Institute of Mental Health in den Vereinigten Staaten publizierten Broschüren: «Jeder Depressive braucht vor allem Unterstützung bei der Suche nach einer korrekten Diagnose und Therapie.» Zunächst muß man ihn davon überzeugen, daß er einen Arzt, am besten einen Psychiater, aufsuchen sollte, was nicht immer leicht ist, denn im Unterschied zu anderen Krankheiten fühlt der Betroffene selbst sich meist nicht krank, er ist im Gegenteil fest davon überzeugt, daß ihm nicht zu helfen ist. Deshalb widersetzen sich viele Depressive hartnäckig jeder Behandlung oder lehnen sie ab, da sie nicht daran glauben, daß ihr Leiden eine «organische» Ursache haben könne.

Außerdem braucht er in seiner verzweifelten Einsamkeit viel Zuneigung, Verständnis und emotionale Anteilnahme. Auch wenn es selten den Anschein hat: Man hilft ihm, wenn man ihm aufmerksam zuhört und ihm Mut zu machen versucht, daß auch er, wie bereits viele ebenso mißtrauische und ungläubige Depressive vor ihm, eines Tages das Leben wieder zuversichtlicher sehen wird.

Die zahlreichen von kompetenten Organisationen für Angehörige und Freunde Depressiver publizierten Broschüren empfehlen im übrigen, darauf zu achten, ob der Depressive häufiger Suizidgedanken oder sogar konkrete Suizidpläne äußert, und den behandelnden Arzt sofort darüber zu unterrichten.

Verständnis und mitfühlende Anteilnahme sind nützlich, aber sie genügen nicht. Man muß den Kranken vor allem unbedingt dazu bringen, einen Arzt aufzusuchen, und sobald dies erreicht ist, kontrollieren, ob er die verschriebenen Medikamente konsequent einnimmt. Außerdem braucht er in den zwei bis vier Wochen vor Wirkungseintritt immer wieder Trost und Aufmunterung, da er wegen der meist zunächst eintretenden, unerwünschten Nebenwirkungen oft den Eindruck gewinnt, es gehe ihm noch schlechter als vorher.

Die Unterstützung von seiten der Familie auf der Suche nach dem richtigen Therapeuten und dem wirksamsten Medikament ist also unentbehrlich. Man muß jedem Depressiven immer wieder klarmachen, daß er auch mehrmals das Medikament wechseln kann, bis das für ihn geeignete gefunden ist. Das Wichtigste ist, daß er nicht resigniert.

Ein Arzt sollte jedenfalls aufgesucht werden, wenn eine depressive Phase bereits mehr als zwei Wochen andauert beziehungsweise eine manische Phase länger als eine Woche.

Vielleicht nützt manchem auch die folgende Gegenüberstellung von Sätzen, die einem Depressiven helfen können oder die man nie zu ihm sagen sollte:

SAGEN SIE NIEMALS:	SONDERN:
Versuch doch, aus deinem Tief herauszukommen! Schließlich hat jeder Probleme; gib dir Mühe! Geh aus! Geh unter Menschen! Du wirst sehen, daß dir das guttut. Wenn du ewig nur klagst, kann es ja nicht besser werden ... Tu etwas Sinnvolles! Arbeit ist die beste Medizin.	Die Depression ist eine Krankheit wie alle anderen. Man muß sie vom Arzt behandeln lassen; allein schafft man es nicht. Bei richtiger Behandlung werden aber achtzig bis neunzig Prozent aller Betroffenen gesund.
Wenn du in deinem Beruf, in deiner Beziehung oder in dieser Stadt wirklich so unglücklich bist, dann ändere etwas daran! Geh in eine andere Stadt, wechsle die Stellung ...	Solange es dir so schlecht geht, solltest du keine Entscheidung treffen. Kündige nicht, trenne dich nicht von deinem Partner und verkaufe dein Haus nicht ... Wenn es dir wieder bessergeht, siehst du vielleicht alles mit anderen Augen.
Glaub doch nicht, daß ein paar Tabletten dir wirklich helfen können! Natürlich wird es dir im Moment bessergehen; alle Beruhigungsmittel bringen vorübergehend Besserung, aber sie lösen deine Probleme nicht wirklich.	Hab Geduld und resignier nicht. Antidepressiva wirken nun einmal nicht sofort, sondern erst nach zwei bis drei oder sogar vier Wochen.

Da es dir jetzt bessergeht, solltest du die Tabletten weglassen; sonst gewöhnst du dich an sie und kannst nicht mehr ohne sie leben. Du willst doch nicht süchtig werden.	Auch wenn es dir jetzt bessergeht, solltest du die Tabletten nicht absetzen, ohne deinen Arzt zu fragen. Jede Behandlung braucht ihre Zeit. Ich möchte auf keinen Fall, daß du einen Rückfall erleidest.

Wenn die depressive oder manische Phase schließlich abgeklungen ist, muß man weiterhin wachsam bleiben, da bei zyklischen Störungen jederzeit ein Rückfall auftreten kann. Es ist auch nicht leicht, eine nahende Krise an ihren ersten, oft kaum wahrnehmbaren Symptomen zu erkennen, und erfordert viel Feingefühl, einen manischen oder depressiven Angehörigen oder Freund, der bereits entsprechende Phasen hinter sich hat, stets aufmerksam, aber gleichzeitig möglichst unauffällig zu beobachten, ohne daß er sich überwacht fühlt und die ganze Familie unter dieser schweren Belastung leidet.

Es ist immer wieder ein großer Triumph für alle Beteiligten, wenn es gelingt, eine schwere depressive oder manische Phase mit Hilfe des Arztes durchzustehen. Die bisher in der Depressionsbehandlung gemachten Erfahrungen lassen keinen Zweifel daran, daß die heute zur Verfügung stehenden Behandlungsmethoden fast immer helfen, allerdings nur, wenn der Patient sich streng an die ärztlichen Vorschriften hält, was nicht immer leicht ist.

Teil zwei   **Leiden am Leben**

**Innenansichten der Depression:
Schilderungen Betroffener**

Die Hand, die sich nachts um die Kehle legt

Indro Montanelli, Journalist

Meine erste Depression bekam ich mit elf Jahren. Eines Nachts wachte ich auf und schrie: «Ich sterbe, ich sterbe!» Eine Hand drückte mir die Kehle zu; ich hatte das Gefühl, als müßte ich ersticken. Meinen herbeieilenden Eltern gelang es, mich ein wenig zu beruhigen. Aber monatelang konnte ich nicht mehr schlafen und essen. Alles ängstigte mich, ich war völlig verstört. Die Traurigkeit der ganzen Welt schien auf meinen Schultern zu lasten. Bis zum Ende des Schuljahres war ich krank.

Seitdem sind mehr oder weniger die gleichen Symptome regelmäßig alle sieben Jahre aufgetreten. Ich meine durch mein Leben bewiesen zu haben, daß es mir im allgemeinen nicht an Mut fehlt. Aber in einer depressiven Phase werde ich zu einem großen Feigling. Dann habe ich vor allem Angst und traue mir selbst nichts zu. Ich klammere mich an die zwei oder drei Menschen, zu denen ich absolutes Vertrauen habe. Außer ihnen kann ich in diesem Zustand niemanden ertragen. Instinktiv will ich mich in meinem Bau verkriechen und brauche nur Wärme und Schutz. Alles andere ist mir gleichgültig. Ich muß mich dann immer in geschlossenen Räumen aufhalten, weil ich außer unter Depressionen auch unter Agoraphobie leide und es nicht ertrage, mich auf großen öffentlichen Plätzen aufzuhalten. Auch Licht macht mir in diesem Zustand zu schaffen. Sonnenlicht hasse ich geradezu. Ich bilde mir ständig ein, an irgendeiner Krankheit zu leiden, natürlich nicht irgendeiner, sondern einer besonders schweren. Wie oft habe ich in meinem Leben schon geglaubt, Krebs zu haben...

Beim Ausbruch einer depressiven Phase kann ich schlagartig nicht mehr arbeiten. In der Redaktion meiner Zeitung erscheine ich erst gar nicht. Wie soll man auch in einer solchen Verfassung irgend etwas schreiben? Nicht einmal einen dreizeiligen Nachruf brächte ich dann zustande, geschweige denn einen ganzen Artikel. Und wie soll man andere Menschen ertragen, wenn man dauernd fürchten muß, grundlos in Tränen auszubrechen? Meine «Medizin» waren die Berge. Stundenlang wanderte ich bis zur Erschöpfung, um endlich müde und hungrig zu werden und wenigstens eine Weile meine Verzweiflung zu vergessen und jenen ständigen Gedanken daran, mich umzubringen.

Ein weiteres Symptom, das unerbittlich nach der nächtlichen «Hand an der Kehle» auftrat, war das Schuldgefühl: In jenen langen, schrecklichen Nächten, in denen ich nicht schlafen konnte, klagte ich mich selbst nur an und fühlte mich schließlich an allem Übel der Welt schuldig.

Meine letzte depressive Episode trat im Frühjahr '89 auf. Ich hatte nicht mehr mit einem Rückfall gerechnet, da ich seit zwanzig Jahren keine Depressionen mehr gehabt hatte. Meine Depressionsanfälligkeit habe ich von meiner Mutter geerbt: Sie war gewöhnlich eine wunderbare, fröhliche Frau; nur wenn sie ihre Depressionen bekam, ging es ihr elend. Ich erinnere mich an zwei schwere depressive Phasen, während deren sie nur noch vor sich hin vegetierte. Nach der Menopause hatte sie keinen Rückfall mehr. Sie starb im hohen Alter von sechsundneunzig Jahren. Deshalb war ich fest davon überzeugt, daß auch bei mir im höheren Alter keine Depressionen mehr auftreten würden. Aber..

Aber kurz nach meinem achtzigsten Geburtstag war sie plötzlich wieder da, jene Hand an der Kehle und die Verzweiflung. Es war schrecklich. Ich hasse Medikamente, sie machen mir angst. Vielleicht ist diese Angst auch ein Teil der Krankheit. Früher hatte ich gelegentlich auch Psychiater konsultiert (nie einen Psychoanalytiker; diese Torheit habe ich nie begangen). Aber keiner konnte mir helfen. Diesmal sagte ich mir: «In deinem Alter hast du keine Chance mehr, da rauszukommen.»

Monatelang litt ich, bis ich schließlich in meiner Verzweiflung dem Rat wohlmeinender Freunde folgte, es doch noch einmal mit einem Arzt zu versuchen, denn so konnte es nicht weitergehen. Man schilderte mir den Fall Leonardo Verganis, eines Korrespondenten des *Corriere della Sera*, den ich seit langem kenne (er ist der Sohn von Orio Vergani). Ein Psychiater hatte ihn von seinen schweren Depressionen geheilt.

Schließlich ließ ich mich überzeugen, ihn aufzusuchen, obwohl ich nicht recht daran glaubte, daß er mir helfen könne. Aber schon nach einigen Tagen der Behandlung spürte ich, daß sich etwas veränderte. Kurze Zeit danach konnte ich wieder schlafen, hatte wieder Appetit und blickte erneut zuversichtlich ins Leben. Mein Erstaunen darüber mischte sich mit einer gewissen Beschämung. «Sollte mein ganzes Denken von den chemischen Substanzen abhängen, die ich einnehme?» Ich war irgendwie von mir selbst enttäuscht; enttäuscht darüber, daß ein paar Tabletten meine Persönlichkeit verändern konnten. Nicht, daß ich nicht mehr ich selbst gewesen wäre. Das war es nicht. Ich war nach wie vor ich selbst, nur daß ich jetzt im Gegensatz zu früher mit mir zufrieden war.

Es ist schon beeindruckend und auch erschreckend festzustellen, daß Tabletten einen Menschen das Leben so vollkommen anders sehen lassen können. Deshalb hatte ich Medikamente früher abgelehnt. Ich wollte diesen Beweis nicht haben.

Andererseits versteht man auch... nein, das stimmt nicht, verstehen kann das nur, wer selbst an Depressionen gelitten hat. Wir Depressive sind wie die Mafia. Nur wir verstehen uns untereinander. Ich wollte sagen, daß meine Abneigung gegen Medikamente von meiner Depression herrührte, denn der Depressive sieht überall nur Probleme, Dunkel und Angst.

Die Therapie, die mich wieder ins Leben zurückkehren ließ, dauerte nur kurze Zeit. Als mein Arzt die Dosis reduzierte, war diesmal ich es, der zögerte. Ich hatte schreckliche Angst davor, erneut in ein schwarzes Loch zu fallen. Seit damals habe ich aber nichts mehr genommen, und es geht mir nunmehr seit drei Jahren ausgezeichnet.

Ich möchte noch kurz auf die Angst vor Psychopharmaka eingehen. Was mir, als ich selbst unter Depressionen litt, wie eine Blasphemie vorkam, erscheint mir heute in gesundem Zustand akzeptabel, ja sogar wie eine Art Wunder.

In gewisser Weise ist der Gedanke, daß unser ganzes Seelenleben von chemischen Substanzen abhängen könnte, natürlich beunruhigend. Vielleicht leben wir in einer Epoche, in der sich unsere gesamte Sichtweise erneut radikal verändert. Was sind wir denn anderes mehr als kleine Tiere auf einem unbedeutenden Planeten unseres Universums? Nichts dreht sich mehr um uns.

Die beste Therapie: Anderen etwas geben zu können –
eine Adoption

Sandra Mondaini, Schauspielerin

Um mich von meinen Depressionen zu befreien, habe ich eine ganze Familie adoptiert: Gianmarco, einen philippinischen Jungen, der mittlerweile etwas über ein Jahr alt und meine ganze Freude ist, und seine Eltern. Kinder schenken einem das Leben zurück; Gianmarco ist meine Medizin, er gibt meinem Leben wieder Sinn. Damit er unter normalen Bedingungen aufwachsen kann, habe ich auch seine junge Mutter Rosa und seinen Vater zu uns genommen. Sie kümmern sich gemeinsam um den Haushalt. Von Anfang an habe ich klargestellt, daß das Kind und seine Bedürfnisse den Vorrang vor mir und meinem Mann Raimondo und dem Haushalt haben sollen.

Nein, das ist nicht ganz richtig. Ich wollte diesen Jungen nicht deshalb zu mir nehmen, um von meinen Depressionen geheilt zu werden, sondern nur, um nicht wieder depressiv zu werden. Geheilt worden war ich bereits während eines zweiwöchigen Klinikaufenthaltes sowie durch eine Therapie mit Lithium und einem Antidepressivum.

Meine letzte schwere Depression liegt nun schon einige Jahre zurück. Ausgelöst wurde sie durch eine Reihe von Faktoren. Vor allem die Wechseljahre, die für jede Frau eine schwierige Zeit sind. Dazu kam der Wechsel von RAI (staatliches italienisches Fernsehen, A.d.Ü.), das mein *Zuhause* war, zu Fininvest. Bei der RAI hatte ich dreißig Jahre gearbeitet; dort kannte ich jeden. Außerdem bin ich ein Gefühlsmensch. Ich fand, daß ich ihr alles verdankte: meinen

Erfolg, meine Ehe, denn dort hatte ich auch Raimondo kennengelernt. Ich litt stark unter dieser Veränderung meines Lebens; ich fühlte mich einsam und entwickelte auch Schuldgefühle. Dann beschloß mein «Kindermädchen», das, seit ich denken kann, bei uns lebte, plötzlich, in Pension zu gehen. Auch die Trennung von ihr war sehr hart für mich.

Bei Fininvest kannte ich niemanden und hatte ständig das Gefühl, prüfenden Blicken ausgesetzt zu sein. Je schlechter ich wurde, um so unwohler fühlte ich mich dort und um so ängstlicher wurde ich. In diesem Metier muß man ständig mindestens zu neunzig Prozent auf der Höhe seiner Leistungsfähigkeit sein. Ich war es aber nur zu fünfundzwanzig Prozent. Wenn ich einen der dortigen Direktoren traf, hätte ich mich am liebsten ganz klein gemacht und versteckt, weil ich so schlecht war.

Mein ganzes Leben habe ich unter Verlustängsten gelitten. Es hat mich schon als kleines Mädchen traurig gestimmt, keine richtige Familie zu haben, keine Höhle, in die ich mich verkriechen konnte. Meine Eltern trennten sich, als ich zehn Jahre alt war. Damals konnte ich natürlich meine Ängste und Depressionen nicht benennen. In der Familie meines Vaters waren einige ein bißchen «verrückt», und auch eine Magersüchtige gab es. Sicherlich alles hochintelligente Menschen, begabte Maler und Schriftsteller, aber eben nicht ganz «normal». Auch meine Mutter litt unter Depressionen. Außerdem bin ich ein Einzelkind, obwohl ich von Natur aus nicht allein sein kann. Ein Einzelkind ist aber allein: Es ißt allein, schläft allein und spielt allein. In erster Linie kommt man natürlich mit einem bestimmten Charakter auf die Welt; dazu kommen später die prägenden Einflüsse des Lebens.

Ich erinnere mich, daß mich schon als Kind manchmal schlagartig eine große Melancholie überkam. Ich konnte zum Beispiel nie Musik hören, ohne daß ich einen Kloß im Hals fühlte und mir die Tränen in die Augen stiegen. Das ist doch nicht normal bei einem Kind, oder?

Später hatte ich Glück im Leben; ich war erfolgreich und verdiente eine Menge Geld. Da ich so zart und zerbrechlich wirkte,

hatten mich alle gern. Ich hatte viele Freunde und wurde von allen geliebt. Ich brauchte immer sehr viel Zuneigung und habe sie auch erhalten. Trotzdem habe ich mich immer einsam gefühlt. Ich spürte genau, wann Angst und Traurigkeit in mir aufstiegen. Ich glaube, daß es mit den Jahreszeiten zusammenhing, aber so genau weiß ich das heute nicht mehr. Ich sagte mir immer wieder: das geht vorüber, und irgendwann ging es auch vorüber. Aber bis dahin...
Am meisten Angst hatte ich vor dem Tod, besonders in meinen depressiven Phasen. Nicht vor meinem eigenen, sondern vor dem Tod der Menschen, die ich liebte, denn er hätte mich erneut einsam gemacht.

Zurück zu meiner letzten schweren Depression vor einigen Jahren... In den Wechseljahren, also mit ungefähr fünfzig, verändert sich nicht nur das Äußere einer Frau, sondern auch ihr Charakter und ihre Lebenseinstellung. Damals hatte ich das Gefühl, als gäbe es mich zweimal: Da war jene Fremde, die ich vollkommen ablehnte und die sich plötzlich in mein Leben einmischte, bis es mir schließlich gelang, sie sympathisch zu finden. Wenn ich in den Spiegel sah, sagte ich mir nicht: «Ich gefalle mir nicht», sondern «Die, die da in mein Leben eingedrungen ist, gefällt mir nicht.»

In den Wechseljahren kam noch eine weitere, für mich neue Empfindung hinzu: Ich fühlte mich alt und zerknittert wie ein abgetragenes Kleid. Ein anderer Vergleich fällt mir dazu nicht ein. Außerdem fand ich mich übelriechend, obwohl ich meine Körperpflege nie vernachlässigt habe.

Zu jener Zeit erfolgte auch der Wechsel zu Fininvest, über den ich ja bereits gesprochen habe. Wir wohnten damals noch in Rom und mußten deshalb ständig zwischen Rom und Mailand hin und her pendeln, wo die Studios von Kanal 5 sind. Schließlich fühlte ich mich weder in Rom noch in Mailand zu Hause und wurde völlig stumpfsinnig. Meine Angst und meine Unsicherheit wurden immer größer. Ich fühlte mich als Versagerin, auch weil ich mich, wie bereits erwähnt, nicht mehr auf meine Arbeit konzentrieren konnte. Aus Feigheit bat ich ständig darum, mir nur möglichst kleine Rollen zuzuteilen.

Trotz meiner Depressionen und der fast täglich auftretenden kurzen Panikanfälle, die allerdings nie länger als zehn Minuten anhielten, gelang es mir aber noch, meinen Alltag zu meistern. Dann mußten wir das Haus meiner Mutter verkaufen, das von meinem fünften bis zu meinem fünfundfünfzigsten Lebensjahr mein Mailänder Heim gewesen war und mit dem mich viele Erinnerungen verbanden. Obwohl ich gewußt hatte, daß es mir schwerfallen würde, es aufzugeben, war mir nicht klar, wie sehr. Als ich es endlich mit Hilfe einer Freundin leergeräumt hatte, fing ich plötzlich in einem der leeren Zimmer zu weinen an: «Mein Leben ist zu Ende. Es ist aus, alles ist vorbei.»

Von da an litt ich von morgens bis abends unter Angst. Nachts schlief ich nur vollgepumpt mit Schlaftabletten. Aber schon im Morgengrauen waren sie wieder da, die Angst und die Panik. Arbeiten konnte ich nur noch, weil Raimondo und ich damals gemeinsam auf Kanal 5 die Sendung *Il gioco dei nove* machten, bei der ich meist nur in einer Ecke zu stehen hatte und kaum mehr sagte als: «Meine Damen und Herren, unsere heutigen Gäste sind...»

Ich wollte nicht, daß mein desolater Zustand bekannt wurde, ich hatte Angst, das Publikum könnte glauben, jemand, womöglich mein Mann, behandle mich schlecht. Dabei ging es dem armen Raimondo selbst nicht gut. Er hatte keine Frau mehr an seiner Seite, sondern ein weinerliches Bündel Elend. Wenn ich bei meinen Panikattacken nach Luft rang, wußte er oft nicht, wie er mir helfen sollte. Auch körperlich ging es mir sehr schlecht: meine Beine waren bleiern und meine Reflexe verlangsamt...

Im Sommer, wenn sich alle nach dem Essen ein wenig hinlegten, rollte ich mich wie ein kleines Kind auf dem Sofa zusammen und sagte immer wieder mit leiser Stimme: «Ich habe Angst, Angst, Angst...» Dabei habe ich eigentlich vor nichts Angst. Nicht vor Operationen, nicht vor Dieben und nicht davor, nachts allein durch die Straßen zu gehen. Aber damals war ich eben nicht mehr ich selbst.

Schließlich sah ich ein, daß ich ärztliche Hilfe brauchte. In diesem Zustand sehnt man sich nach ihr und hat gleichzeitig Angst vor ihr. Das beobachte ich auch an einigen meiner Freundinnen, denen ich geraten habe, sich behandeln zu lassen. Man hat Angst vor den Medikamenten, denn ihre Wirkung kennt man ja nicht. Vielleicht machen sie einen abhängig? Angst vor dem Klinikaufenthalt, als müsse man dort seine Verantwortung für sich selbst abgeben. Unterschwellig ist da aber auch noch eine weitere Angst: Wenn auch die Therapie in der Klinik erfolglos bleibt, ist auch die letzte Hoffnung dahin.

Schließlich ging ich zu einem Psychiater, der bereits einige Bekannte von mir erfolgreich behandelt hatte, darunter auch einen berühmten Kollegen. Er sagte schon bei unserem ersten Treffen: «Sie werden wieder gesund.» Dieser Satz klang mir wie Musik in den Ohren. Ich war damals sehr erschöpft, oft zu müde, um mit anderen über meine Probleme zu sprechen. So viele Menschen wollten mir helfen und verstanden mich doch nicht. Auch von Ärzten hörte ich immer wieder: «Warum geht es Ihnen denn so schlecht? Sie haben doch einen so großartigen Beruf und bringen so viele Menschen zum Lachen!» (Frau Mondaini verkörperte im italienischen Fernsehen eine populäre Clownsfigur, Sbirulino. A.d.Ü.)

Gesunde können einen Depressiven nicht verstehen. Ich erinnere mich an einen großen Auftritt auf offener Bühne im Sommer. Zehntausend Zuschauer! Ein riesiger Erfolg! Eigentlich hätte ich mit mir zufrieden und glücklich sein müssen. Aber ich blickte nur von der Bühne auf die unüberschaubare, begeisterte Menschenmenge herab und dachte: «Jetzt gehen sie alle nach Hause, all die vielen Menschen, jeder in sein Heim. Nur ich bleibe einsam zurück.» Wenn ich das Bild oder die Skulptur eines großen Künstlers sah, dachte ich immer nur daran, daß sein Schöpfer bereits tot war.

Heute ist das alles ganz anders. Ich kann mich wieder an den schönen Dingen des Lebens freuen wie an diesem hübschen Jungen, der mich «Tante» nennt. Es macht mir riesige Freude, ihn bemuttern zu dürfen und wachsen zu sehen. Die Wende? Begonnen hat sie mit jenem zweiwöchigen Klinikaufenthalt. Danach nahm ich eine Weile Lithium in Verbindung mit einem trizyklischen Antidepressivum. Nach einiger Zeit reduzierte ich selbst die Dosis. Bei der

Entlassung aus der Klinik verbot mir der Arzt streng, Tranquilizer zu nehmen; mir, die ich ein Leben lang Control oder Tavor genommen habe. Er ließ keinen meiner Einwände gelten: «Zunächst beruhigen solche Mittel, aber mit der Zeit stumpfen sie ab, bis man irgendwann wieder depressiv wird.»

Also nahm ich keine Tranquilizer mehr, sondern nur noch Antidepressiva in geringer Dosis. Nach einigen Monaten fühlte ich mich stark wie eine Löwin. Ich beschloß, daß wir nach Mailand zurückziehen sollten, womit Raimondo glücklicherweise einverstanden war. Ich habe Mailand immer als meine wahre Heimat empfunden. Mit viel Schwung organisierte ich den Umzug. Es ging mir so gut, daß ich meine Medikamente irgendwann ganz absetzte, ohne meinen Arzt zu fragen, ob er damit einverstanden sei. Es ging mir ja so gut...

Dann starb Ugo Tognazzi. Seit langem war er ein sehr enger Freund von Raimondo. Für mich war er immer eine wichtige Bezugsperson gewesen. Obwohl ich engere Freunde hatte als ihn, empfand ich Ugo als einen besonderen Menschen in meinem Leben. Ich weiß auch nicht warum, aber es gibt eben Menschen, denen zu gefallen einem besonders wichtig ist. Ugo war ein solcher Mensch für mich. Sein Tod traf mich tief. Bei seiner Beerdigung blickte ich in all die mir und dem Publikum wohlbekannten Gesichter berühmter Kollegen und hatte das Gefühl, als ob mit Ugo der erste meiner Generation von uns ginge.

Mit einem Schlag versank ich wieder in die Depression. Mein Psychiater schimpfte zunächst mir mir, daß ich die Behandlung ohne seine Zustimmung abgebrochen hatte. Als es mir gutging und ich endlich wieder jene lebenssprühende Sandra von einst geworden war, war ich so glücklich, daß ich meinte, im Grunde sei ich nicht krank. Ich wollte nicht sehen, daß die Depression eine Krankheit ist, sondern zog es vor zu denken, daß mich nur die Härten des Lebens eine Weile zu Boden geworfen hätten. Deshalb nahm ich meine Tabletten nicht mehr. Wenn es mir auch ohne sie gutging, war das doch wohl der beste Beweis dafür, daß ich nicht wirklich krank war.

Nachdem ich die Kritik meines Arztes akzeptiert hatte, setzte ich die Behandlung fort und blieb dieses Mal in ständigem telefonischem Kontakt mit ihm. Ich berichtete ihm über alle Veränderungen meines Zustandes. Erst nach einem Jahr setzte ich im Einvernehmen mit ihm die Medikamente ab. Seit acht Monaten nehme ich sie nun nicht mehr, und es geht mir gut. Außerdem habe ich mein Leben verändert. Ich glaube, jede Frau hat von Natur aus ein Bedürfnis, etwas für andere zu tun. Mich brauchte aber niemand, da ich nur von älteren Menschen umgeben war. Medikamente befreien einen von der Depression – das habe ich am eigenen Leibe erlebt –, aber man muß auch selbst etwas dazu tun, damit es einem besser geht.

Dann hatte ich eines Nachts den rettenden Einfall: In unserem Alter darf man ja kein Kind mehr adoptieren, aber wir konnten ein junges Paar mit Kind zu uns nehmen ... Über Freunde erfuhren wir von Gianmarco. Was für ein glücklicher Zufall! Er ist in Italien geboren, und seine Eltern wollten ihn damals auf die Philippinen zurückschicken, obwohl er nur wenige Monate alt war, da sie mit ihm keine Arbeit finden konnten. Man kann sich vorstellen, wie verzweifelt sie waren. Was für eine wunderbare Lösung für uns alle!

Heute sind wir eine große, glückliche Familie. Das alles ereignete sich auch noch an Weihnachten. Eigentlich mag ich Sentimentalitäten nicht, aber dieses Weihnachtsgeschenk überwältigte mich. Es war, als würde ein Märchen Wirklichkeit.

Was hat mich die Erfahrung der Depression gelehrt? Ich habe gelernt, daß sie genauso eine Krankheit ist wie andere. Ein paarmal habe ich versucht, auch im Fernsehen darüber zu sprechen, denn man muß darüber sprechen. Die Menschen müssen lernen zu verstehen, daß das Gehirn ein Organ wie alle anderen ist. Ich habe verstanden, daß die Ursache der Depression darin zu suchen ist, daß man etwas mehr oder weniger von einer bestimmten Flüssigkeit im Gehirn hat. Den Mangel oder das Zuviel muß man ausgleichen. Hier liegt auch die Erklärung dafür, daß manche Menschen unter den Schlägen des Lebens zu Boden gehen und sich wieder erheben, während andere nicht mehr auf die Beine kommen.

Medikamente sind die einzig richtige Behandlung. Bei Psychologen war ich nie. Mir war immer klar, daß sie mir nicht helfen konnten. Mit psychischen Problemen hat diese Krankheit nichts zu tun.

Was Medikamente bewirken? Sicherlich lösen sie die Probleme nicht, aber sie helfen einem, wieder den Mut zu haben, sie zu lösen und neu anzufangen. Solange ich depressiv war, wäre mir nie der rettende Einfall gekommen, ein Kind mit seiner Familie zu uns zu nehmen. Die Therapie gibt einem den Willen zurück, Lösungen zu suchen und etwas zu unternehmen, anstatt nur sein Schicksal zu beklagen und sich als Versager zu fühlen.

Den Anfang machen die Medikamente, aber danach muß jeder sich selbst helfen. Ich habe mir selbst geholfen, und heute geht es mir ausgezeichnet. Die schönen Dinge im Leben machen mich heute «im richtigen Maße» froh und die traurigen «im richtigen Maße» traurig.

Ich bin zu alt, um noch gesund werden zu können

Olga B., 84 Jahre, seit kurzem Witwe

Meine Nichte hatte recht. Ihr verdanke ich alles. Ich kann ihr gar nicht genug danken. Glücklicherweise hat sie nicht aufgegeben, als ich das Medikament, das sie mir gegeben hatte und mit dem es mir meiner Meinung nach noch schlechter ging als vorher, nicht mehr nehmen wollte. Sie rief mich täglich an, um mir Mut zu machen. Wenn ich ihr sagte: «Ich bin zu alt. Bei einer vierundachtzigjährigen Frau ist nichts mehr zu machen . . .», antwortete sie: «Nein, das Alter spielt dabei keine Rolle. Du wirst sehen, bald wird es dir besser-gehen.» Ich weiß selbst nicht, warum ich ihr geglaubt habe. Ich habe keine Kinder und keine Verwandten in meiner Nähe. Mein Mann starb vor acht Monaten nach einer langen Krankheit. Nach seinem Tod war ich auch körperlich völlig erschöpft.

Ein oder zwei Monate nach seinem Tod fühlte ich mich plötzlich wie von einem Hammer getroffen. Zunächst versuchte ich gegen meinen elenden Zustand anzukämpfen, aber es ging mir immer schlechter, und ich wurde immer niedergeschlagener. All meine kleinen Altersbeschwerden verschlimmerten sich. Auch das Spre-chen bereitete mir Mühe. Mit dieser Medizin ging es mir noch schlechter. Ich war ständig müde. Kaum setzte ich mich hin, fielen mir die Augen zu, selbst wenn meine Nachbarinnen zu Besuch waren. Hätte es mir nicht wegen meiner Nichte leid getan, hätte ich diese Medizin überhaupt nicht mehr genommen.

Welche Medizin nahmen Sie und warum?
Tabletten gegen die Depression. Man erklärte mir, dies sei ein neues Medikament, das für ältere Menschen besonders geeignet sei, da es nicht so stark ist. Es heißt Mavreal. Ich begann mit einer halben Tablette pro Tag. Die Dosis wurde dann auf anderthalb täglich gesteigert. Von Anfang an war ich ständig müde, und meine Stimmung verbesserte sich nicht. Morgens beim Aufstehen hatte ich immer den Eindruck, irgend etwas in der Brust zu haben, das gegen mich kämpfte. Abgesehen von der Müdigkeit, zitterten auch meine Hände ständig stark. Meine Nachbarinnen, die sich immer sehr um mich bemüht haben, waren ganz entsetzt. Nachdem meine Schwester mich einmal besucht hatte, rief sie ebenfalls entsetzt bei ihrer Tochter, meiner Nichte, an und warf ihr vor: «Du bringst deine Tante ja um! Weißt du, daß sie überhaupt nicht mehr stehen kann?» Aber diese antwortete ihr ganz ruhig: «Das geht vorbei. Das sind nur Nebenwirkungen, die mit der Zeit aufhören. Dann wird es der Tante bessergehen. Man muß Geduld haben, da sie schon älter ist und deshalb empfindlicher auf Medikamente reagiert.» Auch mich bat sie immer wieder, Geduld zu haben.

Wie lange denn?
Nach zwei Monaten hatte ich manchmal den Eindruck, als wäre ich etwas weniger müde. Ich wagte kaum darüber zu sprechen. Als mich meine Nichte kurze Zeit später wieder einmal anrief, meinte sie, ich hätte eine ganz andere Stimme. Früher war ich überhaupt nicht mehr aus dem Haus gegangen, auch weil ich mich nicht mehr so sicher auf den Beinen fühlte. Plötzlich ging ich wieder aus dem Haus und besuchte meine Nachbarinnen. Als ich meiner Nichte davon berichtete, war sie überglücklich und freute sich, daß sie schließlich doch recht behalten hatte.

Hat Ihre Nichte Sie behandelt? Ist sie Ärztin?
Nein, sie ist Rechtsanwältin und wohnt in Bologna. Sie war schon immer sehr tüchtig. Sie ist nicht so dumm wie ich. Ich bin ja

nur fünf Jahre in die Volksschule gegangen. Sie weiß sehr viel über Depressionen, da sie selbst sehr lange unter ihnen gelitten hat. Seit einigen Jahren geht es ihr gut, weil sie einen Arzt gefunden hat, der sie richtig behandelte. Deshalb hat sie darauf bestanden, daß ich zu einer Psychiaterin gehen solle, von der sie viel gehört hatte. Sie arbeitet im Krankenhaus in Ravenna, von dem ich nicht weit weg wohne. Meine Nichte erzählte mir, daß diese Ärztin (sie heißt Giuseppina Coreddu, und ich möchte ihr an dieser Stelle danken) mit den neuesten Behandlungsmethoden vertraut ist. Ich hielt ihr entgegen: «Aber ich nehm doch schon so viele Medikamente und geh schon zu so vielen Ärzten.»

Erkannten Ihre Ärzte nicht, daß Sie an Depressionen litten?
Doch, sie sprachen ebenfalls von Depressionen. Nach dem Tod meines Mannes kam ich zweimal ins Krankenhaus, da ich nicht mehr stehen konnte und immer so merkwürdige Dinge fühlte. Ich dachte immer, ich litte an einer schlimmen Krankheit. Die Ärzte sagten mir: «Sie sind niedergeschlagen, depressiv, aber Sie müssen sich Mühe geben, wieder auf die Beine zu kommen.» Sie waren freundlich, aber auch ein wenig ungeduldig: «Ihr Herz ist in Ordnung. Sie haben nichts Schlimmes. Jedenfalls haben unsere Untersuchungen nichts ergeben.» Das hörte ich immer wieder. Wenn ich etwas dagegen einwandte, zuckten sie mit den Schultern und blickten nach oben, als wollten sie sagen: «Was erwarten Sie denn in Ihrem Alter?» Und ich dachte mir: «Sie haben ja recht» und schämte mich. Aber es ist so furchtbar, wenn es einem schlechtgeht!
Ich will Ihnen etwas erzählen, damit Sie besser verstehen, wie schlecht es mir ging: Vor Monaten kam eine meiner Nachbarinnen plötzlich ins Krankenhaus. Einige Tage danach bekam ich einen heftigen Angstanfall. Ich zitterte am ganzen Körper und mußte schließlich auch ins Krankenhaus. Dort hieß es: «Das ist passiert, weil Sie sich verlassen fühlten.»
Kurz danach, als ich bereits die positive Wirkung meines Medikaments zu spüren begann, verreiste dieselbe Nachbarin einen ganzen Monat, so daß das Haus neben mir leer und verriegelt war.

Die Arme war so besorgt um mich. Bevor sie abreiste, rief sie sogar meine Schwester an, da sie fürchtete, wenn ich allein sei, könnte ...

Und wie ging es?

Wollen Sie wirklich wissen, was ich in jenem Monat gemacht habe? Ich habe auf dem Hof ausprobiert, ob ich noch Fahrrad fahren kann. Dann bin ich eines Morgens zum Einkaufen ins Dorf geradelt wie früher, mit meiner Einkaufstasche am Lenker. Nie hätte ich gedacht, daß ich jemals wieder Fahrrad fahren könnte. Ich konnte ja kaum laufen, ohne zu schwanken.

Bei schönem Wetter gehe ich jetzt manchmal bei meiner Nachbarin vorbei und frage sie, ob sie etwas aus dem Dorf braucht. Wenn sie mir dann nachruft: «Passen Sie auf. Fahren Sie bloß langsam!», muß ich lachen. Natürlich fahre ich langsam; schließlich bin ich vierundachtzig Jahre alt, aber momentan geht es noch.

Wenn der Schrecken zurückkehrt, wäre ich am liebsten tot

Italo Alighiero Chiusano, Schriftsteller und Germanist

Meine Depressionen begannen schon sehr früh. Die erste eindeutig depressive Episode trat 1937/38 in Holland auf. Ich bin 1926 geboren. Mein Vater war damals Konsul in Rotterdam. Dies war auch der sogenannte Auslöser für meine Krankheit: Als italienischer Junge fühlte ich mich in einer deutsch-holländischen Schule ausgeschlossen. Ich war es auch tatsächlich. Meine Klassenkameraden machten sich ständig über mich lustig, da ich aus einem faschistischen Land kam. Zwar gab es auch deutsche Jungen in unserer Schule, aber sie zu hänseln wagte keiner, der Nationalsozialismus war eine viel ernstere Angelegenheit...

Ich weinte bereits morgens nach dem Aufwachen. Ich wollte einfach nicht in die Schule gehen und sehnte mich ungeheuer nach meiner Heimat, dem «Paradies Piemont». Meine Eltern versuchten mich zu trösten: «Du bist nur traurig, weil du in diesem flachen, feuchten ‹Niederland› leben mußt. Wenn wir in die Berge des Piemont zurückkehren, wird es dir wieder bessergehen.» Ich wollte nur nicht mehr da sein, nicht mehr leben, ich wollte ein Hund sein oder eine Kuh, von denen es in diesem «Käseland» so viele gab. Um nicht mehr zu leiden. Um nichts mehr zu fühlen.

Im Alter von einundzwanzig Jahren traf mich mit einem Schlag die schlimmste aller vorstellbaren Depressionen. Zunächst dauerte sie glücklicherweise nur einen Monat, aber was für ein schrecklicher Monat. Den Rest des Sommers lief ich leicht benommen umher; die

Depression rumorte unterschwellig in mir. Im Herbst erhob sie dann erneut ihr wütendes Haupt und ließ mich nicht mehr aus ihren Klauen. Damals dachte ich immer an Selbstmord. Ich weiß, daß ich in dieser Zeit in großer Lebensgefahr schwebte. Ich stand kurz vor einer schwierigen Prüfung an der Universität, aber ich konnte mich einfach nicht aufs Lernen konzentrieren. Ich bestand sie schließlich, aber mit lediglich achtzehn Punkten, der geringsten Punktzahl in meiner gesamten Universitätskarriere. Ich weiß genau, daß ich heute nicht mehr am Leben wäre, wenn ich nicht wenigstens diese Mindestpunktzahl erreicht hätte.

Ich erinnere mich, daß ich bei den letzten beiden Antworten bereits vollkommen verwirrt war. Zufällig gab ich trotzdem die richtigen Antworten. Aber ich schämte mich und versuchte dem Professor zu erklären, daß ich schrecklich erschöpft sei. Er antwortete mir eisig: «Ich bin kein Arzt, ich habe nur zu prüfen, ob Sie genügend vorbereitet sind.»

In der Bibel heißt es: «Das bittere Wasser ist bis in meinen Mund gestiegen.» So war es auch bei mir. Glücklicherweise bin ich gläubig. In den schlimmsten Momenten meines Lebens habe ich immer daran gedacht, wie Jesus im Garten Gethsemane Gott anfleht: «O Herr, laß diesen Kelch an mir vorübergehen.»

Meine Augen sanken immer tiefer in ihre Höhlen. Ich besitze noch ein Photo aus jener Zeit: zwei schwarze Löcher mit einem schwachen, kümmerlichen Licht in der Tiefe. Die Mittel, von denen ich mir Besserung erhoffte, waren allerdings hoffnungslos ungeeignet. Da ich es zu Hause nicht aushielt, bat ich meine Mutter, mit mir spazierenzugehen. Ich wollte immer nur ganz bestimmte Wege einschlagen und konnte es nicht ertragen, wenn sie vorschlug, die «falschen» zu gehen.

Und was geschah nach jenem schrecklichen einundzwanzigsten Lebensjahr?

Das Rad hat sich noch oft gedreht und immer wieder bei der Depression haltgemacht. Manchmal nur für sehr kurze Zeit, gelegentlich sogar nur für einen Tag. «Da wären wir wieder», sagte ich mir dann. Man weiß ja nie, wann es wieder aufhören wird. Oft habe ich in diesem Zustand das Gefühl, als stünde ich an einem Abgrund. Ich stemme die Füße in den Boden und hoffe, daß der Druck nicht schlimmer wird und mich in die Tiefe drückt.

Den schlimmsten Rückfall erlebte ich kurz nach meiner Versetzung hierher nach Frascati. Das war 1965 oder 1966, als ich geheiratet habe...

Führen Sie eine gute Ehe?
Eine sehr glückliche. Meine Frau ist ein guter Mensch. Wenn es mir schlechtgeht, bemuttert sie mich. Sie akzeptiert mich so, wie ich bin. Ihr gegenüber schäme ich mich selbst dann nicht, wenn ich mir selber wegen meiner Manien und Ängstlichkeiten lächerlich vorkomme. Sie hat auch viel Humor, und das hilft einem.

Nein, meine Heirat war eine richtige Entscheidung. Aber damals hatte ich auch Steuerprobleme. Man verlangte irrsinnige Summen von mir, und ich verstehe nichts von finanziellen Dingen... Ich erkrankte damals sehr schwer. Aber das sind alles nur die scheinbaren Ursachen. Einem anderen Menschen passiert in der gleichen Situation nichts. Meine letzte Depression hatte ich voriges Jahr. Ich war erkältet, als sie mich ganz plötzlich überfiel. Sosehr ich nach möglichen Ursachen in meinem Leben suchte, ich konnte keine Gründe finden. Alles verlief eigentlich gut.

Dieses Mal beschloß ich, ein Mittel anzuwenden, das man von jeher bei jungen Mädchen mit Liebeskummer anwendet: Ich verreiste.

Zwei Wochen lang ging es mir sehr schlecht. Danach fühlte ich mich zwei bis drei Monate lang vollkommen kalt und gefühllos. Mein seelischer Schmerz war so groß, daß er körperlich weh tat.

Haben Sie das Gefühl, daß Ihre Depressionen Ihnen dabei helfen, kreativer zu schreiben, und Sie als Kritiker sensibler machen?
Um Gottes willen, nein. Vielleicht, wenn sie vorüber sind. Ich meine: Ich habe das Gefühl, daß diese unterschwellig immer vorhandene Neigung zur Melancholie mir dabei hilft, die Farbigkeit

des Lebens und seine Vielschichtigkeit in all ihren Nuancen besser zu erkennen. Aber nicht in einer akuten Phase. Dann stecke ich bis zum Hals in der Depression und fühle mich wie eingegraben. In diesem Stadium bin ich schon froh, daß mein Herz noch schlägt. Manchmal höre ich von anderen, sie hätten auch bereits an Depression gelitten. Aber wenn mir jemand erzählt, seine Depression sei zwar hart gewesen, sie habe ihn aber kreativer gemacht, weiß ich sofort, daß er vielleicht traurig oder melancholisch war, aber niemals depressiv. Depressive schleichen monatelang mit gesenktem Kopf durch die Welt. Depressiv zu sein heißt, in der Hölle zu leben.

Meine Arbeit erscheint mir in diesen Phasen überflüssig, ja fast frivol; lauter leere Worte. Dann denke ich mir oft, ich muß mit meiner Depression für meine «nutzlose Schreiberei» bezahlen. Dabei erkranken auch Schneider und Straßenarbeiter. Alle Dinge, auf die ich in gesundem Zustand stolz bin oder die mir Freude bereiten, erscheinen mir dann häßlich, ja sogar widerwärtig: Gegenstände, Bücher, auch meine Hobbys und Interessen.

Die einzig positive Empfindung, zu der ich in diesem Zustand fähig bin, ist eine große Dankbarkeit gegenüber all denen, die mir helfen. Denn ich klammere mich dann sehr stark an Menschen. Manchmal finde ich auch einen Leidensgenossen. Das ist dann immer wie ein Treffen zweier Kriegsheimkehrer.

Und Medikamente nehmen Sie nicht? Es gibt ausgezeichnete Antidepressiva.
Ich weiß. Sicher nehme ich Medikamente, wenn es mir schlechtgeht, aber zunächst versuche ich, so lange wie möglich ohne sie auszukommen. Und sobald es mir wieder bessergeht, lege ich sie beiseite. Ich habe nämlich vor Medikamenten fast genauso große Angst wie vor der Depression. Aber wenn ich mir nicht mehr anders zu helfen weiß, nehme ich sie trotzdem. Leider gab es 1947 nichts, als ich meine schlimmste depressive Episode durchlitt. Man gab mir Sympamin, da ich für mein Examen lernen mußte. «Das hält dich wach», sagte man mir. Es weckte aber die fürchterlichsten Schreckgespenster in mir.

Sie sagten: «Das Rad dreht sich weiter.» Es könnte also jederzeit erneut bei einer Depression anhalten. Wie kann man mit dieser ständigen Angst vor einem Rückfall leben?

Wenn es mir gutgeht, bin ich ein sehr vitaler Mensch. Ich habe viel Humor, und manchmal versuche ich mit ihm auch gegen meinen schlechten Zustand anzukämpfen. Ich sage mir dann: «Siehst du denn nicht, was für ein lächerliches Individuum du bist...»

Funktioniert das?

Na ja... Ich weiß wohl, daß die Depression zyklisch ist. Aber offen gestanden hoffe ich, bereits von einem Auto überfahren worden zu sein, bevor das Rad erneut anhält.

Übertreiben Sie nicht ein wenig?

Nein, ich übertreibe nicht. Wenn ich an starken Depressionen litt, habe ich oft gedacht: «Wenn ich morgen zwischen einer schweren Depression und Krebs wählen müßte, würde ich mich sofort für Krebs entscheiden.» Die Depression ist schlimmer.

Aber sie ist keine tödliche Krankheit wie Krebs.

Leider, bin ich versucht zu sagen. Ich möchte nicht respektlos gegenüber Menschen erscheinen, die unheilbar krank sind, aber selbst die schwerste körperliche Krankheit greift nur einen Teil des Körpers an. Jeder bleibt er selbst. Er kann auch mit Willenskraft gegen sie ankämpfen. Aber die Depression vernichtet die Würde, die Vitalität, das Edelste an einem Menschen. Ich bin dann nicht mehr Italo Alighiero Chiusano, sondern jemand anderes. Wenn man mir ein Bein amputiert, bleibe ich immer noch Italo Alighiero Chiusano. In der Depression kannst du nicht mehr auf dich selbst zählen. Sie ist wirklich die Hölle.

Sie sagen, sie sei keine tödliche Krankheit. Deshalb wünsche ich mir, von einem Auto überfahren zu werden, bevor ich erneut von einer schweren Depression heimgesucht werde. Denn als Gläubigem ist mir Selbstmord verwehrt. Er wäre die Negierung all dessen, an was ich glaube.

Die katholische Kirche hat nicht nur den Selbstmord, sondern auch die Selbstmörder gnadenlos verurteilt. Bis 1983 wurden sie nur außerhalb der geweihten Friedhofserde und ohne Begräbniszeremonie begraben. Finden Sie nicht auch, daß dies ein sehr grausames Urteil war?

Als junger Mann hat mich die Lektüre von Clemens Brentanos *Geschichte vom braven Kasperl und schönen Annerl* sehr beeindruckt. Sie spielt in einem deutschen Kleinstaat Anfang des neunzehnten Jahrhunderts, in dem Menschen, die sich «aus Melancholie» das Leben genommen hatten, ein christliches Begräbnis erhielten, Selbstmörder «aus Verzweiflung» dagegen nicht. Erstaunlich, wie klar der Unterschied schon damals verstanden wurde. Der Verzweifelte hat die Hoffnung auf Gott aufgegeben, also eine Sünde begangen. Der Selbstmörder «aus Melancholie» ist dagegen nicht für seine Tat verantwortlich und des Mitleids würdig, da seine Krankheit seinen Geist verwirrt hat. Das zeugt von einem großen Verständnis und viel Feingefühl, finden Sie nicht auch?

Was für endlose Nächte, in denen ich in der Wohnung umherlief und alle Flaschen, die ich fand, öffnete!

Luca Canali, Schriftsteller und Altphilologe

Ich war immer verschlossen und introvertiert. Vor meiner ersten eindeutig depressiven Episode hatte ich bereits mehrere leicht depressive Phasen durchlitten.

Nach Kriegsende – ich war damals zwanzig Jahre alt – ließ ich mich kurze Zeit von der euphorischen Stimmung nach der Befreiung anstecken. Aber auf diese Phase der Hoffnung und Zuversicht folgte schon bald eine schreckliche Depression. Wegen der damals herrschenden Hungersnot war ich auch physisch sehr geschwächt.

Dann kam die «ideologische» Rettung: Ich trat in die kommunistische Partei ein. Über zwölf Jahre lang konzentrierte ich all meine Energien auf die Politik und vergaß darüber meine übrigen Probleme. Das galt damals im übrigen für fast alle Kommunisten. Heute bin ich kein Kommunist mehr, halte mich aber auch nicht für einen Exkommunisten und denke ohne Reue an jene Zeit zurück. Die Art und Weise, wie viele ehemalige Parteimitglieder ihre Abkehr von der Partei vermarkten, gefällt mir nicht.

1958 wurde ich als Dissident aus der kommunistischen Partei ausgeschlossen. Zusammen mit Vespignani, Petri, Socrate und Attardi brachten wir die erste kommunistische Dissidentenzeitschrift *Città aperta* heraus, an die sich heute niemand mehr erinnert. Damals war sie aber sehr wichtig. In ihr schrieben Calvino, Cases, Lucentini und viele andere. Ich setzte also meine politische Arbeit als revisionistischer Kommunist fort.

Durch diese ideologische – und auch praktische – Sublimierung meiner Neurose blieb ich eine Zeitlang von derartigen Problemen verschont. Nach dem Ende dieser idealistischen Phase widmete ich mich ausschließlich meiner Universitätsarbeit (Römische Literatur). Damals konnte ich meine Depression im großen und ganzen noch «unterdrücken», obwohl sie mich auch zu jener Zeit nicht gänzlich verschonte. Ich litt immer wieder unter Momenten der Derealisierung.

Was verstehen Sie darunter?
Du fragst dich plötzlich: «Wer bin ich eigentlich? Wer ist dieser Mensch hier? Heißt er X, Y oder wie? Und warum heißt er so?» Die Realität um einen herum erscheint einem in solchen Momenten absurd. Man fühlt sich der Realität, sich selbst und den Menschen, die man gut kennt, entfremdet. Schrecklich.

1965 – ich war damals vierzig Jahre alt – verbrachte ich die Ferien allein in den Bergen, als mich unerträgliche Angstanfälle und Derealisierungserlebnisse quälten. Ich kehrte verzweifelt in die Stadt zurück, wollte aber nicht, daß meine Familie von meinem Zustand erfuhr. Unter ungeheuren Anstrengungen gelang es mir, mein Leid vor den anderen zu verbergen.

Ich begann eine medikamentöse Therapie mit starken Medikamenten, die mir ein alter Freund, ein Psychiater, verschrieb. Aber sie blieb erfolglos. Ich litt im Gegenteil nun auch noch unter Zwangsvorstellungen und Phobien. Es war unerträglich.

Welcher Art waren diese Zwangsvorstellungen und Phobien?
Ganz verschiedener Art. Aber alle absurd. Eine Weile irrte ich nachts durch meine Wohnung und schraubte die Verschlüsse aller Flaschen, die ich fand, auf und wieder zu. Dabei war ich geistig ganz klar. Ich sammelte leere Zigarettenschachteln und nahm sie mit nach Hause. Als ich einmal eine in der Straßenmitte liegende fand und aufheben wollte, wurde ich von einem Auto angefahren.

War Ihnen bewußt, daß Sie sich so absurd verhielten?

Ich sagte Ihnen schon, geistig war ich immer vollkommen klar. Ich wußte durchaus, daß mein Verhalten verrückt war. Aber wenn ich versuchte, es zu unterdrücken, überschwemmte mich die Angst. Drei Jahre lang ging ich in eine Psychoanalyse, die mir viel genützt hat. Dann kam mit dem Jahr 1968 eine neue Woge idealistischer Begeisterung. Ich lehrte damals an der Universität und solidarisierte mich mit den Studenten. Ich heiratete, und wir bekamen eine Tochter, die heute zweiundzwanzig Jahre alt ist. Ich war fast glücklich. Seitdem habe ich allerdings drei schwere Rückfälle erlebt. Dreimal wurde ich in verschiedenen römischen Kliniken behandelt.

Besserte sich Ihr Zustand dort?

Der Klinikaufenthalt als solcher bekam mir gut. Er befreite mich von den Schwierigkeiten zu Hause. Dort hörte ich immer wieder: «Gib dir doch ein bißchen Mühe! Streng dich ein wenig an!» In der Klinik konnte ich mich entspannen.

Und wie wurden Sie dort behandelt?

Ich erhielt einige Elektroschockbehandlungen, die mir allerdings nicht halfen. Außerdem eine Unmenge von Medikamenten, die mir halfen.

Bleiben wir bei Ihrer Elektroschockerfahrung. Was empfindet man dabei? Tut sie weh? Wie fühlt man sich danach?

Man spürt gar nichts, weder vorher noch nachher, noch während der Behandlung, denn heute wird sie unter Narkose durchgeführt und ist vollkommen schmerzfrei. Nach dem Aufwachen habe ich nie unter irgendwelchen Beschwerden gelitten.

Aber auch keine Besserung verspürt. Während die Medikamente...

Vielleicht bin ich medikamentenabhängig, aber ohne sie hätte ich nicht durchgehalten. Heute kann ich mit einer minimalen Dosis leben.

Ich bin ein schwerkranker Mann. Vier Jahre lang saß ich den ganzen Tag im Schlafanzug tatenlos auf dem Sofa. Nie zog ich mich an. Ich hatte sogar das Schreiben verlernt.

Irgendwann bekam ich eine Professur, was normalerweise der Traum jedes Universitätsdozenten ist, aber nach einem halben Jahr gab ich sie wegen meiner Depressionen auf. Ich fühlte mich nicht in der Lage, diese Stellung zu bekleiden. Ich war einfach nicht auf der Höhe meiner Fähigkeiten und resignierte.

Richtiger wäre wohl zu sagen, daß die Depression diese Entscheidung für Sie traf. Sie hat natürlich Ihr ganzes Berufsleben belastet. Was machen Sie jetzt?
Ich lebe allein mit zwei Katzen und einer Amsel. Ich schreibe Bücher und gebe eine Essay-Reihe heraus. Ich bin nicht besonders depressiv, aber bestimmte Phobien schränken mich in meinem Handlungsspielraum stark ein.

Welcher Art sind sie?
Zum Beispiel kann ich nicht in einem Restaurant oder bei Freunden essen, sondern nur zu Hause. Ich kann Rom nicht verlassen. Dazu kommen noch eine Reihe weiterer Einschränkungen dieser Art.

Sind Sie derzeit in Behandlung?
Sicherlich. In all den Jahren habe ich fast alle existierenden Antidepressiva ausprobiert. Viele machten mich nur nervös und fahrig. Schließlich fand ich ein Medikament, das meine Stimmung wirklich hob. Ich nahm es drei oder vier Jahre lang, bis es zu meiner Verzweiflung nicht mehr erhältlich war. Es hieß Nardil. Als ich beim Hersteller anrief, um zu erfahren, warum es vom Markt genommen worden war, antwortete man mir: «Wir können es nicht mehr herstellen, weil die italienischen Psychiater es nicht mehr verordnen. Kleine Mengen herzustellen lohnt sich nicht.» Das ist eben die sogenannte Marktlogik.
In meiner Verzweiflung wandte ich mich an Freunde in England

und ließ es mir von dort schicken. Langfristig war das aber zu kompliziert, und ich mußte mich zwingen, ohne es auszukommen. Ich versuchte es mit einer unterstützenden Psychotherapie, allerdings keiner Psychoanalyse.

Zu Medikamenten möchte ich folgendes sagen: Ihr Mißbrauch ist falsch und gefährlich; sie zu verteufeln ist aber auch kriminell. Als ich das erste Mal in ein psychiatrisches Krankenhaus eingeliefert wurde, meinte die Oberschwester: «Psychopharmaka haben wirklich für eine Revolution in der Psychiatrie gesorgt.»

Ich nehme an, sie meinte das positiv.
Natürlich. Ich bin derselben Meinung. Ohne Medikamente hätte ich nicht einmal eine Analyse beginnen können, da meine Angst so stark war, daß ich weder denken noch sprechen konnte.

Die Medikamente haben Ihnen also geholfen, in Ihrer Analyse voranzukommen und Sie nicht, wie man oft hört, negativ beeinflußt?
Ja, dank der Medikamente ging meine Analyse viel besser voran. Ihnen verdanke ich, wie bereits gesagt, daß ich überhaupt eine Analyse beginnen konnte. Ohne sie wäre ich vollständig blockiert gewesen.

Das Problem mit Psychopharmaka ist ein ganz anderes. Es gibt nur wenige Psychiater, die sich auf den Umgang mit ihnen verstehen. Die Reaktion auf sie ist individuell äußerst verschieden, so daß die medikamentöse Therapie genau auf den jeweiligen Patienten abgestimmt und die Dosierung im Laufe der Behandlung immer wieder angepaßt werden muß. Je nach Krankheitsstadium und dem Zustand des Patienten muß die Dosis etwas gesteigert oder reduziert werden. Um das zu tun, habe ich manchmal von einer Tablette, die mir half, alle zwei bis drei Tage ein winziges Stückchen abgebrochen. Nur die Hälfte oder ein Viertel von ihr zu nehmen hätte eine viel zu drastische Reduzierung dargestellt.

Momentan kann ich mit meiner Krankheit leben. Freud hat einmal gesagt, ein Mensch, der *lieben und arbeiten* kann, ist nicht «verrückt». Ich kann beides. Deshalb beklage ich mich nicht.

Annamaria Gambineri, Fernsehansagerin

Meine Depression brach 1980 aus. Nein, sie brach nicht aus, sondern sie schlich sich allmählich nach einem Fahrradunfall in mein Leben. Ich hatte mir bei einem Fahrradunfall einen Oberarmbruch zugezogen. Deshalb wurde ich vom Hals bis zur Taille eingegipst. Und das im August! Zwei Monate mußte ich diesen Panzer tragen! Damals begann meine Niedergeschlagenheit. Ich wäre am liebsten überhaupt nicht mehr aufgestanden. Ich dachte, das käme von meinem gebrochenen Arm, meiner Unbeweglichkeit, der Hitze und meiner Isolation.

Aber meine Verstimmung hielt an. Ich hatte keine Lust, mich zu duschen, meine Kleider zu wechseln und auszugehen. Zu nichts hatte ich Lust. Vor allem wollte ich nicht mehr leben.

Ich blieb den ganzen Tag im Bett, denn im Schlaf litt ich wenigstens nicht.

Schließlich erkannte ich, daß ich krank war. Ich ging zum Arzt und ließ mich untersuchen. Nacheinander ging ich zu mehreren.

Ich vermute, zu Psychiatern.

Ja, natürlich, Psychiater. Ganz allmählich kam ich aus meinem Tief heraus. Aber man muß immer aufpassen. Die Depression ist eine organische Krankheit, daran habe ich keinen Zweifel. Sie entsteht durch ein Ungleichgewicht irgendeiner Substanz in unserem Körper, das grundsätzlich immer bestehenbleibt. Deshalb führe ich

jetzt ein äußerst geregeltes Leben ohne Strapazen, wie die Ärzte es
mir geraten haben.

Inwiefern geregelt?
Ich esse mehr oder weniger immer zur gleichen Zeit, schlafe
regelmäßig, ohne jene langen, durchfeierten Nächte, und stehe ungefähr immer zur selben Zeit auf. Wenn ich aufstehe, dusche ich
mich und schminke mich, auch wenn ich keine Lust dazu habe oder
nicht aus dem Hause gehen muß. Ich führe alles in allem ein streß-
freies Leben.
Wenn jemand ein Leberleiden hat oder Rheumatismus oder
Darmbeschwerden, sorgt er sich um seine Gesundheit und verändert sein Leben entsprechend. Aber wie man sein Leben ändern
soll, wenn man Depressionen hat, darüber macht sich niemand
Gedanken, obwohl sie eine sehr schwere Krankheit ist. Eine Krankheit, die den Menschen sehr leiden läßt und auch einsam macht.
Wenn man ein Leberleiden hat, verstehen einen alle und wollen
helfen. Aber wer versteht schon einen Depressiven? Da muß jeder
für sich allein kämpfen.

Sie hatten also niemand an Ihrer Seite?
Das ist so eine Sache. Entweder hat man das Glück, jemanden
sehr, sehr Geduldigen an seiner Seite zu haben, oder... Ich lebte
damals allein. In einem gewissen Stadium meiner Krankheit zog ich
zu meiner Mutter. Aber das war auch nicht leicht. Ich hatte nichts
zu tun und ging allen auf die Nerven. Ständig hörte ich: Beweg dich
ein bißchen, unternimm was.
Aber man kann einfach nicht, und am Ende geht es einem noch
schlechter.

Und wie geht es Ihnen heute?
Seit ein paar Jahren geht es mir gut, geradezu ausgezeichnet.
Dank meiner Behandlung und meines regelmäßigen Lebens. Meine
Arbeit habe ich immer geleistet. Selbst in den schlimmsten Phasen
habe ich mich nicht so sehr gehen lassen. Ein Jahr lang verschwand

ich auf eigenen Wunsch vom Fernsehschirm, da ich darum gebeten hatte, im Pressebüro arbeiten zu dürfen. Das war eine interessante Erfahrung. Dann zog ich es vor, wieder Ansagerin zu sein, und heute trete ich wieder täglich im Fernsehen auf.

Sie sagten, Sie verdanken Ihre Besserung der Behandlung. Nehmen Sie immer noch Medikamente?
Ja, es handelt sich dabei um eine Erhaltungstherapie.

Traten bei Ihnen unerwünschte Nebenwirkungen auf?
Sicherlich. Ich wurde zum Beispiel dicker. Einen Preis muß man zahlen, aber dafür geht es mir gut, wirklich gut. Diesen Preis hat man zu akzeptieren.

Die Gefahr der Abhängigkeit

1. Chantals Tochter

Während ich noch an diesem Buch arbeitete, rief mich eines Tages Chantal B. an, eine Ausländerin, die seit dreißig Jahren in Florenz lebt und mit einem Italiener verheiratet ist. Ich kenne sie beruflich. Sie organisierte damals gerade einen Kongreß und bat mich, für meine Zeitung an ihm teilzunehmen. Ich hatte bereits früher beruflich mit ihr zu tun gehabt. Während unseres Gesprächs äußerte sie irgendwann seufzend: «Hoffentlich gibt es wenigstens mit dem Kongreß keine Probleme.» Natürlich fragte ich sie: «Haben Sie irgendwelche Probleme? Kann ich etwas für Sie tun?» Daraufhin gestand sie mir, daß ihre Tochter wegen eines depressiven Zusammenbruchs im Krankenhaus läge, und entschuldigte sich bei mir, daß sie die Beherrschung verloren habe.

Ich erzählte ihr nun von meinem Buchprojekt und meinen eigenen Depressionen und fragte sie, ob sie mir einmal persönlich von ihren Sorgen berichten wolle.

Hier nun Chantals bewegende Geschichte, die ich mit ihrer Erlaubnis anonym (aus Respekt gegenüber der Tochter) wiedergebe, da sie für eine bestimmte Form von Abhängigkeit typisch ist, die nicht verteufelt wird und von der man nie spricht, obwohl sie sehr häufig vorkommt.

Im allgemeinen wird «Abhängigkeit» nur mit Medikamenten oder Drogen in Verbindung gebracht, obwohl auch Therapien abhängig machen können. Sie sind um so gefährlicher, als der Betroffene nicht über die möglichen «Nebenwirkungen» und «Kontraindikationen» aufgeklärt wird.

Hier nun Chantals Erzählung.

Unsere Tochter Elena mußte mit dem Notarztwagen ins Krankenhaus eingeliefert werden. Es ging ihr sehr schlecht. Die Ärzte waren sehr besorgt und wagten drei Tage lang keine Prognose zu stellen. Dabei hatte sie keinen Suizidversuch unternommen. Aber sie war vollkommen apathisch, wie tot, und reagierte auf nichts mehr. Wir erfuhren von ihrem Zusammenbruch durch den Anruf ihres Analytikers – nennen wir ihn Doktor Franci. Elena war seit zehn Jahren bei ihm in Therapie. Bisher hatte er nie mit uns sprechen wollen, um – wie es hieß – die Analyse nicht zu gefährden. Diesmal nahm er Kontakt mit uns auf, da er sich um Elena und ihre dreijährige Tochter, mit der sie allein zusammenlebt, Sorgen machte. Seit Tagen war sie zu erschöpft, um ihre Wohnung zu verlassen, und bombardierte ihn mit Anrufen.

Uns hatte sie nicht angerufen, denn sie wollte unbedingt selbständig sein und allein mit ihren Problemen fertig werden. Seit Jahren lebt sie, wie gesagt, nur mit ihrer Tochter zusammen. Von ihrem Mann, dem Vater des Kindes, hat sie sich gleich nach der Geburt getrennt. Doktor Franci rief uns also an und bat uns, erschrocken, wie er war, einzugreifen...

Später dankte ihm mein Mann mit folgenden Worten: «Ich danke Ihnen für Ihren Anruf, aber es wäre besser gewesen, wenn Sie das schon vor einigen Jahren getan hätten.»

Wir fuhren also zu ihr und fanden sie in einem Zustand schrecklicher Verwirrung vor. Sie war vollkommen abgemagert und machte sich heftige Vorwürfe, weil sie nicht in der Lage war, ihre kleine Tochter ordentlich zu versorgen. Mein Gott! Wenn man sich vorstellt, was der Kleinen alles hätte zustoßen können! Wir riefen sofort einen befreundeten Arzt an, der ihren Zustand ebenfalls so erschreckend fand, daß er ihre sofortige Einlieferung in ein Krankenhaus anordnete, in dem ein Psychiater arbeitet, den er sehr schätzt.

Aber hier liegt das Problem. Meine Tochter will keine Psychopharmaka nehmen, da sie «abhängig machen» und «ihre Probleme woanders liegen...» Auch im Krankenhaus lehnte sie sie zunächst ab. Ihr ewiger Refrain lautet: «Wenn Franci nicht will... Ich muß ihn erst fragen.» Sie tut nichts, ohne ihn vorher zu fragen. Nicht einmal die kleinste praktische Entscheidung kann sie ohne ihn treffen. Ich kann es einfach nicht mehr hören, dieses ewige «Ich muß erst Franci fragen»!

Diesmal war sie jedoch zu schwach, um ernsthaften Widerstand zu leisten. Selbst ihr Analytiker wagte es nicht, irgendwelche Einwände gegen die von dem behandelnden Arzt vorgeschlagene Therapie vorzubringen. Ganz konnte er seine Vorbehalte gegen Psychopharmaka allerdings nicht verbergen. Ausgerechnet er! Seit ihrem siebzehnten Lebensjahr ist sie bei ihm in Therapie, und in diesen zehn Jahren hat sie sich zweimal von ihren Lebensgefährten getrennt; von einem unmittelbar nach der Geburt ihrer Tochter! Spricht das etwa für eine erfolgreiche Therapie? Aber weder zu ihr noch zu Dr. Franci darf ich das sagen. Sonst würde sie sofort endgültig mit mir brechen.

Als sie vor zehn Tagen nach drei Wochen Krankenhausaufenthalt entlassen wurde, weil es ihr Gott sei Dank erheblich besser ging, nahm sie sofort wieder ihre zwei Sitzungen pro Woche bei ihm auf. Seit ihrer Entlassung hat sie keine Tablette mehr genommen («*Er* will es nicht»), obwohl die Krankenhausärzte ihr empfohlen hatten, die Behandlung zu Hause fortzusetzen. Auch ich bitte sie immer wieder, ihrem Rat zu folgen, weil ich schreckliche Angst davor habe, daß das ganze Drama von neuem beginnen könnte. Ich habe selbst vor Jahren eine schwere depressive Krise durchgemacht und bin nur dank einer Behandlung mit Psychopharmaka wieder gesund geworden. Ich weiß also sehr gut, wovon ich spreche. Dennoch muß ich mir immer wieder von ihr anhören: «Ich will keine Psychopharmaka nehmen, denn ich möchte nicht von ihnen abhängig werden.» Manchmal verliere ich die Beherrschung und schreie sie an: «Und deine Psychotherapie? Bist du von der vielleicht nicht abhängig?» Mehr wage ich nicht zu sagen, damit sie sich nicht noch mehr von mir entfernt. Am liebsten würde ich aber sagen: «Siehst du denn nicht, daß diese Therapie dich so realitätsfremd gemacht hat, daß du gar nicht mehr in der Lage bist zu beurteilen, ob sie dir gut tut oder

nicht? Nach zehn Jahren Therapie leidest du mehr als zu Beginn.»
Aber sie ist felsenfest davon überzeugt, daß nur Medikamente ab-
hängig machen! ... Wann wird sie je fähig sein, sich ein objektives
Urteil über die von ihr gewählte Therapie zu bilden?

2. Giorgios Frau

Alles begann 1983 aus einem nichtigen Anlaß. Damals sollte Adriana, meine Frau, zusammen mit einigen Kollegen, ein Schulbuch
schreiben. Irgendwann sprach sie auch mit mir über dieses Projekt.
Ich fand es nicht richtig, daß man ihnen ein pauschales Honorar
anstelle einer prozentualen Gewinnbeteiligung angeboten hatte,
und war der Meinung, sie werde ausgenützt und komme dabei nicht
auf ihre Kosten. Ich gebe zu, daß ich sie ziemlich heftig kritisierte.
Ich bin Buchhalter und verstehe etwas von finanziellen Dingen.
Hätte ich geahnt, welches Unglück meine kritischen Bemerkungen
auslösen sollten, hätte ich sie das Buch nicht nur so machen lassen,
wie sie es wollte, sondern ich hätte es sogar selbst bezahlt!
Durch unseren kleinen Streit mißtrauisch geworden, beschloß
sie bald darauf, überhaupt nicht mehr an dem Buch mitzuarbeiten.
Vielleicht spielte dabei auch ein gewisses Interesse an einem ebenfalls in diese Buchgeschichte verwickelten Kollegen eine Rolle. Auf
jeden Fall war sie enttäuscht über den Ausgang dieser Sache, die
auch in unsere Beziehung immer größer werdende Spannungen
hineintrug. Allmählich ging es ihr immer schlechter. Sie litt häufig
unter Depressionen, weinte viel und konnte überhaupt nicht über
die Sache hinwegkommen. Schließlich suchte sie einen Psychiater
auf, der ihr Medikamente verschrieb, die nicht halfen, weshalb sie
nicht mehr zu ihm gehen wollte.
Im Januar 1984 hatte sie eine schwere depressive Krise. Ich
überredete sie, einen gemeinsamen Freund aufzusuchen, der
Psychiater in einem Krankenhaus unserer Heimatstadt ist. Leider
(so muß ich aus heutiger Sicht sagen) riet dieser zu einer Psychoanalyse. Nach unserer Rückkehr nach Rom begann Adriana des-

halb, bei einer Psychoanalytikerin eine Freudsche Psychoanalyse zu machen. Zusätzlich verschrieb ihr ein in derselben Praxis arbeitender Psychiater, der gleichzeitig Psychoanalytiker war, Medikamente. Man erklärte ihr, das müsse so gehandhabt werden, weil es nicht gut sei, wenn der Analytiker auch die Medikamente verschreibe. Keine der beiden Behandlungen zeigte auch nur die geringste Wirkung. Meine Frau entwickelte immer schlimmere Phobien und litt unter Verfolgungswahn. Sie bildete sich ein, sie würde vom Geheimdienst der DDR gejagt, und ging deshalb außer zur Schule gar nicht mehr aus dem Haus. Ich verstehe offen gestanden nicht, wie es ihr überhaupt noch gelang zu unterrichten. Aber auch in der Schule bildete sie sich ein, die Kollegen schmiedeten ein Komplott gegen sie oder seien mit dem Geheimdienst verbündet.

Und dann die Anrufe. Es passiert ja jedem gelegentlich, daß das Telefon läutet und sich dann niemand meldet... Aber wenn man ihr glauben wollte, kam das bei uns ständig vor. «Sie» riefen ständig an. Eigenartigerweise allerdings nie, wenn auch ich zu Hause war. Aber es hatte überhaupt keinen Sinn, mit ihr darüber zu reden und zu versuchen, sie zur Vernunft zu bringen. Obwohl sie dreimal pro Woche zu ihrer Analytikerin ging und zusätzlich die Tabletten des anderen Arztes nahm, besserte sich ihr Zustand nicht im geringsten. So ging das Monate, ja Jahre. Unsere Beziehung wurde dadurch immer schlechter. Wenn wir miteinander sprachen, so nur noch über ihre Verfolgung durch den Geheimdienst der DDR und ihre eingebildeten Komplotte. Entweder hörte sie mir überhaupt nicht zu, oder sie brachte jede meiner Äußerungen mit ihren Verfolgungsideen in Zusammenhang. Mit der Zeit sah sie sich nur noch von Feinden umgeben. Nur mich hielt sie merkwürdigerweise selbst in den schlimmsten Zeiten unserer Beziehung nie für einen Feind.

Mit der Zeit bekam sie zwar keine Weinkrämpfe mehr, aber ihre Ängste blieben. Die Situation wurde immer unerträglicher. Ich hatte keine Frau mehr an meiner Seite, eigentlich nicht einmal mehr einen richtigen Menschen, sondern nur noch ein monomanisches Wesen.

Da ich mich wegen jenes Streits um ihr Buch, der die ganze Sache ausgelöst hatte, schuldig fühlte, ging ich zu ihrer Analytikerin und dem anderen Arzt und erklärte mich bereit, mit ihnen gemeinsam über Adrianas Probleme zu sprechen. Aber man sagte mir, ich könne ihr da nicht helfen, denn sie müsse ihre Kindheitsprobleme mit ihrem Vater und ihrer Mutter lösen.

So ging das vier Jahre lang. Als Adrianas Probleme begannen, war sie fünfunddreißig und ich achtunddreißig. Wir waren bereits seit einiger Zeit verheiratet und hatten uns bis dahin immer verstanden. Ende 1988 konnte ich einfach nicht mehr. Das war kein Leben, sondern ein Alptraum. Ich fuhr ein paar Tage weg, da ich Angst hatte, ich könnte in meinem Zustand mich oder sie oder uns beide umbringen.

In meiner Verzweiflung bat ich ihre Psychoanalytikerin um ein Gespräch. Mittlerweile hatte Adriana bereits fünf Jahre Therapie bei ihr hinter sich. Sie gab mir für anderthalb Monate später einen Termin! Obwohl ich ihr eindringlich klarzumachen versuchte, daß ich am Ende sei, konnte sie vorher angeblich keine Zeit für mich erübrigen.

Also ging ich nach anderthalb Monaten, wenn auch sehr wütend, zu ihr. Sie ließ sich durch meine Erregung überhaupt nicht aus der Ruhe bringen und wiederholte nur stereotyp: «Ich habe Adriana zu heilen, nicht Sie.» Sie und Adriana heilen! In fünf Jahren hatte ich nicht die geringste Besserung bemerkt. Sie litt nach wie vor unter den gleichen Ängsten und sprach ständig vom Geheimdienst der DDR. Das einzige, was sich geändert hatte, war, daß ich nicht mehr konnte. Meine Freunde bedrängten mich ständig, mich von Adriana zu trennen, wenn ich nicht vollkommen zusammenbrechen wolle.

Ende 1988 hatte mir auch einer meiner Freunde geraten, einen Psychiater zu konsultieren, der seine Mutter von einer schweren Depression mit ähnlichen Symptomen wie denjenigen Adrianas geheilt hatte. Eine Bekannte anderer Freunde war ebenfalls bei ihm in Behandlung gewesen. Adriana willigte ein, mit ihr zu sprechen, und ließ sich von ihr auch ein Empfehlungsschreiben für ihn geben. Aber dann wollte sie doch wieder nicht zu ihm gehen, da ihre Psychoanalytikerin ihr davon abgeraten hatte. Diese redete ihr nach wie vor ein, der Kern ihrer Probleme seien Konflikte mit der Mutter. Immer wieder mußte ich mir anhören: «Mit meiner Analytikerin löse ich meine Probleme gründlich. Wir kurieren nicht nur die Symptome.» Dabei löste sie gar nichts. Der Alptraum nahm kein Ende, und sie lebte hermetisch abgeschlossen in ihrer monomanischen Welt.

Anfang 1989 verkündete die Analytikerin Adriana: «Ihre Analyse ist abgeschlossen.» Obwohl keines ihrer Probleme gelöst war, stand sie von einem Tag auf den anderen ohne jeden Beistand da. «Meiner Meinung nach bist du keinen Schritt weiter», sagte ich ihr. Woraufhin sie entgegnete: «Aber sie will mich nicht mehr.» Ihr Zustand verschlechterte sich nun noch mehr, denn sie empfand das Ende ihrer Analyse als großen Verlust. Auch unsere Spannungen wurden noch größer, wenn das überhaupt möglich war. Freunde rieten uns zu einer Paartherapie.

Wenn wir überhaupt noch miteinander sprachen, so nur über Adrianas Probleme, worin auch immer sie bestanden. Von Gefühlen füreinander oder wirklichen Gesprächen konnte schon lange keine Rede mehr sein. Sie las ausschließlich Bücher über Psychoanalyse und deutete alles psychoanalytisch. Ich hatte mich in meine Arbeit geflüchtet und arbeitete so lange es ging, um nicht nach Hause gehen zu müssen. Was für ein absurdes Leben!

Um nichts unversucht zu lassen, suchten wir einen Paartherapeuten auf. Wir gingen zwei- oder dreimal zu ihm. Dann erlitt ich einen Herzinfarkt. Mit zweiundvierzig Jahren! Ich habe keinen Zweifel, daß er wesentlich durch meine Probleme mit Adriana verursacht wurde. Es geschah Ende August nach einem Monat Ferien in den Bergen, also nicht einmal, als ich unter Streß stand. Eine Woche später erlitt ich einen zweiten Infarkt und kam in eine Herzklinik. Immer, wenn ich entlassen werden sollte, traten irgendwelche neuen Beschwerden auf. Meine Freunde wiesen mich darauf hin; ich selbst hätte es nicht bemerkt. Offensichtlich sträubte sich alles in mir gegen die Wiederaufnahme meines alptraumhaften Lebens zu Hause.

Adrianas Besuche waren schrecklich. Sie saß stocksteif am Bettrand, fest entschlossen, den Argumenten der anderen in keinem Punkt nachzugeben. Sicher litt auch sie, aber sie war ganz in ihre absurde Welt der Komplotte und «Mutterkonflikte» eingeschlossen. Es war, als ob sie von allen um sie herum durch eine Wand getrennt wäre und deshalb mit niemandem kommunizieren konnte. Ich blieb den gesamten September und Oktober im Krankenhaus. Dann starb meine Mutter; ein weiterer schwerer Schicksalsschlag. Wir gingen erneut zu dem Paartherapeuten. Genaugenommen handelte es sich um zwei. Einer sprach mit uns, während der andere das Gespräch von außerhalb des Zimmers anhörte. Er selbst konnte uns mittels einer Art «Einwegspiegel» sehen, wir ihn allerdings nicht. Ich berichtete von meinen Infarkten und meiner Todesangst. Früher war ich immer kerngesund und kräftig gewesen. Schließlich berieten sich beide untereinander. Als sie zurückkamen, wandten sie sich mit folgenden Worten an Adriana: «Wir können Ihnen nicht helfen. Sie leiden an Depressionen und brauchen eine medikamentöse Behandlung.»

Endlich gab sie nach. Sie hatte ja auch niemanden mehr, an den sie sich sonst hätte wenden können. Im Februar 1990 gingen wir zu dem Psychiater, der uns bereits vor einem Jahr empfohlen worden war. Er verschrieb ihr sehr starke Medikamente, die sie zunächst etwas benommen machten. Auch ein leichtes Nesselfieber trat auf. Daraufhin erhielt sie sofort andere Medikamente. Da man uns darüber aufgeklärt hatte, daß solche Unverträglichkeiten gelegentlich vorkommen, erschreckten uns diese Symptome nicht sonderlich. Wir mußten fast täglich beim Arzt oder seinen Assistenten anrufen, um ihm mitzuteilen, wie Adriana auf die Medikamente reagierte. Wenn nötig, verringerte er telefonisch die verordnete Dosis. Nach zwei Wochen sollte Adriana wieder zu ihm kommen.

Aber schon nach einer Woche spürte ich, daß Adriana wieder mit beiden Beinen in der Realität stand. Zwar waren ihre Bewegungen noch schwerfällig, und es fiel ihr schwer zu sprechen, aber sie sagte plötzlich wieder ganz normale Sätze. Es war einfach überwältigend. Ich hatte mit einem Mal wieder eine Frau. Nie hätte ich mir träumen lassen, daß sich ein Mensch so rasch verändern kann. Endlich lebte ich wieder neben dem Menschen, den ich sechs lange Jahre vermißt hatte, denn jene Kranke war nicht Adriana gewesen. Nach zwei Wochen gingen wir erneut zu dem Psychiater. Er veränderte die Dosis einiger Medikamente und verschrieb ihr zum Teil neue. Einen Monat später mußten wir noch einmal zu ihm; danach nur noch alle zwei Monate. Heute geht Adriana alle drei bis vier Monate zu einer Kontrolle.

Wie es ihr geht? Meistens gut. Natürlich ist sie nicht mehr die gleiche wie mit zwanzig Jahren, aber auch ich habe mich verändert. Gelegentlich hat sie noch immer depressive Phasen, aber viel kürzere und schwächere als früher. Besonders ihre Arbeit macht sie oft sehr unzufrieden. Weihnachten 1991 verlor sie vorübergehend wieder jeden Realitätsbezug, aber diesmal ging sie sofort zu ihrem Psychiater und hatte sich schon bald wieder erholt. Bereits Silvester konnten wir fröhlich zusammen feiern.

Ich bin der lebende Beweis dafür, wie belastend eine Depression für die Familienangehörigen ist. Meine Frau war schwer krank, und ich bin fast dabei draufgegangen. Dank meiner Erfahrungen habe ich auch anderen Menschen in ähnlicher Situation helfen können. Ein älterer Kollege von mir, der gewöhnlich ein großer Spaßvogel ist, klagte mir eines Tages sein Leid: «Ich spring noch aus dem Fenster; ich kann es nicht mehr aushalten.» Auf mein Fragen gestand er mir, daß seine Frau seit Monaten depressiv sei und er am Ende seiner Kräfte. Natürlich gab ich ihm sofort die Adresse unseres Psychiaters. Schon nach einigen Tagen dankte er mir. Selbst heute kommt er immer wieder, um mir zu versichern, wie dankbar er mir ist.

Seit Februar '90 weiß ich wieder, daß das Leben auch schön sein kann. Ich liebe meine Frau und bin wieder gern mit ihr zusammen, und sie liebt mich. In all den Jahren des Elends hatte sie sich vollkommen von mir entfernt, obwohl sie immer an meiner Seite lebte.

Von der Psychoanalyse hat sie sich immer noch nicht ganz abgewandt, obwohl wir wegen der ablehnenden Haltung ihrer Analytikerin viel Zeit verloren haben. Sie weiß auch, daß es die

Medikamente ihres Psychiaters waren, die sie wieder gesund gemacht haben, der im Gegensatz zu dem «Partner» ihrer Analytikerin eben ein wirklicher Fachmann auf seinem Gebiet ist. Trotzdem denkt sie gelegentlich sehnsüchtig an ihre frühere Analytikerin, da sie ihr Sicherheit gab. Ich denke, das ist ähnlich, wie wenn man sich nach einer vergangenen Liebe sehnt. Vielleicht ist «Sehnsucht» nicht das richtige Wort, und es ist mehr als das. Sie war von ihr so abhängig wie von einer Droge. Ohne ihre Zustimmung konnte sie nicht die kleinste Entscheidung treffen. Auch ich habe manchmal Lust zu rauchen, obwohl ich seit zweieinhalb Jahren nicht mehr rauche.

Ich möchte noch kurz ein Wort zu den Platitüden sagen, die man immer wieder über Psychopharmaka hört. Sicherlich gibt es wirkungs- und nutzlose oder falsche Psychopharmaka – oft werden sie auch nur falsch verschrieben –, aber, mein Gott, manche Psychopharmaka retten einem Menschen das Leben! Natürlich muß für jeden Patienten die richtige Dosierung gefunden werden. Die ersten Medikamente, die der Psychiater Adriana verschrieb, waren nicht die richtigen für sie, auch wenn sie sie von ihrem Wahn befreiten und wieder in die Realität zurückbrachten. Aber man darf nicht aufgeben und muß es dann mit anderen versuchen. Der Psychiater hat uns selbst darauf hingewiesen, daß diese oder jene Nebenwirkung auftreten könnte. Er bat meine Frau, sich davon nicht beunruhigen zu lassen und die Medikamente trotzdem weiter zu nehmen. Vor allem sollte sie auf keinen Fall die Dosis selbst verändern, da die Reaktion individuell höchst unterschiedlich ist.

Er hatte recht. Seine Behandlung hat nicht nur meiner Frau das Leben wiedergeschenkt, sondern auch mir.

3. Adriana

Es begann mit einer Reihe merkwürdiger Vorfälle, die ich nicht verstand. In der Schule griff mich eine Kollegin an, ohne daß ich wußte, weshalb. Dann erhielt ich ab und zu eigenartige Telefonanrufe, bei denen sofort aufgelegt wurde. Anstatt mir nichts dabei zu denken und sie nur für Dummejungenstreiche zu halten, machte ich mir eine Menge Gedanken, was dahinterstecken könnte. Ich hatte das Gefühl, als ob sie meine geregelte Welt zerstörten, und dachte sofort: die Welt verändert sich. Was ist bloß passiert? Vielleicht litt ich auch an einer Psychose, bei der sich bekanntlich das Ich von der Realität abspaltet. Ich projizierte meine Ängste auf Außenstehende. Das Subjektive wurde für mich objektiv und meine Loslösung von der realen Welt immer deutlicher.

Hatten Sie nicht damals bereits eine Analyse begonnen?
Ja. Ich grübelte immer über alles nach. Erst analysierte ich meine Ängste, dann die Ängste und Wahnvorstellungen anderer, die von ihren Fehlleistungen, ihren sogenannten «spontanen Gesten», ans Licht gebracht wurden ... Körperlich war ich damals sehr schwach. Zuletzt wog ich nur noch zweiundfünfzig Kilo.

Sie analysierten die Ängste und Wahnvorstellungen anderer? Und Ihre eigenen?
Ich hatte immer die Vorstellung, daß gegen mich eine Verschwörung im Gange war. Ich bildete mir ein, der Geheimdienst der DDR verfolge mich.

Erinnern Sie sich daran, wie Sie auf diese Idee kamen?
Ja, daran erinnere ich mich sehr genau. Als es mir bereits eine Weile sehr schlecht ging, rief mich einmal eine Kollegin an, eine Mathematiklehrerin. Sie äußerte unter anderem: «Man sollte nie schlecht über Schulen sprechen, in denen so viel für die Kinder getan wird.» Ich weiß nicht mehr, in welchem Zusammenhang sie diesen Satz sagte, aber er ließ mich nicht mehr los. Immer wieder fragte ich mich, was sie damit hatte sagen wollen. Ich wurde an die Schulen der DDR erinnert, die uns bei einem Kulturaustauschprogramm, an dem ich vor einiger Zeit teilgenommen hatte, gezeigt worden waren und in denen, wie man uns immer wieder versicherte, «so viel für die Kinder getan wurde».

Einige Zeit später fragte ich diese Kollegin, was sie mit jenem Satz habe sagen wollen. Sie erinnerte sich überhaupt nicht an ihn. Warum auch? Ganz offensichtlich hatte sie ihn nur im Rahmen eines allgemeinen Gesprächs geäußert. Damals schien allerdings die Tatsache, daß sie ihn gänzlich vergessen hatte, meinen Verdacht zu bestätigen.

Dann fühlte ich mich überwacht und erinnerte mich daran, daß uns bei unserem Besuch in der DDR auch immer jemand gefolgt war, wie das eben damals in kommunistischen Ländern üblich war. Ich folgerte daraus, daß ich vom ostdeutschen Geheimdienst überwacht würde.

In jener Zeit hatte ich immer besonders schöne Träume, wie im Kino. Einmal hörte ich im Traum eine Stimme vom «Paradoxon des KGB» sprechen. Auch diese Worte brachte ich mit meiner Verschwörungsidee in Verbindung und grübelte über sie nach. Ein andermal hörte ich in Florenz, wohin mich ein Vertreter für Schulbücher eingeladen hatte, jemanden sagen: «Wer nicht zweimal heiratet, ist nicht glücklich.» Diese und andere Sätze gingen mir dauernd im Kopf herum. Dann war meine Analyse beendet.

Entschuldigen Sie, aber es ging Ihnen doch überhaupt nicht besser...

Ich weiß. Ich war damals sehr schwach, und jede Aufregung kostete mich sehr viel Kraft. Aber meine Analytikerin sagte mir, meine Analyse sei abgeschlossen; sie könne nichts mehr für mich tun. Daraufhin ging ich zu dem Therapeuten, der mich eine Weile lang zusammen mit meiner Analytikerin mit Medikamenten behandelt hatte. Er verschrieb mir neue Medikamente, die ich nicht vertrug. Als ich ihn fragte, ob ich zu dem Spezialisten für Depressionen gehen sollte, der mir empfohlen worden war, meinte er: «Es ist noch nicht soweit, später.» Mein Mann wollte unbedingt, daß ich zu ihm gehe, aber meine beiden Therapeuten waren dagegen. Erst nach Giorgios Infarkt habe ich mir die Sache noch einmal überlegt. Heute nehme ich Lithium in Verbindung mit zwei anderen Antidepressiva, und es geht mir gut.

Ihre Analytikerin hat also lange Zeit verhindert, daß Sie den richtigen Arzt fanden. Wie urteilen Sie heute über Ihre jahrelange Psychothera-pie?

In den fünf Jahren meiner Analyse habe ich gelernt, meine Er-fahrungen im Leben zu verarbeiten und meine Beziehungen zu meiner Umwelt viel schärfer zu erkennen. Außerdem begriff ich, daß man sich nicht schuldig fühlen muß, wenn es einem schlecht-geht.

Dadurch, daß Sie sich lange gegen eine andere Behandlung wehrten und das Wagnis, alles auf eine Karte zu setzen, nicht eingingen, haben Sie aber auch anderen geschadet. Es ging dabei ja nicht nur um Sie...

Das stimmt. Heute glaube ich auch, daß meine Probleme den Infarkt meines Mannes mit verursacht haben.

Litten Sie denn noch an einer Psychose, als Sie Ihre Analyse beendeten?

Ich weiß nicht. Ich war damals so zerstreut; alles ging mir ständig im Kopf herum. Manchmal vergaß ich sogar, den Gashahn abzu-drehen. Alle alltäglichen Dinge waren mir vollkommen gleichgül-tig.

Sind Sie immer noch der Meinung, daß die Analyse Ihnen geholfen hat?

Ich habe Ihnen ja bereits gesagt, daß die Analyse mir meiner Meinung nach auf einer kognitiven Ebene geholfen hat. Wenn man lange begrabene Dinge wieder aufrührt, geht es einem natürlich nicht gut, aber... Ich habe damals auch viel gelesen. Mein Bücher-regal ist vollgestopft mit psychologischen Schriften. Wissen ist immer nützlich.

Manche meinen, das Nützlichste ist, wenn es einem gutgeht. Und was passierte, als Sie endlich zu dem Psychiater gingen, bei dem Sie noch immer in Behandlung sind?

Das erste, was er zu mir sagte, war: «In einem halben Jahr sind Sie wieder gesund.» Diese Äußerung wirkte wie eine frische Brise. Je länger ich die verschriebenen Medikamente nahm, um so kräftiger und gesünder fühlte ich mich. Oft staunte ich selbst über meine Fortschritte.

Natürlich gibt es auch heute noch schwierige Zeiten, aber alle, die mich von damals kennen, sind sehr erstaunt über meine große Veränderung. «Du bist ein ganz anderer Mensch geworden», höre ich immer wieder.

Wie geht es Ihnen in «schlechten» Zeiten?

Ich werde jeder Sache schneller überdrüssig als andere, und jede Kleinigkeit deprimiert mich sofort. Aber mit meinem früheren Zustand läßt sich das gar nicht vergleichen. Dreimal pro Jahr gehe ich zu einer Kontrolle zu meinem Psychiater.

Und wie verstehen Sie sich heute mit Ihrem Mann?

Gut natürlich. Aber wir sind beide gezeichnet. Er hat schrecklich unter meiner Krankheit gelitten, und im Grunde genommen verzeiht er mir nicht wirklich. Deshalb und auch weil es mir jetzt nicht mehr schlechtgeht, ist alles nicht mehr so wie früher. Aber wenn einen der Wahnsinn einmal gestreift hat ...

Dank der Liebe erstrahlte mein Stern wieder am Balletthimmel

Oriella Dorella, Primaballerina an der Scala

Es geschah, als ich drei- oder vierunddreißig Jahre alt war. Ich hatte damals viel Erfolg. Dann nahm eine Liebesgeschichte ein trauriges Ende, und etwas in mir zerbrach. Von Natur aus bin ich offen, temperamentvoll und redselig. Wenn mich eine Sache bekümmert, weine ich leicht und bin eine Weile niedergeschlagen. Aber danach ist es wieder vorbei. Damals allerdings... Ich nannte es *Unwohlsein*, denn ich wußte nicht, daß ich an Depressionen litt.

Und jetzt wissen Sie es?
Diese «Entdeckung» machte ich letztes Jahr bei einer Veranstaltung der Gesundheitsredaktion des *Corriere della Sera* zum Thema Depression im Teatro Manzoni. Man hatte einige Psychiater und gut ein Dutzend bekannter Persönlichkeiten eingeladen, die zu dem Thema befragt werden sollten, darunter auch mich. Zunächst erklärten Fachleute, was die Depression eigentlich ist. Damals wurde mir schlagartig klar, daß mein «Unwohlsein» Depressionen gewesen waren. Ich hatte alle typischen Symptome selbst erlebt, auch die körperlichen wie Schwächegefühl und bleierne Beine.

War diese «Entdeckung» ein Schock für Sie?
Nein, ganz im Gegenteil. Ich fand es tröstlich, daß mein rätselhaftes Unwohlsein von Experten als sehr ernst zu nehmende Krankheit geschildert wurde.

396 Leiden am Leben

Wie viele der bekannten Persönlichkeiten, die dort mit Ihnen auf der Bühne saßen, hatten bereits an Depressionen gelitten?
Keine außer mir. Zumindest gab es niemand zu. Ich wurde als letzte gefragt und gestand als einzige freimütig, daß ich bereits unter Depressionen gelitten hatte. Ich erzählte auch, daß ich diese Entdeckung erst an diesem Abend gemacht hatte. Bei einigen anderen hatte ich allerdings den Eindruck, daß sie sich schämten, darüber zu sprechen.

Ihre Erfahrungen sind in doppelter Hinsicht interessant: erstens beweist Ihre späte «Entdeckung», wie wenig viele Menschen nach wie vor über die Depression wissen; zweitens läßt sich das verdächtige Schweigen der anderen Veranstaltungsteilnehmer mit den noch immer mit dieser Krankheit verbundenen Schuld- und Schamgefühlen erklären.
Ja, diese Erfahrung habe ich auch gemacht. Man hat das Gefühl, ein kompletter Versager zu sein. Vielleicht konnte ich früher Schwierigkeiten und negative Erlebnisse leichter überwinden, da es mir sonst an nichts fehlte. Wegen des traurigen Endes einer Liebesgeschichte war ich damals aber besonders schwach, so daß ich einfach nicht die Kraft fand, gegen das bleierne Gefühl in meinen Beinen beim Aufstehen anzukämpfen. Ich konnte mich nicht auf den Beinen halten und wollte niemanden um mich haben. Auch Freunde waren mir nur lästig. Mein einziger Wunsch war, mich in meiner dunklen Wohnung wie ein verwundetes Tier in seiner Höhle zu verkriechen. Manchmal schlief ich fast zwei Tage lang. Ich schaltete den Anrufbeantworter ein und schlief und schlief. Gelegentlich aß ich eine Kleinigkeit oder rauchte eine Zigarette, und dann schlief ich weiter.

Haben Sie in dieser Zeit noch gearbeitet?
Ja, dazu habe ich mich immer gezwungen. Aber was für ein Kampf jeden Morgen! Schon bei dem Gedanken an den vor mir liegenden Tag wurde mir schlecht. In diesem Zustand kann einem nichts und niemand helfen. Irgendwann kommt auch der gefährliche Moment, in dem man sich von allen zurückzieht. Selbst meine

Mutter konnte ich in dieser Zeit nicht um mich haben. Wenn sie unangemeldet zu Besuch kam, überfiel mich schreckliche Angst. Ständig grübelte ich über meine verlorene Liebe und über die Sinnlosigkeit des Lebens nach...

Und wie erging es Ihnen unter Leuten?
Ich versuchte, meinen Zustand zu verbergen. Aber hinter meinem erzwungenen Lächeln gähnte die Leere.

Nach wie langer Zeit ging es Ihnen dann besser?
Ich erinnere mich nicht mehr genau, aber mit Sicherheit dauerte dieses Tief länger als ein Jahr. Irgendwann sah ich ein, daß ich allein nie aus ihm herauskommen würde, und nahm eine Einladung an. Ein Freund hatte mich immer wieder gebeten, mit ihm auszugehen, aber ich hatte jedesmal abgelehnt. Irgendwann fiel mir plötzlich sein schönes Gesicht auf, das ich die ganze Zeit nicht bemerkt hatte, und ich akzeptierte, mit ihm auszugehen.
Mit seiner Hilfe erholte ich mich ganz allmählich. Er rief mich oft an, ohne mich zu bedrängen, wenn ich nicht mit ihm ausgehen wollte. Ich war auch deshalb gerne mit ihm zusammen, weil ich mich in seiner Gegenwart nicht schämte zu weinen. Manchmal legte ich beim Essen im Restaurant plötzlich meinen Kopf auf den Tisch und brach in Tränen aus. Er war immer geduldig und verständnisvoll. Dann fielen mir eines Tages seine schönen grünen Augen auf.

Mit anderen Worten, Sie verliebten sich...
Ja, die Liebe besiegte die Depression. Heute ist jener Freund mit den schönen grünen Augen mein Mann. Glücklicherweise ist mein «Unwohlsein» bisher nicht mehr aufgetreten, und ich hoffe, das bleibt so. Eins weiß ich mit Sicherheit: Allein schafft man es nicht, aus der Depression herauszukommen.

Qualen und Ekstasen des «Saturnikers»

Pietro Citati, Literaturkritiker und Schriftsteller

Im Alter von sechsundvierzig Jahren wurde ich ohne irgendeinen besonderen Grund depressiv. Drei Jahre machte mir die Depression zu schaffen. Als ich neunundvierzig war, fiel sie ebenso plötzlich und grundlos, wie sie sich in mein Leben eingeschlichen hatte, wieder von mir ab. Ein schrecklicher Zustand. Sie trat zyklisch auf, aber ich ließ mich von Professor Bruno Callieri in Rom mit Medikamenten behandeln, deren Wirkung nach etwa zehn Tagen eintrat.

Ungefähr nach einem Monat ging es mir täglich besser. Danach erhielt ich eine Erhaltungstherapie. Nachdem ich mich wieder ganz gesund fühlte und erneut ich selbst war, setzte ich meine Medikamente nach und nach ab.

Irgendwann ging es mir dann wieder nicht mehr ganz so gut und dann noch ein bißchen schlechter, bis schließlich erneut ein Zusammenbruch kam. Die Antiken führten die Depression auf die schwarze und kalte Gallenflüssigkeit zurück. Der Depressive fühlt sich vollkommen abgestumpft und benommen, alles erscheint ihm fahl und gespenstisch, für ihn gibt es weder Freude noch Licht auf der Welt. Der «Melancholiker», wie er in der Antike genannt wurde, schließt sich zu Hause ein und sitzt tatenlos im Sessel, da seine Lebensfreude erloschen ist. Er kann nicht lesen, weil sich ihm die Buchstaben und Worte nicht zu einem sinnvollen Ganzen zusammenfügen und keine Bilder vor ihm aufsteigen. Nur Ängste und

namenlose Schrecken durchdringen gelegentlich die Wand, die ihn
von der Welt trennt, und unterbrechen die schwer auf ihm lastende
Ödnis. Der mysteriöse Feind greift gleichzeitig von allen Seiten an
und gönnt einem keine Ruhe. Nie verläßt einen der Gedanke an
Selbstmord. Besonders quälend ist er morgens, in jenen schrecklichen frühen Stunden, an die ich am liebsten gar nicht zurückden-
ken möchte.

Heißt das, daß Sie seit damals...
Glücklicherweise liegt das alles heute weit zurück. Seit fünfzehn
Jahren geht es mir gut. Davor traten immer wieder depressive Phasen auf, ohne daß ich gewußt hätte, wann und warum. Sobald sich
die ersten Symptome zeigten, begab ich mich unverzüglich in ärztliche Behandlung, die auch jedesmal rasche Besserung brachte.
Mit der Zeit traten sie immer seltener auf und waren auch nicht
mehr so schwer. Irgendwann war ich dann ganz gesund. Nun nehme ich, wie gesagt, schon seit fünfzehn Jahren keine Medikamente
mehr, und es geht mir gut. Geblieben ist nur die vage Erinnerung an
jene düsteren Zeiten.

Sieht der Depressive alles negativ?
Nein. Mein Buch *Sogno della camera rossa* enthält einen Essay,
der den Titel *Saturno e la melanconia* trägt. Dort habe ich den
anderen Pol der Depression beschrieben: das glühende Feuer der
Euphorie. Ist sie wirklich nur der Gegenpol zur Depression, wie die
Mediziner meinen? Das ist sie sicher auch. Aber was für ein Glück
läßt sie einem zuteil werden! In diesem Zustand könnte man die
ganze Welt umarmen. Nie ist ein Melancholiker glücklicher und
strahlender als in einer manischen Phase. Dank der Erschütterung
seines gesamten Nervensystems sind seine Gefühle und Gedanken
in Aufruhr geraten, so daß sie die Hülle der Realität durchdringen
und in ihr Herz vordringen. Natürlich weiß der Saturniker, daß er
dafür möglicherweise einen sehr hohen Preis bezahlen muß. Aber
ohne das extreme Schwanken zwischen diesen beiden Polen kann
die Wahrheit nicht erkannt werden.

Ist Ihre Begeisterung für die «saturnische» Bipolarität die Begeisterung des distanziert urteilenden und analysierenden Wissenschaftlers oder auch ein Dank beziehungsweise ein bedauerndes Sichzurücksehnen an jene drei Jahre Ihres eigenen Lebens?
Nein, nein, diese drei Jahre waren nur häßlich, sehr häßlich. Einfach schrecklich! Nach ihnen sehne ich mich in keiner Weise zurück.

Haben Sie nie versucht, in der Psychotherapie Heilung zu finden?
Nein, ich habe nie eine Analyse gemacht. Ich glaube nicht, daß sie in diesen Fällen irgendwie von Nutzen sein kann.

Als ich mein Baby verlor, litt ich Höllenqualen

Valeria Moriconi, Schauspielerin

O ja, ich kenne die Depression, die echte. Einige schreckliche Jahre lang war ich selbst ihr Opfer. Heute liegt diese schwere Zeit glücklicherweise weit zurück. Andererseits sind meine Erinnerungen an sie aber noch sehr frisch, auch wegen der bleibenden Narben, die sie hinterlassen hat. Durch diese Erfahrungen habe ich ein sehr feines Gespür für den Unterschied zwischen Niedergeschlagenheit und echter Depression entwickelt, die man an gewissen verräterischen Sätzen erkennt, welche einen über den wahren Zustand des Betroffenen hinwegtäuschen sollen. Leider ist diese tragische Krankheit weit verbreitet. Die meisten Menschen schämen sich ihrer und versuchen, sie vor anderen zu verbergen. Aber mir kann niemand mehr etwas vormachen, denn ich kenne ihre Symptome aus eigener leidvoller Erfahrung nur allzu gut.

Auch ich versuchte damals verzweifelt, meinen desolaten Zustand vor anderen zu verbergen, selbst vor Franco Enriquez, meinem Lebensgefährten, natürlich vergeblich. Ich schämte mich schrecklich dafür, daß diese Krankheit mich, die ich immer lebenslustig und von ansteckender Fröhlichkeit gewesen war, zu einem traurigen Häufchen Elend reduziert hatte. Als Kind war ich immer der Mittelpunkt meines Freundeskreises gewesen. Meine Kindheit war überhaupt sehr glücklich.

Früher haben mich die schwersten Belastungsproben nicht aus der Bahn werfen können. 1953 trennte ich mich nach kaum zwei

Jahren Ehe von meinem ersten Mann. Zu jener Zeit war eine Trennung keine Kleinigkeit, schon gar nicht in einer Kleinstadt wie Jesi.
Da ich damals bereits als Schauspielerin bekannt war und Franco,
meine neue große Liebe, als Regisseur ebenfalls, gab es natürlich
eine Unmenge Klatsch, Ablehnung und üble Nachrede. Dazu kam
noch, daß sich Franco von seiner Frau trennte, obwohl ihr gemeinsamer Sohn damals noch nicht einmal ein Jahr alt war. Sosehr die
Zeitungen diesen «Skandal» auch ausschlachteten, nichts konnte
unsere Liebe füreinander trüben.

Damals konnte mir nichts etwas anhaben.

1962 wurde ich dann mit dreißig Jahren zum ersten Mal schwanger. Wenn ich bisher ein glücklicher Mensch gewesen war, so war
ich nun überglücklich. Da ich keinerlei Beschwerden hatte, sagten
die Ärzte, ich könne ein ganz normales Leben führen. So spielte ich
trotz meiner Schwangerschaft die Hauptrolle in *Der Widerspenstigen
Zähmung*. Ich tobte und sprang auf der Bühne herum wie eine
Besessene und verkörperte meine Rolle so realistisch wie möglich.
Ich spielte sogar Tennis und ritt. Die Aussicht auf das Kind und
meine große Liebe zu Franco erfüllten mich mit tiefem Glück.

Heute weiß ich, daß ich übertrieb. Zu Beginn des sechsten Monats fuhr ich noch wegen eines geschäftlichen Termins allein im
Auto von Rom nach San Vincent im Aostatal und am selben Tag
zurück. Das sind mehr als 1500 Kilometer, und damals gab es noch
keine Autobahnen. Nach meiner Rückkehr fühlte ich mich ein wenig erschöpft, was nach der langen Reise auch nicht verwunderlich
war. Nachts bekam ich plötzlich Schmerzen. Ich kam sofort ins
Krankenhaus und hatte eine Frühgeburt. Nach drei Tagen starb das
Kind im Brutkasten. Ich weinte und weinte und weinte. Obwohl
Franco mich zu trösten versuchte, machte ich mir schwere Vorwürfe. Was passiert war, war meine Schuld. Ich war zu unvorsichtig
gewesen.

Nach einer Woche wurde ich entlassen. Kaum hatte mich Franco
zu Hause bis zur Couch geleitet, geschah es: es war schrecklich und
unbegreiflich. Ich hatte plötzlich das Gefühl, als sei etwas in mir
zerrissen. Die Möbel drehten sich um mich, so daß mir schwindlig

wurde. Obwohl Franco in meiner Nähe war, empfand ich ihn als weit weg und fremd. Ich verlor schlagartig jede Kraft und Freude am Leben und fiel in einen tiefen, dunklen Brunnen. Dazu kam das Gefühl, vollkommen einsam zu sein. Ich fühlte mich allein und aus der Bahn geworfen; allein und verloren. Das alles geschah innerhalb weniger Augenblicke. Was damals mit mir geschah, werde ich nie jemandem wirklich verständlich machen können. Und das war nur der Anfang. Über Monate und Jahre hatte ich mich nicht mehr im Griff. Nicht, daß ich nicht verstanden hätte, was um mich herum vor sich ging, und geistig nicht mehr klar gewesen wäre; das war ich durchaus, nur zu sehr. Aber beständig quälten mich absurde und unbeherrschbare Ängste und Phobien; alles war mir gleichgültig. Wenn die anderen miteinander sprachen, hörte ich nicht zu oder beteiligte mich zumindest nicht an der Unterhaltung. Wie viele Stunden habe ich stumpfsinnig auf der Couch sitzend und vor mich hin starrend verbracht!

Nachts quälten mich Alpträume. Manchmal wachte ich schweißgebadet und laut schreiend auf, weil mir im Traum jemand die Kehle zugedrückt hatte.

Hätte man mir nicht das Essen vorgesetzt, ich hätte nichts gegessen. Früher liebte ich es, Menschen um mich zu haben, aber nun wollte ich niemanden mehr sehen und nie ausgehen. Mir war wohl bewußt, daß ich mein eigenes sowie Francos Leben und meine Arbeit zerstören würde, wenn es so weiterginge. Ich wollte auch dagegen ankämpfen, aber ich konnte einfach nicht.

Obwohl Franco natürlich bemerkte, wie elend es mir ging, versuchte ich, meinen Zustand vor ihm zu verbergen. Ich wollte nicht, daß er meinetwegen litt, und fand es selbst erniedrigend, so reduziert zu sein. Einmal machte ich einen Versuch, gegen meine Ängste anzukämpfen, und bat ihn, mit mir rauszugehen. Er ging zunächst mit mir in den Garten und führte mich an der Hand wie ein kleines Kind oder wartete auf mich, wenn ich zurückblieb. Ich hatte Angst vor all den schrecklichen Dingen, die mir draußen zustoßen könnten.

Nach einigen Spaziergängen im Garten überredete er mich

schließlich, mit ihm einen Schaufensterbummel zu machen. Als ich aus dem Auto stieg, packte mich wieder die Angst; ich hatte das Gefühl, ich müßte ersticken. Die vielen Leute, die Straßen und großen Häuser erschienen mir wie fürchterliche Ungeheuer. Damals entdeckte ich, daß ich außer an der Depression auch an Agoraphobie litt, der Angst vor freien Plätzen und überfüllten Straßen. Und das mir, die ich nie Angst vor irgend etwas gehabt hatte! Dann versuchte Franco es mit dem Theater. Er brachte mich dazu, wieder aufzutreten. Bei den Proben und Gesprächen vergaß ich meine Angst auch tatsächlich ein wenig, und auf der Bühne spielte ich schlagartig so lebendig und energiegeladen wie früher. Aber kaum fiel der Vorhang, schien meine Seele erneut erloschen. Es war die Hölle. Ich konnte nicht ohne Begleitung aus dem Haus gehen. Immer wieder packte mich der Zorn auf meine Ängstlichkeit, und immer wieder sagte ich mir, daß mir doch gar nichts passieren könne, wenn ich es wagte. Aber es half alles nichts. Die Angst verließ mich nicht.

Eines Tages beschloß ich, all meinen Mut zusammenzunehmen. Ich ließ mich im Taxi zur Piazza del Popolo fahren, zahlte und stieg aus. Da stand ich nun, allein inmitten all der vielen Leute. Panik ergriff mich. Ich versuchte mich zu beruhigen, wie man ein kleines Kind beruhigt: «Warum hast du denn Angst? Was soll gefährlich daran sein, über diesen Platz zu gehen? Was soll dir schon passieren? Selbst wenn du fällst oder ohnmächtig wirst, wird dir schon jemand helfen.»

Endlich ging ich los. Ich zwang mich, einen Fuß vor den anderen zu setzen. Ich wollte es unbedingt bis zum Obelisken schaffen. Auf halber Strecke – mein Gott, wie weit weg und unerreichbar war dieser Obelisk! – machte ich schweißgebadet und vollkommen am Ende halt; dann gab ich mir erneut einen Ruck und lief mit letzter Kraft auf den Obelisken zu. Endlich kam ich an und umarmte ihn, weinend vor Freude und Erschöpfung. Immer wieder schimpfte ich mich selbst aus: «Sei doch nicht so dumm. Du siehst ja, daß es geht.» Das war mein erster kleiner Schritt zur Besserung.

Dann wurde ich erneut schwanger. Seit ich mein erstes Kind

verloren hatte, war mittlerweile ein Jahr vergangen. Franco wollte unbedingt, daß wir es noch einmal versuchten. Er hoffte, es würde mir helfen. Dieses Mal war ich übervorsichtig, aber ich hatte kein Glück. Im vierten Monat verlor ich auch dieses Kind. Dieser schwere Schlag warf mich erneut zu Boden. Es folgte ein weiteres Jahr in der Hölle. Dann starb plötzlich meine Mutter, an der ich sehr hing, während ich mit der *Widerspenstigen Zähmung* im Veneto auf Tournee war.

Wieder Alpträume, Phobien und Ängste. Wieder wachte ich nachts schreiend auf, weil mir jemand im Schlaf die Luft abdrückte. Genug! Genug! Genug! Ich beschloß, einen Arzt aufzusuchen. Er verschrieb mir ein Aufbau- und ein Beruhigungsmittel. Vor allem empfahl er mir einen Psychoanalytiker.

Ich nahm nur das Aufbaumittel. Wieder versuchte ich es mit meinen Übungen, mit Geduld und gutem Willen. Vielleicht half mir mein Aufbegehren. Ich wollte mich um jeden Preis von meinen irrationalen Alpträumen befreien, endlich keine Sklavin mehr sein.

Ich weiß nicht, ob ich den besten Weg gewählt habe, denn der Depressive ist krank. Mittlerweile hat sich das herumgesprochen, aber damals schämte man sich wegen seines trostlosen apathischen Zustands, als habe man ihn selbst verschuldet. Deshalb versuchte ich auch, ihn vor allen zu verbergen, und vertraute mich selbst Franco nicht restlos an. Und aus demselben Grund lehnte ich eine medikamentöse Behandlung oder eine Psychoanalyse ab. Ich wollte es um jeden Preis allein schaffen.

Vielleicht habe ich auch einfach nur Glück gehabt. Heute weiß ich, daß es sehr wirksame Medikamente gibt, auf jeden Fall mehr, als es Mitte der sechziger Jahre gab. Mit den richtigen Medikamenten hätte ich meine jahrelangen Qualen möglicherweise erheblich verkürzen können.

Ich weiß nicht, was ich täte, wenn mir dasselbe noch einmal passieren sollte. Vielleicht würde ich es noch einmal allein versuchen, zumindest zu Anfang, nachdem ich es das letzte Mal auch allein geschafft habe. Aber wenn ich mir andererseits vorstelle, ich müßte das alles noch mal durchmachen . . . sich monatelang immer wieder zu zwingen, aus dem Haus und unter Leute zu gehen; an den Mauern entlangzuschleichen und trotz der wachsenden Angst und der Schweißausbrüche weiterzugehen...

Sehr geholfen hat mir der Mann, den ich liebe und der mich liebt: Franco Enriquez. Ich denke, sein Verhalten war vorbildlich für den Umgang mit Depressiven: Er zeigte mir seine Liebe und Zuneigung, er war immer für mich da und beschützte mich, hielt sich dabei aber diskret im Hintergrund, so daß ich mich nie erniedrigt fühlte. Man darf einem Depressiven nie das Gefühl geben, er werde überwacht, sei ein Versager oder, noch schlimmer, eine Belastung. Vor allem sollte man all die bedauernswerten Menschen, die dazu verurteilt sind, im Dunkel der Depression zu leben, nicht verurteilen.

Wie es mir heute geht? Jene dunkle Zeit im Tunnel der Depression liegt weit zurück. Meine Ängste und Phobien sind verschwunden, aber ich bin nicht mehr die gleiche wie früher. Der Schatten dieser Krankheit liegt noch immer auf mir. Ich bin nicht mehr die ausgelassene, fröhliche Person von früher. Ich bin nachdenklicher und dank meiner eigenen Erfahrungen sensibler für die Leiden anderer geworden und werde rascher traurig oder melancholisch; ich nenne das meine Narben.

Ich bin kein Kranker, sondern ein klinischer Fall

Ottiero Ottieri, Schriftsteller und Dichter

«Mein Leben war, in aller Bescheidenheit gesagt, ein einziger Leidens-weg», schrieb Ottieri im Corriere della Sera *in einem Artikel, in dem er die Stationen dieses Leidenswegs mit viel Humor und Selbstironie nach-zeichnete.* «Mein Stammvater war eher Hiob als Hamlet.» *Andererseits gesteht er, ebenso entscheidungsschwach und ambivalent im Denken zu sein wie Hamlet.*

Auch im Kampf gegen seine Depressionen setzte er auf zwei grund-verschiedene Karten: auf die Psychoanalyse und auf Psychopharmaka, auf das Wort und auf die Chemie. Seine jüngsten Erfahrungen mit der Chemie haben seine Ideen, seine Philosophie und seine früheren Über-zeugungen tief erschüttert und ihn zu dem langen Poem L'infermiera di Pisa *inspiriert, für das er einen der angesehensten Dichterpreise Italiens erhielt, den Premio Mondello 1992. Dem «Somatiker» Cassano, in des-sen Klinik in San Rossoro er mit Antidepressiva und Lithium behandelt wurde, bezeugt er in ihm seinen großen Respekt. Ihm stellt er «Gian-carlo», den «Freudianer», gegenüber. Gemeint ist sein früherer Mailän-der Psychoanalytiker Giancarlo Zapparoli.*

In aller Bescheidenheit möchte ich Ihnen das Kompliment machen, daß Sie in Ihrem Poem mit viel Humor, Zartheit und Respektlosigkeit beschreiben, wie unsere traditionellen Gefühle und Vorstellungen durch die Theorie des ‹brillanten Doktors›, des Königs der Moleküle, ‹zerlegt› werden. In einem Vers heißt es: ‹In Pisa gibt es kein Unbewußtes und auch keine Schuldgefühle.› Als der depressive Protagonist voll Todes-

sehnsucht äußert: ‹Der Tod ist schön›, antworten ihm die Ärzte: ‹Wir
machen Ihnen das Leben schön› und fügen hinzu: ‹ohne Ihre Persön-
lichkeit zu verändern.› Herr Ottieri, können Sie uns Ihre Erfahrungen
mit der Depression und den verschiedenen Behandlungsmethoden, mit
denen Sie persönliche Erfahrungen gemacht haben, auch in Prosa be-
schreiben?

Bei mir hat sich die Depression immer mit sehr schweren Symptomen geäußert. Wenn ich depressiv war, war ich zugleich übererregt. Ich fuhr zum Beispiel eine ganze Woche lang wie ein
Verrückter ununterbrochen in Mailand mit dem Auto herum.

Außer an Depressionen litt ich an Panikattacken, einer Zwangsstörung und an Alkoholismus, obwohl ich bis zu meinem vierzigsten
Lebensjahr keinen Tropfen getrunken hatte.

Ihnen blieb anscheinend nichts erspart.

Nikotinsüchtig war ich auch. Ich bin kein Kranker, sondern ein
klinischer Fall.

Wenigstens haben Sie Humor.

Was soll man machen? Bereits im zarten Alter von fünf Jahren
machte ich zum ersten Mal Bekanntschaft mit ihr. Als ich nach
Hause kam und an der Glocke läutete, empfand ich plötzlich eine
unsägliche Qual, eine Art Sehnsucht. Was war das? Heute nennt
man es «Melancholie». Die Erinnerung an dieses Erlebnis ist noch
äußerst lebhaft in mir; es war wie ein Flash.

Ein Flash ist ja ein kurzes Erlebnis. Haben Sie in Ihrer Kindheit nur
diese eine kurze Erfahrung mit der Melancholie gemacht?

Leider nicht. Wegen meiner Probleme mit der Mathematik litt
ich immer wieder unter schwersten Depressionen. Ich war Klas-
senbester, außer in Mathematik. Am Vorabend vor einer Klassenar-
beit führte ich mich geradezu hysterisch auf, so daß die ganze
Familie sich ratlos fragte, wie man mich beruhigen könne. Schließlich wurde ein Buchhalter aufgetrieben, der noch spätabends bereit
war, mit mir zu lernen.

Auch die «Tanzschule» bereitete mir geradezu übermenschliche Qualen. Obwohl wir aus der Toskana stammen, habe ich meine Kindheit in Rom verbracht. Meine Mutter hatte den Ehrgeiz, mich in die besten Kreise einzuführen, und wollte mich darauf entsprechend vorbereiten. Das hieß, daß ich jeden Sonntag zu einem anderen Adligen gehen mußte, in dessen Haus ein englischer Tanzlehrer einer Gruppe von Kindern Tanzunterricht gab. Ich war damals zwölf oder dreizehn (ich bin 1924 geboren). Ich hatte schreckliche Angst vor diesen Tanzstunden, obwohl sie mich andererseits auch irgendwie reizten, denn ich träumte davon, ein kleiner Playboy zu sein, und sah, daß dort die schönsten Mädchen waren (in meiner Schule gab es entweder gar keine oder nur häßliche). Ich litt also unter den schlimmsten Ängsten, die man sich vorstellen kann. Aber im Leiden war ich schon immer der Beste. Da kann keiner mithalten.

Obwohl jeder Depressive meint, diesen Titel für sich beanspruchen zu können, scheinen Sie mir ein besonders würdiger Anwärter auf ihn zu sein. War Ihre ganze Kindheit von solchen ebenso grundlosen wie heftigen Angstanfällen geprägt?
Meine ganze Kindheit? Mein ganzes Leben. Ich kenne alle Kliniken Europas persönlich. Ich könnte einen Krankenhausführer schreiben, vergleichbar mit dem Restaurantführer des *Espresso*.

Hatten Sie auch euphorische Phasen?
An Phasen großer Euphorie erinnere ich mich nicht. Die Zeiten, in denen ich zwar nicht fröhlich, aber immerhin «normal» war, waren nur sehr kurz. Vielleicht erscheint mir das aber auch nur in der Erinnerung so. Erst von Professor Cassano lernte ich, gewisse Phasen meines Lebens als euphorisch zu beurteilen. In seiner Klinik und bei seinen Assistenten habe ich die menschliche Persönlichkeit gründlich studiert. Auf diesem Gebiet kenne ich mich wirklich aus.

In Ihrem Poem weisen Sie immer wieder darauf hin, daß Sie dort den Menschen aus einer für Sie völlig neuen Perspektive zu betrachten lern-

ten. Ihn aus der Perspektive des Unbewußten zu analysieren, haben Sie ja schon früh begonnen. Wie viele Jahre waren Sie in der Analyse?

Zahllose, wie Woody Allen. Meine erste Analyse begann ich 1948 bei Cesare Musatti. Wir waren beide Sozialisten und Revolutionäre und diskutierten abends bei unseren Parteisitzungen heftig über Politik. Als Freunde und Parteigenossen duzten wir uns, aber wenn ich ihm tagsüber in seiner Praxis von meinen Träumen erzählte, siezte ich ihn. Außerdem habe ich zwei Jungsche Analysen hinter mir. Die erste begann ich während eines Aufenthalts in einer Klinik für Lebensmüde in Zürich. Anstatt mich umzubringen, schrieb ich dort mein Buch *Campo di concentrazione*, dessen Thema die «moralische Krankheit» ist. Laut Montanelli bin ich der einzige Depressive, der auch während einer Krise zu schreiben fähig ist. Vielleicht hat er recht.

Wieso wissen Sie das nicht?

Ich halte grundsätzlich immer alles für möglich. Ich bin so ambivalent, daß mein Ich immer kurz vor dem völligen Zerfall steht.

Sie könnten also auch nicht sagen, welche Depressionstherapie Ihrer Meinung nach besser ist, die psychoanalytische oder die biochemische oder eine Mischung aus beiden?

Wie sollte ich mich da entscheiden? Ich lebe bereits ein Leben lang mit der Psychoanalyse. Vielleicht hat sie mich so ambivalent gemacht. Typisch für sie ist ja, eine Sache von allen Seiten zu betrachten und immer auch das Gegenteil einer Annahme für möglich zu halten. Vielleicht bin ich aber auch so geboren. In den letzten Jahren habe ich bei meinen Sitzungen mit Giancarlo Zapparoli auch darüber viel gesprochen. Mittlerweile kommen wir öfter ins Plaudern. Er ist ein guter Freund geworden, und wir sind gleichaltrig...

Wie könnte ich jemals behaupten, Worte seien unnütz... Ich weiß ja nicht, ob es einem nicht erst schlechtgegangen sein muß, bevor es einem gutgehen kann, oder ob es einem auch einfach so gutgehen kann. Das ist das Dilemma unseres heutigen Lebens. Laut

Cassano muß es einem zuallererst gutgehen, damit man dies und das tun und sein eigenes Leben leben kann. Für die Freudianer haben dagegen Schmerz und Leid etwas Positives, da sie uns reifen lassen. Sie sind der Ansicht, daß es einem erst nach Überwindung der Angst gutgehen kann. Und ich soll mich entscheiden? An beiden Theorien ist etwas Wahres dran.

Ohne Sie allzu sehr in die Enge drängen zu wollen, mache ich Ihnen folgenden Vorschlag: Ich werde Ihnen von jetzt an nur noch direkte und präzise Fragen stellen.
Einverstanden.

Sprechen wir einmal nur von der Stimmung, denn um sie geht es ja bei der Depression. Gab es in Ihrem Leben auch Phasen gehobener Stimmung und, wenn ja, wann? Ich meine, waren Sie irgendwann weniger unglücklich, auf der Welt zu sein?
Seit meinem Aufenthalt bei Cassano in Pisa vor zwei Jahren hat sich meine Stimmung generell sehr gebessert. Meine Ambivalenz erlaubt mir allerdings nicht, daran zu glauben, daß ich das alles nur einer medikamentösen Behandlung verdanke.

Sind Sie denn in Pisa oder danach auch noch anders behandelt worden? Oder ist sonst etwas vorgefallen?
Das ist alles schwer zu beurteilen. In der Klinik in Pisa herrschte eine so gute Atmosphäre – alle dort arbeitenden Psychiater gingen völlig in ihrer Arbeit auf. Außerdem ist Pisa selbst mit seiner Scuola Normale für mich eine faszinierende, fast mythische Stadt . . . Obwohl ich gewöhnlich alles in Zweifel ziehe, ging es mir in Pisa so ausgezeichnet, daß ich überhaupt nicht mehr nach Mailand zurückkehren wollte, da ich Angst hatte, daß dann alles vorbei sein würde.

Wenn ich richtig informiert bin, blieben Sie einige Monate freiwillig in der Klinik in Pisa, kamen aber vor ungefähr zwei Jahren nach Mailand zurück. Ist Ihr Glücksgebäude in diesen zwei Jahren wieder eingestürzt?
Nein, ich habe Ihnen ja bereits gesagt, daß Pisa die Wende für

mich war. Das kann ich wirklich nicht leugnen. Ich dürfte es auch
gar nicht, da mir sonst alle – meine Frau und meine Freunde – an
den Hals springen würden. Immer wieder höre ich, daß ich seit Pisa
ein ganz anderer Mensch geworden bin. Seit es mir bessergeht,
erkennen die Leute mich gar nicht wieder. Das läßt sich nicht
leugnen und problematisieren.

*Stimmen Sie denn mit Ihrer Frau und Ihren Freunden überein? Sie
müssen doch selbst am besten wissen, ob es Ihnen bessergeht...*
Ja. Meine Stimmung ist gegenüber früher unvergleichlich besser.

*Sie haben wie Woody Allen endlose Jahre der Psychoanalyse hinter sich,
die Sie nicht von Ihren Ängsten heilen konnte. Dann haben Sie sich einer
medikamentösen Behandlung unterzogen, die Ihre Stimmung rasch
deutlich verbesserte. Ich habe den Eindruck, daß Sie zögern, diese Tatsachen zuzugeben, um Ihre lebenslange Gefährtin, die Psychoanalyse,
nicht verraten zu müssen. Auch bei der Lektüre Ihres Poems gewinnt
man den Eindruck, als hätten Sie «Giancarlo» gegenüber Schuldgefühle,
als hätten Sie ihn betrogen, indem Sie sich den «Somatikern» anver-
trauten. Auch eine gewisse Sehnsucht nach der Komplexität und Tiefe
des psychoanalytischen Gedankenguts ist unverkennbar. «Nur» an einer
Krankheit zu leiden anstatt der Protagonist einer Tragödie zu sein läßt
jeden Depressiven vor sich selbst kleiner erscheinen.*
*Freud nennen Sie in Ihrem Werk «den größten Kommissar der Ge-
schichte». Sie schreiben: «Die dynamische Psychologie / hetzt den
Kranken / sie hat kein Mitleid mit ihm / sie vergrößert seine Angst / um
ihn nach dem Aderlaß / die Sterne wieder erblicken zu lassen.» Haben
Sie selbst die Sterne wiedergesehen?*
Wenn Sie wissen wollen, ob ich aus dem Tunnel der Depression
herausgekommen bin, kann ich mit Ja antworten. Seit Pisa hatte ich
keine Depressionen mehr. Sicher gab es kritische Momente und
Tage... Aber zwingen Sie mich nicht, mich zu entscheiden. Mein
ganzes Denken ist durch und durch ambivalent.
Zwar habe ich seit Pisa keine Depressionen mehr gehabt, aber

dafür Alkoholprobleme. Ich habe Ihnen ja bereits erzählt, daß ich vor meinem vierzigsten Lebensjahr keinen Tropfen getrunken habe. Dann hatte ich irgendwann eine Schreibkrise, da es mir nicht gelingen wollte, einen Roman zu Ende zu bringen. Um meine quälenden Ängste zu vergessen, griff ich zur Flasche. Seitdem habe ich nie aufgehört zu trinken.

Hat man in Pisa nicht auch Ihre Alkoholprobleme behandelt, die ja häufig im Zusammenhang mit Depressionen auftreten?
Doch, aber ich hatte trotzdem immer wieder Rückfälle. Professor Cassano überwies mich dann zu Dr. Luigi Gallimberti vom Krankenhaus Padua, der mich mit einem neuen Medikament gegen Alkoholabhängigkeit behandelte. Seit einem Jahr trinke ich nichts mehr.

Dr. Gallimbertis Verdienst?
Sein Verdienst und das eines sehr wirksamen Medikaments: Alcover. Neuerdings ist es auch in Italien erhältlich. Wenn ich meine, unbedingt etwas Alkoholisches trinken zu müssen, trinke ich Alcover. Alle zwei Wochen suche ich meinen Alkohologen, Dr. Gallimberti, auf.

Ist das ein Fachausdruck?
Ja. Ein «Alkohologe» ist ein Psychiater, der sich auf alle Arten von Suchtabhängigkeit spezialisiert hat. Er hat mir erklärt, daß ich bereits stark zur Sucht disponiert war, bevor ich zu trinken anfing. Diese Suchtanfälligkeit muß mir angeboren sein...

Auch er scheint ein «Somatiker» zu sein.
So einfach ist das nicht. Bei meinen Besuchen plaudern wir immer eine Weile miteinander. Auch er kommt immer wieder auf den Punkt zurück, daß die Angst auch eine positive Funktion hat, denn sie macht den Menschen reifer.

Aber von Ihrer Alkoholabhängigkeit wurden Sie durch ein Medikament geheilt.

Das stimmt. Zwingen Sie mich aber bitte nicht, mich zwischen Zapparoli, Cassano und Gallimberti zu entscheiden. Ich brauche alle drei. Mittlerweile bin ich nicht mehr ambivalent, sondern trivalent.

Die langen Jahre mit den falschen Medikamenten

Leonardo Vergani, Journalist

An meiner ersten Depression war ich mitschuldig. Ich geriet in eine jener Fallen des Lebens, die so banal sind, daß es nicht lohnt, sie zu schildern. Danach fand ich mich auf einem Meer von Whisky treibend wieder. Bis dahin war ich ein fröhlicher Mensch gewesen. Den Großteil des Jahres reiste ich durch die Welt. Ich stieg von einem Flugzeug in das nächste und von einem Zug in den anderen. Ich schlief in tausend verschiedenen Hotelzimmern und schrieb meine Artikel immer mit dem Blick auf die Uhr. Unter ein wenig Angst habe ich schon immer gelitten, aber vermutlich hat diese Uhr, die mich beständig an den Redaktionsschluß meiner Zeitung erinnerte, die Wände der Zelle, in der ich mich schließlich gefangen sah, Stein für Stein mitgemauert. Wie viele meiner Kollegen entspannte ich mich nach einem harten Arbeitstag, wenn ich meinen Artikel endlich an die Redaktion abgesandt hatte, bei einem Gläschen.

Nach einem halben Jahr hatte ich glücklicherweise den Grund meiner damaligen Verzweiflung vergessen und trank weniger. Mittlerweile hielt mich allerdings die Depression bereits in ihren Klauen gefangen. Mir war alles gleichgültig. Am liebsten hätte ich Tag und Nacht geschlafen, um nicht denken zu müssen. Aber ich konnte nicht schlafen. Ich ging zu einem Psychiater, der mir einige Medikamente, darunter auch Schlaftabletten, verschrieb und viel mit mir sprach. Leider zeigten sie fast keine Wirkung. Dagegen taten mir die Gespräche gut, denn jeder Depressive braucht jemanden, dem er sein Leid klagen kann. Meist will ihm aber niemand zuhören. Wenn ich besonders niedergeschlagen war, trank ich nun auch wieder, um meine Stimmung etwas zu heben. In ein Krankenhaus wurde ich zum ersten Mal wegen Alkohol in Verbindung mit Schlaftabletten eingeliefert. Das ergibt einen mörderischen Cocktail. Als ich im Sommer einige Zeit bei Freunden verbrachte, hatte ich keine Depressionen und war wieder so ausgeglichen wie früher. Vielleicht lag das auch an der Sonne. Zu Beginn des Herbstes fiel ich dann erneut in ein tiefes Loch. Unter großen Anstrengungen gelang es mir noch zu reisen und zu schreiben. Aber es kostete mich immer mehr Mühe, meine Arbeit nicht zu vernachlässigen. Die Angst hielt mich fest in ihren Klauen.

Endlich gelang es mir, mit dem Trinken aufzuhören. Das Merkwürdige an dem Polyp Depression war, daß er seine erstickenden Tentakel immer plötzlich ohne Vorwarnung um mich schlang und mich dann wieder monatelang frei ließ. An einen solchen Fall erinnere ich mich besonders deutlich: Es war an Ostern. Die Nacht davor hatte ich mich in völliger Verzweiflung ins Bett gelegt und nur überlegt, welches die beste Methode sei, mich umzubringen. Morgens beim Aufwachen schien die Sonne, und ich dachte: Vielleicht sollte ich ein bißchen reiten gehen. Wenn es mir gutging, ritt ich regelmäßig. Ich tat es und war, zumindest vorübergehend, gerettet. Wie war es möglich, daß die Gespenster, die mich beständig quälten, in einer einzigen Nacht verschwanden? Der Psychoanalytiker, zu dem mein Arzt mich schließlich schickte, sprach ständig von meinen Übertragungsbeziehungen, meiner gegen mich selbst gerichteten Aggressivität und meinem Masochismus. Und all das sollte in einer einzigen Nacht wie Schnee unter der Sonne schmelzen? Wenn ich bereits als Masochist geboren worden war, wie mir immer wieder versichert wurde, wie war es dann möglich, daß ich innerhalb einer Nacht wieder zu dem beinahe ausgeglichenen Mann wurde, der ich früher gewesen war?

Einmal besuchten mich Freunde, ein Paar mit drei kleinen Kindern, die eine Italienreise machten. Als sie mich fragten, ob sie bei mir wohnen könnten, sagte ich zu, bat sie aber, nur ein paar Tage zu bleiben, da es mir zu schlecht gehe. Ich konnte mir nicht vorstellen, daß ich den Lärm einer Familie mit Kleinkindern länger aushalten könne. Aber gerade sie vertrieben meine Depression völlig. Von einem Tag auf den anderen verschwand sie, und meine Freunde blieben schließlich vier Monate bei mir.

Danach ging es erneut bergab. Ich wurde in ein Krankenhaus bei Mailand eingeliefert, in dem eine besonders trübsinnige Atmosphäre herrschte. Mein bedauernswerter Zimmernachbar lebte seit fünfunddreißig Jahren in dieser Klinik, so daß man ihm erlaubt hatte, sein Zimmer mit seinen eigenen Möbeln zu möblieren. Wie ein Tankwagen mit Benzin vollgepumpt wird, so wurde ich mit Medikamenten vollgepumpt und hing an zahlreichen Schläuchen, über die mir tropfenweise geheimnisvolle Substanzen eingeträufelt wurden. Als ich entlassen wurde, lief ich wie ein Zombie mit stierem Blick durch die Stadt. Da ich allein lebte, litt ich besonders nachts sehr unter meinen Ängsten.

Seit Beginn meiner Krankheit waren mir immer wieder Tranquilizer verschrieben worden. Wenn ich spürte, daß eine neue Panikwelle mich ergriff, nahm ich oft viel mehr Tabletten, als mir der Arzt verordnet hatte. Mittlerweile kannte ich alle Apotheken Mailands und wußte, in welchen ich sie ohne Rezept erhielt. Selbst die stärksten Schlaftabletten wirkten bei mir nicht mehr; noch nicht einmal zwei Rohypnol. Je mehr Tranquilizer und Schlaftabletten ich nahm, um so mehr brauchte ich. Ich war von Benzodiazepinen so abhängig wie ein Heroinsüchtiger von seiner täglichen Spritze. Manchmal fiel ich nachts wie betäubt zu Boden, besonders am Wochenende. Dort lag ich manchmal zwei Tage, bis mein Bruder mich fand.

Einmal endete ich im nächstgelegenen Krankenhaus, wo man mir wegen meines angeblichen Selbstmordversuchs den Magen auspumpte. Ich hatte aber gar nicht die Absicht gehabt, mir das Leben zu nehmen. Ich wollte nur schlafen, schlafen und an nichts mehr denken.

Wenn ich keines jener Mittel, die ich für Medikamente gegen meine Angst und Schlaflosigkeit hielt, im Hause hatte, wurde ich

vollkommen nervös. Einmal bat ich eine Freundin, die mich besuchen gekommen war, mir aus der Apotheke irgendwelche Tropfen
zu holen, die mir ausgegangen waren. Ich flehte sie geradezu an wie
ein Drogensüchtiger, der unter Entzugserscheinungen leidet.
Irgendwann kam ich zum dritten Mal ins Krankenhaus. Nach
meiner Entlassung verwechselte ich oft Tag und Nacht. Manchmal
ging ich um 6.00 Uhr morgens zu meinem Arzt, da ich dachte, es sei
6.00 Uhr abends. Im Winter ist es in Mailand am frühen Morgen
genauso hell oder dunkel wie am späten Nachmittag. Zu meiner
Verwunderung fand ich dann die Tür verschlossen.

Früher hatte ich immer viele Freunde gehabt. Lauter Leute, die
keinen einzigen Abend zu Hause bleiben. Aber in meinem jetzigen
Zustand wollte ich niemanden mehr sehen. Fernsehen konnte ich
auch nicht. Obwohl ich immer ein leidenschaftlicher Leser gewesen
bin, konnte ich nun keine Seite mehr zu Ende lesen. Ich saß stundenlang in meinem Zimmer und starrte die Decke an, bis es an der
Zeit war, eine neue Beruhigungstablette zu nehmen. Zu meinem
Glück hatte ich noch zwei gute Freunde: ein Ehepaar, das mich mit
großem Verständnis für meine Lage immer wieder zu sich einlud.
Obwohl ich auch bei ihnen recht einsilbig war, fühlte ich mich dort
ein bißchen geborgen. Wie sie den Mut aufbrachten, mich auch in
die Ferien mitzunehmen, verstehe ich wirklich nicht. Genausogut
hätten sie mit einem stummen Fisch verreisen können.

Irgendwann empfahl mir eine Kollegin, die den gleichen Leidensweg hinter sich hatte, einen Psychiater, einen «Depressionsspezialisten». Aber in diesem Zustand ist die Vorstellung, den Arzt
wechseln zu müssen, unerträglich. Schon der bloße Gedanke daran
ließ mich erschauern. Der Arzt ist für einen Depressiven der einzige
Rettungsring in einem stürmischen Meer. Mein Bruder mußte
mich fast zu ihm hinschleppen. Als erstes eröffnete er mir, daß ich
von nun an keine Tranquilizer und Schlaftabletten mehr nehmen
dürfe. Genausogut hätte er einem Heroinsüchtigen die Spritze verbieten können. Ich konnte mir beim besten Willen nicht vorstellen,
wie ich ohne sie auskommen sollte. Irgendwie wußte ich aber auch,
daß ich so nicht weitermachen konnte. Sonst würde man mich eines

Tages tot im Bett finden mit einer leeren Schachtel Tabletten auf dem Nachttisch.

Vielleicht regte sich in diesem Augenblick ein letztes bißchen Stolz in mir. Jedenfalls willigte ich ein, mich erneut stationär behandeln zu lassen. In diesem Zustand Stolz aufzubringen ist sehr schwierig. Im Krankenhaus wurde ich ganz allmählich von meiner Tablettensucht befreit. Zum ersten Mal erklärte man mir, warum die Medikamente, die ich jahrelang gegen meine Angst und Depression genommen hatte, sie tatsächlich nur verschlimmert hatten.

Nach ungefähr dreiwöchiger Behandlung konnte ich wieder in der Stadt herumspazieren und sah mir all die Gebäude und Leute um mich herum an. Seit unendlich langer Zeit hatte ich das nicht mehr getan. Es war ein merkwürdiges Gefühl – als ob einem Blinden wie durch ein Wunder das Augenlicht wiedergeschenkt wird. Mir fielen lauter Dinge auf: all die tausend Merkwürdigkeiten des Lebens, die ich so lange nicht mehr bemerkt hatte, weil ich mit den falschen Medikamenten vollgepumpt war. Tranquilizer brauchte ich nun nicht mehr. Ich konnte mir überhaupt nicht mehr vorstellen, daß ich so lange ihr Sklave gewesen war.

Nach sechs Wochen war ich gesund und wurde entlassen. Auf Empfehlung meiner Ärzte machte ich noch einen Kurs in autogenem Training. Gelegentlich hatte ich immer noch Angstanfälle, aber mit der Zeit verschwanden auch sie. Seit fünf Jahren geht es mir nun gut. Ich nehme regelmäßig die richtigen Medikamente in niedriger Dosierung.

Unverstanden. Auch in der Familie

Geno Pampaloni, Literaturkritiker

Herr Doktor Pampaloni, Sie haben sich in Ihren Artikeln öffentlich zu Depressionsproblemen geäußert. Wann fand Ihre erste «Begegnung» mit dieser Krankheit statt?
Als kleiner Junge. Man sprach damals von nervöser Erschöpfung. Die Anstrengung, in der Schule einigermaßen mitzukommen, die Gleichgültigkeit der Mädchen oder eine aus Zerstreuung verkehrt herum getragene Jacke genügten immer wieder, mich melancholisch zu stimmen. Ich war sogar stolz darauf und bildete mir ein, ich sei ein Melancholiker wie der große Dichter Leopardi. Aber schon damals gab es auch immer wieder Phasen, in denen ich in Gesellschaft fröhlich, geistreich und spritzig sein konnte. Ich war abwechselnd glücklich und melancholisch. Ein berühmter Psychiater erklärte mir einmal, in der Wissenschaft werde dieses wohlbekannte Phänomen als «Mischzustand» bezeichnet.

Im Abstand von Jahren hatte ich immer wieder Krisen. Wenn es mir schlechtging, fuhr ich regelmäßig für ein paar Tage in die Berge. Ende 1991 wurde ich schwer depressiv, woran mein Alkoholkonsum nicht ganz unschuldig war. Ich mußte über einen Monat im Krankenhaus bleiben.

Unter Depressiven heißt es: «Wer das nicht durchgemacht hat, kann es nicht begreifen.» Sind Sie auch dieser Meinung?
Die Krankheit Depression ist ebenso unsichtbar wie (laut Adria-

no Olivetti) die Tugenden der Juden. «Gesunde» können Depressive deshalb kaum verstehen, auch die eigene Familie kann es nicht. Wenn man eine Erkältung oder ein wenig Fieber hat, machen sich alle die größten Sorgen. Aber wenn man sich so elend fühlt, daß man sich am liebsten nur noch in Schweigen hüllen möchte, fällt man den anderen vor allem zur Last.

Halten Sie die Depression für eine heilbare oder eine unheilbare Krankheit? Für eine organische Krankheit, wie die moderne Psychiatrie behauptet, oder eine psychologisch bedingte, wie allgemein angenommen wird?

Ich verstehe nicht genug davon, neige aber dazu, sie für eine organische Krankheit zu halten. Mit der Melancholie kann man leben, aber die echte Depression trennt einen von einem selbst und äußert sich als eine Art Selbsthaß. Tatsache ist, daß Medikamente mich geheilt haben, während all die vielen Worte sich spurlos verflüchtigten.

Mythos und Realität der (echten) «Melancholie». Glauben Sie, daß die Depression auch etwas Faszinierendes hat?

Mythos... Ich könnte eine lange Liste berühmter Depressiver aufzählen, aber ich verzichte lieber darauf. Jeder echte Depressive ist ein Egoist, dessen Denken nur um die eigene Krankheit kreist. Das macht sie noch schlimmer für jemanden wie mich, dem Solidarität mit anderen Menschen ein Anliegen ist. Andererseits ist die Einsamkeit auch eine Medizin. Sie hält das Denken und das Gedächtnis wach und gibt uns Zeit, über die Zukunft nachzudenken.

Die Depression ist keine unheilbare Krankheit:
Ich bin der Beweis

Antonella Camerana, PR-Managerin im Museum Poldi Pezzoli

Mein «Absturz» in die Depression geschah vor sieben Jahren, in einer besonders glücklichen Phase meines Lebens. Ich hatte damals gerade eine Tochter geboren, siebzehn Jahre nach meinem Sohn; und auch sonst hatte ich viele Gründe, glücklich zu sein. Deshalb konnte ich mir beim besten Willen nicht vorstellen, daß dieser Absturz seelische Gründe haben sollte, und das machte mich besonders verzweifelt. Warum war ich trotz meiner äußerlich glücklichen Umstände in jenen Zustand der Gleichgültigkeit, des Ekels vor dem Leben und einer fast physischen Trennung von allen und allem abgeglitten? Ich gehörte irgendwie nicht mehr zu meiner Umgebung.

Geschah das unmittelbar nach der Geburt Ihrer Tochter?
Drei Monate danach. Damals begann meine schreckliche Odyssee von einem Arzt zum nächsten. Zuerst versuchte ich es mit der Psychoanalyse. Nachdem ich einige Male den Psychoanalytiker gewechselt hatte, suchte ich Hilfe bei verschiedenen Endokrinologen und Gynäkologen, da die Ärzte vermuteten, meine Depressionen könnten hormonell bedingt sein. Man verschrieb mir eine Unmenge Hormone. Ohne Erfolg.

Hatten Sie bereits vorher unter Depressionen gelitten? Gab es frühe Warnzeichen?
Niemals. Ich war immer ein rundum zufriedener Mensch gewe-

sen, voller Energie und physisch sehr robust. Und dann diese
Tragödie, die die ganze Familie unglücklich machte! Meine Tochter
war damals ja noch so klein.

Versuchten Sie es auch mit Psychiatern?
Ja, aber ohne Erfolg. Mein Zustand verschlechterte sich nur
noch mehr. Wenn unser Hausmädchen mich nicht immer wieder
gezwungen hätte, die Kleider zu wechseln, wäre mir das nie in den
Sinn gekommen. Am liebsten hätte ich mich aus dem Fenster gestürzt. Ich beging drei Selbstmordversuche. Bei dem Gedanken an
das noch vor mir liegende Leben schloß ich unwillkürlich erschrok-
ken die Augen und kauerte mich zusammen, die Hände vor dem
Gesicht, wie man es bei einem Blitz oder einem anderen großen
Schreck tut.

Und wie reagierten Ihre Familienangehörigen?
Sie gaben sich große Mühe, aber sie wußten einfach nicht, wie sie
mir helfen sollten. Später erzählten mir mein Mann und mein Sohn,
daß mein Zustand auch für sie sehr deprimierend gewesen sei. Was
sollten sie tun? Wer sollte sich um unsere kleine Tochter kümmern?
Vielleicht dachten sie auch daran, daß man mich in eine Anstalt
einliefern müsse.

Und was geschah dann?
Irgendwann hatte ich all die Ärzte satt. Ich wollte nichts Neues
mehr ausprobieren. Eines Tages kam unsere Tochter, die mittlerweile
drei Jahre alt war, um sich von mir zu verabschieden, bevor sie in den
Kindergarten ging. Plötzlich fiel sie vor mir die Treppe hinunter. Es
war ein schwerer Sturz. Ich sah alles, eilte ihr aber nicht zu Hilfe und
rief auch niemanden. Ich unternahm einfach nichts.
Danach wurde mir irgendwie klar, daß ich etwas unternehmen
mußte. Ich rief meinen Mann im Büro an. Seit langem hatte er mir
vorgeschlagen, es mit einem anderen Psychiater zu versuchen. Ich
hatte nie gewollt, da ich der Meinung war, bereits alles Mögliche
versucht zu haben. Diesmal sagte ich ihm: «Laß uns zu ihm gehen!»

Ich wollte noch einen letzten Versuch wagen, bevor ich endgültig aufgab.

Und ging es gut?

Ja. Heute bin ich wieder ich selbst; ein glücklicher Mensch. Das war vor vier Jahren.

Und seit vier Jahren haben Sie keine Probleme mehr?

Vor zwei Jahren hatte ich im Sommer einen leichten Rückfall. Damals stieg vor jedem Gedanken ein leichtes Ekelgefühl in mir auf, wie bei einer ganz allmählichen Vergiftung... Als ich einmal mit unserem Sohn und unserem Hund in Portofino auf einem steil zum Meer hin abfallenden Bergweg wanderte, merkte ich, daß mich der Abgrund verlockte. Ich rief sofort bei meinem Psychiater an, der die Dosis meiner Medikamente erhöhte, und daraufhin ging es mir wieder gut. Ich nehme Lithium in Verbindung mit einem Antidepressivum.

Und wie lange müssen Sie Ihre Medikamente noch nehmen? Vielleicht Ihr ganzes Leben lang?

Und wenn es so wäre? Geduld! Natürlich bleibt es nicht folgenlos, wenn man immer Medikamente nehmen muß. Aber ich habe keine andere Wahl. Es ist, als fehlte mir etwas, das man ausgleichen muß.

War es leicht für Sie, sich mit diesem Gedanken abzufinden?

Mein Gott, ich bin dicker geworden und habe ständig Appetit auf Süßigkeiten, aber... Wissen Sie, wie schön es ist, wieder glücklich zu sein und sich wieder an seinen Kindern freuen zu können? Je besser es mir geht, um so mehr halte ich es für meine Pflicht, das zu sagen.

Wir sollten auch nicht verschweigen, daß Sie selbst mich angerufen haben und mir anboten, mir Ihre Erfahrungen zu schildern, als Sie über gemeinsame Freundinnen von diesem Buchprojekt erfuhren.

Im allgemeinen liegt es mir überhaupt nicht, öffentlich über mich zu sprechen, aber in diesem Fall halte ich es für meine Pflicht. Denn viele Leute glauben, Depressionen seien unheilbar oder man könne sich allerhöchstens mit ihnen arrangieren, wenn auch niemand weiß, wie. Das stimmt aber nicht. Jeder Depressive sollte wissen, daß man von Depressionen vollständig geheilt werden kann. Zumindest kann man sich wieder genauso fühlen wie vor der Depression. Ich bin der Beweis dafür.

Der Dysthyme: Der Aristokrat des Schmerzes

Sandro Veronesi, Schriftsteller

Daß ich jahrelang depressiv war, habe ich erst im nachhinein festgestellt. Als ich sechsundzwanzig wurde (heute bin ich dreiunddreißig), ging meine depressive Phase vielleicht dank verschiedener glücklicher Umstände zu Ende: Ich traf die Frau wieder, die ich liebte, fand eine Wohnung, und mein erstes Buch kam heraus. Wie auch immer – irgendwann stand ich morgens freudiger auf, hatte mehr Antrieb, und mein Leben wurde insgesamt freundlicher. Ein Blick zurück auf die letzten fünf Jahre meines Lebens machte mir erst deutlich, wie grau sie eigentlich gewesen waren.

Damals wußte ich nicht, daß ich unter Depressionen gelitten hatte. Ich glaubte, ich sei eben leicht melancholisch veranlagt. Kindisch, wie ich damals war, bildete ich mir ein, ich sei sensibler als die anderen, und fühlte mich ihnen überlegen. Aber in Wahrheit litt ich an einer schwachen Form der Depression, die sich glücklicherweise nie verschlimmerte.

Dieser graue Schleier, der über meinem Leben lag und den ich erst bemerkte, als er nicht mehr da war, paßte im übrigen zur damals modischen Lebenseinstellung junger Menschen. Ende der siebziger Jahre, als ich jung war, gehörte es fast zum guten Ton, vermeintlich oberflächliche Vergnügungen abzulehnen und bestimmte Orte zu meiden. Ich habe nie einen Fuß in eine Diskothek gesetzt. Alle meine Freunde waren ebenfalls ein wenig melancholisch. Nur mit ihnen verkehrte ich, denn nur wir «verstanden» gewisse Dinge und konnten bestimmte Feinheiten erfassen. Gemeinsam sahen wir uns besonders deprimierende Filme an oder hörten Lieder von Claudio Lolli mit seiner traurigen Ausstrahlung.

Wenn ich heute an jenen traurigen jungen Mann zurückdenke, der ich damals war, sowie an jene grauen Vormittage, überkommt mich die Rührung. Zuletzt kam ich überhaupt nicht mehr aus dem Bett. Jetzt weiß ich, daß ich einfach an Depressionen litt, wenn auch glücklicherweise nur an leichten. Sie haben Jahre meines Lebens verdüstert, die ganz anders hätten verlaufen können.

Aber hat es irgendeinen Sinn, darüber zu trauern? So war es eben, und vielleicht war es auch zu irgend etwas gut. Ich hoffe nur, daß ich diesen grauen Schleier nie wieder erleben muß.

Vincenzo Consolo, Schriftsteller

Für seinen Roman Notte tempo casa per casa *erhielt er den Premio Strega 1992. Im ersten Kapitel läuft ein Mann seines «unheilbaren und rohen Schmerzes» wegen schreiend durch die Nacht. Um sich von diesem «grundlosen und namenlosen» Schmerz zu befreien, versucht er, sich das Leben zu nehmen.*

Auch der Vizekönig in seinem 1985 erschienenen Roman Lunaria *schrie, um sich von einem «stummen Schmerz» zu befreien, und versank in einen Zustand, in dem er «ganz allmählich immer weniger lebte», ... sich «auf immer tieferen Ebenen bewegte» ... «ständig am Rande des Abgrunds schwankte und sich über das Geländer des Lebens beugte, um einen Blick auf die andere Seite zu werfen» ... «in die Leere, das Nicht-Sein» ...*

Sollte auch Vincenzo Consolo Opfer der Depression gewesen sein? Muß jemand, der sie so realistisch schildern kann, sie nicht persönlich erlebt haben?

«Glücklicherweise nicht», antwortete der sizilianische Schriftsteller mit einem leichten Lächeln, als wolle er sich dafür entschuldigen. «Persönlich habe ich nie an Depressionen gelitten, kenne sie aber aus nächster Nähe, da ein guter Freund von mir lange darunter litt. Ich weiß, was es heißt, am Rande des Abgrunds zu leben und von jener ständigen Angst gequält zu werden, die nur ein zum Tode Verurteilter kennt.»

Consolo erzählte mir, daß er vor Jahren – und jahrelang – einen ihm sehr nahestehenden Menschen, dessen Namen er aus Gründen der Dis-

*kretion nicht nennen möchte, auf seinem Leidensweg durch den Tunnel
der Depression begleitete.*
Ihn peinigten heftige Ängste. Ich mußte praktisch Tag und
Nacht in seiner Nähe bleiben. Wir litten gemeinsam. Obwohl er
älter als ich selbst war und ein sehr angesehener Herr, war er durch
seine Krankheit zu meinem kleinen Bruder geworden. Wenn er sich
zitternd, unsicher und weinend an mich klammerte, mußte ich ihn
trösten und beruhigen. Ständig dachte ich darüber nach, wie ich
ihm helfen könnte. Ich schrieb an die verschiedensten Professoren
und versuchte ihn immer wieder zu überreden, es mit einer neuen
Therapie zu versuchen.
Dann las ich eines Tages in der Zeitschrift *Epoca* den Artikel
eines Psychiaters über Anafranil, ein trizyklisches Antidepressivum, ich glaube, eines der ersten. Das war in den sechziger Jahren.
Er schilderte Anafranil als äußerst wirksam bei Depressionen. Über
die Zeitung erhielt ich seine Adresse und schrieb ihm. Er antwortete
mir sehr höflich und ausführlich. Ich war damals ein Niemand.
Dafür bin ich ihm noch heute dankbar und möchte ihm an dieser
Stelle meinen Dank durch Nennung seines Namens ausdrücken:
Professor Cornelio Fazio aus Genua (heute an der Universität Rom
tätig). Ich hoffe, er erfährt von meiner öffentlichen Danksagung,
denn ihm verdanke ich es, daß ich jenem Freund Anafranil besorgen
konnte, was ihm sofort half. Damals begriff ich, daß die Depression
ein chemisches Problem ist. Sie betrifft die Chemie des Gehirns. Ich
begann mich mit der «Melancholie» zu beschäftigen und las viel über
dieses Thema.

*Offensichtlich faszinierte es Sie auch. Sonst würde es nicht so häufig in
Ihren Büchern vorkommen.*
Ich habe die Depressiven immer geliebt: Sie sind menschlicher
als die Gesunden. Sie stehen nicht im blendenden Sonnenlicht und
strotzen nicht vor Vitalität; das heißt auch, daß sie weniger aggressiv sind; sie können vieles besser verstehen und neigen mehr zur
Reflexion. Der Depressive ist der Verwundete, gefangen in den
Klauen einer fast metaphysischen Gewalt.

Jeder Depressive hat häufig das Gefühl, als sei er vom Schicksal mit dem
Leiden an sich, dem absoluten Leiden, geschlagen worden, und er fragt
sich, welche Schuld er auf sich geladen hat, gegen welche Seinsordnung er
verstoßen hat, daß er so gepeinigt wird.

Obwohl es mir widerstrebt, abgenutzte Metaphern zu gebrauchen, komme ich in diesem Fall nicht darum herum: Die Depression scheint eine Metapher für das Leben zu sein, denn der Mensch ist zum Sterben verurteilt. Auf der Schwelle zwischen Leben und Tod, auf der zu leben der Melancholiker gezwungen ist, zeigt sich seine Zerbrechlichkeit und Vornehmheit.

Offensichtlich waren Sie für den Mann, von dem Sie sprachen, ein
«begleitender Gefährte», wie die Psychiater es nennen. Hat dieses jah-
relange enge Zusammenleben mit einem Depressiven Sie auch selbst
depressiv gemacht?

Depressiv nicht, aber es hat mich gezeichnet. Diese Erfahrung hat mich auch zur Erfindung der Gestalt des Vizekönigs in *Lunaria* inspiriert. Das Sonnenlicht ist mir zu grell, es hat etwas Aggressives, ist ein Übermaß an Licht. «Ein Auge, das blendet, das blickt, ohne zu sehen.» Im Mondlicht kann man dagegen den Menschen wirklich «sehen», denn es ist sanft, ein Bild der Melancholie. Für mich ist die Melancholie der Ort der Poesie. Nur Melancholiker können meiner Meinung nach die Poesie wirklich verstehen.

Mond und Poesie. In Notte tempo casa per casa *reimen sich Mond und*
Melancholie allerdings noch auf etwas ganz anderes: auf den Werwolf
der Volksphantasie. Den Depressiven mit dem Werwolf gleichzusetzen
scheint mir nicht gerade hilfreich für Depressive zu sein.

In diesem Roman wird die Melancholie aus der Sicht der bäuerlichen Kultur in der Welt der Nacht angesiedelt. Für die Bauern früherer Zeiten war der Depressive der Werwolf. Die Fürstin von Lampedusa, die Gattin des Autors des Romans *Der Leopard*, hat sich eingehend mit diesem alten bäuerlichen Glauben befaßt. Als baltische Baroneß, die durch ihre Ehe nach Sizilien verschlagen worden war, interessierte sie sich für die Mondsüchtigkeit.

*Wie ist die Vorstellung vom Depressiven als einem in Vollmondnächten
wie ein Werwolf heulendes Tier entstanden?*

Leider konnte ich bisher die Aufzeichnungen der Fürstin von
Lampedusa nicht finden. Ich glaube, diese Vorstellung entstand
dadurch, daß Depressionen in Verbindung mit Angst für unerträglich gehalten wurden. Wer in der bäuerlichen Welt unter ihnen litt,
lief vor Schmerz brüllend aus dem Haus und rannte wie ein wildes
Tier umher. Hinauszulaufen war ein Mittel, um die eigene Verzweiflung in die Gemeinschaft hinauszutragen und sie um Hilfe
anzuflehen. Diese Szene habe ich für das Eröffnungskapitel meines
Romans *Notte tempo* gewählt.

*Sie sprechen voller Bewunderung und Verständnis von der Depression.
Kann man einen Depressiven wirklich beneiden?*

Nein, nein. Diese Krankheit kann man niemandem wünschen.
Aber wir dürfen nie vergessen, daß es diese menschliche Wunde
gibt.

Eine «chemische Wunde», wie Sie bereits sagten…

Diese Erfahrung habe ich persönlich gemacht. Die Depression
wird durch chemische Vorgänge in unserem Gehirn verursacht.
Dem Freund, von dem ich Ihnen erzählte, ging es dank jenem
Medikament rasch und sichtbar besser. Außerdem kam und kommt
sie nicht nur in bestimmten, sondern in allen Klassen vor.

*Vielleicht hat sie nichts mit der Klasse zu tun, aber spielt die Familie, die
Erziehung nicht eine gewisse Rolle?*

Es gibt keine spartanischere Erziehung als die eines sizilia-
nischen Bauern, und doch gab und gibt es auch hier…

Es heißt, die Depression sei erblich. Was halten Sie davon?

Ich weiß nicht. Jener Freund hatte auch eine Schwester, die an
Depressionen litt. Sicherlich spielen die Gene eine Rolle. So wie
sich blonde Haare vererben, könnte sich auch die Melancholie vererben. Bestimmt kein schönes Erbe.

Welch eine Schande für einen «starken Kerl» wie mich...

Rod Steiger, Schauspieler

5. September 1991: Der amerikanische Schauspieler Rod Steiger, sechs-undsechzig Jahre, unvergeßlicher Darsteller des Pfandleihers in dem gleichnamigen Film, 1968 mit dem Oscar ausgezeichnet für seine Rolle in In der Hitze der Nacht, *Darsteller von Papst Johannes in Ermanno Olmis* E venne un uomo *und des Duce in* Mussolini, ultimo atto *von Carlo Lizzani, legt vor einem Ausschuß des amerikanischen Senats ein dramatisches Geständnis ab. Seine Aussage soll dazu beitragen, daß das National Institute of Mental Health mehr Mittel für die Bekämpfung der Depression zur Verfügung stellt.*

«Ich habe zehn Jahre unter Depressionen gelitten. Vier davon habe ich Tag für Tag nur auf das Meer gestarrt. Aber ich bin nicht verrückt; ich schäme mich auch nicht; ich bin ganz einfach krank gewesen.» So sein Geständnis vor dem Ausschuß, das er ein Jahr später noch einmal öffentlich wiederholte, um dazu beizutragen, daß psychisch Kranke nicht länger mit dem Stigma «verrückt» belastet werden.

«Wegen dieses Stigmas, wegen der Scham, habe ich lange, zu lange gezögert, einen Arzt um Hilfe zu bitten. Ich möchte alles in meiner Macht Stehende tun, damit Menschen mit dieser Krankheit nicht mehr als verrückt oder seltsam oder anders stigmatisiert werden.»

Hier nun Rod Steigers Schilderung seiner eigenen Erfahrung mit der Depression:

Alles begann nach einer Bypass-Operation. Es war, als ob sich allmählich Nebelschwaden in meinen Kopf eingeschlichen hätten.

Irgendwann war dieser Nebel so dicht, daß ich nichts mehr sehen konnte. Plötzlich kam dann noch etwas anderes hinzu: Ich wurde immer grüblerischer, und ständig plagten mich Selbstzweifel. Wenn ich morgens zum Drehort fahren wollte, dachte ich immer: «Ich kann es nicht. Sicher vergesse ich meinen Text. Alle werden über mich lachen. Die müssen ja glauben, ich bin verrückt.» Ich sah schon vor mir, wie ich meine Beherrschung verlor und vor allen in Tränen ausbrach. Außerdem litt ich unter Schlaflosigkeit. Ich war sehr reizbar und regte mich wegen jeder Kleinigkeit auf; alles machte mir angst. Dann begann ich mich wegen meines Zustandes zu schämen. Ich war ganz sicher, daß die Leute dachten: «So ein starker Kerl sollte doch fähig sein, sich selbst aus dem Sumpf zu ziehen.» Sechzig bis siebzig Prozent aller Menschen in unserer Gesellschaft sind der Ansicht, daß jeder mit seiner Depression selbst fertig werden muß.

Irgendwann hätte ich mich am liebsten überhaupt nicht mehr bewegt und auch nicht mehr gewaschen. Meine Frau Paula war dazu verurteilt, neben einem stummen und stumpfsinnigen Mann zu leben.

Ich ertrank im Selbstmitleid und schloß mich zu Hause ein. In einer anderen Phase ging ich morgens hinunter, sagte meiner Frau guten Morgen und setzte mich in einen Sessel, um zwölf Stunden lang den Ozean anzustarren. Dann sagte ich ihr gute Nacht und ging ins Bett. So ging das vier Jahre. Das klingt unglaublich? Wenn ich es nicht selbst durchgemacht hätte, würde ich es auch nicht glauben. Alles beginnt wie ein langsames Abgleiten in die Tiefe. Man versinkt ganz allmählich und findet sich wieder umgeben von... Es ist, als lebe man in einer Blase, in einem Eisblock. Man versucht zu schreien und sich aus ihr zu befreien, aber es geht nicht; schließlich ist einem alles gleichgültig.

Ich wollte nur noch sterben. Immer wieder flehte ich: «Laßt mir meine Ruhe! Laßt mich sterben»! Ich hatte auch schon Pläne, wie ich mir das Leben nehmen wollte: Ich wollte auf einem Boot auf den Pazifik hinausfahren und mir in die Schläfen schießen, so daß ich ins Meer fiele. Dann hätten meine Frau und meine Tochter meine

Leiche nie finden können, und meine Beerdigung wäre ihnen erspart geblieben. Ich habe es dann doch nicht getan, da meine Frau Paula mir immer zur Seite gestanden und mir mit ihrer großen Liebe so viel geholfen hat.

Schließlich willigte ich ein, es mit einer Therapie zu versuchen. Ich fand auch einen Arzt, der mir half und die richtigen Medikamente verschrieb. Ich muß sie jeden Abend nehmen und darf keinen Alkohol mehr trinken, denn sonst würde ich wieder depressiv, und das ist das letzte, was ich will.

Außer Rod Steiger sagte vor dem amerikanischen Senatsausschuß eine Gruppe weiterer Opfer psychischer Krankheiten aus, darunter ein Obdachloser und eine Reihe durch falsche Diagnosen oder zu hoch dosierte Medikamente schwer geschädigte Menschen. Der Ausschuß hatte eine Untersuchung darüber eingeleitet, wie und in welchem Ausmaß psychische Krankheiten unterschätzt werden. Einer der Regierungsexperten gab folgende Erklärung ab: «Von den sechshunderttausend Obdachlosen, die jede Nacht irgendwo in den Vereinigten Staaten kampieren, leiden zweihunderttausend an schweren psychischen Krankheiten, die unterschätzt und folglich nicht entsprechend behandelt wurden. Bei organischen Krankheiten wäre das nicht der Fall gewesen.»

Der Star Rod Steiger beschloß, das ganze Ausmaß der Erniedrigung der Depression publik zu machen, um dazu beizutragen, daß die Betroffenen sich ihrer nicht mehr schämen und die Öffentlichkeit lernt, sie als heilbare Krankheit anzusehen. Denn wenn ein Depressiver lange genug nach der richtigen Behandlung sucht, kann fast jedem geholfen werden.

Der unglückliche Prinz

Claus von Amsberg

Sie heirateten 1966: Er, ein schöner junger Mann, hochgewachsen, blond und aus deutschem Adel. Sie, eine hübsche Frau, ein bißchen mollig, immer ein freundliches offenes Lächeln auf den Lippen und noch adliger als er, sogar holländische Thronerbin. Zweifel an seiner Person kamen erst kurz vor der Hochzeit auf. Als Claus von Amsberg sich mit Beatrix verlobte, interessierten sich der Hof und die holländische Regierung natürlich für die Vergangenheit dieses Deutschen. Als junger Mann war er zu einer Panzerdivision *eingezogen worden und hatte in Italien gekämpft. Deshalb mußte überprüft werden, ob er sich keines Kriegsverbrechens schuldig gemacht oder sich jemals als Nationalsozialist hervorgetan hatte.*

Das Urteil der holländischen Untersuchungskommission, die in Italien und Deutschland ermittelte, lautete auf unschuldig. Die beiden heirateten und bekamen drei Söhne. Nach der Hochzeit sah man Claus nur noch auf glücklichen Familienphotos oder bei öffentlichen Auftritten als untadeligen Begleiter von Prinzessin Beatrix. Als Beatrix 1980 zur Königin gekrönt wurde und die Nachfolge ihrer Mutter Juliana antrat, hatte kein Holländer irgend etwas gegen Claus als Prinzgemahl oder eventuellen Regenten (sein Sohn Willem Alexander war damals noch minderjährig) einzuwenden. Mittlerweile war er einer der Ihren geworden.

Dann gingen 1982 und verstärkt 1983 in der Weltpresse ebenso schreckliche wie vage Gerüchte um: Es hieß, der Prinz sei sehr merk-

würdig. Er erschien kaum mehr in der Öffentlichkeit, und bei seinen seltenen Auftritten wirkte er stark gealtert und depressiv. Alle Welt fragte sich, was denn am Hof vor sich ginge, was er der «armen» Beatrix angetan habe; sicherlich liebte er sie nicht mehr. Man brauchte ja bloß zu sehen, mit welch düsterer Miene er sie bei seinen wenigen öffentlichen Auftritten ignorierte, wie zum Beispiel am 20. September 1983, als er bei der jährlichen Kronrede neben ihr auf dem Thron saß.

In üblicherweise gut unterrichteten Kreisen wußte man natürlich auch, daß Sex und internationale Spionage im Spiel waren. Andere wußten wiederum zu berichten, er leide an einer «obskuren» Krankheit, die Beatrix möglicherweise zur Abdankung zwingen könne. Als Claus schließlich in ein psychiatrisches Krankenhaus in Basel eingeliefert wurde, war er endgültig zu einem politischen Fall geworden.

Wer von Psychiatern behandelt werden muß, leidet an einer «Geisteskrankheit», ein Wort, das alles und nichts bedeutet, aber auf jeden Fall schrecklich klingt. Ein Geisteskranker ist unheilbar und kann seinen täglichen Verpflichtungen nicht nachkommen und kein gewöhnliches Leben führen.

Da Prinz Claus kein Unbekannter, sondern eine im Rampenlicht der Öffentlichkeit stehende Persönlichkeit ist, zeigt sein Fall besonders deutlich, daß das Unwissen über die Krankheit Depression und das Tabu, mit dem sie belegt ist, sie mit einer Aura des Dramatischen umgibt, die den Betroffenen im Leben viele zusätzliche Schwierigkeiten bereitet.

Dann beschloß die königliche Familie, offen über die Krankheit von Prinz Claus zu reden, um alle Spekulationen zu zerstreuen. Einerseits sah sie sich zu diesem Schritt gezwungen, andererseits hielt sie es auch für ihre Pflicht, die Öffentlichkeit über die wahre Natur der Depression aufzuklären, um anderen zu helfen.

Seitdem hat sich Prinz Claus verschiedentlich bereit erklärt, an Aufklärungskampagnen über die Depression in den Massenmedien mitzuwirken, und sein Leiden öffentlich im Fernsehen geschildert. Auch seine Frau, Königin Beatrix, hat öffentlich dazu Stellung genommen.

Hier zwei Ausschnitte aus zwei dieser Fernsehauftritte:

September 1986: Prinz Claus von Amsberg gewährt dem holländischen Fernsehen anläßlich seines sechzigsten Geburtstages ein Interview

... Kommen wir zu einem anderen Kapitel Ihres Lebens, dem Jahre 1983. In Interviews haben Sie sich häufig über dieses Jahr als eine Zeit der Krankheit geäußert. Könnten Sie uns erklären, unter welcher Krankheit Sie damals litten?
Eigentlich spreche ich nicht gerne über diese Zeit meines Lebens, aber ab und zu mache ich eine Ausnahme. Vorher hätte ich nie gedacht, daß es so etwas gibt! Gewöhnlich spreche ich nur mit Menschen darüber, die dieselbe Erfahrung gemacht haben wie ich, denn dann spürt man eine besondere...

Sie meinen die besondere Solidarität, die Menschen eint, die an derselben Krankheit gelitten haben?
Ja, die meine ich. Bei solchen Gelegenheiten kommen Dinge hoch, die einem dabei helfen können, über das, was man durchgemacht hat, hinwegzukommen.

Sie meinen, man versteht dann alles besser...
... Genau. Ja, so ist es. Man versteht dann besser, was man durchgemacht hat.

Viele Menschen haben an Ihrer Krankheit Anteil genommen und...
Ja, das war ein großer Trost für mich. All die Anteilnahme und das Interesse an meinen Problemen sind mir sehr zu Herzen gegangen.

Hat Sie das ein wenig für all Ihre Qualen entschädigt?
Sogar sehr. In einer solchen Situation erscheint einem ja alles sehr schwierig. Glücklicherweise erinnert man sich später nicht besonders gut an die negativen Erlebnisse im Leben. Manchmal nenne ich jenes Jahr mein «Sabbatjahr». Es war ein Jahr, in dem ich nicht arbeiten konnte und an das ich mich nicht mehr genau erin-

nere. Manchmal frage ich meine Frau: «Wie war ich damals? Was tat ich genau? Wie ging es mir?»

Wie haben Sie Ihrer Frau Ihre Krankheit erklärt?
Ich glaube, es ist unmöglich, sie jemandem zu erklären, der sie nicht selbst durchgemacht hat. Es ist wie mit Kopfschmerzen. Wie soll man einem Menschen, der selbst nie unter Kopfschmerzen gelitten hat, erklären, was sie sind?

Litten Sie auch unter Schmerzen?
Wenn Sie darunter physische Schmerzen verstehen, nicht. Es ist – wie soll man sagen? – ein seelischer Schmerz. Erst nach meiner Heilung wurde mir klar, wie viele Menschen in unserer Gesellschaft an der gleichen Krankheit gelitten haben oder noch leiden. Mein großes Mitleid gilt vor allem all jenen, die noch unter ihr leiden, denn ich weiß, was das heißt. Es ist schrecklich... Ich wage zu behaupten, es ist das Schrecklichste, was einem im Leben passieren kann. Für mich war es die schlimmste Zeit meines Lebens.

Denken Sie noch oft an sie zurück?
Ja. Das kann auch gar nicht anders sein.

10. März 1991: Königin Beatrix und Prinz Claus feiern ihre Silberhochzeit und gewähren dem holländischen Fernsehen ein Interview

Eine Silberhochzeit ist ein Anlaß, Bilanz zu ziehen und sich an die guten und schlechten Zeiten seines Lebens zu erinnern. Wie wir alle aus der Presse wissen, haben Sie vor einigen Jahren depressiver Störungen wegen eine sehr schwierige Zeit durchgemacht. Wohl in keinem anderen Land der Welt hätte man in der Presse offen darüber gesprochen. Wäre dasselbe dem Mitglied einer anderen königlichen Familie passiert, hätte es vermutlich geheißen, der Betreffende leide an einem Beinleiden oder ähnlichem und müsse sich deshalb für eine Weile strikt aus der Öffentlichkeit zurückziehen. Bei uns dagegen wurden Ihre Depressionen in allen Massenmedien behandelt. Mir fällt dabei das Wort Glasnost ein.

PRINZ CLAUS: Ich weiß selbst nicht, wie es zu dieser Offenheit in Holland kam. Andererseits ließ sich mein desolater Zustand kaum verheimlichen, so daß es besser war, offen über ihn zu sprechen und nicht um den heißen Brei herumzureden. Im Deutschen sagt ein Sprichwort: Lügen haben kurze Beine. Auch wenn man nicht ganz offenkundig lügt, kann man doch mit der Wahrheit ein bißchen hinter dem Berg halten. Mir lag immer daran, jedem, der an meiner Krankheit aufrichtig Anteil nimmt, die Wahrheit zu sagen.

KÖNIGIN BEATRIX: Wenn ich mich richtig erinnere, fanden wir gleich, daß es das beste sei, offen über unsere Probleme zu reden und sie auch mit anderen zu erörtern. Außerdem wußten wir, daß Claus an einer langwierigen Krankheit litt. Also beschlossen wir, offen über unsere Schwierigkeiten zu sprechen und sie zu akzeptieren. So etwas kann ja schließlich jedem passieren. Diesmal war es eben uns passiert. Aufrichtigkeit ist immer besser.

PRINZ CLAUS: Wenn wir den Leuten zu verstehen geben, daß wir ganz normale Menschen sind und von denselben Schicksalsschlägen getroffen werden können wie sie, entsteht eine besondere Beziehung zu ihnen, und Menschen, die von den gleichen Problemen betroffen sind, können sich mit uns identifizieren.

KÖNIGIN BEATRIX: Eine schlimme Zeit gemeinsam durchgemacht zu haben kann auch eine Bereicherung sein. Man wird dann viel offener für Menschen, die dasselbe Problem haben. So gesehen macht einen eine solche Erfahrung reifer. Sicherlich besteht auch die Gefahr, daß die Leute nichts mehr mit einem zu tun haben wollen. Glücklicherweise ist uns das nicht passiert.

Und wie geht es Ihnen heute gesundheitlich?
PRINZ CLAUS: Heute geht es mir gut. Ich bin wieder gesund. Aber das ist nicht wie bei einem Beinbruch, an den man nicht mehr denkt, sobald er verheilt ist. Das geht viel tiefer und prägt alle Gedanken, die ganze Persönlichkeit; danach sieht man sich selbst, seine Rolle in der Familie und der Gesellschaft und seine eigene Zukunft mit ganz anderen Augen.

Wie merkwürdig, sich in das Leben zu verlieben

Ornella Vanoni, Sängerin

Schon als junges Mädchen litt ich des öfteren unter Depressionen, allerdings nur, wenn ich Liebeskummer hatte, weshalb ich sie auf ihn zurückführte. Aber schon bald begriff ich, daß ich an einer echten Krankheit litt. Liebeskummer war immer nur der Auslöser. Ich nahm Beruhigungsmittel, die üblichen, die alle nehmen. Was sie bewirkten? Sie halfen mir, meine Wunden zu lecken.

Wenn ich all die Tage zusammenzähle, an denen ich wegen meiner Depressionen tatenlos herumsaß, komme ich auf Jahre. Obwohl ich gewöhnlich nicht rauche, rauchte ich in solchen Phasen zwei Packungen pro Tag. Wenn mir die Zigaretten ausgingen, nahm ich die Kippen aus dem Aschenbecher und rauchte auch die noch auf.

Im Laufe der Zeit verschlimmerten sich meine Depressionen. Am schlimmsten war es kurz nach meinem achtundvierzigsten Geburtstag. Damals litt ich unter so starken Schmerzen in den Beinen, daß ich kaum noch laufen konnte. Wieder einmal lief eine Liebesgeschichte nicht so, wie ich es mir vorstellte. Um immer in der Nähe meines Geliebten zu sein, arbeitete ich nicht mehr. Da mein Haus damals umgebaut wurde, zog ich in eine Mietwohnung. Außer den Schmerzen in den Beinen war mein ganzer Körper mit Pusteln übersät. Ständig mußte ich auf die Toilette, und schlafen konnte ich überhaupt nicht mehr.

Ich wagte kaum noch, an ein Fenster zu treten, da ich Angst hatte, plötzlich hinauszuspringen.

Schließlich suchte ich Hilfe bei einem Psychiater, der mir Medikamente verschrieb. Nach drei Monaten ging es mir relativ gut, so daß ich meine Tabletten allmählich immer mehr reduzierte. Zwei Jahre ging es mir gut. Dann hatte ich einen Rückfall. Auslöser war einmal mehr Liebeskummer. Dazu kamen Schwierigkeiten mit meinem Sohn und eine Krankheit meines Vaters. Als sein einziges Kind mußte ich mich allein um alles kümmern. Dann wurde mir die Gebärmutter entfernt.

Ich ging zu einem anderen Arzt, der mir Antidepressiva verschrieb, und fing mich wieder einigermaßen.

Im Winter darauf – im Jahre 1990 – ging es mir zunächst recht gut, und auch in der Liebe schien alles zufriedenstellend. Aber dafür hatte ich mit anderen Menschen Probleme, und auch meine Arbeit lief nicht so, wie ich wollte. Ich erlitt erneut einen schrecklichen Zusammenbruch. Da ich in Kürze eine Tournee antreten sollte, die ich unbedingt schaffen mußte, riß ich mich zusammen, und es ging gut. Der Wille ist sehr wichtig. Er kann dich nicht von deinen Depressionen heilen, das nicht. Aber ich wollte um keinen Preis aufgeben. Das wäre mir wie ein unerträgliches Versagen erschienen. Irgendwie wußte ich, daß ich dann endgültig am Ende wäre.

Also habe ich weitergemacht. Ich sollte vierzig Konzerte geben und gab schließlich siebzig. Ich verlor alle Haare, war vollkommen abgemagert und schlief überhaupt nicht mehr, aber auf der Bühne war ich in Form. Wenigstens während der zwei Stunden meines Auftritts fühlte ich mich lebendig.

Kaum fiel der Vorhang, brach ich in Tränen aus.

Wegen meines Haarausfalls suchte ich eine Hautärztin auf, die mir sagte: «Das mit Ihren Haaren kommt von Ihrer schweren Depression. Ich rate Ihnen, Ihre Tournee sofort abzubrechen, denn in diesem furchterregenden Zustand können Sie nicht weitermachen.» Sie empfahl mir einen Psychiater.

Zwischen zwei Auftritten suchte ich ihn kurz auf. Auch er riet mir, meine Tournee sofort abzubrechen. Ich wollte aber nicht. Er verschrieb mir ein Antidepressivum, von dem ich täglich eine Tablette nahm. Nach zehn Tagen meinten die Musiker des Orchesters: «Ornella, dir muß es bessergehen. Manchmal lachst du sogar.» Das stimmte vermutlich, aber ich war dennoch nicht zufrieden. Ich rief den Arzt an und nahm von nun an jeden Morgen und jeden Abend eine Tablette. Nach drei Wochen war ich wie verwandelt und beendete meine Tournee in bester Laune.

Diesmal wollte ich meinen Problemen ernsthaft zu Leibe rücken und ließ mich zunächst in einem Krankenhaus gründlich untersuchen. Man versuchte, durch Tests herauszufinden, welche Medikamente mir am besten bekamen. Bei einem ging es mir ausgezeichnet, wenn ich es morgens einnahm; nahm ich es dagegen nachmittags, überfiel mich eine unbezähmbare Müdigkeit.

Nach meiner Entlassung nahm ich zwei verschiedene Medikamente: ein Antidepressivum und ein Schlafmittel. Mit Zustimmung meines Arztes reduzierte ich ganz allmählich die Dosis. Heute beiße ich von jeder Tablette ein Stück ab, so daß ich nicht ganz die Hälfte von einer nehme. Ich weiß, daß ich auch auf diese Minimaldosis verzichten könnte, nehme sie aber weiterhin wie eine Art Talisman, der mich vor Unheil schützt.

Wie es mir heute geht? Vor allem macht mir alles, was ich tue, großen Spaß. Zwar hat es mir auch früher Spaß gemacht, mich nach einer schweren Depression in die Arbeit zu stürzen: Konzerte zu organisieren, neue Sponsoren zu suchen, eine Platte aufzunehmen und Termine für das ganze Jahr festzulegen, aber das war mir nicht so bewußt wie heute. Sicher hat das Alter auch etwas mit meiner Veränderung zu tun. Ich war zu lange jung und habe immer so getan, als wäre ich unsterblich.

Heute weiß ich, daß ich sterben muß, und manchmal macht mich dieser Gedanke sehr traurig. Früher war das nicht so. Als mich einmal eine Freundin fragte: «Was gibt es Schlimmeres als den Tod?», antwortete ich: «Das Leben.» Heute denke auch ich, daß der Tod das Schlimmste ist. Das Leben macht mir jetzt Freude.

Außer an Depressionen litt ich auch an Panikattacken. Irgend etwas schnürt einem die Kehle zu, so daß man meint, ersticken zu müssen. Man versucht zu schreien, gestikuliert wild herum und wankt, so daß einen die Passanten in den nächsten Hauseingang ziehen müssen, wenn man sich gerade auf einer Straße befindet. Auch das ist mir passiert.

Ich weiß, daß ich noch immer anfällig für Depressionen bin und es auch bleiben werde. Aber heute habe ich keine Angst mehr vor einem Rückfall, denn ich weiß, daß es Medikamente gibt, die mir helfen, wenn ich sie konsequent einnehme.

Die Beipackzettel zu den Medikamenten habe ich gar nicht erst gelesen. Wenn man weiß, was für Nebenwirkungen ein Medikament haben kann, beunruhigt man sich nur unnötig. Ich hatte einfach Vertrauen, und außerdem ging es mir so schlecht, daß ich keine andere Wahl hatte. Ich kann Leute nicht ausstehen, die Psychiater, Psychopharmaka und psychiatrische Kliniken ablehnen. Wenn jemand meint: «Man weiß ja nicht, welche Folgen sie haben», möchte ich am liebsten schreien: «Was soll das? Möchtest du vielleicht lieber sterben?» Außerdem habe ich nie unter Nebenwirkungen gelitten.

Nachdem ich wirklich verstanden hatte, unter welcher Krankheit ich litt und wie ich sie in den Griff bekommen konnte, wollte ich jeden in meiner Bekanntschaft, den ich ähnlich leiden sah, überzeugen, sich auch behandeln zu lassen. Was für ein schwieriges Unterfangen! Jeder Depressive meint, er sei ein besonderer Fall, oder er gesteht sich nicht ein, krank zu sein. Viele glauben auch, alles läge an den Problemen mit ihrer Mutter in der Kindheit... Meistens hat es gar keinen Sinn, solchen Leuten zu erklären, daß sie auch die Probleme mit ihrer Mutter eher lösen können, wenn es ihnen bessergeht. Mit Tauben kann man ja nicht reden.

Ich habe eine Freundin, die regelmäßig unter schweren Depressionen leidet und sich dann monatelang zu Hause einschließt. Sie hat mich auch im Krankenhaus besucht. Obwohl sie gesehen hat, wie schlecht es mir früher ging und wie gut heute, will sie selbst zu keinem Psychiater gehen. Sie hat Angst vor dem Krankenhaus! Dabei ist ja gar nicht gesagt, daß sie auch stationär behandelt werden müßte. Allmählich bin ich es leid, meine Kräfte damit zu vergeuden, anderen Menschen helfen zu wollen. Ich bin ja nicht Mutter Teresa. Wenn sie sich nicht helfen lassen wollen...

Teil drei **Das Genie:**
         Himmelhoch jauchzend,
         zu Tode betrübt

Louis Bertagna: «Künstlerpsychiater»

> Sollte das Genie wie die Perle in der Auster
> nichts anderes sein als eine schimmernde Krankheit?
> HEINRICH HEINE

Die Romantiker verherrlichten das Genie und schufen um das Thema «Genie und Wahnsinn» einen Mythos. Schon Aristoteles hatte
sich gefragt, warum Talent und extreme Stimmungsschwankungen
so häufig eng miteinander verbunden sind. In der Renaissance
rühmte Marsilius Ficinus die zur doppelten Melancholie Verdammten als Söhne Saturns, denen es bestimmt sei, die Höhen des
Himmels und die Tiefen der Hölle zu erkunden.

Zu der Zeit, als Baudelaire seinen *Spleen* schrieb, beschäftigte
sich der italienische Arzt Cesare Lombroso als erster systematisch
mit diesem Thema. Sein 1864 erschienenes Werk *Genie und Wahnsinn*, in dem er Genialität ohne Umschweife als «zur Gruppe der
epileptischen Krankheiten gehörende degenerative Psychose» bezeichnete, erregte zu seiner Zeit viel Aufsehen und veranlaßte
zahlreiche Wissenschaftler, sich ebenfalls mit diesem Thema zu
befassen. Lombroso hielt das Genie keineswegs für beneidenswert,
sondern eher für bemitleidenswert, denn das strahlende Licht seines Talents war seiner Ansicht nach das Licht eines «erloschenen
Sterns».

Herausragende Talente, die zu seiner Zeit als höchste Gabe Gottes galten, hielt er für erblich bedingt. In jüngster Zeit haben einige
Psychiater seine Theorien wiederaufgenommen und sind der Frage
nachgegangen, ob Kreativität zusammen mit affektiven Störungen
vererbt wird.

Nancy Andreasen von der Universität Iowa ließ zahlreiche lebende Literaten und deren Familienangehörige befragen und kam zu folgenden Ergebnissen: siebenundsechzig Prozent der befragten Dichter und Romanciers litten unter affektiven Störungen, aber nur dreizehn Prozent der entsprechenden Kontrollgruppe. Von ihren engen Familienangehörigen litten 21,4 Prozent unter psychischen Störungen (davon neunzehn Prozent unter Depressionen) gegenüber nur 4,4 Prozent bei der Kontrollgruppe (davon zwei Prozent unter Depressionen). Dreiundzwanzig Prozent der Geschwister, Kinder und Eltern dieser «Genies» waren ebenfalls schöpferisch begabt, aber nur sieben Prozent in der entsprechenden Kontrollgruppe.

Studien mit künstlerisch begabten Adoptivkindern zeigten immer wieder, daß deren biologische Eltern häufig gleichfalls sehr begabt gewesen waren, obwohl sie sie nie gekannt hatten. Dagegen scheint eine hohe Kreativität von Adoptiveltern keinerlei Einfluß auf die Talente des jeweiligen Adoptivkinds zu haben.

Kay Jamison schrieb kürzlich unter dem Titel *Touched with fire* ein Buch über dieses Thema, in dem sie unter anderem den Stammbaum vieler zur Bipolarität «verdammter» Künstler verfolgt und in fast jeder Familie auf zahlreiche Psychopathen und Selbstmörder stößt. Am häufigsten fand sie eine bipolare Störung bei Dichtern.

Kay Jamison – Vorsitzende des Vereins zur Bekämpfung der manisch-depressiven Krankheit – zählt, wie schon Aristoteles, auch große Staatsmänner und Heerführer zu den Künstlern. Der Kreativität des Künstlers entspricht bei ihnen ein überragender Weitblick und die Gabe der «Inspiration». Um ihre These zu belegen, verweist sie auf den bipolar gestörten Cromwell, den Zyklothymen Churchill, den Hypomaniker Mussolini und die schweren Depressionen Lincolns.

Warum Genie und affektive Störungen so häufig zusammen auftreten, ist noch ungeklärt. Überträgt ein einziges Gen beide Eigenschaften, oder handelt es sich nur um eine «Konkomitanz» zweier paralleler Erbanlagen? Oder sollte Giovanni B. Cassano mit folgender Vermutung recht haben? «Möglicherweise vergrößert das ungeheuer breite Gefühlsspektrum, das von den Tiefen der Depression bis zu den Höhen der Manie reicht, die Sensibilität des Bipolaren und schärft die Intensität seiner Wahrnehmungen. Wenn diese Eigenschaften zu einer künstlerischen Begabung *hinzukommen*, sind natürlich besonders günstige Bedingungen für die Entstehung eines Kunstwerks gegeben.»

Solange noch keine Klarheit über die genetischen Zusammenhänge zwischen beiden Phänomenen besteht, zieht Louis Bertagna, der wegen der vielen Schriftsteller, Maler und Musiker, die zu seinem Patientenkreis zählen, in Frankreich als «Künstlerpsychiater» gilt, es vor, dieses Phänomen in einem anschaulichen Vergleich zu beschreiben. «Das Gehirn ist wie ein Auto. Je komplizierter es ist, um so störanfälliger ist es auch. Ein robustes Auto fährt immer. Aber wenn Sie einen Ferrari fahren, sollten Sie einen guten Mechaniker haben. Ganz zu schweigen von einem Formel-1-Rennwagen. Um drei Stunden fahrtüchtig zu sein, muß er zuvor von mindestens zwanzig Mechanikern in ‹Hochform› gebracht werden, und danach tritt bestimmt irgendeine Panne auf. Auch kreative Menschen, künstlerische Genies, müssen immer mit einer solchen ‹Panne› rechnen.»

Zu Doktor Bertagnas Patienten gehörten fünf Schriftsteller, die mit dem angesehensten französischen Literaturpreis, dem Prix Goncourt, ausgezeichnet wurden. Im Laufe ihrer langen Behandlung hat er sich mit allen befreundet. Er faßt seine langjährige Erfahrung in folgenden Sätzen zusammen: «Wenn man all die Neurosen, die Störungen, Krankheiten und Handicaps jedes einzelnen dieser Patienten aneinanderreiht und dieser Reihe all ihre Werke und großen ‹Leistungen› gegenüberstellt, würde man nie glauben, daß hinter beiden dieselbe Person steht. Einerseits haben sie es im Leben besonders schwer, andererseits sind sie besonders begünstigt. Wie ist es möglich, daß ein einziger Mensch gleichzeitig so gesegnet und so verflucht sein kann? Man muß solche Menschen mit anderen Maßstäben messen; sie stehen außerhalb der Norm und sind eine Kategorie für sich. Damit wir uns richtig verstehen, ich spreche nur von den wahren Künstlern und nicht von bloßen Vielschreibern.»

Nach einer kleinen Pause fährt er fort, als spräche er zu sich selbst: «Im Grunde braucht ein Mensch, der nicht neurotisch ist, nicht kreativ zu sein. Warum sollte er sich gezwungen fühlen, etwas zu schaffen? Er hat ja schon so viel und kann das Leben und die Schöpfungen anderer genießen.» Professor Bertagna weiß aus Erfahrung, daß jeder außergewöhnliche Mensch mindestens einmal in seinem Leben unter einer Depression zu leiden hat.

Wie für Frau Jamison zählt auch er nicht nur Künstler, sondern auch große Staatsmänner zu den außergewöhnlichen Menschen. Über de Gaulle sagt er: «Er war ein Zyklothymer. 1968 floh er praktisch vor der Studentenbewegung, denn damals litt er an starken Depressionen. Nur sie machen auch seine Nachgiebigkeit verständlich. Als er dagegen als Gast der kanadischen Regierung in Quebec plötzlich ausrief: «Es lebe das freie Quebec!», war er in einer manischen Phase. Auch seine berühmte Erklärung von 1940 in London kann er nur in einer manischen Phase abgegeben haben. Die Deutschen hatten damals Paris eingenommen, Frankreich den Waffenstillstand mit dem Reich unterzeichnet, und de Gaulle lebte im Exil in London, ohne auf irgendwelche militärische Unterstützung zählen zu können. In einer solchen Situation zum Widerstand aufzurufen und von Sieg zu sprechen dürfte manchem als größenwahnsinnig erschienen sein. Tatsächlich waren seine Worte aber prophetisch.»

Zu demselben Urteil kommt auch der Psychoanalytiker Anthony Storr in seinem Essay über Churchill, in dem er die berühmte «Tränen-und-Blut-Rede» Churchills eingehend analysiert. Er schreibt: «Wäre Churchill ein Mensch von ausgeglichenem und konstantem Temperament gewesen, hätte er die englische Nation niemals begeistern können. Da 1940 alles dagegen sprach, daß England Aussichten hatte, einen Krieg gegen Deutschland zu gewinnen, wäre ein bedächtiger Politiker sehr wahrscheinlich zu dem Schluß gekommen, daß England am Ende sei.» Diese Gabe der «Inspiration» beim genialen Politiker entspricht laut Kay Jamison der «Kreativität» des genialen Künstlers. Dafür, daß er weiter *sehen* und tiefer *fühlen* kann als der Durchschnitt der Menschheit, muß er allerdings häufig den Preis der Bipolarität zahlen.

Churchill bezeichnet sich in seinen Memoiren selbst als Zyklothymen, während de Gaulle nicht «beichtet». Woher wissen Sie von seinen Stimmungsschwankungen? Haben Sie auch ihn behandelt?

Nein, sonst würde mir meine ärztliche Schweigepflicht verbieten, darüber zu sprechen. Ich gebe den Namen eines Patienten nur preis, wenn er selbst offen über seine Depressionen spricht und die Tatsache, daß er sich von mir behandeln läßt, nicht schamvoll verschweigt. Meine Diagnose im Falle de Gaulle gründet sich auf die Beobachtung seines Verhaltens. Außerdem kenne ich seine Familie gut, die mit mir in diesem Urteil übereinstimmt.

Zu den berühmten Namen, die Louis Bertagna preiszugeben bereit ist, gehören vor allem drei: André Malraux, Romain Gary – zwei der fünf Prix-Goncourt-Preisträger unter seinen Patienten – und Pierre Daninos, der Autor von *Major Thompson entdeckt die Franzosen*. Alle drei sprechen offen über ihre Depressionen.

Malraux, der von April 1966 bis zu seinem Tod zehn Jahre später Bertagnas Freund und Patient war, schenkte ihm ein Exemplar seiner *Antimémoires* mit folgender Widmung: «Für Louis Bertagna, ohne den dieses Buch nicht entstanden wäre.» Pierre Daninos, der seine eigene Fahrt in den «am häufigsten befahrenen Tunnel des zwanzigsten Jahrhunderts» in seinem Buch *Die schwarze Couch* beschreibt, widmete ihm ein Exemplar mit folgendem Satz: «Dem Lithiumkönig und großen Seelenreparateur in Dankbarkeit für alles, was er für mich getan hat, und – man weiß nie – noch tun wird.» Ein anderer berühmter Patient schrieb ihm als Widmung in eines seiner Bücher: «Chemisch Ihr ...» Den Namen dieses Patienten verrät Bertagna allerdings nicht, da dieser nicht möchte, daß seine Bipolarität bekannt wird.

Romain Gary dagegen machte keinen Hehl aus seiner psychischen Störung. «Er schrieb mir 138 Briefe, denn er telefonierte nie, wie die meisten meiner Patienten. Natürlich darf ich sie nicht veröffentlichen und werde es auch nie tun», erzählt der Pariser Arzt italienischer Herkunft.

Allerdings nahm sich Gary das Leben...

Ja, ich kann nicht sagen, daß meine Behandlung in diesem Fall erfolgreich war. Leider hat man auch als Arzt nicht immer Glück. Immerhin habe ich ihn fünfzehn Jahre behandelt. Vielleicht hätte er sich sonst schon fünfzehn Jahre früher das Leben genommen.

Dr. Bertagna ist heute 71 Jahre alt und war zwanzig Jahre lang Psychiater an der École Normale. Im Laufe der Jahre ist er fast zu einem «Depressionsspezialisten» für Intellektuelle und Literaten geworden. Deshalb ist seine Meinung zu folgendem unter Psychiatern und auch allgemein viel diskutierten Thema besonders interessant: Wenn Kreativität und bipolare Störung so untrennbar miteinander verbunden sind, besteht dann nicht die Gefahr, daß man die Kreativität zerstört, wenn man die affektive Störung heilt? Darauf antwortet der liebenswürdige grauhaarige Herr mit der lebhaften Mimik: «Ich weiß, daß das den meisten die größte Sorge bereitet. Alle haben Angst, daß wir Psychiater den Menschen mit den Tiefen auch ihre Höhen nehmen und alles nivellieren. Sicherlich gibt es dieses Problem. Es wurde und wird viel diskutiert. Vor allem Lithium steht in dem Ruf, die Stimmung zu verflachen. Tatsächlich verflacht sie sie aber nur geringfügig; sie befreit den Patienten von seiner Manie und Hyperaktivität. Dazu muß aber zunächst gesagt werden, daß es zwei verschiedene Typen von Manikern gibt: einerseits den Maniker, der sich selbst für einen sympathischen Erfolgsmenschen hält, während die anderen ihn für einen unberechenbaren Choleriker halten. Dazu könnte man de Gaulle zählen, der einem Staat, der ihm Gastfreundschaft gewährte, beständig mit neuen Zumutungen Probleme schaffte. Außerdem gibt es den nur mäßig hyperthymen Maniker, der in einer hyperaktiven Phase tatsächlich sehr produktiv sein kann.»

«Im Laufe einer manischen Phase steigern sich Maniker zu immer größeren Höchstleistungen, bis ihre seelische Verfassung irgendwann umschlägt. Eine Weile sind sie zu den verrücktesten Dingen fähig; irgendwann sinken sie dann plötzlich in eine Depression ab. Dann ist es natürlich aus mit der Kreativität. In fünfundvierzig Jahren habe ich keine einzige Manie erlebt, die nicht in einer Depression geendet hätte. Ausgenommen die Fälle, in denen die Maniker starben, bevor es soweit war, selbstverständlich an einem selbstverschuldeten Unfall.» Louis Bertagna war einer der ersten, die Lithium und Antidepressiva ausgiebig in ihrer Praxis einsetzten. Man kann ihn geradezu als Bahnbrecher auf diesem Gebiet bezeichnen. Bereits 1958, als die ersten Psychopharmaka entwickelt wurden, spezialisierte er sich auf die Depressionsbehandlung. «Seit damals habe ich keinen Schizophrenen, keinen Drogenabhängigen und kein gestörtes Kind mehr behandelt, sondern nur Depressive mit den verschiedensten Depressionsformen.» Er nennt seine Patienten zärtlich seine «Schäfchen». Auch Malraux bezeichnete sich selbst privat und öffentlich als Bertagnas «Schäfchen».

Über den Autor von *So lebt der Mensch* und Kultusminister unter de Gaulle berichtet Bertagna: «Er war fasziniert von dem Einsatz chemischer Substanzen in der Psychiatrie. Er fand nichts Merkwürdiges und Skandalöses an der Tatsache, daß eine Tablette die Stimmung beeinflussen kann. Er hatte, wie ich, begriffen, daß die Depression eine Krankheit des Gehirns ist, und beschäftigte sich nicht nur als Intellektueller mit diesem Thema, sondern sprach aus persönlicher Erfahrung. Er kannte genau den Unterschied zwischen einem pessimistischen Charakter, dessen Denken und Handeln Tiefe und Kontinuität besitzt, und einem pessimistischen Depressiven, den sein Pessimismus zu Boden drückt, entscheidungsunfähig und unkreativ macht. Kein Künstler ist in einer Phase tiefer Depression oder hochgradiger manischer Erregung kreativ.»

Vor dem Auftreten dieser beiden gefährlichen Phasen schützt den Patienten eine Langzeittherapie mit Lithium. Bertagna setzt es in seiner Praxis seit 1968 ein, obwohl es damals noch nicht einmal im Handel erhältlich war. «Es war einfach zu billig in der Herstellung und brachte deshalb zu wenig ein. Ich ließ mir meine Kapseln vom Apotheker herstellen.» Er verschrieb auch als erster französischer Psychiater bereits 1958 synthetische Antidepressiva, die er sich aus der Schweiz kommen ließ.

454 Das Genie: Himmelhoch jauchzend, zu Tode betrübt

Was können Sie angesichts Ihrer langen Erfahrung mit Lithium zum Thema Lithium und Kreativität sagen?

Über dieses Thema wird man wohl nie aufhören zu diskutieren. Ich habe zehn Jahre lang einen berühmten Schriftsteller behandelt, der nur schreiben konnte, wenn er Antidepressiva nahm. Er wollte um keinen Preis, daß jemand davon erfuhr; niemand sollte glauben, seine Werke verdankten sich nur den Medikamenten, die er nahm.

Halten Sie seine Angst für unbegründet?

Absolut. Antidepressiva verändern die Persönlichkeit nicht. Sie fügen nichts dazu, sondern nehmen nur etwas weg, was den Menschen krank macht. Sie sind wie ein Gegengift oder wie ein *Herzschrittmacher*, dank dessen ein Herzkranker wie ein Gesunder leben kann, oder wie Insulin für den Diabetiker.

Auch Sie sind also der Ansicht, daß die Depression eine Krankheit wie alle anderen ist.

Nein. Ich sage nicht: Sie ist eine Krankheit wie alle anderen, sondern: wie alle anderen ist auch sie eine Krankheit.

Ein feiner, aber nicht unerheblicher Unterschied. Aber kehren wir zum Thema Lithium und Kreativität zurück.

Ein anderer Schriftsteller, Pierre Daninos, nimmt seit 1971 Lithium, und seitdem geht es ihm gut. Er ist heute achtundsiebzig und noch immer quicklebendig. Vor einigen Monaten schenkte er mir sein neuestes Buch mit folgender Widmung: «Aufrichtig (und medizinisch) der Ihre...» Auch Malraux gestand offen ein, daß seine Antimemoiren ohne Psychopharmaka nie entstanden wären. Er hatte keine Angst vor ihnen. Dennoch bleibt diese Frage ein Problem. Alles in allem kann ich aber auf eine lange Reihe von Patienten – nicht nur Künstler, sondern auch Geschäftsleute – zurückblicken, die über Jahre Lithium oder Antidepressiva nahmen und dennoch Außerordentliches geleistet haben.

Meiner Meinung nach ist es besser, außergewöhnlich begabte Menschen mit einer affektiven Störung zu behandeln, denn dadurch können viel Leid und viele Selbstmorde verhindert werden. Wenn ein Schriftsteller sich das Leben nimmt, ist er auch für die Literatur verloren. Außerdem ist wahre Genialität niemals nur das Resultat einer Krankheit. Auch ein geheiltes Genie bleibt ein Genie.

Die Meinung eines Außenstehenden:
Federico Fellini

Das Genie bewegt sich im Wahnsinn;
es geht nicht unter, wo der Wahnsinnige ertrinkt.

PAUL VALÉRY

*«Die bodenlosen Abgründe habe ich nie kennengelernt. Auch nicht die
Eiseskälte der wahren Depression. Ich habe Glück gehabt.»*

*Federico Fellini spricht immer wieder von «Glück» und «Gnade». Er
weiß, daß Kunst und manisch-depressive Psychose häufig miteinander
einhergehen, und hat aus nächster Nähe die Schrecken der «bodenlosen
Abgründe» bei engen Freunden miterlebt. Erschüttert berichtet er über die
Krankheit eines Freundes: «Er litt unter schweren Depressionen. Er
hatte alles versucht: eine Psychoanalyse, Akupunktur und orientalische
Heillehren. Nichts half. Wenn sie auftraten, wurde es dunkel in ihm, als
hätte jemand das Licht ausgeschaltet. Irgendwann resignierte er und ließ
sich davon überzeugen, daß er mit seiner Krankheit leben mußte, da er
nun einmal so geboren sei.»*

*«Dann machte man ihn mit einem für seine Erfolge in der Depres-
sionsbehandlung berühmten Psychiater bekannt. Dieser stellte eine Störung des Gleichgewichts zwischen den Substanzen seines Gehirns fest,
eine Art chemische Veränderung. Ich kann es nicht besser erklären. Er
verschrieb ihm Psychopharmaka. Nach einem halben Jahr ging es ihm
wieder gut, und daran hat sich bis heute nichts geändert. Nie hätte er zu
hoffen gewagt, noch einmal gesund werden zu können.»*

*Nach dieser Schilderung folgt eine Pause der Verwunderung, als habe
er selbst ein Wunder erlebt.*

Verwirrt Sie die Tatsache, daß ein bißchen Chemie die seelische Verfassung – und das Leben – Ihres Freundes so radikal verändert hat?

Warum sollte mich das verwirren? Wir sind Chemie. Nein, beeindruckt hat mich an dem Fall meines Freundes die rasche Wirksamkeit der Behandlung bei einem Kranken, dem zuvor nichts und niemand hatte helfen können.

Diesmal ist die Überraschung auf meiner Seite. Federico Fellini, der Regisseur der Phantasie schlechthin, der Akrobat im Reich der Träume und Metaphern, findet es natürlich, wenn nicht gar selbstverständlich, daß das Funktionieren unseres Geistes, auch seiner eigenen künstlerischen Erfindungsgabe, auf Chemie beruht.

Damit hatte ich nicht gerechnet. Aus diesem Grunde erschien es mir interessant, das Interview mit diesem großen Regisseur in diesem Buch abzudrucken, obwohl er gesteht, «glücklicherweise» keine persönliche Erfahrung mit der Depression gemacht zu haben. Er interessiert sich für dieses Thema lediglich als Mensch, der das Leben mit den neugierigen Augen des Touristen betrachtet, wie er selbst gerne von sich sagt. Die sogenannte Revolution der Biopsychiatrie findet er keineswegs revolutionär.

Was gibt es da zu verwundern? Wenn schon ein paar Gläschen Wein die Stimmung oder die Ansichten über das Leben und die Welt verändern. Ist da etwa keine Chemie im Spiel? Und was ist mit Pflanzen, die die Psyche beeinflussen? Was mit LSD, Meskalin und magic mushrooms, die uns neue Bereich der Wahrnehmung erschließen und unser Bewußtsein erweitern? Ich halte es für sehr wahrscheinlich, daß die Depression durch eine Veränderung der chemischen Gleichgewichte in unserem Gehirn verursacht wird, die die Art und Weise beeinflussen, wie wir die Welt wahrnehmen und empfinden. Ich finde es weder überraschend noch bedrückend, daß ein ausgewogenes Verhältnis zwischen Proteinen, Säuren und Basen die Voraussetzung für unseren Optimismus bildet beziehungsweise eine Störung dieses Gleichgewichts Pessimismus verursacht, wie die Biopsychiatrie behauptet. Ich verstehe nicht, warum *Sie* sich wundern.

Ich wundere mich darüber, daß ausgerechnet Fellini die Gleichsetzung von Geist oder Psyche oder Seele – ich weiß nicht, wie ich es anders bezeichnen sollte – mit Chemie als die natürlichste Sache von der Welt empfindet. Ich glaube nicht, daß ich nur naiv bin, Sie sind der erste, der die Hypothesen der Biopsychiatrie, für die es immer mehr Beweise gibt, nicht beunruhigend findet. Außerdem ist bekannt, daß Sie eigene Erfahrungen mit der Psychoanalyse gemacht haben. Soweit ich weiß, haben Sie eine Therapie nach Jung gemacht.

Nein, ich habe nie eine Analyse gemacht. Ich hatte aber das Glück, in Ernest Bernhardt einen Psychoanalytiker kennenzulernen, der Schüler Jungs war. Er führte mich in das Jungsche Denken ein. Die Begegnung mit ihm war für mich äußerst lehrreich und wichtig. Bis zu seinem Tod Mitte der sechziger Jahre haben wir uns regelmäßig getroffen und oft ausführlich miteinander gesprochen. Diese Gespräche haben mich eine Menge gelehrt. Wir haben gemeinsam unbekannte Gebiete erforscht, die leicht beunruhigend wirken können, die aber durch die Perspektive, aus der er mich lehrte, sie zu sehen, faszinierend wurden. Jungs Haltung zum Leben und zu unseren Beziehungen zu uns selbst und anderen hat die jüngeren Generationen stark beeinflußt. Ein anderer großer Psychotherapeut war Kafka, der jedem Leser ein zusätzliches Auge zur Betrachtung des Lebens schenkte. Was man immer vermutet oder gefürchtet hatte, erhielt durch seine Erzählungen und Träume eine weniger angstbesetzte und verführerische Bedeutung.

Wie läßt sich diese Sicht von der Welt und vom Leben mit der Biochemie des Gehirns vereinbaren? Wo bleibt der Mensch dabei?

Ich sehe da keinen Widerspruch und verstehe auch das ganze Gerede von einem Skandal nicht. Die psychotropen Pflanzen habe ich ja schon erwähnt. Aber auch die Ekstasen vieler Heiliger gehören zu diesem Thema. Sie nahmen keine Drogen, sondern versetzten sich durch bestimmte Rituale, durch Fasten und Selbstkasteiungen in einen psychischen Zustand, der heute durch Drogen erreicht wird. Mit diesen Mitteln schafften sie es, ihre Nervenstrukturen so zu verändern, daß sie mit einer bisher immer vernachlässigten Sphäre der Seele in Kontakt treten konnten: der Intuition.

Warum sind Kunst und Depression so eng miteinander verbunden?

Künstler und Dichter haben, fast könnte man sagen die Aufgabe, Pioniere für uns Durchschnittsmenschen zu sein und neue Gebiete für uns zu erforschen. Wir schulden den großen Künstlern für die heroische Bewältigung dieser Aufgaben ewigen Dank.

Die hohen Mauern der konventionellen Erziehungs- und Verhaltensnormen zu übersteigen, um die Dinge in ihrem Reinzustand zu erkennen, ist ein gewagtes Unternehmen. Im übrigen trennt jene Mauer uns von uns selbst. Gewöhnlich ist unsere Seele zu kurzsichtig, um über diese Mauern hinwegsehen zu können.

Meinen Sie damit auch sich selbst, den Künstler Fellini?

Ich sehe das Leben nicht dramatisch, sondern neige eher dazu, die Dinge aus einer humoristischen Perspektive zu betrachten, ihre sie zur Karikatur verzerrenden Widersprüche zu sehen. Sie sind es, die uns zum Lachen bringen. Sicherlich liegt das auch an meinem Naturell – meiner leichten Melancholie, meinen Ängsten und manchen Enttäuschungen. Verzweiflung und Pessimismus sind auch ein Teil der Fülle des Lebens. All die Grautöne und Halbschatten... aber nicht die Eiseskälte der Depression.

Es stellt sich aber doch die Frage, warum so viele Dichter, Maler, Musiker und Regisseure unter ihr leiden.

Wer ohne Taucherausrüstung taucht, begibt sich in Gefahr. Um mit gewissen Dimensionen in Kontakt zu treten, braucht man einen gewissen Schutz. Wozu gibt es religiöse Rituale? Zum Schutz des Menschen vor dem Geheimnis der Realität und des Kosmos. Auch alle großen Philosophien und Denkgebäude wurden erfunden, um das Individuum vor dem direkten Kontakt mit dem Objektiven zu schützen. Am nahesten kommt man diesem Kontakt durch Drogen. Der Heilige nähert sich ihm durch die Askese und zahlt dafür mit seinen Stigmata und seinen Qualen.

Wollen Sie damit sagen, daß die Depression des Künstlers der moralische Preis ist, den er dafür zahlen muß, daß ihm die Gabe verliehen wurde, in Bereiche vorzudringen, in die andere nie gelangen, und weiter zu blicken als der Durchschnitt der Menschheit?

Um Gottes willen. Da mißverstehen Sie mich vollkommen. Die Depression ist schon schlimm genug. Man sollte sie nicht mit solchen Interpretationen zusätzlich belasten. Ich meine, daß man ein sehr anfälliges Gleichgewicht zerstört und ein chemisches Ungleichgewicht zwischen den winzigen Mengen nicht nachweisbarer Substanzen in unserem Gehirn herstellt, wenn man gewisse Grenzen überschreitet und sich auf dieses Spiel der Spiegelung von Innen und Außen einläßt, zweier Dimensionen, die zueinander in einem schwindelerregenden und instabilen Gleichgewicht stehen. Möglicherweise ist die neuropsychiatrische Wissenschaft schon bald in der Lage, diese Zusammenhänge zu erklären.

Womit wir künstlerische Inspiration und Moleküle zusammengebracht hätten. Den Heiligen ihre Stigmata und Agonien, den Dichtern ihre Depression...

Der Dichter zahlt einen weniger dramatischen Preis, der aber davon abhängt, welche Taucherausrüstung er sich besorgt hat; außerdem natürlich von seiner Veranlagung und seinen Ansprüchen an sich selbst. Vorsichtigere Menschen fragen die Eskimos, bevor sie zum Nordpol aufbrechen. Die sind da Experten.

Haben Sie sie gefragt?

Ich bin ein Eskimo.

Sie bekommt man einfach nicht zu fassen. Dennoch fand ich es faszinierend und überzeugend, wie mühelos Sie eine trockene Wissenschaft als Teil der menschlichen Größe sehen können.

Niemand kann leugnen, daß wir von Strahlen durchquert werden, die von allen Richtungen auf uns zukommen, und daß wir aus einer Reihe höchst unstabiler und störungsanfälliger Gleichgewichte bestehen. Wo doch schon ein bißchen Wärme genügt, um uns die

Welt mit ganz anderen Augen sehen zu lassen, und ein kühler Luftzug, um uns gereizt zu machen.

Die Wahrheit ist, daß wir nichts wissen. Wir fällen ständig Urteile, bilden Theorien und geben Erklärungen über alles ab und vergessen dabei, das Geheimnis des Lebens, das Fest des Lebens zu genießen. Wir haben die Unschuld und die Gnade verloren und verdienen nichts.

Ihren bisherigen Äußerungen nach zu schließen, würden Sie vermutlich nicht zögern, einen Psychiater aufzusuchen und Psychopharmaka zu nehmen, wenn Sie jemals – was Gott verhüten möge – unter Depressionen oder ähnlichen Problemen leiden sollten. Viele habe ja Angst vor einem derartig gewaltsamen Eingriff...

Wo uns doch ständig von allem und allen Gewalt angetan wird, weil wir nicht den Mut aufbringen, uns dagegen zu wehren. Sicherlich würde ich mich in einem solchen Fall vertrauensvoll an einen Psychiater wenden und mich von ihm behandeln lassen. Schon aus Neugierde.

Vielleicht *[lacht]* nähme ich statt einer Tablette nur eine halbe, da ich ja nur ein «Tourist» im Leben bin.

Anthologie: Künstlerbekenntnisse

ARISTOTELES (oder Pseudo-Aristoteles), griechischer Philosoph (384–332 v. Chr.)

«Warum haben alle Menschen, die in Philosophie oder Politik, Kunst oder Literatur Außergewöhnliches leisten, ein melancholisches – oder schwarzgalliges – Temperament, einige sogar so ausgeprägt, daß sie unter den pathologischen Zuständen leiden, in denen die Melancholie manchmal endet? Ein Beispiel hierfür unter den Heroen ist Herakles... Auch Ajax und Bellerophontes litten unter Melancholie. Ersterer verlor jegliche Vernunft, letzterer suchte die Einsamkeit. Homer berichtet von ihm:

Nachdem sich Bellerophontes den Göttern verhaßt gemacht, irrte allein er umher, das Herz in Kummer verzehrend, durch die aleischen Fluren, den Pfad der Menschen vermeidend.

Es hat den Anschein, als hätten viele Heroen unter den gleichen Symptomen gelitten; in jüngerer Vergangenheit waren Empedokles, Platon, Sokrates und eine Reihe anderer berühmter Männer sowie die meisten Dichter Melancholiker.

Viele von ihnen leiden infolge ihrer besonderen Konstitution unter physischen Schmerzen; andere neigen zu den häufig mit der Melancholie verbundenen pathologischen Zuständen.»

(*Problemata* 30,1)

Eine spätere Stelle desselben Werks enthält eine «moderne» Beschreibung der manisch-depressiven Störung:

«Wenn zu viel schwarze Galle, die von Natur aus kalt ist... im
Körper zirkuliert, verursacht sie Schlaganfälle, Stumpfheit, Depressionen und Phobien; erhitzt sich diese eigentlich kalte Flüssigkeit zu stark, verursacht sie euphorische Zustände, begleitet von
einem unaufhörlichen Redefluß, Selbstentfremdung, ständigen
Mißgeschicken und ähnlichem... Die Charaktere der Menschen,
die von Natur aus eine derartige Konstitution haben, sind je nach
der Menge, die von dieser Flüssigkeit in ihrem Körper vorhanden
ist, sehr unterschiedlich: ist sie kalt und in beträchtlicher Menge
vorhanden, sind sie dumm und faul; ist sie warm und in übermäßiger Menge vorhanden, sind sie genial, besessen, in der Liebe
leicht entflammbar, leicht erzürnbar und leicht zu begeistern,
manchmal auch ziemlich geschwätzig... Schwankungen im Verhalten eines Menschen hängen von den Osmoseschwankungen dieser
Körperflüssigkeiten ab.»

PETRARCA, Dichter (1304–1374)

> *Ich wandle langsam durch die öde Flur.*
> *Nachdenklich einsam such ich zu erkennen,*
> *wie mich am sichersten die Schritte trennen*
> *von jedes Menschenfußes Spur.*
>
> (*Canzoniere*, XXXV)

Im *Secretum* läßt Petrarca Augustinus zum Dichter sagen: «Dich
beherrscht eine düstere Krankheit *(pestis)* der Seele, die die Modernen Stumpfheit *(accidia)* nennen... Schreckensbilder, die sich
in den geheimen Tiefen der Seele zu Wahnsinn verdichten und
deine Gedanken aufweichen und vernichten.» Worauf Petrarca antwortet: «Keine Wunde in mir ist so alt, daß sie durch Vergessen
geheilt werden könnte... Keine Narbe kann jemals die offene Wunde schließen.»

MICHELANGELO BUONARROTI, Bildhauer, Maler, Architekt, Dichter (1475–1564)

An Lodovico di Buonarrota Simoni in Florenz

«Hochverehrter Vater... Es heißt, der Mensch sollte zufrieden sein, wenn er sein täglich Brot hat und trotz Armut ein christliches Leben führt, so wie ich hier ein kärgliches Leben führe und mich nicht um die Ehre, das heißt das Treiben der Welt, bekümmere, sondern unter vielen Mühen und tausend Sorgen seit nunmehr fast fünfzehn Jahren keine gute Stunde verbracht habe.»

(Brief an den Vater, Oktober–November 1512)

TORQUATO TASSO, Dichter (1544–1595)

«Es läßt sich sicherlich nicht leugnen, daß ich unter merkwürdigen Geisteszuständen leide... Wenn es stimmt, was man allgemein über meinen Wahnsinn sagt... Vielleicht ist er eine geheime Melancholie; Melancholiker haben große geistige Gaben, wie schon Aristoteles feststellte; sie verstehen sich auf die Philosophie und verstehen es, Verse zu schmieden... Es ist gewiß nicht schwieriger, die Chimäre zu besiegen als die Melancholie, die man eher mit der Hydra als mit der Chimäre vergleichen könnte, denn kaum hat der Melancholiker einen Gedanken besiegt, sind an seiner Stelle bereits zwei neue da, die ihn zerreißen und mit ihren tödlichen Bissen quälen. Wie dem auch sei. Diejenigen, die nicht aufgrund einer Krankheit melancholisch sind, sondern von Natur aus, haben einzigartige Geistesgaben; ich bin es aus beiden Gründen, weshalb ich mich zum Teil selbst tröste...»

(*Dialoge*, «Der Bote»)

WOLFGANG AMADEUS MOZART, Komponist (1756–1791)

«Ich kann Dir meine Empfindung nicht erklären, es ist eine gewisse Leere, die mir halt weh tut, – ein gewisses Sehnen, welches nie befriedigt wird, folglich nie aufhört – immer fortdauert, ja von Tag zu Tag wächst... es freut mich auch meine Arbeit nicht... gehe ich ans Klavier und spiele etwas aus der Oper, so muß ich gleich aufhören – es macht mir zuviel Empfindung – Basta! –»

(Brief an seine Frau, Juli 1791)

ROBERT BURNS, schottischer Dichter (1759–1796)

«Ich leide Qualen wegen meines kranken Nervensystems; dieses System ist vor allen anderen von wesentlicher Bedeutung für unser Glück – oder Elend... Mein Gott, was ist der Mensch! Heute noch vor Gesundheit strotzend, vor Lebensfreude überströmend, und schon nach wenigen Tagen, ja vielleicht wenigen Stunden zählt er, niedergedrückt vom Leiden am Leben und unter dem Einfluß seiner Ängste, das langsame Vergehen der qualvollen Augenblicke seines Lebens. Und er findet nirgendwo Trost oder verweigert ihn sich selbst. Der Tag folgt auf die Nacht und die Nacht auf den Tag, nur um ihn zu einem Leben zu verdammen, das ihm keinerlei Freude bereitet.»

(Brief vom 13. Dezember 1789)

PERCY B. SHELLEY, englischer Dichter (1792–1822)

«Auch ein wenig Depression ist zu viel.»

(Lines of despair)

GIACOMO LEOPARDI, Dichter (1798–1837)

«Fügen Sie zu all dem noch die beharrliche, schwarze, schreckliche, barbarische Melancholie, die mich vernichtet und verschlingt, die wächst, wenn ich arbeite, und wächst, wenn ich nicht arbeite. Sicherlich kenne ich auch jene süße Melancholie, die die schönen Dinge des Lebens gebiert und süßer ist als die Fröhlichkeit. Ich habe sie selbst erlebt, aber das ist lange her. Sie ist, wenn ich das so sagen darf, wie die Morgendämmerung, aber diese finstere und schreckliche Nacht ist ein Gift, wie Sie zu Recht sagen, das die Kräfte des Körpers und Geistes zerstört.»

(Brief an Pietro Giordani vom 30. April 1817)

«Wenn ich in diesem Augenblick wahnsinnig würde, bestünde mein Wahnsinn vermutlich darin, daß ich beständig mit stumpfem Blick, offenem Mund und zwischen den Knien herabhängenden Händen auf einem Stuhle säße, ohne je zu lachen oder zu weinen und ohne je von meinem Stuhle aufzustehen, es sei denn, ich würde dazu gezwungen. Ich habe keine Kraft mehr, mich nach irgend etwas zu sehnen, noch nicht einmal nach dem Tod. Ich fürchte ihn keineswegs; es gibt keinen Abgrund mehr zwischen dem Tod und einem Leben, in dem mir nicht einmal mehr der Schmerz Trost bereitet.»
(Brief an Pietro Giordani vom 19. November 1819)

ABRAHAM LINCOLN, Präsident der Vereinigten Staaten von Amerika (1809–1865)

«Jetzt bin ich der unglücklichste aller Menschen. Wenn meine Qualen zu gleichen Teilen auf die gesamte Menschheit verteilt würden, gäbe es kein einziges fröhliches Gesicht auf Erden. Ich weiß nicht, ob es mir je besser gehen wird; ich fürchte, nicht; so, wie es mir jetzt geht, kann es auf keinen Fall weitergehen. Entweder sterbe ich oder ich genese; eine andere Möglichkeit kann ich nicht erkennen.»
(Brief)

ROBERT SCHUMANN, deutscher Komponist
(1810–1856; Selbstmord)

Im Alter von 18 Jahren beschreibt er den ersten Ausbruch seines «Wahnsinns», wie er ihn nennt:
«Mein Herz schlägt schwer und ich werde bleich... Oft fühle ich mich, als wäre ich tot... Ich meine, meinen Verstand zu verlieren. Ich hatte noch meinen Verstand, glaubte aber, ihn verloren zu haben. Ich war tatsächlich verrückt geworden.»
Im Jahr darauf hat sich die Situation vollkommen verändert. 1829 ist für Schumann ein sehr produktives Jahr fast manischer Schaffensfreude:
«Wenn Du nur wüßtest, wie rege mein Geist beständig ist. Ich hätte bestimmt schon hundert Symphonien komponiert, wenn ich

sie nur niedergeschrieben hätte... aber manchmal bin ich so von Musik erfüllt, so eingehüllt in Melodien, daß ich unmöglich etwas niederschreiben kann.»

Später beschreibt er seine Panik und seine Ängste während einer seiner häufigen Depressionsanfälle mit folgenden Worten:

«Ich war kaum lebendiger als eine Statue, weder kalt noch warm; dadurch, daß ich mich zur Arbeit zwang, ist das Leben langsam in mich zurückgekehrt, aber ich bin immer noch so ängstlich und schreckhaft, daß ich nicht alleine schlafen kann... Glaub mir, ich habe nicht einmal den Mut, allein zu reisen... Aus Angst, es könnte mir etwas zustoßen? Einmal rauscht das Blut mächtig durch meine Adern; dann wieder ergreift mich unsägliche Angst oder mich peinigt Atemnot, gefolgt von Augenblicken der Bewußtlosigkeit.»

In einem Brief an seine Frau Clara aus dem Jahre 1838 macht er seiner Not in folgenden Sätzen Luft:

«Vor einigen Jahren, es war 1833, spürte ich eine gewisse Melancholie... In der Nacht vom 17. auf den 18. Oktober litt ich unter den stärksten Qualen, die einen Menschen peinigen können; der Himmel strafte mich mit der schwersten Strafe: der Angst, den Verstand zu verlieren. Diese Angst ergriff so sehr von mir Besitz, daß weder die Versuche, mich zu trösten, noch Gebete, weder mutiges Aufbäumen, noch Spott halfen, sie zu besiegen. Die Angst hielt mich in ihren Klauen gefangen und machte mit mir, was sie wollte. Ich bekam keine Luft und hatte das Gefühl, als sei mein Verstand gelähmt. O Clara! Nur, wer je so vom Schmerz, von der Verzweiflung und vom Ekel vor dem Leben zu Boden geworfen wurde, weiß, was es heißt, verzweifelt zu sein.»

Robert Schumann nahm sich im Alter von 45 Jahren im Irrenhaus das Leben. Zwei weitere Mitglieder seiner Familie endeten durch Selbstmord: seine Schwester Emilia und sein Cousin väterlicherseits; zwei seiner Kinder litten unter schweren psychischen Störungen.

CHARLES BAUDELAIRE, französischer Dichter (1821–1867)

Spleen

Wenn der tiefe und schwere Himmel wie ein Deckel lastet
auf dem stöhnenden Geist, der eine Beute langer Depressionen;
Und er den ganzen Kreis des Horizonts umfassend,
uns einen schwarzen Tag herabgießt, trauriger als die Nacht;

Wenn die Erde verwandelt ist in einen feuchten Kerker,
wo die Hoffnung wie eine Fledermaus
die Mauern mit ihrem schüchternen Flügel schlägt
und sich den Kopf an der verfaulten Decke stößt;

Wenn der Regen mit seinem endlosen Rinnen
die Gitter eines riesigen Gefängnisses nachahmt
und ein stummes Volk gemeiner Spinnen
seine Netze im Grunde unserer Hirne ausspannt,...

Und lange Leichenwagen ohne Trommel noch Musik
ziehen langsam durch meine Seele; die Hoffnung
weint besiegt und die entsetzliche, despotische Angst
pflanzt auf meinen gebeugten Schädel ihre schwarze Fahne.

Zu anderen Zeiten war Baudelaire eher manisch-euphorisch gestimmt. Dann stellte sich ihm die ganze Welt «in kräftigen und klaren Konturen und einem bewundernswerten Reichtum der Farben dar».

VINCENT VAN GOGH, holländischer Maler (1853–1890; nahm sich das Leben)

9. April 1888: «Wir verbringen hier sehr schöne Nächte, und ich habe beständig starkes Arbeitsfieber». *Mai 1888:* (Unsere Neurose) ist auch ein fatales Erbe, denn mit der Zivilisation wächst auch unsere Schwäche von Generation zu Generation. Wenn wir der reinen Wahrheit über unsere Konstitution ins Gesicht sehen wollen, müssen wir zugeben, daß die Wurzeln unserer Neurose in die Ver-

gangenheit zurückreichen.» *29. Juli 1888:* «Je ausschweifender ich
lebe, je kränker und hohler ich mich fühle, um so mehr werde ich
zum Künstler, zum schöpferischen Menschen... man hätte ein so
viel müheloseres Leben führen können anstatt Kunst zu machen.»
Juli 1888: «Diese Empfindungen sind so stark, daß man arbeitet,
ohne zu spüren, daß man arbeitet; manchmal gehen die Pinselstri-
che einer nach dem anderen auf das Blatt nieder, und die Beziehungen zwischen den einzelnen Farben stellen sich wie von selbst
her, wie die Worte in einer Rede oder einem Brief.» *11. August 1888:*
«Ja, jetzt geht es mir so gut wie den anderen Menschen... Ein
gesunder Mensch sollte von einem Stück Brot leben können, auch
wenn er den ganzen Tag arbeitet, und doch noch die Kraft haben zu
rauchen und einen Schluck zu trinken.» *August 1888:* «Ich habe eine
Fülle von Einfällen für neue Bilder... Ich habe Einfälle in Hülle
und Fülle... Augenblicklich sehe ich meine Arbeit ganz klar vor
mir oder bin blind in sie verliebt... von Müdigkeit kann gar keine
Rede sein.» *August 1888:* «Die Wurzel des Übels liegt in der Konstitution, in der fatalen Schwächung von Familien von Generation
zu Generation. Dort liegt mit Sicherheit die Wurzel des Übels, für
das es keine Heilung gibt.»

24. März 1889: «Tatsache ist, daß ich das strahlende Gelb dieses
Sommers nur erreichen konnte, wenn ich etwas überspannt war...»
10. September 1889: «Während jeder Krise fühle ich mich von Angst
und Kummer niedergedrückt; kein vernünftiger Mensch sollte sich
so niedergeschlagen fühlen... Dann wieder gibt es Augenblicke des
Enthusiasmus, des Wahnsinns oder der Prophetie, in denen ich
mich wie ein griechisches Orakel auf dem Thron fühle und mein
Geist ganz klar ist.» «Es ist kaum zu glauben, wie gut es mir geht...
Jeden Tag fühle ich mich stärker und meine erneut, Kräfte im Überfluß zu haben... Ich befinde mich geradezu in einem schöpferischen Rausch...» *25. Oktober 1889:* «Und doch ergreift die
Melancholie immer wieder gewaltsam von mir Besitz.»

April 1890: «Die Pinselhiebe gehen hernieder, als kämen sie aus
einer Maschine... Mein Kopf ist vollkommen frei... Nach meiner
Rückkehr hierher (Auvers) habe ich mich wieder an die Arbeit

gemacht, aber der Pinsel ist mir fast aus der Hand gefallen.» *Ende Mai 1890:* «Doktor Gachet sagte mir, wenn meine Melancholie oder etwas anderes zu stark und unerträglich werden sollte, gäbe es vielleicht etwas anderes, um meine Qualen zu lindern. Ich sollte mich nicht schämen, offen zu ihm zu sprechen.»

(Briefe an seinen Bruder Theo)

Am 27. Juli 1890 schießt van Gogh auf sich selbst und stirbt zwei Tage später. Ein weiterer Bruder Vincent van Goghs erschoß sich ebenfalls. Sein Bruder Theo litt unter Depressionen, und eine seiner Schwestern verbrachte fast ihr gesamtes Leben im Irrenhaus.

SØREN KIERKEGAARD, dänischer Philosoph (1813–1855)

«Seit meiner Kindheit hält mich die Melancholie wie ein schreckliches Ungeheuer in ihren Klauen gefangen. Sie ist ebenso stark wie meine Fähigkeit, sie unter scheinbarer Heiterkeit und Lebenslust zu verbergen... Nie hat mich die Überzeugung verlassen, daß ich alles erreichen kann, was ich will, außer die Befreiung von der Melancholie, in deren Macht ich nun einmal lebe.»

«Von Zeit zu Zeit werde ich in eine dunkle Grube hinabgelassen, in der ich mich in meinem Leid und Schmerz im Kreise drehe; ich sehe nichts; ich sehe keinen Ausweg aus ihr.»

«Eines Tages fühlte ich mich nach dem Aufstehen ungewöhnlich gut; entgegen früheren Erfahrungen steigerte sich mein Wohlbefinden im Laufe des Vormittags sogar noch. Um Punkt ein Uhr hatte mein Körper alle irdische Schwere verloren; man könnte sagen, ich besaß keinen Körper mehr... Ich war nur noch die reine Transparenz... alle Gedanken stellten sich mit glücklicher Heiterkeit ein... Das ganze Sein schien in mich verliebt... Wie bereits gesagt, näherte ich mich Punkt ein Uhr der Sublimität, deren schwindelerregende Höhe ich fühlen konnte; in diesem Augenblick brannte mir irgend etwas im Auge: eine Wimper, ein Staubkörnchen, ein Flöckchen. Ich weiß es nicht! Ich weiß nur, daß ich im selben Augenblick in die Verzweiflung abzugleiten begann.»

«Ich kehrte von einer Einladung zurück, auf der ich mit meinen

ständig mit Leichtigkeit aus meinem Munde strömenden geistrei-
chen Bemerkungen geglänzt hatte; alle bewunderten mich; alle
lachten über meine Scherze; ich dagegen hatte beim Weggehen
Lust, mich zu erschießen.»

(aus dem Tagebuch)

GUSTAVE FLAUBERT, französischer Schriftsteller (1821–1880)

«Nimm dazu meine Nervenanfälle... Das psychische Element
springt dann über mich hinaus, und mit dem Gefühl des Lebens
verschwindet das Bewußtsein. Ich bin überzeugt, daß ich weiß, was
Sterben ist. Ich habe oft deutlich gespürt, wie meine Seele mir
entwich, so wie man bei einem Aderlaß das Blut durch die Öffnung
ausströmen fühlt... Oh, wie nah man sich manchmal dem Wahnsinn fühlt, besonders ich!»

(Brief an Louise Colet vom 27. Dezember 1852)

HENRI-FREDERIC AMIEL, Schweizer Schriftsteller (1821–1881)

«Die Melancholie klammert sich an mich wie die Lepra an den
Leprösen.»
    «Ich bin am Boden... Die schwarzen Teufel der Traurigkeit, die
Vampire der Reue, die Medusen der Mutlosigkeit haben mich ge-
foltert und bis zum Lebensüberdruß gefangengehalten. Wenn ich
aß, fühlte ich mich nur schwer; den Himmel anzusehen war mir
schrecklich. Ich hatte den *spleen*... Bestimmte Schreckensvisionen
von Begräbnissen ließen mir den kalten Schweiß ausbrechen. Das
Schaudern der Melancholie läßt meine Knochen erzittern. Die
schrecklichen und traurigen Abgründe des Wahnsinns erstehen vor
meinen Augen wie die tiefen Schlünde einer hassenswerten, unterirdischen Welt.»

(aus dem geheimen Tagebuch)

LEO TOLSTOI, russischer Schriftsteller (1828–1910)

«Mein Leben stand plötzlich still... Ich konnte weiterhin atmen, essen, trinken und schlafen... aber ich fühlte kein Leben mehr in mir, denn ich hatte keine Wünsche, deren Befriedigung mir vernünftig erschienen wäre... Eine unbesiegbare Kraft trieb mich dazu, mich auf irgendeine Art von der Bürde des Lebens zu befreien. Man kann nicht sagen, daß ich mich umbringen wollte. Die Kraft, die mich vom Leben wegzog, war stärker, umfassender und universaler als mein Wille. Sie ähnelte der Kraft, die mich früher hatte leben lassen wollen, nur stand sie unter dem umgekehrten Vorzeichen... Dieser Gedanke war so verführerisch, daß ich mich selbst überlisten mußte, um ihn nicht allzu überstürzt in die Tat umzusetzen... So kam es, daß ich, ein glücklicher Mann, einen Strick aus meinem Zimmer entfernte... um mich nicht an einem Balken zwischen den Schränken aufzuhängen; und daß ich nicht mehr zur Jagd ging, um nicht in Versuchung zu geraten, mich auf eine allzu leichte Art von der Bürde des Lebens zu befreien...

Und all dies geschah zu einem Zeitpunkt, in dem ich in jeder Hinsicht alles besaß, was als vollständiges Glück gilt...

‹Vielleicht ist mir irgend etwas entgangen oder ich habe es nicht richtig verstanden›, sagte ich manchmal zu mir selbst. ‹Es ist ja nicht möglich, daß ein solcher Zustand der Verzweiflung menschlich ist... Glücklich, wer nie geboren wurde; der Tod ist besser als das Leben; man muß sich vom Leben befreien.›

So lebte ich ungefähr drei Jahre lang.»

(Beichte)

PETER TSCHAIKOWSKY (1840–1893)

«Ich bin des Lebens bereits überdrüssig.»

«Infolge schwerer nervöser Störungen bin ich hypochondrisch geworden. Ich weiß nicht warum, aber ich wurde von unglaublichen Anfällen von Melancholie gequält. Am liebsten würde ich irgendwohin weit weg gehen und mich an einem unerreichbaren, gottverlassenen Ort verstecken.»

(Brief an die Schwester, 1867, und an den Bruder, 1869)

VIRGINIA WOOLF, englische Schriftstellerin (1882–1941; Suizid)

Aus ihrem Abschiedsbrief, bevor sie sich das Leben nahm:
«Liebster, ich fühle deutlich, daß ich verrückt werde. Ich glaube,
wir ertragen eine so schreckliche Zeit nicht noch einmal. Und diesmal werde ich nicht wieder gesund werden. Ich höre Stimmen, und
ich kann mich nicht konzentrieren. Also tue ich das, was mir das
beste zu sein scheint. Du hast mir das größtmögliche Glück geschenkt. Du bist mir alles gewesen, was jemand für einen Menschen
sein kann. Ich glaube nicht, daß zwei Menschen glücklicher hätten
sein können, bis diese schreckliche Krankheit kam. Ich kann nicht
mehr kämpfen.»

Ihr Mann, Leonard, hat die Stufen ihres Abstiegs in die Depression in einem Erinnerungsbuch geschildert:
«... Sie sprach zwei oder drei Tage lang fast unaufhörlich, ohne
auf irgend jemand der im Raum Anwesenden oder auf irgend etwas,
was zu ihr gesagt wurde, zu achten. Ungefähr einen Tag lang hatte
alles, was sie sagte, noch einen Zusammenhang; die Sätze bedeute-
ten etwas, auch wenn die Gesamtheit ihres Redestroms verrückt
war. Dann wurde er allmählich vollkommen verrückt, und sie stam-
melte nur noch unzusammenhängende Worte.»

WILLIAM JAMES, amerikanischer Philosoph (1842–1910)

Die Depression «ist eine lebendige und konkrete Qual, eine Art
psychische Neuralgie, die dem normalen Leben vollkommen unbekannt ist».

(Verschiedene Formen der religiösen Erfahrung)

WINSTON CHURCHILL, englischer Premierminister (1874–1965)

Der Psychoanalytiker Anthony Storr schrieb über ihn in seinem
Buch *Der Mensch Churchill*: «Wäre er ein Mann von ausgeglichenem
und konstantem Temperament gewesen, hätte er die Nation niemals
inspirieren können. 1940, als alles gegen einen Sieg Englands in
einem Krieg gegen Deutschland sprach, hätte ein sorgfältig abwä-

gender Politiker aus der Lage vermutlich den Schluß gezogen, daß England keine Chance besaß.»

CESARE PAVESE, Schriftsteller (1908–1950; Freitod)

16. August 1950: «Liebe ... Heute sehe ich klar, daß ich von meinem 28. Jahr bis heute immer unter diesem Schatten gelebt habe – mancher würde sagen: ein Komplex ... Und doch bist auch Du nur ein Vorwand. Schuld ist, außer mir selbst, nur die ‹unruhige Angstvolle, die still für sich lächelt› ... Warum sterben? ... Man kann einen Nagel mit einem anderen herausschlagen. Aber vier Nägel machen ein Kreuz.»

17. August: «Dies ist die Bilanz des Jahres, das ich nicht beenden werde ... Warum staunst Du, daß die anderen ahnungslos neben Dir hergehen und es nicht wissen, wo doch Du neben so vielen hergehst und nicht weißt, nicht Dich interessierst, was ihre Pein ist – ihr geheimer Krebs?»

18. August: «Es genügt ja ein wenig Mut.»

«Je bestimmter und genauer der Schmerz ist, um so mehr kämpft der Lebensinstinkt, und der Gedanke an Selbstmord verblaßt. Es schien leicht, wenn man daran dachte. Und doch haben es schwache Frauen getan. Man braucht Demut, nicht Stolz.

All das ekelt mich an.

Nicht Worte. Eine Geste. Ich werde nicht mehr schreiben.»

Mit diesen Worten endet Paveses Tagebuch, das nach seinem Tod im Verlag Einaudi erschien (Titel der deutschen Ausgabe: *Das Handwerk des Lebens, Tagebuch 1935–1950*). Einige Tage darauf nahm sich der Schriftsteller in einem Turiner Hotel das Leben.

GIUSEPPE BERTO, Schriftsteller (1914–1978)

«... ich weiß nicht mehr, was ich an jenem Morgen las; bestimmt keine Selbstmordgeschichten, denn die vermied ich, um die Wahrheit zu sagen, sorgfältig nach den gemachten Erfahrungen; ich lese also irgend etwas und rauche, und plötzlich strömt dieser warme Fluß aus meinen verdammten Eingeweiden und Lendenwirbeln und steigt im Nu an meiner Wirbelsäule bis zum Kopf empor und erreicht schließlich mein Kleinhirn; ich bin vom Schreck ganz benommen und überhaupt nicht in der Lage, mit einer Katastrophe wie dieser fertig zu werden, in der man sich als erstes aus dem Haus stürzen und ‹Hilfe, Hilfe› schreien muß; ich fange mich zitternd noch einmal und stottere immer wieder ‹Mein Gott, mein Gott, warum ist mir das erneut passiert?› Mit Gottes Hilfe gelingt es mir, mich zu waschen und meinen Bademantel anzuziehen, als ich schon wieder von allen Seiten von der Angst angegriffen werde; ich erreiche die Tür und rufe ‹Hilfe, Hilfe›, so daß in kürzester Zeit ein Dutzend Nachbarn herbeigelaufen kommen... Jetzt, wo sie da sind, möchte ich die meisten am liebsten sofort wieder wegschicken, weil sie mir angst machen...»

«... Und ich werfe mich aufs Bett und weine und weine und weine; ich flehe um Verzeihung; zusammen mit meiner Erniedrigung und den Tränen kommen auch meine Ängste heraus, und immer mehr setzt sich die Verzweiflung in mir fest; ich weiß nur zu gut, daß ich nie gesund werden kann, mein ganzes Leben lang nicht, wenn diese schreckliche Krankheit mich so verräterisch heimsuchen kann, wie es ihr gefällt; wir haben viel Schuld auf uns geladen, unzählige, uns unbegreifliche Sünden begangen, für die wir büßen müssen... *Domine non sum dignus*, und niemand kann meine Seele durch Worte heilen... gegen den Vater schuldig geworden zu sein genügt mir nicht; das würde diesen verzweifelten Zusammenbruch nicht rechtfertigen; das kann nicht genügen. Ich muß mich weit mehr versündigt haben, wer weiß, wie oft. Es muß ein undurchdringliches Knäuel von Schuld geben, das auf mir lastet.»

(Il male oscuro, dt. Meines Vaters langer Schatten)

ROBERT LOWELL, amerikanischer Dichter (1917–1977)

«Vor sieben Jahren hatte ich einen Anfall von pathologischer Euphorie. Nachts lief ich durch die Straßen von Bloomington und wütete laut gegen Teufel und Homosexuelle. Ich glaubte, ich könnte die Autos zum Anhalten bringen, indem ich mich einfach mitten auf der

Straße mit ausgebreiteten Armen hinstellte... Ich hielt mich fast
für eine Reinkarnation des Heiligen Geists und sah alles mit töd-
licher Klarheit vor mir.»

(Ian Hamilton, *Robert Lowell: A Biography*, 1982)

«Ich möchte mich bei Dir entschuldigen, weil ich Dich im vergangenen November und Dezember mit so vielen Telephonanrufen
gequält habe. Wenn die Euphorie mich beflügelt, muß ich fieberhaft
versuchen, mit meinen Freunden in Kontakt zu treten und sie zu
besuchen. Wenn der Anfall vorüber ist, bleiben mir nur der
Schmerz und die Mattigkeit.»

(Brief an T. S. Eliot, März 1964)

Das Tagebuch des Romanciers Richard Stern enthält unter dem
Datum 27. Dezember 1968 folgenden Eintrag über Lowell:

«Er zeigte mir die Flasche mit den Lithiumkapseln. Ein Ge-
schenk eines Arztes aus Kopenhagen. Ich hatte bereits von seinem
Problem gehört: «Salzmangel.» Nach achtzehn Jahren Krankheit
hatte er in diesem Jahr zum ersten Mal keinen Anfall gehabt, in den
vergangenen achtzehn Jahren dagegen vierzehn oder fünfzehn...
Sein Gesicht war viel entspannter; die Spuren des Leidens und der
Angst vor Rückfällen waren verschwunden.»

PIERRE DANINOS, französischer Schriftsteller

1966 widmet Daninos sein Buch über seine persönlichen Erfahrungen mit der Depression *Die schwarze Couch* (Arche-Verlag, Zürich,
1968)

All jenen,
die nie eine Depression gehabt haben
und die einem sagen:
«Reiß dich zusammen!»

Im Vorwort erklärt er: «Das vorliegende Bekenntnis schrieb ich
nieder, nachdem ich den meistbefahrenen Tunnel des 20. Jahrhunderts verlassen hatte – jenen Tunnel, in den uns zu treiben das ganze
heutige Leben sich verschworen zu haben scheint und wo sich alle

in buntem Durcheinander wiederfinden: Reiche und Arme, Künstler und Industrielle, Glückliche und Unglückliche. Ich spreche vom Tunnel der Depression.

Ich war vielleicht wie Sie: Ich glaubte nicht daran. Jawohl – allein das oft gehörte Wort Depression fiel mir auf die Nerven.

Dann aber kam der Tag, da ich am eigenen Leib erfuhr, was es mit dieser sonderbaren Krankheit auf sich hat. Ich habe begriffen... Wenn mir damals, als ich mich mühsam durch die schwärzeste Tiefe des Tunnels schleppte, einer gesagt hätte, ich würde so munter wie eine ausgelassene Lokomotive wieder zum Vorschein kommen – ich hätte ihm nicht geglaubt.»

Daninos beschreibt in diesem Buch alle Etappen seines Leidenswegs und seine Rückkehr ins Leben: «Ich wälze mich hin und her, gepeinigt von einer Angst, die jeglichen Grundes entbehrt. In meinem Leben hat sich nichts Neues ereignet; es ist weder einfacher noch komplizierter geworden... Wann hat das Ganze eigentlich begonnen? Wann ist er vom Himmel gefallen, jener Schleier, jener gläserne Vorhang, jenes Riesenblatt aus Gelatine, an dem ich wie ein einsamer Fisch entlangglitt, getrennt von der Welt, die dahinter liegt?»

Er erzählt, daß er bereits früher einmal unter Depressionen gelitten hatte, die «aber nur drei Monate dauerten». Diesmal quälen sie ihn sehr viel länger. Eines Tages gesteht ihm ein Freund, ein Unternehmer, er habe drei Jahre an demselben Leiden gelitten, bis er endlich den Mut gehabt habe, sich von einem Psychiater behandeln zu lassen. Drei Wochen später sei er wieder gesund gewesen. Beim Wort Psychiater erschrickt Daninos zunächst, woraufhin der Freund meint: «Wenn du willst, daß das drei Jahre so weitergeht, so ist das natürlich deine Sache.» Schließlich begibt er sich doch in psychiatrische Behandlung, allerdings ohne recht an ihren Erfolg zu glauben. «Schon einige Wochen später fühlte ich mich deutlich besser, und nach einer weiteren Woche war ich ein anderer Mensch. Innerhalb eines Monats hatte ich mein Buch zu Ende geschrieben.»

Kaum geht es ihm gut, bricht er die Behandlung ab. Ein Jahr später – im Sommer 1964 – tritt erneut eine Depression auf. «Alle

Freunde, denen ich begegne, sind unwahrscheinlich gesund. Gewiß, auch sie haben ihre Schwierigkeiten. Aber sie überwinden sie, sie machen alles mit Schwung und packen ihre Probleme beim Schopf.» So ein Freund, den seine Frau ständig betrügt, ein anderer, der seine Stellung verloren hat, und schließlich ein dritter, dem ein Bekannter seine Wohnung in die Luft gejagt hat. «Und ich, der ich kein einziges dringliches Problem habe... kann ich anders als mich schämen?» Er überlegt, ob er wieder zu seinem Psychiater zurückkehren soll, tut es dann aber doch nicht.

Erst nach zehn Monaten in der Hölle gibt er auf und geht wieder zu ihm. Kaum hat er sich wieder in Behandlung begeben, geht es ihm besser. «Ist Glück etwas Chemisches? Sollte die Medizin nach zweitausend Jahren des Forschens und Tastens den Kreis geschlossen haben und zum Liebestrank des Tristan zurückgekehrt sein? Das frage ich mich in dieser Nacht beim Einschlafen, aber ich frage nicht lange, ich bin zu glücklich... Die Psychiatrie, die echte, die biochemische, hat gesiegt... Als etwas Unerhörtes empfinde ich zunächst die Sehnsucht, ja die Gier, wieder unter Menschen zu sein. Wenn ich ein Flugzeug besteige, dann sage ich mir nicht mehr: Wenn es doch abstürzen wollte! Nein, ich denke: Hoffentlich stürzt es nicht ab!»

INGMAR BERGMAN, Regisseur

«Ich habe oft mit dem Gedanken an den Freitod gespielt, vor allem, als ich noch jünger war und die Dämonen mich immer wieder heimsuchten. Ich stellte mir vor, wie es wäre, wenn der Moment gekommen sei; ich steige ins Auto, lockere die Bremsen und komme irgendwann von der Straße ab...»

(*Immagini*, Garzanti, 1992)

VITTORIO GASSMAN, Schauspieler

«Jeden Morgen dieser Kampf gegen den Wunsch, im Bett zu bleiben, um sich dem Tag nicht stellen zu müssen; und dieses Krampfgefühl im Brustkorb und den Beinmuskeln; die Arme, die sich am

Kopfkissen festklammern, als wäre es ein eiserner Schild... Ich will... Ich will wieder lebendig werden, will wieder eine normale Verbindung zwischen meinen Bewegungen und meinen Gedanken herstellen, zwischen meinen Schritten und meinem Willen... Finanziell geht es mir gut; ich habe eine Menge Freunde, einige angesehene Bekannte. Warum löst sich all das – die Ferien, das Lesen – die Leute, die ich gerne traf – in einer ewigen Leere auf? Warum schleppe ich mich, wenn ich auch nur einen Nachmittag allein zu Hause bin, von einem Sessel in den nächsten (manchmal – ich gestehe es – sogar ohne aufzustehen), um nur ja kein bißchen Energie zu vergeuden? Wer hat mir mein Ich geraubt?»

(Memorie del sottoscala)

WILLIAM STYRON, amerikanischer Schriftsteller

«An einem eiskalten Abend, Ende Oktober 1985, machte ich mir zum ersten Mal klar, daß der Kampf gegen die Krankheit meines Geistes, den ich seit Monaten führte, möglicherweise einen schlechten Ausgang nehmen könnte... In der Depression ist unser emotionales Gleichgewicht gestört; sie ist eine mit mysteriösen Schmerzen verbundene Krankheit, die uns vom Leben trennt... man kann sie eigentlich gar nicht beschreiben. Wer sie nicht in ihrer schweren Form durchlitten hat, kann sie nicht verstehen...

Als wir im Museum ankamen... hatte mein Gehirn bereits die mir mittlerweile vertrauten Symptome dieser Krankheit wahrzunehmen begonnen: Panik, Verwirrung und das Gefühl, daß meine Gedanken unter einer unbeschreiblichen giftigen Welle begraben werden...

Welche Qualen eine schwere Depression verursacht, kann sich niemand vorstellen... Weil niemand sie lange aushalten kann, begehen viele Depressive Selbstmord. Solange die Natur dieser Qualen nicht allgemein bekannt ist, wird man sie auch nicht verhindern können. Man sollte aber der tragischen Schar jener, die diese Krankheit dazu treibt, ihr Leben zu zerstören, nicht mehr Vorwürfe machen als den bedauernswerten Krebsopfern...

Wie immer war Rose da und hörte meine endlosen Klagen mit unendlicher Geduld an. Und doch fühlte ich mich ungeheuer und schmerzhaft einsam... Es ist eine Art Wahnsinn. Dieser Wahnsinn ist das Resultat eines gestörten biochemischen Prozesses. Mittlerweile weiß man ziemlich sicher, daß Neurotransmitter im Gehirn diese Art Wahnsinn auf chemischem Weg verursachen...

Der graue Schrecken, der Nebel der Depression wird oft zu einem körperlichen Schmerz...

Nachdem die Depression Jahrzehnte an meine Tür geklopft hatte, trat sie endlich ein und nahm mich in ihre Gewalt. Ich bin jetzt überzeugt, daß sie von weit her kam, von meinem Vater, der einen Großteil seines Lebens gegen diese Gorgo gekämpft hat... Daß bei der Depression Erbfaktoren im Spiel sind, scheint mittlerweile unabweisbar.

Künstler (vor allem Dichter) werden besonders häufig Opfer dieser Krankheit, die in ihrer schwersten Form im Selbstmord endet... Hier eine makabre Liste solcher ‹gefallenen Engel› der Moderne: Harold Hart Crane, Vincent van Gogh, Virginia Woolf, Arshile Gorky, Cesare Pavese, Romain Gary, Sylvia Plath, Henri de Montherlant, Mark Rothko, John Berryman, Jack London, Ernest Hemingway, Diane Arbus, Tadeusz Borowski, Paul Celan, Anne Sexton, Sergej Esenin, Wladimir Majakowski... und viele mehr.

Die eindringlichste Metapher für diesen unermeßlichen Abgrund hat Dante gefunden... ‹Als unseres Lebens Mitte ich erklomm, befand ich mich in einem dunklen Wald›...

Alle Männer und Frauen, die von dieser Krankheit genesen sind, können bezeugen, daß die Depression nicht unheilbar ist, und alle haben nach ihrer Genesung die Fähigkeit zur Heiterkeit und zum Glück wiedergewonnen.

‹Dort schritten wir hinaus zu schaun die Sterne.›»

(Darkness visible, dt. *Sturz in die Nacht)*

Glossar

In diesem Glossar werden nur einige Fachausdrücke erklärt, da die meisten in diesem Buch benutzten über das Stichwortregister leicht im Text zu finden sind und dort ausführlich erläutert werden.

AFFEKTIVITÄT Unter dem Begriff Affektivität werden Affekte, Emotionen und Gefühle zusammengefaßt, die unser seelisches Erleben und unsere Lebenserfahrungen begleiten. Unter *affektiven Störungen* versteht man Veränderungen der Stimmungslage (Depression und Manie) wie auch Angststörungen (Panikstörung, generalisierte Angststörung, Phobien, Reaktion auf Streß...).

HALLUZINATION Sinneswahrnehmungen, die ohne Reizung des entsprechenden Sinnesorgans zustande kommen und kein reales Wahrnehmungsobjekt haben. Der Betroffene hört deutlich Stimmen, hat Geruchs- und Geschmacksempfindungen oder sieht Gegenstände, Tiere oder Menschen, die tatsächlich in seiner Umgebung nicht vorhanden sind.

Die halluzinatorische Wahrnehmung unterscheidet sich für den Betroffenen nicht von einer normalen Wahrnehmung. Subjektiv hat er den Eindruck, als gäbe es das Wahrgenommene tatsächlich.

MAO-HEMMER (MAOH) Medikamente, die die Monoaminooxydase (MAO) hemmen; Enzyme, die Neurotransmitter wie Noradrenalin und Dopamin abbauen und damit deren Tätigkeit blockieren. Die Blockierung der Monoaminooxydasen hat eine erhöhte Konzentration der chemischen Botenstoffe an den Rezeptoren zur Folge und damit eine Erhöhung der Aktivität dieser Neurotransmitter.

DELIRIUM, WAHNIDEE Pathologisch verfälschtes Urteil, das im allgemeinen durch Kritik nicht beeinflußbar ist; es hängt mit einem veränderten Realitätsbewußtsein zusammen. Bei den Wahnvorstellungen unterscheidet man je nach dem Wahnthema zwischen Verfolgungswahn, Größenwahn, Schuldwahn, Verarmungswahn und wahnhaften Vorstellungen über körperliche Veränderungen.

DYSPHORIE Durch Reizbarkeit, schlechte Stimmung und Traurigkeit gekennzeichnete freudlose Stimmungslage. Gegenteil Euphorie.

ENDOGEN Vom Organismus produziert, nicht durch äußere Einflüsse verursacht (exogen).

ENDORPHINE (oder ENDOGENE OPIOIDE) Substanzen, die die gleiche Wirkung haben wie Morphin, Heroin usw. Sie werden vom Gehirn produziert und wirken schmerzunterdrückend. Sie können ein Entspannungs- oder Glücksgefühl auslösen.

GEN Das Gen ist ein Teil des Chromosoms und für die Vererbung bestimmter Eigenschaften zuständig.

NEUROCHEMIE Forschungszweig, der sich mit der Signalübertragung zwischen den Nervenzellen mittels verschiedener chemischer Neurotransmitter beschäftigt.

NEURON Nervenzelle

NEUROWISSENSCHAFTEN Verschiedene eng miteinander verbundene Forschungszweige, die zu ergründen versuchen, wie das Gehirn unter normalen Bedingungen funktioniert und wie diese normalen Bedingungen durch Krankheiten oder Verletzungen gestört werden können. Die wichtigsten Neurowissenschaften sind die Neuroanatomie, die Neurochemie, die Neuropsychologie, die Neuropharmakologie und die Neuroendokrinologie.

NEUROTRANSMITTER Von einem Neuron zum Zwecke der Kommunikation mit anderen Neuronen benutzter chemischer Botenstoff. In den letzten Jahrzehnten wurden im Gehirn immer neue Neurotransmitter (oder *chemische Botenstoffe*) entdeckt. Bisher sind längst noch nicht alle bekannt. Zu den bekanntesten gehören Dopamin, Serotonin, Noradrenalin, Acetylcholin und GABA.

PSYCHOTISCH Gewöhnlich mit Bezug auf schwere schizophrene und manisch-depressive Zustände gebrauchtes Adjektiv. Typische Symptome dieser Zustände sind Delirien und Wahnvorstellungen, ein gestörter Realitätsbezug und eine daraus resultierende wesentliche Verhaltensveränderung.

REZEPTOR In der Zellmembran der Nervenzelle sitzendes Protein, das teilweise Kontakt mit der interzellulären Flüssigkeit hat; es reagiert mit seinem Neurotransmitter und löst dadurch die Reaktion auf ihn aus.

SYNAPSEN Verbindung zwischen zwei Neuronen, über die chemische Substanzen (Neurotransmitter) die Signalübertragung von einem Neuron zum anderen herstellen. Es hat den Anschein, als ob der Wirkungsmechanismus vieler in der Psychiatrie verwendeter Medikamente auf der Beeinflußung der chemischen Signalübertragung an den Synapsen beruht. Deshalb sind viele Psychiater der Meinung, daß diese Störungen neurochemischer Natur sind. Synapsen können eine hemmende, stimulierende oder modulierende Wirkung haben.

TRIZYKLISCHE ANTIDEPRESSIVA Antidepressiva, deren Wirkungsmechanismus auf der Blockierung der Wiederaufnahme *(Reuptake)* der Neurotransmitter (Dopamin, Noradrenalin usw.) zu beruhen scheint, also darauf, daß ihre Rückkehr aus dem intersynaptischen Raum in das Zellinnere verhindert wird. Wie die MAOH erhöhen auch sie die Konzentration von Neurotransmittern am Rezeptor, allerdings auf anderem Wege. Die Antidepressiva der neuesten Generation, die sogenannten Serotoninwiederaufnahmehemmer, haben einen ähnlichen Wirkungsmechanismus wie die trizyklischen Antidepressiva.

Register